ECONOMICS OF
GOOD AND EVIL

善恶经济学

Tomas Sedlacek

［捷克］托马斯·赛德拉切克 著

曾双全 译

湖南文艺出版社
HUNAN LITERATURE AND ART PUBLISHING HOUSE

博集天卷
CS-BOOKY

图书在版编目（CIP）数据

善恶经济学 /（捷克）赛德拉切克（Sedlacek，T.）著；曾双全译 .
—长沙：湖南文艺出版社，2012.7
书名原文：Economics of Good and Evil
ISBN 978-7-5404-5570-5

I. ①善…　II. ①赛… ②曾…　III. ①经济学 – 研究　IV. ①F0

中国版本图书馆 CIP 数据核字（2012）第 084528 号

著作权合同登记号：图字 18-2012-170

上架建议：经济理论

Economics of Good and Evil © 2012 Tomas Sedlacek
Simplified Chinese translation copyright © 2012 by China South Booky Culture Media Co., LTD.
Sedlacek，Tomas，1977–
［Ekonomie dobra a zla. English］
Economics of good and evil: the quest for economic meaning from Gilgamesh to Wall Street/Tomas Sedlacek. p. cm.
Editor of the Czech original: Jiři Nádoba，Co-editors: Martin Pospíšil，Lukáš Tóth
Illustrations（inside）: Milan Starý
First published in Czech as *Ekonomie dobra a zla*，2009，by 65. pole Publishing，Konevova 121，Praha 3，Czech Republic.

善恶经济学

作　　者：（捷克）托马斯·赛德拉切克
译　　者：曾双全
出 版 人：刘清华
责任编辑：丁丽丹　刘诗哲
监　　制：伍　志
特约编辑：于向勇　王　维
版权编辑：辛　艳
封面设计：吕彦秋
营销编辑：刘菲菲
版式设计：崔振江
出版发行：湖南文艺出版社
　　　　　（长沙市雨花区东二环一段 508 号　邮编：410014）
网　　址：www.hnwy.net
印　　刷：北京嘉业印刷厂
经　　销：新华书店
开　　本：700mm×1000mm　1/16
字　　数：350 千字
印　　张：25
版　　次：2012 年 7 月第 1 版
印　　次：2012 年 7 月第 1 次印刷
书　　号：ISBN 978-7-5404-5570-5
定　　价：48.00 元

（若有质量问题，请致电质量监督电话：010-84409925）

谨以此书献给我年轻的儿子克里斯（Chris）。或许你和曾经的我一样，但你对世事的洞察远超过我。总之，愿你将来创作出更好的作品。

认识你自己，不要指望上帝的审查，
最适合研究人类的，还是人自己。
置身于这个中间国度的峡谷中，
人拥有无知的智慧和愚昧的伟大；
怀疑论者智慧太盛，
傲慢斯多葛弱点太多。
他在游荡，踟蹰不决，不得休息；
不知道自己是上帝还是野兽，
也不知道应该偏爱思想还是肉体。
生来注定要死，虽有理性，却注定犯错；
仿佛在那个蒙昧的时代，他虽充满理性，
不管想得太少，还是太多；
思维与激情的混乱，是所有的困惑；
依然是他自己，时而迷茫，时而顿悟；
这个造物的，让一半上升，一半下降；
万物的上帝，也是万物的牺牲，
在犯下的无数错误中，对真理作出唯一的判断；
这就是世界的荣耀、功绩与谜团。

——亚历山大·蒲柏[1]

目录
Contents

卷I
古代经济学

引　言 / 003

005……致谢
007……《善恶经济学》英译本序
008……讲述经济学：从诗歌到科学
009……神话、故事与骄傲的科学
011……说服欲
012……善恶经济学
013……本书主题：元经济学
015……经济学的色彩
017……好奇的界限及一点声明
018……内容：七个纪元，七个主题
020……实用问题及定义

第1章/吉尔伽美什史诗：论效率、
　　　　永生及友谊经济学 / 023

025……吉尔伽美什史诗：论效率、永生及友谊经济学
026……徒劳的爱
028……让我们砍倒雪松
030……介于动物与机器之间的——人类
032……大陆风尚，畅饮啤酒
035……自然的自然
037……罪恶的文明？
040……驾驭野蛮的恶魔和掌握市场无形之手
042……寻找极乐点
044……结论：经济问题的根源

第2章/《旧约》：世俗性与神性/ 055

057……《旧约》：世俗性与神性

058……进步——世俗的宗教

060……现实主义与反禁欲主义

062……英雄及非神圣化——梦想永不停息

064……自然不是神圣的

064……统治者也不过是人

065……对秩序与智慧的赞美：人是最完美的作品

067……人类完成造物的最后一步

069……*我们的善恶：福利的道德解说*

071……道德商业循环与经济预言

071……*法老的梦、约瑟与最早的商业循环*

072……*自相矛盾的预言*

073……*商业循环的道德解释*

075……善恶经济学：善有善报吗？

077……*善有善报*

079……*爱律法*

081……游牧民族的自由与城市的束缚

082……社会福利——不要像索多玛那样做事

082……*萨巴斯——安息年*

084……*拾穗*

084……*什一税与早期的社会网*

086……抽象货币、禁止收取利息以及我们的债务时代

089……作为能量的货币——时间旅行与整体债务产品

091……劳动与休息：安息日经济

094……结论：效用与原则

第3章/古希腊/ 107

109……古希腊

109……神话——诗人的真理

111……*诗人经济学家*

112……*最早的哲学家*

113……*数字神秘主义者*

114……色诺芬——基督之前400年的现代经济学

117······*未来与计算的限制*

118······柏拉图：动力的载体

　119······*现实的囚室中*

　121······*神话是模型，模型是神话*

　124······*逃避身体及其需求*

　125······*需求与供应：自由与矛盾*

　126······*理想社会*

　128······*进步*

　129······*城市、文明世界与黄金时代*

131······亚里士多德

　133······*理性和积极生活所带来的幸福——"幸福是一门科学"*

　134······*效用最大化与善最大化*

　136······*善恶的效用*

137······禁欲主义与享乐主义

　138······*禁欲主义*

　138······*享乐主义*

　139······*善恶经济学*

140······结论

第4章/基督教义：物质世界中的灵性/ 149

151······基督教义：物质世界中的灵性

152······经济学格言

153······消除债务

153······现在就偿还债务

154······礼品赠送与交易行为

157······天国经济学

159······博弈论：爱敌如己与以牙还牙

161······《新约》中的善恶经济学

162······你得有爱心

163······邪恶不灭论：人们的格言

165······劳动福祸论

167······私有制：谁拥有土地

169······小爱：社群主义、慈善团体与共同责任

170······发展：奥古斯丁的禁欲主义与阿奎那的稳固基础

171……阿奎那对现实的颂扬

173……无形之手的原型

176……好人还是坏人

177……邻里社群

179……道理与信仰

180……城市、本性与自由

181……结论——《圣经》是一本经济学读物

第5章/笛卡儿——机械力学/ 193

195……笛卡儿——机械力学

195……人就是机器

197……我思故我在

199……模范与神话

200……关于怀疑的疑问

202……循环的膨胀理性

202……人总是独自做梦

203……结论：客观性与多彩性

第6章/伯纳德·曼德维尔的罪恶之巢/ 207

209……伯纳德·曼德维尔的罪恶之巢

210……经济人的诞生

210……骗子也会变老实

212……罪恶之歌——国家财富的根源

215……市场无形之手及其原型

215……结论——曼德维尔是第一位现代经济学家

第7章/亚当·斯密——经济学铸造者/ 219

221……亚当·斯密——经济学铸造者

222……财富与伦理学

225……发现并握紧无形之手

227……斯密与曼德维尔

228……亚当·斯密问题

229……不是一个，而是更多动机

231……斯密的社会人与休姆的遗传性

232······社会是理性的选择吗

234······理性是激情的奴隶

235······两位奠基人的统一

236······结论：再论斯密先生

卷II
渎神思想

第1章/必要的贪欲——需求史/ 245

247······必要的贪欲——需求史

247······神灵的诅咒——可怕的需求

249······欲望经济学：摆脱满足

251······马尔萨斯第三次复兴——人们脸上的汗水与
       消费的麻醉

253······供应能否不断满足需求?

254······考虑外部因素

255······相同效用与效用最大化

258······经济学家的时代：债务时代与伊卡洛斯的堕落

第2章/进步与假日经济学/ 263

265······进步

 266······进步史：黄金时代

 268······未来末日与现代牧师

 268······梦想贪婪末日

 270······经济学家与牧师

 272······掌捆进步

 272······我十分满足——仍然没有发现我渴望的
        到底是什么

 275······缺乏的缺陷

 276······不富足的后果

278······假日经济学

279……约瑟——法老与讨厌的凯恩斯理论

280……宝贝，慢点

第3章/善恶的核心与经济学圣经/ 285

287……善恶的核心与经济学圣经

288……善恶的核心

288……精确的伊曼纽尔·康德

289……抽象的禁欲主义

289……基督教义

290……希伯来教条

291……功利主义

291……伊壁鸠鲁

292……主流经济学

292……曼德维尔

293……经济学圣经——从斯密到萨缪尔森

第4章/市场无形之手和经济人的历史/ 295

297……市场无形之手和经济人的历史

298……历史典故

299……恶的驯服

300……社会达尔文主义——自然选择与无谓的重复

301……圣·保罗与市场无形之手——后效善恶

302……传统无意识

303……罪——唯善马首是瞻

305……经济人伦理与（经济学）目前的水平

306……利己主义伦理学：自爱也是爱

第5章/动物精神史——梦永远都不会沉睡/ 311

313……动物精神史

313……人的自发冲动

314……自然的不自然

316……人类与灵魂（野性）

318……野兽——非人类

319……对机器人的恐惧，纯理性的象征

320……梦永远都不会沉睡，我们心中的英雄也一样

第6章/元数学/ 323

325······元数学

325······烧掉数学?

326······经济学中的数学

328······形而上学的数字

329······人类理想的存在

330······数学不应受到非难

332······诱人的数学

335······真理重于数学

335······宿命论——简单的并不是优越的

第7章/真理的主人：科学、神话和信仰/ 339

341······真理的主人：科学、神话和信仰

342······模型"再造"我们

343······选择你的信仰

344······带脚手架的教堂

345······超越方法论——获得启示的秘密

347······未来——经济学家是现代预言家

348······前真知：排除自我的预言

350······未来主义的营养不良

351······认知网——理性与情绪的连接

354······赞扬错误

355······死亡的世界与活生生的世界

    356······死亡世界

    357······沉默与第65个方格的世界

359······美丽的经济学

360······你越接近目标，就偏离得越远

360······友善的问题

第8章/结论：野兽国/ 363

365······结论：野兽国

367······经济大倒退

369······生活在别处，就在我们心中

372······参考书目

卷 I

古代经济学

Ancient
Economics

引 言
INTRODUCTION

- 致谢
- 《善恶经济学》英译本序
- 讲述经济学：从诗歌到科学
- 神话、故事与骄傲的科学
- 说服欲
- 善恶经济学
- 本书主题：元经济学
- 经济学的色彩
- 好奇的界限及一点声明
- 内容：七个纪元，七个主题
- 实用问题及定义

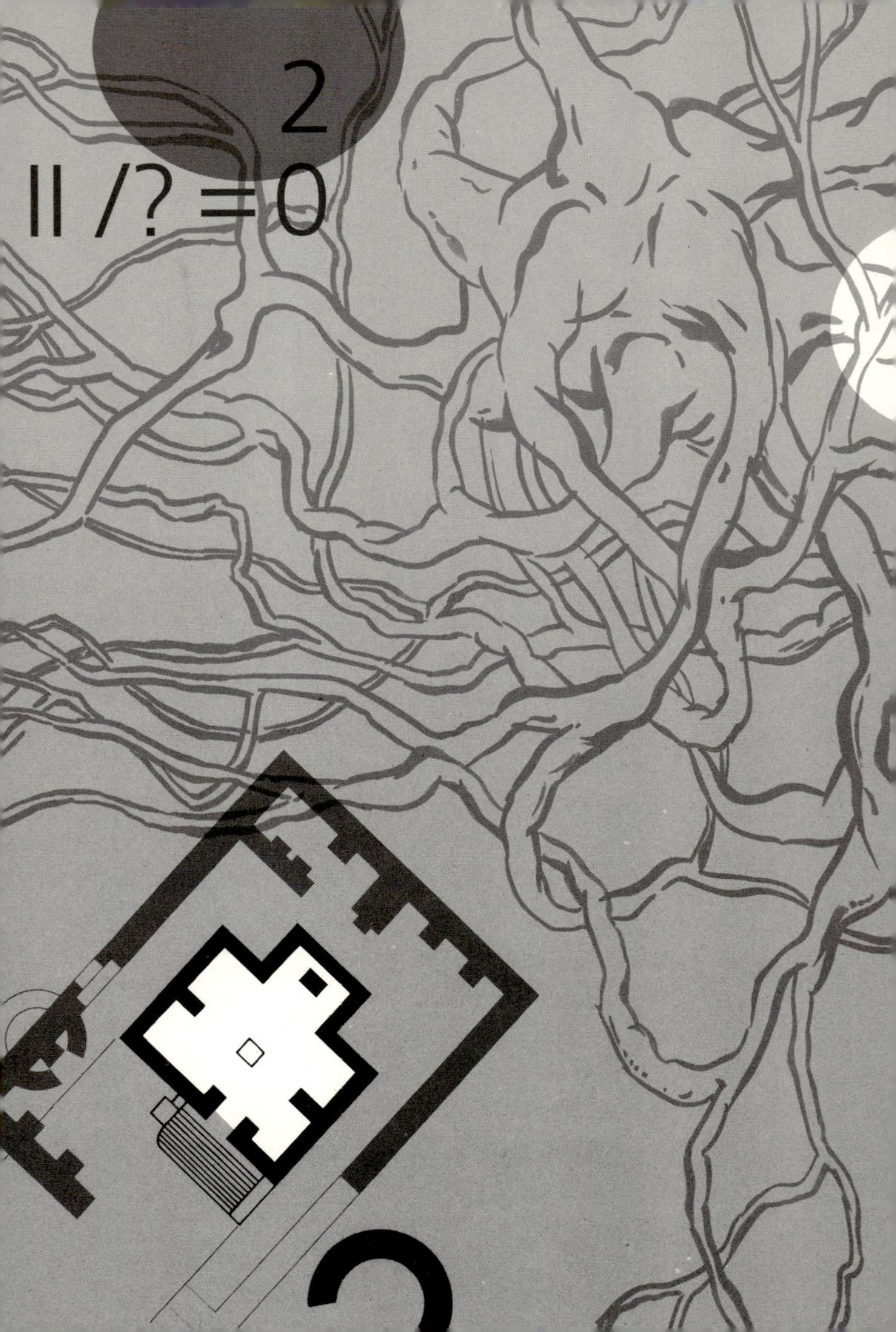

II /? = 0

致谢

　　在本书的捷克版本中，我仅写了一段简短的致谢辞。过于简短的致谢辞根本不足以表达我的谢意，所以这次要多费一些笔墨。本书凝聚了我多年的心血，包括无数次会谈和几百次演讲，在数不清的漫漫长夜中阅读了大量书籍。

　　本书的诞生要感谢我两位伟大的恩师，即米兰·索卡（Milan Sojka）教授（指导我进入此课题的研究），以及米兰"麦克"·米斯科夫斯基（H. E. Milan "Mike" Miskovsky）（多年前，在整个课题方面给我许多灵感）。谨以此书纪念他们的谆谆教导，遗憾的是现在这两位恩师都已离我们而去。

　　感谢我的老师姆尔措奇（Mlcoch）教授，在他教授的"商业伦理"课上，我曾有幸做过他的助教。衷心感谢考巴（Kouba）教授、迈斯特里克（Mejstrik）教授和孔克（Zak）教授，感谢他们的卓越领导。感谢格列戈尔（Gregor）给我的写作带来新动力，以及他对我2010年"经济哲学"课的评论与建议。

　　还立感谢乔治敦大学的诺伦（Nollen）和朗格卢瓦（Langlois）教授，他们指导我如何写作；哈佛大学的哈索克（Husock）教授，他的大学指导规划对我来说弥足珍贵。非常感谢耶鲁大学慷慨提供的研究员职位，在此期间，我完成了本书的很大一部分内容。谢谢你们，耶鲁的同事们和贝茨屋的所有朋友们。

　　非常感谢挚友杰里·鲁特（Jerry Root），感谢他让我在他家住了一个月，在极其安静、幽雅的环境下进行本书的写作，还可以尽情吸烟；感谢大卫·斯维恩（David Sween）为我做的一切；感谢詹姆斯·哈尔特曼（James Halteman）对我所有作品的支持与帮助；感谢杜森·德拉碧娜（Dusan Drabina），谢谢你在我最困难时给予我的大力支持。

　　我还要感谢许多哲学家与思想家：托马斯·哈里克（Tomas Halik）、简·索科尔（Jan Sokol）、埃拉兹姆·克哈克（Erazim Kohak）、米兰·马克维克（Milan

Machovec）、兹德内克·纽鲍尔（Zdenek Neubauer）、大卫·巴顿（David Barton）和我的弟弟卢卡斯（Lukas），向你们表示我的诚挚谢意与敬意。对我的家人感激不尽，尤其是我的父母。

特别感谢在本书的捷克译本与英译本出版过程中辛勤工作的全体成员。感谢托马斯·布朗德杰斯（Tomas Brandejs）的思想、信念与勇气；感谢杰瑞·纳多巴（Jiri Nadoba）的编辑与管理；感谢贝特卡·索库科娃（Betka Socuvkova）的耐心与毅力，米兰·斯塔里（Milan Stary）的规划、创造与善意，杜格·阿瑞拉内斯（Doug Arellanes）的精湛翻译，以及杰弗瑞·欧斯特罗斯（Jeffrey Osterroth）细致认真的英语审校。

有两位杰出的人物帮助我创作了本书的一些部分，在此特别表示感谢：马丁·珀斯皮斯（Martin Pospisil）和卢卡斯·托斯（Lukas Toth）。他们是我的两位学术助手。对你们的杰出思想、热心辩论、研究，以及在几个章节中的辛勤工作（尤其是希腊、数学与真理大师的几个部分）不胜感激。谨祝你们前程似锦！

我的妻子马克塔（Marketa）一直大力支持着我，很难想象有人能做到这一点。还要感谢你的微笑与思想（她是一位社会学家，所以你能想象我们晚餐谈论的话题）。确实要感谢她对本书的付出。

此外，我还对那些不知姓名但大力支持我的人深表感激……

——托马斯·赛德拉切克

《善恶经济学》英译本序

瓦茨拉夫·哈维尔（Václav Havel）

我有幸在托马斯·赛德拉切克出版本著作之前率先拜读了书稿。该书于2009年出版于捷克共和国，书名相同。显然，这是一本对科学学科进行非传统解读的著作，而过去人们常常认为科学学科普遍都是枯燥乏味的。我本人非常喜欢这部著作，但是我非常希望了解其他读者是否对它也抱有很大的兴趣。令作者与出版商惊喜的是，该书在捷克出版后立即吸引了广泛的关注，连续几周荣登畅销书排行榜榜首，而且无论学术专家还是普通读者都对该书津津乐道。顺便说一下，托马斯·赛德拉切克当时是捷克政府国家经济委员会的成员。在经济观点和长远目标方面，该委员会与当时的政治环境格格不入，双方争论不断。通常，当届政府不会考虑到下一届的任务。

该书作者没有趾高气扬地给出唯我独尊的答案，而是谦逊地提出了几个根本性的问题：什么是经济学？其意义何在？这个有时被称做新宗教的学问源自何处？如果可能，它的可能性、局限性和边界在哪里？为什么我们总是痴迷于增长、增长再增长？发展的思想来自何处，它将引领我们前往何处？为什么许多经济学辩论总是充斥着一些痴迷与狂热？所有这些问题肯定来自思想深刻的人，但答案很少来自经济学家。

我们的大多数政党总是抱有一种狭隘的唯物主义观点。在他们推出的计划中，一般把经济与金融摆在首位。只有在最后我们才会发现，文化是几个疯子之间传递的东西。不管这些政党属于左翼或右翼，总会有意或无意地接受和传播马克思主义的经济学基础和上层建筑。

这可能与这样一种情况有关，即作为一门科学学科，经济学往往被误认为是纯粹的会计学。然而，有时我们生活中的很多方面往往难以计算，或者根本无法计算，这时的会计学有何用处？我常想，对于此类经济学家兼会计师来说，如果让他最优化交响乐作品，他会怎么做？很可能的情况是，他会删掉贝多芬协奏曲中的所有停顿。毕竟，这些停顿在他们看来一无是处，它们只会碍手碍脚。而且管弦乐队在停顿时并不演奏，却照样拿钱，这太不划算了。

该书作者提出的几个问题，打破了这种陈规陋习。他试图冲破狭隘的专业化束缚，跨越学科之间的界限。他勇敢地突破了经济学的界限，将其与历史、哲学、心理学和古代神话联系到一起，这种尝试不仅令人耳目一新，而且对于理解二十一世纪的世界来说至关重要。与此同时，这是一本可读性非常强的著作，即使不了解经济学的读者也会轻易入门。在该书中，经济学成为一次冒险之旅。在对世界最终目的的永恒探索中，我们寻求的不是一个确切的答案，而是对世界更深入的思考，思考人类在其中的作用。

在我任校长期间，托马斯·赛德拉切克属于年轻一代的新同事，他对当代世界的种种问题有着全新的看法。我感觉这本书没有辜负我的期望，而且我也相信，你也会赏识这部著作。

> 现实由故事交织而成，而非纯粹的事实材料。
> ——兹德内克·纽鲍尔（Zdnek Neubauer）

> 所有的思想都能够丰富我们的知识，不管它们看似多么古老或荒唐……
> 任何事物都能。
> ——保罗·费耶拉本德（Paul Feyerabend）

讲述经济学：从诗歌到科学

人类一直在努力理解周围的世界，因此，任何有助于人们搞清楚现实的故事，都有可以帮助实现这一目的。从我们今天的角度来看，这样的故事经常显得离奇可笑，当然，子孙后代看待我们的故事时也会如此。然而，这些故事的神秘力量却不可小觑。

经济学的故事就是如此，它有着悠久的历史。色诺芬（Xenophon）在大约公元前400年曾写道："即使是一个身无分文的人，也会与经济学有瓜葛。"[2]经济学曾经被视为一门对家庭事务进行管理的学问[3]，之后，它被认为是关于宗教、神学、伦理学和哲学的学问。但经济学似乎逐渐朝着与此大相径庭的方向发展。我们可能有时会感觉到，经济学逐渐丧失了所有的明暗变化与色彩对比，进入一个非此即彼的黑白世界。其实，经济学的故事要比这更加丰富多彩。

正如我们今天所知道的，经济学是一种文化现象，是我们文明的产物。然而，它不是一种文明有意制造或发明的产品，不像喷气发动机或手表一样。区别在于，我们完全理解一架喷气发动机或一块手表的构造，我们清楚地知道它们的来龙去脉。我们（几乎）能够将它们拆解为独立的部件，然后再组装起来。我们知道它们来自何处，去往何处。[4]而经济学却与此截然不同。经济学有太多无意识、自发、不受控制和未经计划的因素，超越了指挥家的指挥棒。在经济学成为一门独立的学科之前，它只是哲学的一个分支，准确地说，它属于伦理学，与今天的经济学概念相差甚远。今天的经济学是一门与数学密不可分的科学，不屑与所谓的"软科学"为伍，俨然一副实证主义者的傲慢神情。但是，我们的经济学"教育"有着上千年的历史，它是建立在更深刻、更广泛，而且常常是更牢固的基础之上。这一点值得我们深究。

神话、故事与骄傲的科学

起初，神话与宗教向人们解释周围的世界；而今天，这一作用被科学所取代。如果你认为科学研究源自科学时代，那就大错特错了。我们必须追溯到更遥远的古代神话和哲学，这就是本书的写作动机。

一般认为，现代经济学起始于1776年，标志是亚当·斯密（Adam Smith）《国富论》（*Wealth of Nations*）的出版。我们所处的后现代时代（与前一时期相比相形见绌，即现代科学时代）⁵将现代经济学的起源定得更远，非常重视历史（道路发展）、神话、宗教和语言的作用。"科学的历史及其哲学，与科学本身的分裂慢慢变得无影无踪，科学与非科学之间的分离也是如此。科学与非科学之间的差异正在逐渐消失。"⁶因此，在我们有文字记载的书面历史内，我们将尽可能地进行探寻。我们将在苏美尔国王吉尔伽美什（Gilgamesh）的史诗时代，探索经济研究的最初痕迹，探索犹太教、基督教，以及古典思想对经济问题的思考。此外，有些人已经奠定了当代经济学的基础，我们也将认真研究他们的理论。

对特定领域的历史研究，不是对其迂腐无用的无益展示，也不是对其发展历程和错误（直到我们纠正）的简单记录，这都是常见的误解。事实上，历史本身包含着丰富的研究内容，这是该领域可以提供的最大可能。在历史之外，我们一无所有。时代给我们灌输的意识往往会使我们的思维僵化，而思想的历史有助于我们摆脱这种思维束缚，既能看透当今的思维风尚，又能吸取以往的经验。

对历史故事的研究不仅是有益于历史学家，也是有助于我们祖先的思考方式。这些故事有其自身的力量，甚至在新故事中依旧存在，并且取代老故事或者与老故事发生冲突之后依然如此。历史上最有名的争论之一可以很好地说明这个问题，即地心说与日心说之间的分歧。众所周知，日心说获胜了，但是直到今天，我们依然采用地心说的说法，即太阳升起和落下。但是，太阳既不会升起也不会落下，如果说有任何升起的东西，那应该是我们的地球，而非太阳。太阳并不围绕地球旋转，相反，是地球围绕太阳旋转——这就是我们学到的知识。

更进一步，我们将在本书第一部分中研究一些伴随我们走到今天的古老故事、图像和原型，它们与我们共同创造了理解世界的方法以及认知自身的方式。或者，正如荣格（C. G. Jung）所说的："思维的真正历史不在浩瀚的书卷中，而是存在于每个人鲜活的大脑组织中。"[7]

说服欲

经济学家们应该相信故事的力量，至少亚当·斯密如此。正如他在《道德情操论》（*The History of Moral Sentiments*）中阐述的那样："被信仰的欲望，或者说服、领导和指引他人的欲望，似乎是我们最强烈的自然欲望之一。"[8]注意，这句话出自利己主义之父的口中，认为自利是我们最强烈的自然欲望。另外两位伟大的经济学家，即席勒（Stiller）和阿克洛夫（Akerlof），最近写道："人的思维天生适合进行叙述性思考……与之相对应，人类的许多动机来自我们生活中的故事，我们自己说给自己听的故事，这些故事构建了我们动机的框架。如果没有这样的故事，生活可能仅仅是'一件接一件发生的无聊事情'。对于一个国家、一家公司或者一个机构的信念来说，情况也是如此。伟大的领导者都是最会编故事的人。"[9]

这句话的最初版本是："生活不是一件接一件发生的无聊事情，而是同一件无聊的事情一遍又一遍地重复。"这句话说得十分精辟，而且神话（我们恢弘的故事、传说）是"关于此时此地的关系，一直如此，而且将永远如此"。[10]或者换句话说，神话就是"从未发生，但总有可能发生的事情"。[11]然而，我们的现代经济学理论以严格的模型为基础，实际上只不过是以不同的（数学）语言重新讲述的故事而已。因此，从头开始研究这个故事非常重要——从广义上说，只研究经济的人永远不会成为出色的经济学家。[12]

而且，由于经济学想从根本上理解每件事情，所以我们必须大胆走出自己的狭隘领域，真正理解每件事情的本质。如果这种说法至少有一部分是正确的，即"救赎现在涉及的是结束物质匮乏，引领人类进入经济丰裕的新纪元，（而且）理所当然的结果是，新的大祭师应该包括经济学家"[13]，那么，我们必须清楚地意识到这一重要的作用，承担起更广泛的社会责任。

....

善恶经济学

　　所有的经济学，从根本上说，都是与善恶有关的经济学。它指由人们向其他人讲述的关于人们的故事。事实上，即使是最复杂的数学模型也是一个故事、一个寓言，表现出我们想（理性地）领悟周围的世界。我将试图证明，直到今天，通过经济机制，经济学讲述的是关于传统的"美好生活"，这是我们从古希腊和希伯来传统中继承下来的。我将试图证明数学、模型、方程式和统计只不过是经济学的冰山一角，而经济学这座冰山的最大部分由其他许多方面构成；经济学中的各种分歧，只不过是关于故事和各种传说的争论。正如以往一样，当今的人们特别想从经济学家那里知道什么是善、什么是恶。

　　我们经济学家受过良好的学术训练，让我们避免作出规范判断和得出相应的结论，例如，什么是善、什么是恶。但与我们教科书讲述的相反的是，经济学主要是属于叙述性的领域。经济学不仅描述世界，而且经常涉及世界的理想状态问题（确实如此，我们有关于完美竞争的理想状态；低通胀、高增长的理想状态；努力实现小国、高竞争的尝试）。出于这一目的，我们创造了模型，即现代版的寓言。

　　但是这些非现实的模型（经常是有意而为的）与真正的现实世界毫不相关。举一个简单的例子：一个分析师在电视上回答一个个无关痛痒的问题，比如通胀水平，紧接着的下一个问题（经济学家经常自己主动谈及）就会是当前的通胀水平是好是坏，以及通胀应该更高还是更低。对于这样一个技术性问题，分析师们会马上谈论好和坏，并且提出规范判断——通胀水平应该更低。

　　除此之外，经济学极力避免诸如善恶这样的概念，但这是无法避免的。因为"如果经济学的确是一门价值中立的学科，那么人们会期望以经济学为职业的人们完全形成经济式思维"[14]。正如我们有目共睹的，事实并非如此。在我看来，这是一件好事，但我们必须承认，从根本上说，经济学更应该算做一门规范科学。根据弗里德曼（Friedman）的观点，经济学应该是一门实证科学，它在价值判断方面采取中立的态度，按照世界的真实面貌描述世界，而不是描述世界应该是什么样子的。但是，"经济学应该是一门实证科学"这一评论本身就是一个规范陈述。这句话并没有按照世界的本来面貌描述世界，而是讨论了世界应该是什么样子的。在现实生活中，经济学并不是一门实证科学。如果它是，我们就没有必要力争使其成为实证科学了。"的确，大多数科学人士和许多哲学家使用实证主义的原则，以避免考虑复杂的根本问题——简而言之，是为了避免形而上学。"[15]顺便一提，价值中立本身就带有价值，至少对于经济学家来说有重大价值。主要研究价值的一门学科想采取价值中立，这是一种悖论。更有悖论特征的是，一门相信"市场无形之手"的学科想摒弃一切神秘感。

是否存在善恶经济学？人们是因财而善，还是在经济学的复杂微积分之外存在着善？自私是人类的本性吗？如果自私能够导致共同利益，那么自私是合理的吗？如果经济学不想沦为简单的机械分配，不具有任何更深意义（或用途）的计量经济学模型，那么这样的问题就值得一提。

此外，无须恐惧善或恶这样的字眼。使用这些词，并不意味着我们在进行道德说教。每个人都有一些内在的伦理观，这是我们的行动准则。同理，我们每个人都有特定的信念（无神论也是一种信念），经济学也不例外。"实用主义者认为自己不受任何知识的影响，他们通常不过是一些腐朽经济学家的奴隶……迟早的事，是思想而非既得利益决定了善恶。"[16]

···

本书主题：元经济学

本书由两卷构成：第一卷，我们探寻神话、宗教、神学、哲学和科学中的经济学。第二卷，我们探索经济学中的神话、宗教、神学、哲学和科学。

我们将探寻整个文明史以寻找答案，从文化的开端，一直到当前的后现代时代。有些历史总是在改变后代（以及我们当前）对世界经济学的看法，我们的目标不是审视每一个这样的变化时刻，而是着眼于发展过程中的短暂片刻，或者是驻足于特定的历史纪元（吉尔伽美什时代、希伯来人和基督徒时代等）或重要的人物（笛卡儿、曼德维尔、斯密、休谟、穆勒等），他们改变了人类的经济认识发展。我们的目标是讲述经济学的故事。

换句话说，我们试图绘制经济思潮的发展脉络。我们提出的问题先于任何经济思想起源之前，既包括哲学方面，也在一定程度上包括历史方面。我们要探寻的领域位于经济学边界上——更多情况下超越了这一边界。我们可以称之为原经济学（模仿"原社会学"这一术语），或者更恰当地说是元经济学［模仿"元哲学"（形而上学）这一术语］。[17]从这种意义上说，"经济学的研究过于狭窄、过于支离破碎，会难以得出有效的见解，除非它与元经济学相结合"。[18]一种文化或研究领域的更重要因素，例如经济学，存在于一些根本假设中。新纪元内所有不同体系中的信徒都无意识地持有这种假设。这些假设似乎过于明显，以至于人们不知道他们在假设什么。因为他们根本没有其他的表述方法，正如哲学家艾尔弗雷德·怀特海（Alfred Whitehead）在《观念的历险》（*Adventures of Ideas*）中描述的一样。

我们究竟在做什么？为什么？（伦理上）我们能够做所有（技术上）可以做到的事情吗？[19]经济学的要旨是什么？所有努力的目的是什么？我们真正信仰的是什么？我们的（通常是未知的）信仰来自何处？如果科学是"我们奉为圭臬的信仰体系"，那么这些信仰是什么？[20]由于经济学已经成为解释和改变今天世界的关键领域，因此所有这些问题都有必要提出。

根据后现代主义的时尚，我们将试图采用哲学、历史、人类学、文化和哲学的方法去理解元经济学。本书旨在探索人类在经济学方面的认识是如何形成的，继而思考这种认识。不管是有意识的还是无意识的，经济学赖以运行的几乎所有关键概念都有一段悠久的历史，而且这些概念的根源远远超出了经济学的范畴，有时甚至完全超出了科学的范畴。现在，让我们开始探索经济学信仰的源头、这些思想的根源，及其对经济学的影响。

....

经济学的色彩

我认为，主流经济学家已经放弃了经济学很多丰富多彩的方面，而且过度沉迷于黑白分明的经济人概念。这一概念忽视了善与恶的问题。我们已经给自己强加了一种无知和愚昧，而这种无知和愚昧往往导致人类行为的最重要驱动力被忽视。

我认为，我们从哲学家、神话、宗教和诗人身上学到的许多智慧至少与严格而精密的经济行为、数学模型所带来的一样多。我认为，尽管教科书说经济学是一门价值中立的科学，但经济学应该寻求、探索和讨论其自身价值。我认为，教科书上的说教一点也不属实，而且经济学中的宗教、神话和原型比数学因素更多，经济学中的数学只是（历史的）冰山一角。我认为而且试图证明，对于经济学家以及更广泛的受众来说，学习各种资源至关重要，例如，《吉尔伽美什史诗》《旧约》、耶稣和笛卡儿等。而且，当我们观察这些思想的开端与源泉时，能够更好地理解我们思考方式的发展轨迹。只有这样，我们才能够在当今复杂的社会网络中对其进行定位。在当今的社会里，这些思想的影响依然十分强大，但往往为人们所忽视。

我认为，要成为一名好的经济学家，前提是先做一名好的数学家、哲学家或者其他领域的专家。我认为，我们过度强调了数学的重要性，却忽视了人的本性。这进而演化出一边倒的人为模型，在涉及理解现实方面，这些模型经常一无是处。

我认为，对元经济学的研究至关重要。我们应该超越经济学，研究"幕后"的本质，这些本质所体现的思想经常成为我们理论中未曾说清楚但却占主导地位的假设。令人惊奇的是，经济学充满了太多无聊的同义反复，经济学家对此却基本一无所知。非历史视角已经成为经济学中的主导因素，我认为这是错误的。我相信，在理解人类行为方面，更重要的是研究各种思想的历史演化，这些思想塑造了我们自身。

规范经济学与实证经济学之间有着旷日持久的冲突，本书可以促使这一争论尘埃落定。我认为，规范的神话和寓言在古代所起的作用，现在被科学模型取代了。这并非一无是处，但我们应该公开承认这一点。

我认为，与人类有关的经济问题在亚当·斯密之前就已经存在很久了。我认为，对经济学价值的探索并非始于亚当·斯密，但他是集大成者。现代的主流经济学声称源自古典斯密经济学，却忽视了伦理观。善与恶的问题是古典辩论中的主导问题，然而在今天，人们甚至羞于谈及这一问题。我还认为，亚当·斯密的著作广为传诵，却被人误解了。传统认为，亚当·斯密对经济学的最大贡献在于提出了几个重要概念，包括市场无形之手和自私自利、自我中心的经济人，尽管他从来没有使用过这两个术语。我认为，他的贡献远不止于此，他对经济学最大的贡献在于伦理观。关于他的其他思想，已经有人在他之前清晰地表述过，不管是专业分工（色诺芬），还是市场无形之手。我试图证明，关于市场这只无形之手这一概念，其发展历史非常久远，远在亚当·斯密之前。这一概念的痕迹甚至可以追溯到吉尔伽美什史诗时代、希伯来思想和基督教时代，古希腊诗人阿里斯托芬（Aristophanēs）和托马斯·阿奎那（Thomas Aquinas）对此都有过明确的论述。

我认为，现在恰好是对我们的经济学方法进行重新思考的时机，因为在现在这个债务危机时代，人们关注时局，而且愿意倾听。我认为，虽然我们掌握了复杂的数学模型，但从最简单的礼拜天学校故事中，例如约瑟夫和法老的故事，我们并没有真正学到经济学经验。我认为，我们应该重新思考只关注增长的思维方式。我相信，经济学可以成为一门富有魅力的学科，能够吸引广泛的受众。

从某种意义上说，经济学就是对经济人的研究，更重要的是，它也是对经济人内在动物思想史的研究。本书旨在研究人类理性的进化，以及情感和非理性方面的进化。

....

好奇的界限及一点声明

经济学肆无忌惮地将其思考体系应用到了传统上属于宗教研究、社会学和政治学的领域。既然它有这个胆量，为何不反其道而行，从宗教研究、社会学和政治学的角度观察经济学？既然现代经济学敢于解释教堂的运作，或者对家庭关系进行经济分析（经常会有有趣的新发现），为何它不敢研究理论经济学，就像我们对宗教系统或个人关系所进行的分析那样？换句话说，为何不从人类学的角度审视经济学？

若想从这种思路观察经济学，我们必须首先跳出经济学。我们必须敢于触碰经济学的边界——甚至超越这个边界。维特根斯坦（Wittgenstein）有个形象的比喻，他说观察周围事物的眼睛从不观察眼睛本身。同理，若想研究某个对象，从局外的角度观察这个对象总是有必要的。如果做不到这一点，至少也该使用一面镜子。在本书中，我们将使用的镜子是人类学、神话、宗教、哲学、社会学和心理学——任何能够让我们看到更清晰映像的"镜子"。

在此，至少要作出两点说明。首先，如果我们从周围的任何事物中观察我们自己的映像，我们经常得到的是破碎的、不同的图像。本书不希望提出任何错综复杂的系统，原因很简单，这样的系统并不存在。此外，举例来说，我们也不会涉猎整个苏美尔文学，尽管如果我们对之进行彻底的研究，我们肯定会发现一大堆颇有启发意义的思想。我们将讨论希伯来和基督教中与经济学有关的部分，但是我们也不会研究整个古代与中世纪神学。我们的目标是筛选出关键性的影响与革命性的概念，这些影响与概念塑造了今天经济学的既成理论。这种方法看似广泛，而且有点互不相干，但正如保罗·费耶拉本德在很久之前所说的："所有的思想都能够丰富我们的知识。"[21]我们永远不可能准确地预测到促进进一步发展的科学灵感的源泉到底在哪里。

下一个说明与对这些领域可能的简化或曲解有关，作者发现这些领域有着重要的经济意义，尽管它们与经济学分属完全不同的领域。今天，科学就像藏在象牙塔里一样，这儿有数学掩护，那儿有拉丁语或希腊语保护，还有历史、公理和其他各种神圣的形式。因此，科学家们可以享受不该有的庇护，免受评论家、其他领域和公众的监督。但科学必须是开放性的，否则就像费耶拉本德所形容的，科学从一开始就会变成一门精英宗教，向公众散发集权主义的光芒。用捷克裔美国经济学家雅罗斯拉夫·万尼奥克（Jaroslav Vanek）的话说：“不管幸与不幸，人的好奇心不会局限于其专业范围内。”[22]如果本书能够为读者带来一些新的感悟，使经济学与其他领域得以融合，那也是本书的存在理由之一。

这不是一本彻底研究经济思想史的著作。相反，作者只会选取几章，从更宽泛的角度讨论经济思想的历史，并分析经济思想史的影响，这些影响经常被经济学家和公众所忽视。

本节中包含不少引用语，通过使用原作者的话，以最真实的方式还原了遥远过去的宝贵思想。如果我们只是一味地解释古人的话，那么，这个时代的真实性与精神将荡然无存，这是一个令人遗憾的损失。对于涉及的相关问题，可通过注释进行更深入的研究。

内容：七个纪元，七个主题

本书分为两部分：第一部分以历史的发展脉络为线索，以七个重大时代为焦点，着重讨论七个主题，然后在第二部分对其进行总结概括。因此，第二部分是主题性的，篇幅较短。在这一部分，主要归纳前面的七个主题，并进行综合考虑。从这种意义上说，本书有点像一个矩阵，你可以以历史为主线，也可以以主题为主线，或者两者兼顾。七个主题如下：

贪婪的需要，消费与劳动的历史。在这一主题中，我们首先从最古老的神话开始谈起。在这些神话中，劳动被视为最原始的人类欲望，人们劳动是因为它会带去愉悦。之后，（由于贪得无厌）劳动变成一种诅咒。上帝或众神诅咒一切劳动（《创世记》、希腊神话），或者诅咒过多的劳动（吉尔伽美什）。我们将分析欲望和贪念的起源，或称需求。然后研究禁欲主义的各种概念。随后，轻视世界的奥古斯丁教义（Augustinian）盛行一时；阿奎那（Aquinas）扭转思想的天秤，物质世界的思想开始受到世人的注意和重视。直到这时，对灵魂的偏爱一直占据主导，而对身体和世界的需求被淡化。随后，思想的天秤再次向相反的方向倾斜，朝着个人主义或功利主义的消费观发展。然而，从纪元开始之时起，人类就已被打上这样的印记，即自然的非自然生物。由于各种不同的原因，人类追求外物。贪得无厌、物质主义和精神主义都是人类的内在本质，早在最古老的神话和故事中，这些本质特征就已经显现出来了。

进步（自然与文明）。 文明将人类自身从自然中解放出来，但同时也带来了恩启都。在文明（理性）的人类内心中存在着一种兽性，即野蛮的恩启都。在后来的思考中，自然现象消失了。[23]今天，我们陶醉于进步的思想中，但在人类历史之初并不存在进步概念。那时的人们认为，时间是周期性的，人类并没有期待影响历史的运行。随后，信仰线性时间的希伯来人登上了历史舞台，然后是基督徒，给我们带来了现在持有的理想概念（或者说是放大了的希伯来人的理想概念）。随后，古典经济学家为进步赋予了世俗化的特征。我们是如何进入今天的进步轨迹，并为增长而增长？

善恶经济。 我们将讨论一个关键问题——（从经济的角度看）善有善报吗？我们首先讲述吉尔伽美什的史诗，这里开始出现善与恶的道德观，但两者并未结合在一起。而另一方面，在希伯来人的思想中，伦理观开始成为解释历史的主导因素。古代的斯多葛学派（禁欲主义）并不赞成考虑善的收益；而与此相对应的享乐主义者认为，任何能够带来收益的事情，总的来说都是善的。通过神圣的宽容，基督教的思想打破了善与恶之间清晰的因果关系，将善与恶的因果报应转移到来世。这一主题在曼德维尔和亚当·斯密时期达到了顶峰。它们体现在今天著名的争辩中，即产生公共的利益和个人的恶。之后，约翰·斯图尔特·穆勒（John Stuart Mill）和杰里米·边沁（Jeremy Bentham）在类似的享乐主义基础上创建了功利主义。伦理观的整个历史就是努力创建一个公式，以说明人类行为的伦理准则。在最后一章，我们将说明效用最大化的同义反复，而且将讨论"善最大化"的概念。

市场无形之手和经济人的历史。市场无形之手这一思想有多古老？在亚当·斯密之前，市场无形之手这一概念已经在人类中间存在了多久？我们将试图证明市场无形之手这一概念的预兆几乎无处不在。我们能够成功地利用自然利己主义，这种恶也有其善的一面，这一思想属于古老的哲学和神话概念。我们还将探究经济人特征的发展，直至"经济人"的最终诞生。

动物精神的历史——梦想永不息。在这一主题中，我们将研究人类的另一方面——不可预测性，通常是一种理性和原型。我们的动物精神受英雄原型的影响，以及受我们如何理解善这一概念的影响。我们似乎（从本体论上说）害怕两件事——我们身上的动物因素和机械因素。

元数学。数字是世界的真正基础，经济学是从何处得到这一概念的？在此主题中，我们想证明经济学如何以及为何演变为机械分配的领域。我们为何相信数学是描述世界（甚至是社会互动的世界）的最佳方式？数学是经济学的核心，或仅仅是其中的冰山一角？

真理大师。经济学家信仰什么？经济学家的宗教是什么？真理的特征是什么？从柏拉图时代开始，人类就已经开始努力将科学从神学中剥离出来。经济学是一门规范学科，还是一门实证学科？追根溯源，真理最初存在于诗歌和故事中，但是今天，我们将真理视为某种具有数学特征的科学事物。人们去何处追求真理？在我们的时代，到底是谁"拥有真理"？

实用问题及定义

当我们在本书中提到经济学时，我们是指对这一概念的主流认识，或许最佳代表是保罗·萨缪尔森（Paul Samuelson）。当提到经济人这一概念时，我们主要是从经济人类学的角度理解这一概念。它的概念内涵是一个理性的人，以其狭隘的自我主义为动机，追求自身利益的最大化。我们将避免纠缠这一问题，即从严格意义上说，经济学是否算做一门科学。所以，尽管我们偶尔将其看做一门社会科学，我们通常仅仅指经济学领域。对于经济学，我们应从更广泛的角度去理解它，而非仅仅涉及商品与服务的生产、分配和消费。我们将经济学视为对人类关系的研究，这种关系有时是以数字的形式表示，有时讨论可交易商品，但有时也讨论不可交易商品（例如友谊、自由、效率和增长等）。

我有幸经历过三种人生体验。我曾在学术界工作多年，学习、研究并教授理论经济学（与元经济学困境有关）。我还曾多年担任经济顾问，研究经济政策，担任过我们捷克前总统瓦茨拉夫·哈维尔（Václav Havel）的顾问和财政部长顾问，后来担任总理顾问（主要涉及经济政策的实际应用方面）。我同时还是一些主要经济日报的定期专栏作家，为大众读者写一些关于实用经济学方面的文章，有时也写一些哲学方面的文章（简单地说，试图结合不同的研究领域），这既是我的义务，同时（经常）也是我的荣幸。这种人生经历让我领会到经济学每一方面的局限和优势。这种三重分裂（经济学的意义是什么？我们如何在实践中应用它，以及如何以一种可以理解的方式，将其与其他领域结合？）一直伴随着我。不管是好是坏，我在此呈现的这本拙作，是上述努力探索的结果。

注释
1 亚历山大·蒲柏，《世界之谜》（*The Riddle of the World*）。
2 色诺芬，《经济论》（*Oeconomicus*），II.，12。此处的经济学是指家庭管理。
3 来自希腊语"oikonomia"一词。oikos指家庭，nomos指管理。
4 然而，我们至今依然不知道此类事物由何构成。比如，从一定程度上说，我们理解手表代表的是时间，但我们并不知道时间的真正本质。我们理解手表的机械构造，所以可以说，我们理解自己构造的部件。
5 在此，我们在比较宽泛的意义上使用"科学"一词。至于科学与非科学的区别，我将在本书第二部分进行更详细的讨论。
6 费耶拉本德，《反方法》（*Against Method*），第33~34页。
7 荣格，《心理学与宗教》（*Psychology and Religion*），第41页。
8 斯密，《道德情操论》（*The History of Moral Sentiments*），vii.iv.，第25页。

9 席勒，《动物精神》（*Animal Spirits*），"故事"一章，第51页。

10 坎贝尔，《赖以为生的神话》（*Myths to Live By*），第97页。

11 萨卢斯特，《论神与世界》（*On the Gods and the World*），卷Ⅳ："五种神话，各举一例"（*That the Species of Myth are Five, with Examples of Each*）。

12 这是作者的大意解释。约翰·斯图尔特·穆勒的原话是：才疏学浅者不会成为出色的政治经济学家。出自约翰·斯图尔特·穆勒的《论道德、宗教与社会》（*Essays on Ethics, Religion and Society*），《约翰·斯图尔特·穆勒作品选集》（*Collected Works of John Stuart Mill*）第10卷，第306页。

13 纳尔逊，《作为宗教的经济学》（*Economics as Religion*），第38页。

14 纳尔逊，《作为宗教的经济学》，第132页。

15 怀特海，《观念的历险》（*Adventures of Ideas*），第130页。

16 凯恩斯，《就业、利息和货币通论》（*The General Theory of Employment, Interest, and Money*），《约翰·梅纳德·凯恩斯作品选》（*Collected Writings of John Maynard Keynes*），第383页。

17 "元经济学"一词由卡尔·门格尔于1934年首次提出。"当他创造'元经济学'一词时，他并没有考虑在经济学中对伦理进行重新整合。他当时考虑的是将经济学与伦理观整合为一个连贯的逻辑模式，两者之间并无联系。"贝基奥（2009）。

18 舒马赫（1973），第31页。正如布鲁克斯（Brookes）（1992）所概括的："舒马赫……设想出一门高级的学科——他称之为元经济学。这门学科的基本原则在其著作的副标题中得以体现：在人的因素比较重要的前提下对经济学的研究。他认为，在作出经济决定的时候，过多地考虑人的需要与环境，虽然不会为这门冰冷、没有良知的学科带入太多人性气息，但可以为解决世界的基本社会问题带来新的希望。"

19 关于捷克神学家托马斯·哈力克提出的这个关键问题，详细解释见《还有希望》（*Stromu Zbývá Naděje*）。

20 波兰尼，《个人知识》（*Personal Knowledge*），第171页。

21 费耶拉本德，《反方法》，第33页："所有思想都能够丰富我们的知识，不管它们看似多么古老或荒唐。"

22 瓦奈克，《参与经济》（*The Participatory Economy*），第7页。

23 社会学家依然怀有完美经典（古朴）社会的理想。然而另一方面，关于我们人类的个性，心理学家认为其中文明的因素和动物的因素可以完美统一。其次，他们都认为完美的状态存在于过去，而经常对现在的发展进一步表示怀疑。在这些方面，经济学家可能是唯一认为完美状态存在于未来的人。

01

第1章
CHAPTER 1

吉尔伽美什史诗：论效率、永生及友谊经济学
THE EPIC OF GILGAMESH:
On Effectiveness, Immortality, and
the Economics of Friendship

- 吉尔伽美什史诗：论效率、永生及友谊经济学
- 徒劳的爱
- 让我们砍倒雪松
- 介于动物与机器之间的——人类
- 大陆风尚，畅饮啤酒
- 自然的自然
- 罪恶的文明？
- 驾驭野蛮的恶魔和掌握市场无形之手
- 寻找极乐点
- 结论：经济问题的根源

吉尔伽美什，你为何游荡？你苦苦追寻的永生并不存在⋯⋯
尽情欢愉吧，不管黑夜与白天，日夜寻欢跳舞吧。

——《吉尔伽美什史诗》

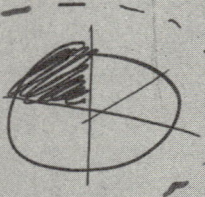

吉尔伽美什史诗：
论效率、永生及友谊经济学

　　《吉尔伽美什史诗》的历史可以追溯到4000多年前，[1]它是人类现存最古老的文学作品。最早的文字记载来自美索不达米亚，最古老的人类遗迹也在此。总的来说，我们的文明及人类本身都发源于此。[2]这部史诗为后来的许多故事提供了灵感，它至今仍主导着神学。不管是大洪水的主题还是对永生的探寻，只是形式有了或多或少的变化。然而，甚至是在这部人类已知最古老的作品中，我们今天视为与经济学有关的问题也扮演着重要的角色——如果我们想探寻经济问题的历史轨迹，我们最远只能走到这里，因为这里就是根源。

　　在这部史诗之前，只有很少一部分物质遗迹保留了下来。而且在遗留下来的书面记载中，只有一些支离破碎的片段与经济学、外交、战争、魔力和宗教有关。[3]正如经济史学家尼尔·弗格森（Niall Ferguson）（有时嘲讽似的）所说，这些遗产"提醒我们，当人类首次开始对其活动进行书面记载时，他们这样做的初衷不是为了书写历史、诗歌或哲学，而是为了做生意"。[4]但是，《吉尔伽美什史诗》却见证了相反的方面——尽管事实上，我们祖先最早的文字记录陶片（例如笔记）可能与商业和战争有关，但最早的书面故事主要涉及伟大的友谊和冒险。出人意料的是，史诗中并没有提及金钱或战争，例如，在整部史诗当中，没有任何人出售或购买过物品。[5]没有国家之间的征战，甚至没有一处提到诉诸武力威胁。这是一个关于自然与文明的故事，讲述的是英雄主义，对神和邪恶的蔑视与对抗；这是一部关于智慧、永生，同时也是关于徒劳的史诗。

　　尽管这部史诗具有如此重要的价值，但它似乎完全被经济学家忽视了，没有任何关于《吉尔伽美什史诗》的经济学文献。同时，这是我们首次目睹人类文明对经济学的漠视。一些著名概念的起源都被忽视了，例如市场及其无形之手、利用自然财富和努力实现效用最大化的问题等，在情感的作用、"进步"

的概念、自然状态，以及与首批城市创建有关的劳动力分工之间出现的困境。本书独辟蹊径，第一次试图从经济学的角度来解读这部史诗。[6]

　　然而，首先让我们简要地总结一下《吉尔伽美什史诗》的故事情节（我们将在稍后更详细地介绍）。吉尔伽美什是乌鲁克城的统治者，他是一个半神的超人："他身上具有三分之二的神性，三分之一的人性。"[7]在这部史诗中，故事首先开始描述吉尔伽美什正在修建一道围绕城市的城墙，这道城墙完美、宏大，而且永不倒塌。但他对待其工人和臣民却冷酷无情，作为惩罚，众神派出野蛮人恩启都去阻止吉尔伽美什。但是，两人却成了好朋友，几乎形影不离，并且一起做出了许多英雄事迹。后来，恩启都死了，吉尔伽美什开始探寻永生之法。他克服了无数艰难险阻，却始终找不到永生之术，连一点蛛丝马迹也没有发现。故事的结局回到了史诗的开篇——赞美乌鲁克城墙的颂歌。

徒劳的爱

　　吉尔伽美什努力修建一道前无古人的城墙，这是整个故事的中心情节。吉尔伽美什不惜一切代价，试图提高其臣民的效能和效率，甚至禁止他们与妻儿老小见面。所以，人们开始向众神诉苦：

　　吉尔伽美什残酷地奴役乌鲁克城的年轻人，

　　他让慈父见不到爱子，

　　他让少女见不到新郎。

　　勇士的女儿，应是少年的新娘。[8]

　　这与城市在崛起过程中的地位有直接关系，即城市成为管理郊区的中心。"乡村邻居这时有了距离，他们不再熟悉和平等，他们沦落为仆人，其生活受到各种权贵的监督与控制，例如军官、文官、地方长官、维齐尔（译者注：伊斯兰教国家高官）、士兵等，后者直接对国王负责。"[9]

　　这一原则如此遥远又如此贴近。甚至在今天，我们也生活在吉尔伽美什的设想中，即人际关系以及人性本身会阻碍工作和效率。如果人们不把时间和精力"浪费"在徒劳的事情上，应该取得更多的成就。即使在今天，我们仍经常把人性领域（人际关系、爱情、友谊、美丽和艺术等）视为没有收益的事情。也许唯一的例外是繁衍，唯一一个真正与生产有关的事情。

这种做法不惜一切代价，只求效率最大化。这是以牺牲人性为代价的经济强化，去除了人类身上的所有人性气息，退化为纯粹的生产单位。源自捷克语的"机器人"[10]这个美丽的词汇完美地表达了这一点。这个词来自古捷克语和斯拉夫语的"罗伯塔"（robota），意思是"工作"。退化为纯粹工作机器的人就成了机器人。这部史诗为卡尔·马克思提供了很大灵感，他顺手拈来，将其作为一个绝好的史前例证，用以说明个人遭受的剥削，以及与家人和自身之间的隔阂。[11]

从远古时代起，将人们变成会说话的机器人，这样的统治一直是暴君们的梦想。每一个暴虐的统治者都认为家庭关系和友谊会阻碍效率的提高。在社会乌托邦中，或者更准确地说，在反乌托邦中，把人变成生产和消费单位这种尝试也显而易见。这种经济需要的仅仅是会说话的机器人，正如经济人模型所漂亮地——尽管也是非常痛苦地——展示的那样，经济人纯粹是一个生产和消费单位[12]。下面是几个这种乌托邦或者反乌托邦的例子：在柏拉图设想的理想国度中，他不允许士兵家庭抚养自己的孩子，而是必须在孩子出生后，立即将孩子送到专门的机构中。[13]反乌托邦也有几个类似的例子，例如，赫胥黎（A. Huxley）的《美妙的新世界》（*Brave New World*）和奥威尔（G. Orwell）的《一九八四》，在这两部小说中，人类关系和情感（或者说任何人性的表达）都是被禁止的；一旦触犯，会遭到严厉的惩罚。爱情是"毫无必要的"、徒劳的，友谊也是如此。这两种情感对集权主义体系具有破坏性（正如在小说《一九八四》中所明确表现的那样）。友谊也是毫无必要的，因为即使没有这玩意儿，个人和社会也能生存。[14]正如刘易斯（C. S. Lewis）所说的："友谊可有可无，就像哲学和艺术一样……它本身没有什么存在的价值，仅仅衬托出存在的价值。"[15]

在很大程度上，今天的主流经济学有点类似于这样的概念。新古典经济学的模型将劳动视为产品函数的输入值。但是，这样的经济学并不知道如何在其框架中构建人性（人类特征）。然而，会说话的机器人却很适合这样的经济学框架。正如约瑟夫·斯蒂格利茨（Joseph Stiglitz）所说："新古典经济学最伟大的'创造'（有人说是'见解'）之一是，将劳动视为与其他任何生产要素同类的因素。输出被描绘为输入的函数——钢铁、机器和劳动。数学公式将劳动视为与任何其他商品一样的东西，让人们慢慢地习惯于相信劳动也是普通的商品，诸如钢铁或塑料。但是，劳动与其他任何商品之间有着很大的不同。对于钢铁来说，工作环境无关紧要，我们不需要关心钢铁的福利。"[16]

让我们砍倒雪松

但是，存在着一些经常与友谊混淆的因素，一些社会和经济非常需要的因素。即使是最早的文化也明白合作在工作方面的价值——我们今天称之为团体性、伙伴关系，或者用通俗的说法来说，即同志。对社会和公司来说，这些"次要的关系"大有裨益，而且非常必要。因为如果人们能够在人性方面互相合作、互助帮助，工作效率将会得到很大提升。团队合作预示着业绩的提升，而且人们经常聘用专业化的公司进行团队建设。[17]

真正的友谊变成了《吉尔伽美什史诗》的中心主题，但是它源自与团队合作截然不同的题材。正如刘易斯准确描述的那样，友谊完全是非经济性的、非生物性的，它不是文明所必需的，是一种无关紧要的关系（与性爱或母爱相反，从纯粹的繁衍角度来看，后者是必不可少的）。[18]然而，正是通过友谊，人们共同创造出伟大的思想或事迹，从而彻底改变了社会的面貌，[19]尽管友谊经常是外在的副产品。友谊有时会不利于根深蒂固的已有系统，在这种已有系统中，个人没有勇气做完全的自我。

起初，吉尔伽美什也认为友谊是不必要的、徒劳的。直到他自己体验了与恩启都的友谊，他最终发现友谊能够带来意想不到的事情。关于友谊的力量，这是一个完美的例证，它知道如何改造（或解体）一个系统，如何改变一个人。恩启都是众神派去惩罚吉尔伽美什的，但他最终却成了吉尔伽美什的忠实朋友，而且一起对抗众神。单凭自身，吉尔伽美什永远也没有胆量与众神作对。恩启都也是如此。他们的友谊促成了他们的丰功伟绩，而他们单靠自己一个人没有可能做到这一点。神话戏剧经常包含一条友谊纽带——正如宗教学者描述的那样，朋友"害怕战争，但会彼此鼓励、英勇杀敌；在他们的梦想中寻求慰藉；在死神的宿命面前屹然挺立"。[20]

在友谊和共同理想的维系下，吉尔伽美什忘记了修建保护墙的事情（在修墙的过程中，他放弃了自己曾经最伟大的理想），而是远离城市而去，跨越了城墙的安全保护，离开了他（亲自建造）的文明世界和熟悉的土地。他进入了狂野的森林，在那里他想纠正世界的秩序，杀死芬巴巴（Humbaba）这个邪恶的化身。

> 在茂密的雪松林中，住着芬巴巴，
> 他盘踞在阴森的巢穴里，咱们要让他颤抖！
> 咱们要除去这一害，不再让他肆虐作恶！
> 出发吧，我将砍倒雪松，
> 我的英名将万古流芳！[21]

讨论一下砍伐雪松的事情。在古代的美索不达米亚，木材是珍贵的商品。深入森林砍伐这种木材是非常危险的事情，只有最勇敢的人才有胆量冒这个险。在这部史诗中，这种冒险的危险性体现在森林的恶魔芬巴巴身上。"芬巴巴守卫着雪松林，是由恩里尔（译者注：古巴比伦的精神、风和大气之神）安插在那儿的，以威胁寻找珍贵木材的入侵者。"[22]在史诗中，吉尔伽美什决心砍伐雪松林（以此获得伟大的财富，即英雄的美名），这突出了他的英雄气概。

此外，雪松被视为一种神圣的树种。雪松森林是古巴比伦的太阳神沙马什（Shamash）的圣地。在友谊的鼓舞之下，吉尔伽美什和恩启都随后决心对抗众神，将圣树转变成单纯的（建筑）材料，可以随意支配。将其纳入城市建设的一部分，成为文明的建筑材料，以此"奴役"这种所谓的圣树，而这些树木起初只是荒野自然的一部分。这是一个绝好的原始例证，说明了神圣与世俗

（现世）之间界限的转变。而且在一定程度上也是对这种思想的早期阐释，即自然是为城市和人类提供原材料和生产资源的。[23] "这次的砍伐雪松通常被视为一种'文化胜利'，因为乌鲁克城没有建筑用木材。人们认为，吉尔伽美什用这种方式，为他的城市获取了这种珍贵的材料。这一行动也可以是我们'文化胜利'的前兆，也就是说，把活的生物，不仅仅是树木，转变为原材料、供给和商品，将宇宙中的树木转变为建筑材料，这是吉尔伽美什为我们提供的证明，我们一直在狂热地追求这一目标。"[24]

在此，我们见证了一个非常重要的历史转变：人们在非自然的环境中感到更自然，例如城市。对居住在美索不达米亚的人来说，城市是他们的栖居地。而希伯来人（正如我们将稍后谈到的）仍然生活在自然中，从最初来说，他们更像游牧民族。这一过程源自巴比伦人——原始的自然纯粹成为原材料和资源的供应地。自然不再是创造并抚育人类的伊甸园，而是变成了自然资源的仓库，人们不再关心他们理应栖居的自然。

史诗中关于吉尔伽美什和恩启都挑战芬巴巴的部分，也隐藏了吉尔伽美什广受颂扬的另一个原因——他被认为发现了几片沙漠绿洲，这大大方便了古代美索不达米亚商人的旅行。"各种水井和绿洲的发现打开了一条通道，使人可以更轻易地从幼发拉底河中游行到黎巴嫩，这肯定使前往美索不达米亚的长途旅行发生了革命性变化。如果吉尔伽美什在其前往雪松树林的冒险途中首次开辟了这条通道，那么理所当然的是他应该被授予发现生存技能的荣誉，因为这一技能使得沙漠旅行成为可能。"[25]吉尔伽美什成了一个英雄人物，不仅是因为他的力量，也是因为他的发现和事迹，在经济方面有着重大价值——砍伐松林，直接获得建筑材料；阻止恩启都摧毁乌鲁克的经济；在冒险途中发现新的沙漠通道。

介于动物与机器之间的——人类

征服蛮荒的自然是一项大胆的壮举，吉尔伽美什之所以敢这么做，是因为他与恩启都的友谊。但是最终，具有讽刺意味的是，这次针对众神的反叛却有利于实现众神的最初计划——因为与凶猛的恩启都之间的友谊，吉尔伽美什放弃了城墙的修建。与此同时，通过他自身的经历，他无意中验证了自己的理论，即人类关系确实有碍于他成名之墙的修建。他随后放弃了城墙的修建，与好友去冒险，跨越了这堵城墙。他不仅放弃了在修建城墙中寻求长生不死，而且开始与好友一起创造各种英雄事迹。

这段友谊使两个人都发生了改变。吉尔伽美什曾经是一个令人憎恨的冷酷暴君，他将手下臣民变成了带感情的机器人。后来，他放弃了藏在乌鲁克城墙后的冷酷尊严，在其动物精神的鼓舞下投身于蛮荒的冒险中。[26]尽管凯恩斯将这个概念理解为行动的本能冲动，但他不一定真正考虑过我们思维中的兽性。不过在此情形下，我们或许可以暂时考虑一下我们（将要成为理想经济的）个性中的动物因素。他的朋友恩启都，其动物本质被转移到了吉尔伽美什身上（他们离开城市，转身前往自然，响应未知冒险的号召……）

那么恩启都发生了怎样的转变呢？如果说吉尔伽美什是一个象征，代表着近乎神一般的完美、文明和真正的城市暴君，在他眼里，臣民都只不过是机器，那么，恩启都最初代表的是完全相反的形象。他是兽性、不可预测性、不可驯服性和野性的人格化。他的动物本性也体现在身体特征方面，"他全身长满了浓密的毛发……头发就像大麦一般茂密"。[27]在这种情况下，恩启都与吉尔伽美什的友谊象征着转变为人的过程达到了顶点。从相反的方向前进，两个英雄都变成了人。

在这种情况下，从心理层面分析一下这个故事，这可能有助于我们的理解："恩启都是吉尔伽美什的至交，是他灵魂中黑暗、兽性的一面，是对他焦躁不安的心灵的一种补充。在吉尔伽美什与恩启都交往的过程中，他从一个令人憎恨的暴君变成了城市的守护者……由于这段友谊，两个巨人都具备了更多的人性。一个具有一半的神性，另一个具有一半的兽性，现在都变成与我们类似的生灵。"[28]我们身上似乎存在着两种倾向，一个是经济的、理性的，寻求掌控一切、效用最大化、寻求效率等；另一个是野蛮的、如动物一般，不可预测，而且无理性。人性似乎介于两者之间，或者说两个倾向兼而有之。在本书的第二部分，我们将再次讨论这个话题。

大陆风尚，畅饮啤酒

那么，恩启都是如何成为文明的一部分的，即人性？在恩启都从动物向文明人的转变之初，吉尔伽美什为他设计过一个陷阱。他告诉妓女沙姆哈特"为这个人做女人之事"，[29]于是恩启都经历了六天七夜的性爱，当他起身之后，一切都变了……

> 他从这个女人身上得到了充分的满足，
>
> 转身向他的兽群望去。
>
> 羚羊看到恩启都后，四散而逃，
>
> 田野中的野兽对他慌忙避让。
>
> 恩启都的身体发生了巨变，[30]
>
> 兽群四处奔跑，而他的双腿却一动不动。
>
> 恩启都的力量衰弱了，不能再如以往那样飞奔，[31]
>
> 但他现在具备了理性，深刻的理解力。[32]

恩启都最终丧失了他的动物本性，因为"他的兽群冷落他，尽管他在其中长大"。[33]他被带到城市，梳洗穿衣，吃起了面包，喝起了啤酒：

> 恩启都，吃面包，这是生命的精华，
>
> 喝麦芽酒，这是大陆的命运。[34]

经历过这一切之后，他最终"变成了一个人"[35]，恩启都进入了一个（特别的）社会，在这个社会中，他获得了一些未开化的大自然无法为他提供的东西。他远离了自然——他走进了城市的围墙。这样，他变成了一个真正意义上的人。但是，这一转变是不可逆转的，恩启都无法再回到他之前的生活状态，因为"田野中的野兽对他慌忙避让"。[36]大自然不会再接受一个离开了自己怀抱的人。"自然，（人）长久前的栖居地，成为了外面的世界，远在城墙之外。它变得陌生，而且不再友善。"[37]

在这个从动物向人类转变的重要时刻，这部世界上现存的最古老的史诗含蓄地暗示了一些非常重要的事情。在此，我们看到了早期文化所认为的文明的开端。这里描绘了人与动物之间的差异，或者更准确地说，与野蛮人的区别。在此，史诗静静地刻画了人类诞生的一幕，即有意识的文明人苏醒的时刻。我们见证了人性从动物身上的解放，就像一座雕塑从石头里脱胎成形。恩启都以前生活在纯天然的原始自然中，获得个人需要的满足，没有任何改变自然的想法。之后他从这种状态转移到了城市，这是一个自然之外的人工环境，是文明生活的原型。"他将继续生活在城市这个由人类创造的世界中；他将在那儿过上富裕的生活，而且安全、舒适；他将靠面包和啤酒生存，这些奇怪的食物由人类的双手费尽心思地为他准备。"[38]

人类极力争取尽可能地独立于自然之外，这主导了整个文明历史。[39]文明的发达程度越高，个人免受自然及其影响的程度也就越高，而且能更好地知道如何根据自己的喜好在周围创造稳定或可控的环境。我们的菜谱不再依赖于庄稼收成、野兽打猎，或者时令蔬果。不管外面是严寒还是酷暑，我们都能设法在屋内保持恒定的温度。

在《吉尔伽美什史诗》中，我们看到人们首次尝试创造宜人而恒定的生活环境——最好的例子是乌鲁克城修建的城墙，这使得乌鲁克成为文明的摇篮。[40]这一恒定性也与人类活动、劳动有关。人们对自己专门从事的事情更加擅长，而且如果他们能够依靠其他人的劳动满足自己的需要，社会将变得繁荣富足。长久以来，单独的个人已经不再需要自己做衣服和鞋子，不需要亲自打猎、种庄稼或准备食物，不需要寻找水源或打井。[41]这些功能由市场专业化的机构取代（显然，在亚当·斯密将市场描述为国家财富主要来源的很久以前，市场就已经开始发挥重要作用[42]）。因此，每个人从事他们认为对社会最有价值的事情，其他大量工作需要靠他人的专业服务完成。

该史诗抓住了劳动分工发展过程中最大的跨越之一。乌鲁克城本身是人类历史上最古老的城市之一。在史诗中，它反映了人类朝专业化分工发展的历史性进步，即新的社会城市管理方向。由于城墙的存在，城里的人可以专心致力于其他事务，而无须担心自身的安全。他们可以继续进行更深入的专业化分工。靠城墙保护的城市也赢得了令人瞩目的持久性。城市中的人类生活增添了新的方面，而且突然之间，从事超越个人寿命的活动变得更加自然。"城墙象征并创造了城市作为机构的持久性，它使得城市可以永远存在，从而给城市中的居民以无限的安全感，促使他们以更远大的目光去投资，超越了个人生命的界限。乌鲁克的繁荣和富裕就是由其城墙的确定性所支撑的。坦白地说，乡下人对此惊讶不已，而且还可能因此嫉妒城里人。"[43]

从经济的角度看，加固城市的建造带来了一些重要变化。这些变化不仅表现在城市居民的专业化程度更高，而且存在着"手艺与贸易的可能性，人们可以通过买卖发财致富——当然也可能倾家荡产。对于那些没有土地的人、没有继承权的子女、被驱逐的人，以及来自世界各地的投机者和冒险者，贸易的存在为他们的生计提供了可能"。[44]

但凡事都有代价，世上没有免费的午餐，即使繁荣的过程也是如此，尽管专业化已经为我们铺平了道路。我们独立于自然的掌控，需要付出的代价就是依赖社会和文明。一个特定社会的复杂程度越高，这个社会中的成员作为个体生存下来的可能性就越低。一个社会的专业化程度越高，我们需要依赖的成员数量就越多。[45]只要存在社会，情况便是如此。

恩启都设法在自然中独立生存了下来，不依赖任何其他人的帮助，自由地生活。因为恩启都

……不认识人，也不熟悉国家。

他和瞪羚一起吃草，

与群兽在泉眼边饮水，

与百兽在一起，他满心欢快。[46]

恩启都就像野兽，他没有自己的国度，也不隶属于任何土地。通过自己的活动，他证明自己可以满足自身的所有需要。他没有文明，属于未开化的生物。再次，我们看到了让步条件原则——恩启都自给自足（就像许多野兽那样），而反过来（或者更准确地说，正因为这一点），他的需要最小化了。与人类相比，野兽的需要微乎其微。而另外，即使在21世纪的繁荣昌盛与发达科技条件下，人们也不能满足自己的需要。因此可以说，恩启都在其自然状态中

是幸福的，因为他所有的需要都得到了满足。然而相比之下，对于人类来说，情况似乎是一个人拥有得越多，条件越好、越富裕，他的需要就越多（包括未曾满足的需要）。举例来说，如果一个消费者购买了某件商品，理论上来说，这件商品应该满足了他的一个需要——他需要的物品总数应该减去一个。而实际上，随着"我拥有的"物品总数递增，"我想拥有的"物品总数也在扩大。这里可以引用经济学家乔治·斯蒂格勒（George Stigler）的话，他深知人类的这种贪得无厌："经历过生活的人最想要的，不是从已经拥有的事物中获得满足，而是想要拥有更多、更好的东西。"[47]

在《吉尔伽美什史诗》中，外部环境的变化（从自然向城市的转变）与内在变化紧密相关——从野蛮人向文明人的转变。与其他事物一样，乌鲁克城的城墙是一个符号，象征着远离自然，象征着对自然规则的反叛。人类虽然不能控制这些律法，但能在最大限度上发现它们，并使之为人类的利益服务。

"不仅外部世界有一道围墙，人的内心也有，两者的实用目的相似：正在形成中的自我意识也起到了保护墙的作用，它将一个人的内心与其他心灵区分开来。防卫是自我的重要性格特征，吉尔伽美什同样体现了人类与自然环境的隔离，包括外部环境，也包括内心世界。"[48]而另外，这种隔离导致了迄今未被认知的人类发展新形式，以及与整个城市社会的关系。"人类精力的扩张、人类的自我膨胀……以及城市结构中许多方面的分化，都是单一转变的全部，即文明的兴起。"[49]

自然的自然

当我们谈到城市和自然时，我们的思绪可能不止一个方向。这种思路被证明非常有用，尤其是与之后的希伯来和基督教思想相比较时更是如此。我们认为，自然象征的是我们出生时的天然状态，而城市象征的却恰恰相反——发展、文明、自然的改变和进步。

整篇史诗向我们传递了一个不言而喻的信息——文明和进步是城市的主旋

律，城市是人类"自然的"栖居地。从这种角度看，人们处于自然状态中似乎并不是那么自然的事情。最终，城市不仅是人类的家，也是神的家。乌特那皮什对吉尔伽美什说道：

……舒鲁帕克城曾经闻名遐迩，

屹立于幼发拉底河岸。

这是座古老的城市——众神曾居住于此，

后来，神决定引发大洪水。[50]

只有野兽才生活在自然中，野蛮人恩启都也曾在自然中怒吼。而对于人们来说，自然只是打猎、收庄稼或采集野果的地方，只是满足我们需要的一个场所，别无他用。人们要回到城市里睡觉，成为一个"人"。相反，恶魔盘踞在自然中。芬巴巴住在雪松林中，而碰巧的是，这也是吉尔伽美什要扫平这座森林的原因。野蛮的恩启都住在自然中，他看起来像人，但本质上是野兽——因为他并不居住在城市里，不受管束，[51]而且危害一方。城市是人类、文明和非自然的象征，有必要利用围墙将城市与周围环境分隔开来。恩启都进入城市生活，因此他变成了人。

在这部史诗中，万物诞生时的自然状态都是不完美的，甚至是邪恶的。我们必须对自然进行改造、文明化和教化。那么，从象征意义的角度，我们可以按照下列方式，从史诗的角度去看待整个问题——我们的自然很匮乏、糟糕，甚至邪恶，只有通过教化和教育，从自然（性）中解放出来，才会产生好（人性）的结果。人性被视为文明的产物。

为了更充分地进行对比，我们利用之后的希伯来思想比较一下城市与自然的二元性。《旧约》则以完全不同的视角看待这种关系。人类（人性）是在自然中创造出来的，即在一个花园中。人类理应爱护伊甸园，与自然和野兽们和谐地生活在一起。人类被创造出来后不久，赤身裸体地行走，丝毫不感到羞愧。事实上，这一点与野兽并无二致。最终将野兽与人类区分开来的特征是人开始穿衣（创造物本身的自然状态对人类来说已经不够），人（实际地、象征地）自己遮掩[52]起自己——在堕落之后有了羞愧感。[53]穿衣起源于人类在自然状态时的羞愧感。因出生时的状态和赤身裸体而感到羞愧，正是穿衣将人类与野兽区分开来，将人类与其自然、出生时的状态区分开来。当《旧约》中的先知后来谈到返回天堂乐园时，他们同时把天堂描绘为与自然和谐一致的地方。

狼与绵羊和谐共处，豹与山羊并行不悖。牛犊与狮子、幼狮住在一起，一个小孩给它们带路。奶牛在熊身旁吃草，牛犊和熊崽一起嬉戏打闹，狮子津津有味地吃草，不再猎杀牛。婴儿毫无危险地在眼镜蛇的洞口玩耍，小孩子可以毫无顾忌地把手伸进毒蛇窝里。[54]

罪恶的文明？

然而另一方面，在《旧约》许多故事的字里行间，可以看到对城市文明的抵抗，对定居生活方式的反对。正是"邪恶的"农民该隐（务农，要求定居的城市生活）杀死了牧羊人亚伯（猎户和牧羊人，倾向于游牧生活，他们不建造城市，相反，他们的生活方式要求不断从一个狩猎场或牧场迁往下一处）。类似的因素也体现在雅各的故事背景中。雅各过着定居生活，他愚弄、欺骗[55]了他的兄弟以扫，[56]剥夺了父亲对以扫的祝福，自己取而代之。

城市经常被视为罪恶、堕落和颓废的象征（至少在更古老的犹太作品中），代表着非人性。[57]希伯来人最初是游牧民族，他们避免城市生活。因此毫不奇怪的是，《圣经》中提到的第一个重要城市是自负的巴比伦[58]，上帝随后将它夷为平地。当亚伯兰和罗得的草场变得越来越小时，罗得选择去城市（索多玛和蛾摩拉生活，而亚伯兰深入沙漠，继续过着游牧的生活）。在此，没有必要重述这两座城市的堕落——这是妇孺皆知的故事。

《旧约》借用诗歌提升了自然的地位，而在《吉尔伽美什史诗》中，我们却没有发现任何此类用法。《旧约》中有一篇《所罗门之歌》，采用自然象征手法描写了情人的状态。情人间的所有甜蜜时光都是在自然中上演，在葡萄园或花园中，远离城市，这就不足为奇了。但是，不愉快的事情都发生在城市中——侍卫殴打、羞辱自己的情人；情人在城市中找不到彼此的踪迹。但在自然中，在葡萄园和花园中（让我们想起创世时的伊甸园），情人们非常安全，再度重逢，而且不受打扰，随心所欲地生活。

总之，对希伯来人来说，自然和自然性有着积极的价值，而城市文明却有着消极的影响。上帝的原始"祭坛"四处游走，而当定居一处时，"只会"放在帐篷中（因此才有"上帝的神龛"这种说法）。看起来，文明只会使人类变坏。人类与自然越接近，就越具有人性。在此，人类的自然状态及其自然性并不需要文明才会变好，或者变得具有人性。与《吉尔伽美什史诗》相反，似乎对于希伯来人来说，恶魔存在于城墙之内和文明之中。

在犹太文化和我们自己的文化史中，这种对自然性和文明的态度一直在向复杂化发展。后来，希伯来人也选举了一个国王（尽管信仰上帝的先知们都一致反对），而且定居在城市中，他们最终在城市里发现了上帝的神龛，而且为上帝修建了一座神殿。后来，耶路撒冷城在所有的宗教中都占据了举足轻重的地位。该城（神殿之乡）在希伯来人的思想中也占据重要地位。后来的发展更加倾向于城市模式，这在早期的基督教义中是显而易见的。例如，读一读《启示录》，就足以了解从《旧约》时期以来，人们对天堂设想的发展。最初，天堂被视为一座花园。约翰对天堂的设想是一座城市——新耶路撒冷城中的天堂，而且他详细描述了城墙的尺寸，这座城还有黄金铺成的街道，珍珠装饰的城门。尽管约翰提到了生命之树生长于此，一条小河流经此树，但除此之外，在《圣经》的最后一卷中，再没有任何关于自然的描述。

然而，这一生动的刻画完美地描写了人类认知及其自然性的转变，这在当时起到了重要作用。也就是说，直到此时，基督教义（以及希腊人的影响）并不把人类的自然性视为明确无误的善，也不像《旧约》中的先知们那样，与自然有着如此田园诗般的关系。

这一切是如何影响经济学的呢？比我们想象的影响力要大。如果我们打算把人类的自然性视为一种善，那么集体的社会行动需要更微弱的支配之手。如果人类自身对善有一种自然倾向（偏爱），这一支配作用不需由国家或统治者提供，或者如你所希望的，由利维坦提供。[59]但是相反，如果我们接受霍布斯（Hobbes）关于人类本质的观点，即人类处于一种不断的潜在暴力之中，处于所有人反对所有事的战争状态。或者说人对人是狼，人像狼（野兽）一样咬食同伴，那么这时有必要利用统治者强硬的手，对人进行文明开化（将狼变成人）。如果人们天性中不具备向善的倾向，那么必须通过暴力向人们灌输这种倾向，或者至少威胁使用暴力。因为在"自然状态"中，"没有关于地球的文化……没有关于地球面貌的知识"，而且生活是"孤单、贫困、肮脏、野蛮和短暂的"。[60]相反，如果统治者信仰人类天性，相信人们有向善的倾向，而且这种善只需加以照料、支持，指引合作的方向，那么经济政策会非常自由。

从经济思想的发展角度来看，我们也会注意到一个非常有意思的现象，即《旧约》与《吉尔伽美什史诗》的差异，甚至在一些看上去相似的故事中也会有这种差异。例如在这部史诗中，它多次提到了一次大洪水，这与《圣经》中记载的洪水有着惊人的相似。

> 整整六天七夜，
>
> 狂风怒吼、大雨如注，
>
> 飓风与大洪水肆虐，淹没了大地。
>
> 但是在第七天，
>
> 风力减弱，洪水停息。
>
> 大海平静下来，好像经历了分娩之后的孕妇。
>
> 暴风雨慢慢停止，大洪水不再侵袭。
>
> 我抬头望天，天气晴朗而静谧，
>
> 但所有的人都变成了泥土。
>
> 冲积平原一马平川，就像屋顶一样平坦。[61]

在《吉尔伽美什史诗》中，远在故事本身流行起来很久之前，洪水就已经发生。只有乌特那皮什得以幸存下来——因为他造了一艘大船，拯救了所有的物种。

> 我把家里所有的白银装上了船，
>
> 把拥有的全部黄金装上了船，
>
> 把拥有的所有生物装上了船，

也带上了我所有的亲戚朋友，

以及田野中的野兽，大自然中的生物，

每一个身怀一技之长的人。[62]

与挪亚相反，乌特那皮什首先装上船的是黄金和白银，而《圣经》中的故事丝毫没有提及这一点。如果说在《吉尔伽美什史诗》中，城市的作用是保护人们免受"城墙外恶魔"的侵袭，那么它与财富之间这种主要的积极关系就是符合逻辑的。毕竟，财富正是集中在城市之中。最后，甚至是吉尔伽美什也是通过杀死芬巴巴而赢得了荣誉，通过这一壮举，他也获得了财富，只不过表现形式是砍倒的雪松木材。

驾驭野蛮的恶魔和掌握市场无形之手

我们再回到对野蛮的恩启都进行的最后一次人性教化。对于这一过程，我们可以加入一点想象，将其视为"市场无形之手"原则的最早萌芽，而且正因为如此，可以将其与经济学思想最重要的论题之一进行比较。

恩启都曾经是所有猎人的梦魇。他破坏猎人们的计划，阻碍他们打猎，阻挠对自然的改造。用深受其害的一位猎人的话来说：

我胆战心惊，不敢接近他一步。

他填平了我挖的陷阱，

拉起了我铺设的罗网。

他从我手中放走了所有捕获的野兽，

让我打猎谋生的希望破灭。[63]

然而，在他具备了人性和文明之后，发生了巨大的转变：

夜晚，当牧羊人进入梦乡之后，

他打走野狼，赶走狮群。

在牧羊人熟睡的时候，

他们的好伙伴恩启都，睁大了警戒的眼睛。[64]

通过教化和驯养恩启都，人性驯服了不受拘束的野兽和暴躁的恶魔。它们之前任意肆虐、危害一方，千方百计地抵抗城市的善。恩启都以前摧毁城市的（城墙外部的）作为，但他后来被人类驯服，为文明的利益对抗自然、自然性，即事物的自然状态。这一幕对经济学家有着重要的意义。恩启都造成了巨大的损坏，人们没有可能靠武力战胜他。但是在一个圈套的帮助下，这个恶魔最终洗心革面，对文明作出了巨大贡献。

我们认为，坏人的形象有着天生的自然特征（例如自我主义，它把自己的利益放在他人的利益之前），这完全可以理解。人们无法打败恩启都，却完全有可能利用他为善的目的服务。在恩启都发生转变后的一千年，出现了一个相似的命题，即使是非经济学家对此也非常熟悉，即经济学的一个中心思想——市场无形之手。有时候，与其对抗恶魔，不如"驯服恶魔使其拉犁"。如果以武力对抗恶魔，会耗费大量精力。这时，最好善加利用恶魔的精力，使之为我们想要的目的服务。面对湍急的河流，应该在上面建一座水力磨坊，而不应该徒劳无益地试图消灭水流。这也正是在最古老的捷克传奇故事中普罗科普的做法。[65]有一次，普罗科普正是以这种方式清除一片森林，开垦一片土地（这是当时使自然变得文明的方式）。这个传奇故事告诉人们，普罗科普的邻居看到一个套着马具的恶魔在拉犁耕地。[66]看起来，普罗科普知道如何驾驭危险的东西，如何操控人们恐惧的东西。他深知，对于自然中混乱无序的力量，与其试图徒劳地压制、驱逐和毁坏它们，不如恰当地加以利用，后一种做法更加明智和有效。他在一定程度上通晓恶魔的"诅咒"，在歌德的戏剧《浮士德》中，恶魔靡非斯特泄露了这个诅咒：

这一巨大力量的一部分，

既可能作恶多端，也可能与人为善。[67]

经济学家迈克尔·诺瓦克（Michael Novak）在其著作《民主资本主义的精神》一书中，谈到了将邪恶的力量转变为创造力的问题。[68]他认为，只有民主资本主义体系而非其他可能的体系（经常是指乌托邦主义）才理解邪恶本质是如何深深地植根于人类灵魂之中，而且意识到其他任何体系都无法根除这种根深蒂固的"罪恶"。民主资本主义体系能够"打倒罪恶的力量，例如，将邪恶的力量转变为创造力（这是报复撒旦的最佳方法）"。[69]

托马斯·阿奎那在其教学中也用到了一个类似的故事——改造某些拥有野蛮兽性、未曾开化的人，使之实现文明成就。几个世纪之后，这一思想被伯纳德·曼德维尔（Bernard Mandeville）彻底发挥，体现在他的一本著作中，即《蜜蜂的寓言：私人的恶德，公众的利益》。这一思想的经济和政治解读经常归功于亚当·斯密，但这是不符合事实的。这一思想后来名扬四海，认为社会的善来自于屠夫的利己主义，即对收益和自身利润的渴望。[70]当然，与人们今天通常的理解和认识相比，斯密采取了更加复杂深刻和批判的观点。我们稍后将继续讨论这一点。

在此，我们要加一点评论。只有故事中的圣人普罗科普具备改造恶魔的能力，能够驯服、重塑恶魔，强迫他为公共福利服务。[71]在今天，质量被归因于市场无形之手。在吉尔伽美什的故事中，那个妓女有能力将野蛮的恶魔重塑为有用的生物。[72]看起来，市场无形之手天生具有向两个极端发展的历史传统，即圣人和妓女。

寻找极乐点[73]

由于吉尔伽美什的神性血统，他注定要成就一番伟业。他不断地努力寻找永生之法，这成为贯穿整部史诗的一根红线。[74]在他之前，只有真正的英雄才敢于尝试追求这一出类拔萃的古老目标。[75]它在史诗中以几种不同的形式出现。

首先，吉尔伽美什试图以一种相对枯燥乏味的方式实现流芳百世——修建围绕乌鲁克城的城墙。在第二阶段，当吉尔伽美什发现了好友恩启都之后，他放弃了城墙的修建，转而离开城市，去实践最大的英雄梦想。"在吉尔伽美什追求永生的过程中，他历尽千辛万苦，作出了许多丰功伟绩。"[76]在此，这个人不再尝试最大化自己的利益或利润，而是追求以英雄事迹的形式，让自己的名字名垂青史。实用消费的目的取代了冒险与名刑最大化的欲望，这样一种永生的概念与文字的发明紧密相关（必须把冒险故事记录下来，供下一代传颂），而吉尔伽美什是第一个尝试获得如此永生的人，即通过书面记载"永生"的方式——至少是第一个成功的。"他的功成名就引入了一个关于永生的全新概念，它与文字的发明和书写的崇拜紧密相关——名气，尤其是书面记载的名气，比肉体存活的时间更长。"[77]

当然，在《吉尔伽美什史诗》中，我们也看到了经典的经济利润最大化。最终，吉尔伽美什的冒险旅程并不像这位英雄想象的那样成功。终生挚友恩启都先于他去世了，他第一次听到了这样的话，这句话在史诗的剩余部分传递出他的事迹徒劳无益的回声："吉尔伽美什，你为何游荡？你苦苦追寻的永生并不存在。"[78]因此失望之后，他来到了海边，客栈女老板斯杜丽居住在这里。为了安慰吉尔伽美什的悲伤，她安排他住在极乐花园。这是一个体现及时行乐思想的享乐主义堡垒。在此，人们屈从于自己的必死性，但至少在生命的终点前实现自己世俗乐趣的最大化，或者说世俗效用。

> 吉尔伽美什，你为何游荡？
>
> 你苦苦追寻的永生并不存在。
>
> 众神创造人类时，
>
> 已经为他们设计好了死亡，
>
> 而把永恒的生命留给了自己。
>
> 至于你，吉尔伽美什，不要饿着肚皮，
>
> 尽情欢愉吧，不管黑夜与白天。
>
> 日夜寻欢跳舞吧，
>
> 衣着光鲜，
>
> 头面洁净，
>
> 清水沐浴。
>
> 对无名之辈可以颐指气使，
>
> 让心爱的人能够永沐爱河，
>
> 那么，这就是人类的极乐。[79]

对于这种追求，这种现代经济学的最大化，吉尔伽美什是如何反应的呢？出乎人们意料的是，他拒绝了客栈老板的好意（"吉尔伽美什对客栈老板说：

'你这是何意，老板娘？'"[80]），而且仅把她视为冒险旅途的耽搁和障碍。他还是想继续寻找乌特那皮什，这个在大洪水中唯一幸存下来的人。吉尔伽美什把他视为找到永生之法的最大希望。我们的英雄吉尔伽美什拒绝了享乐主义，觉得不应该追求世俗寻欢作乐的最大化，而是投身到超越肉体生命的追求中。转瞬之间，这部史诗的叙述重点发生了巨大变化，开始关注完全的效用最大化。主流经济学一直在不遗余力地将这种作用灌输到人们头脑中，使之成为人们本性的一部分。[81]

找到乌特那皮什之后，吉尔伽美什从海底找到了他梦寐以求的仙草，从而实现了青春永驻。但不幸的是，他马上睡着了，而且丢失了那株仙草："旅途上种种丰功伟绩让他筋疲力尽，吉尔伽美什无法阻挡睡眠的诱惑。这是世上最温柔、最奇妙的事情——他欣然而睡，进入梦乡。睡眠是死神的兄弟，在人劳累与衰老时，偷偷潜伏到人生当中。"[82]

仙草的芬芳引来了一条蛇，

它悄悄地爬了过来，偷走了仙草。

在它转身离开时，蜕掉了蛇皮。[83]

在第十一节也是最后一部分，吉尔伽美什再次失去了他寻求的东西。与希腊暴君柯林斯王一样，在眼看就要实现梦想的高潮前一刹那，吉尔伽美什失去了目标，没有发现他梦想中的极乐点。但是最后，吉尔伽美什还是获得了永生——直至今日，人们依然没有忘记他的名字。而且在这些历史事件的发展过程中，不管机遇是否起到了重大作用，他们今天依然纪念吉尔伽美什。那是因为他与恩启都之间英雄般的友谊故事，而不是因为他修建的城墙。这道城墙并没有成为永远矗立的丰碑。

结论：经济问题的根源

在本书的第一章中，我们首次尝试从经济学的角度思考我们文明中最古老的史诗。我之所以作这样的尝试，是希望通过这部古老的史诗，对自身、对社会有一些发现。我们的社会已经有5000多年的历史，已经发展成一个纷繁复杂的组织和网络。在今天的社会中找到自己的方向，确实已经成为一件颇费周章的事情。在社会结构比较容易解读的时候，即我们的文明刚刚诞生，而且依然属于"半赤裸"的时候，观察我们文明的主要特征将更加容易。换句话说，我们试图发掘书面记载的文明的根基，在这一根基之下，了无他物。

研究史诗有用吗？史诗给了我们经济学的启示吗？史诗中是否存在今天依然有效的因素？在吉尔伽美什身上，我们是否发现了至今仍存在的特定原型？

我试图证明，世界的神秘关系也有其"真理"。今天，我们以保留的态度对待这些真理，把它们放入引号内加以理解。但是，我们必须意识到，我们的下一代也会毫不客气地用引号对待今天的真理。在远古时代，人们用故事、传说回答问题。最后，希腊语中的"神话"就是"故事"的意思。"神话就是可以回答某个'疑问'的故事。"[84]在本书中，我们将很快回到这一问题上来，即神话故事与数学或科学有着多大的不同。

当时的有些问题非常类似于今天的经济问题，这可以被视为古人对经济的最早观察。当时人们最早的书面思考与今天的研究并无很大区别。换句话说，这部史诗对我们来说完全可以理解，而且我们认同其中的某些观点。有时候，有些观点过于偏激，例如，将人变成纯粹的机器人。有一种思想仍然存在于我们之间，即我们内心的人性只会拖累工作（是一种障碍）。[85]经济学经常利用这一个思想，试图忽视所有人性化的因素。人性的代价是牺牲效率，这种思想因此与人性存在的历史一样久远——正如我们已经看到的，没有情感的臣民是许多暴君梦寐以求的。

我们也见证了人类文明的最早开端，这是一个以解放为基础的伟大事件。然后，文明开始朝着远离自然状态的方向发展。吉尔伽美什修建了城墙，将城市与原始的自然分开，为最早的人类文化创造了发展空间。尽管如此，"即使意义深远的文明工程也无法满足人类的欲望"。[86]让我们将这道城墙视为一种纪念品。它纪念我们的骚动不安、继承而来的难以满足，以及与此相关的易变性。考虑到这些城墙已经延续了5000年，而且直至今日，我们发现自己依然存在一种徒劳无益的感觉，也许这些正是人类天生的特征。或许与吉尔伽美什或史诗的作者相比，我们的这种感受更加强烈、更加刺痛。

之后，通过吉尔伽美什与恩启都之间的友谊，史诗打碎了这种感觉。友谊，从生物学的角度讲，是最可有可无的感情。从社会学的角度讲，乍一看，它似乎也不是完全必需的。出于高效的经济生产和社会福利的目的，他们成为一个团队的成员，但无须重要的情感参与，这已经足够了。当然，为了改变整个体系，打破已有的规矩，进行对抗众神的冒险（从天真的幻想中清醒过来），这需要友谊。对于小型行动（一起打猎、共同在工厂劳动），投入一点爱心就足够了，即同志之爱。然而，对于伟大的行动，需要伟大的爱、真正的爱，即友谊。对于友谊，无法从对等交换的经济学角度理解。友谊强调给予，一个朋友（毫不保留地）为他人付出。这是一种生死相交的友谊，永远不会计较经济利益和个人得失。友谊向我们展示了不容怀疑的新冒险，给我们创造了离开城墙的机会。它让我们既不用成为城墙的修建者，也不用成为城墙的一分子——城墙中的一块砖。

从另一种意义上说，吉尔伽美什与恩启都之间的友谊，可以比做人类的文明与动物本质（恩启都后来死了，但从某种意义上说，他永远活在吉尔伽美什心中）。我们随后讨论了凯恩斯关于“动物精神”的概念，它吸引人们从事非经济性，而且通常来说属于非理性的冒险——作为城墙修建者的吉尔伽美什，他将人性从其原始的动物状态中分离了出来，带来了文明的（有人认为是“无效用”的）文化，一种隐藏在高墙背后，而且由一个谨慎的统治者指引的文化。吉尔伽美什与野蛮的恩启都成为了至交，而且一起去征服未开化的自然。

与此同时，在创造城市这一现象中，我们已经看到了专业化和财富积累是如何诞生的，神圣的自然是如何转化为世俗的资源供应者，以及人类的自我是如何得以解放的。当然，出乎人们意料的是，即使文明化更有独立感，这一过程也导致了个人对社会其他成员的依赖。一个文明的城市人对自然的依赖程度越低，对社会的依赖程度就越高。像恩启都一样，我们用自然换来了社会，用与自然（不可预料）的不和谐换来了与人（不可预料）的和谐。

随后，我们将这种观点与希伯来人的观点进行了比较。在下一章，我们将更加详细地讨论希伯来人的观点。希伯来人很晚才进入城市文明，他们构成《旧约》的基本部分，而且依然与自然和谐相处。那么，谁才是更自然的？人们在其自然状态下是自然的（完全意义上的）人，还是在（城市）文明框架下才是自然的？人的（天然）自然性是善还是恶？直至今日，这些问题依然是经济政策的关键。如果我们认为人的自然本性是恶的，因此人与人之间是狗咬狗（动物）的关系，那么需要统治者强有力的统治手段。如果我们相信人的本性是善的，或者本性向善，那么就有可能放松高压统治手段，生活在更加自由放任的社会中。

最后我们证明了一条在出现后千年才物化为"市场无形之手"的经济学思想，这一原则可以追溯到吉尔伽美什时代，其表现形式是控制野蛮的恶魔，并且最终使人类受益。在我们的关系中，关于市场无形之手这一思想，我们可以发现各种各样的远古预兆。最后，在本章末尾部分，一种希腊前的快乐主义开始流行，表现为客栈老板斯杜丽的邀请。但是，吉尔伽美什当然拒绝了这一邀请。直到4500年后，实用主义者才将这一经济思潮发挥到极致。

这部史诗在一种抑郁的循环基调中结束，什么变化也没有，没有取得任何进步——在一次小冒险之后——万物回到了原始起点。这部史诗是循环的，结尾又回到了开篇的场景，即修建城墙。历史没有向任何方向发展，任何事物都是自身的重复和循环。仅有一点微小的变化，正如我们看到的自然一样（四季循环、月亮的阴晴圆缺等）。此外，人们周围的自然是众神的化身，这些神的思想与行为难以预测，具有像人类一样的弱点和多变性（根据这部史诗，众神降下了大洪水灾难，是因为下面的人类太吵，打扰了众神的清修……）。事实上，自然是非神性的，因此完全可以从科学的角度探索自然，但不可能干预自然（除非人们像吉尔伽美什一样，有三分之二的神血统）。若想研究反复无常、非常情绪化的众神，还为时尚早。

若想知道历史进步的概念，去除英雄、统治者和自然身上的神性，那么人类还需等待希伯来人进入历史舞台。犹太教的整个历史就是等待弥赛亚的历史，救世主会在一个历史性的时刻降临，或者说，在历史的尽头降临。

注释...

1 关于这部史诗，最古老的苏美尔版本始自第三乌鲁王朝，即公元前2150年和前2000年之间。较新的阿卡得（Akkadian）版本始自公元前2000年世纪交替时。本译文是根据标准的阿卡得版本，始自公元前1300年和前1000年之间，发现于尼尼微（Nineveh）的图书馆中。在这部史诗的其余章节中，《吉尔伽美什史诗》被认为具有"标准"11石碑的阿卡得版，它并不包含吉尔伽美什进入阴间的内容，那是属于后来第12块陶土碑的内容。与此同时，它还包括在第11石碑上与乌特那皮什（Utanapishtim）的会面，以及在第6块石碑上与伊师塔（Ishtar）的谈话。除非另有注明，我们将使用1999年安德鲁·乔治（Andrew R. George）的译本。史诗中的故事主要发生在今天的伊拉克地区。

2 最古老的书面文字源自苏美尔人，其他文化的文字记载（例如印度的和中国的）出现较晚。印度的《吠陀经》（*Vedas*）出现在大约公元前1500年，埃及的《死亡书》也是出现在这个时期。《旧约》的最古老篇章写于公元前9世纪和前6世纪之间。《伊利昂纪》与《奥德修纪》源自公元8世纪，而柏拉图和亚里士多德的作品出现在公元4世纪。中国的经典作品（例如孔子的著作）始自公元前3世纪。

3 克拉托赫维尔（Kratochvíl），《神话、哲学与科学》（*Mýtus, Filozofie a Věda*），第11页。

4 弗格森（Ferguson），《货币溯源》（*The Ascent of Money*），第27页。

5 正如在（我们自己的）现代史诗（神话、故事和传说）中一样，例如，托尔金（J. R. R. Tolkien）的《指环王》（*The Lord of the Rings*）三部曲，货币没有任何作用。"交易"采取的形式是礼物、战争、欺骗、花招或偷窃。见巴萨姆（Bassham）和布朗森（Bronson），《指环王与哲学》（*The Lord of the Rings and Philosophy*），第65~104页。

6 没有任何搜索可以称得上是完全彻底的，但尽管在通用的"经济学数据库"（这是当代最广泛，同时无疑也是最权威的经济学文献数据库）中进行了相对广泛的搜索，作者没有发现任何著作，甚至是任何著作的某一章或者学术文章，是从经济学的角度解读《吉尔伽美什史诗》。我们因此意识到试图从未经检验的角度分析最古老书面作品的努力，如果是第一次尝试，可能会失败、简化、矛盾和不够准确。

7 《吉尔伽美什史诗》，石碑I，（48），2。

8 《吉尔伽美什史诗》，石碑I，（67~68……77~78），3。

9 芒福德（Mumford），《历史上的城市》（*The City in History*），第41页。

10 1924年，捷克作家卡罗尔·卡派克（Karel Čapek）在其科幻小说《罗萨姆的通用机器人》（*Rossum's Universal Robots*）中首次用到了"机器人"一词。在这部小说中，人类创造了机器人，本来是想让其代替人类劳动，但这些人工创造物最终开始造反。卡派克起初想将其命名为"劳动者"，但他的兄弟约瑟夫（Josef）（一位著名的艺术家）想出了更贴切的一个名词——"机器人"。

11 马克思更强烈地表达了人类的这种退化："（工人）变成了机器的附属品……"里奇（Rich），《商业与经济伦理》（*Business and Economic Ethics*），第51页［最初在德国出版：里奇，《经济伦理》（*Wirtschaftsethik*）］。我们注意到，在今天，我们从工作（L）或人力资本（H）的角度认知一个人。在公司里，人力资源部门（HR）大行其道，仿佛人真的是一种资源，如同自然资源或金融资源（资本）一样。

12 经济性的人，或称经济人，是指具有理性的行为，并且自私自利的人。他们任何决定的依据都是为了实现自身利益最大化。经济学家约翰·斯图尔特·穆勒最初在其评论中用到了这个概念，但只是作为广泛人类行为的一种简化。因为他认为政治经济学"并没有从社会状态的角度处理整个人类的本质，也没有以此对待社会中人的整体行为。人作为个体所关心的只是获取财富，以及能够判断获得财富之不同方法"。见穆勒，《论几个未解决的政治经济学问题》（*Essays on Some Unsettled Questions of Political Economy*），1874年，论文5，第38和48段。（穆勒，《论几个未解决的政治经济学问题》，1844年，第137页。）经济人模型是对人类行为的简化，但它是一个非常有争议的概念，受到了许多包括经济学家在内的各方面人士的批评。

13 "……孩子一出生，就会被专门的官员带走……父母较低等的孩子，或者任何出生时有缺陷的孩子，都会被隐藏在一个不为人知的秘密地点，这是理所应当的。"见柏拉图，《理想国》，406b。儿童不会知道自己的亲生父母是谁，他们将接受特殊的养育，目的是制造最好的后代（"优秀的男人必须和最好的女人发生性行为"，见柏拉图，《理想国》，459d），仿佛他们只是一群猎犬（459a~d）。只有当他们不再具有繁殖能力时，当"男人和女人已经过了生儿育女的年龄时，我们才允许他们和想要的人做爱"（461b）。

14 见刘易斯，《四种爱》（*The Four Loves*），第60页。这位作家经常在其文章中引用经济学家狄德利·麦克洛斯基（Deirdre McCloskey）的话，用以说明爱情和友谊之间的关系。

15 必须注意到，在大多数的现代故事和神话中，例如电影《黑客帝国》（*The Matrix*）、《岛》（*The Island*）、《撕裂的末日》（*Equilibrium*）和《千钧一发》（*Gattaca*）等，其中的人被机器人化了（通常是在无意识的状态下），成为特定生产功能的奴隶，而且情感被残酷地剥夺了。这一点也许最好地体现在库尔特·维默尔（Kurt Wimmer）的电影《千钧一发》中。

16 斯蒂格利茨，《全球化及其缺陷》（*Globalization and its Discontents*），第10页。

17 出于我们的目的，我们可以将工作场所中同事之间的热情关系理解为"次要友谊"。正如社会需要'次要之爱'一样，或者说陌生人之间至少要互相有些微弱的感觉，如果公司的内部斗争较少，或者同事之间是"次要朋友"，那么公司的运作会更好。我们稍后将再次回到同情感的问题，在关于亚当·斯密的那一章讨论这种"次要之爱"。

18 关于爱情和经济学的话题，见麦克洛斯基，《资产阶级的美德》（*The Bourgeois Virtues*），第91~147页。

19 见刘易斯，《四种爱》，第64页。

20 巴拉班（Balabán）和提蒂塔托瓦（Tydlitátová），《吉尔伽美什》，第72页。

21 《吉尔伽美什史诗》，石碑II。（Y100~102，Y98，Y186~187），18~20。

22 乔治，《巴比伦的吉尔伽美什史诗》（*The Babylonian Gilgamesh Epic*），第144页。

23 在吉尔伽美什时代，当接近自然时，有必要怀有一种与非人类的事物有关的崇敬感，随后面对并非人类创造的事物，以及人类无法控制的事物。关于自然的特定方面，甚至存在一种彻底的"神圣的"不可接触性（吉尔伽美什无意中打破了这种神圣性）。今天，在日常生活中，这样的不可冒犯性已经变得越来越少。但是尽管如此，我们依然能够发现现代的"神圣之地"。在此，即使有效的市场无形之手也难以进入。这样的一个例子就是纽约的中央公园所体现的悖论。这个公园周围都是效率极高的建筑。在这个大城市中，每一平方米都被最大限度地利用起来，既体现在高度上，也体现在深度上。也许，可以把这里称做巴比伦的神塔，即吉古拉特，"高耸入云"。当然，这些神塔的作用是征服高山。自古以来，（无数不受控制的）众神住在山顶。我们征服的东西或者我们创造的东西，是我们能够控制的东西，我们能够控制它们，能够"看透"它们。人们试图把自然中的高山搬入城市中，用人类的双手建造这样的高山，并使之城市化（就像驯化原始野蛮的恩启都那样），因此，吉古拉特塔就是这样一种尝试的结果。

"……洞穴首次让原始人明白了建筑空间的概念。尽管金字塔、吉古拉特塔、密特拉教岩穴和基督教地窖之间有着很大的不同，但是它们都可以在深山洞穴中找到各自的原型。"（芒福德，1961年，第17页。）但是回到纽约，这座万城之城，就地价而言，中央公园是世界上最昂贵的地方之一。它或许是世界上最昂贵的自然地。这块"神圣的"地方占地3.5平方公里，如果不经管制，任凭真正的市场力量发挥作用，这块地早就被城市建筑吞没了。当然，有人建议至少拿出这块公园的一部分地用于修建新的建筑。这种建议既不会被城市领导人采纳，也不会受到当地居民的支持。所以在中央公园，纽约市及其极高的效率被有效地禁止了。最后，从更长的时间范围看，中央公园中"受保护的"自然并不是反常的，而恰恰相反，周围的城市才是反常的。自然不是城市的入侵者，尽管在今天看来是这样。实际上，城市是自然的入侵者。

24 荷福那诺娃（Heffernanová），《吉尔伽美什》，第8页。

25 乔治，《巴比伦的吉尔伽美什史诗》，第98页。

26 动物精神这个术语是由经济学家凯恩斯创造并引入经济学的。他想借用这个概念表示我们的灵魂，或者"推动"我们的因素，或者指我们的本能动机，为我们的行动赋予意义和力量。

"……我们的积极活动取决于本能的乐观主义，而非数学期望值，不管是道德的、享乐主义的，还是经济的。我们积极地去做某些事情，这些事情的全部结果要在许多天之后才会知道，我们作出的此类大多数决定，很可能是动物精神的结果———种采取行动而非不作为的本能冲动，而非取决于定量利益乘以定量概率的加权平均数。企业在其募股说明书上的慷慨陈词，只是一种伪装的说辞而已，不管表现得多么坦白和真诚。即使是一次南极冒险，也是基于对预期收益的准确计算。因此，如果动物精神黯然消失，本能的乐观主义隐身而退，我们行动的基础只能是数学期望值，那么企业将衰退甚至消亡……"（凯恩斯，1936年，第161~162页。）关于动物精神这一主题的更多信息，参见阿克洛夫和席勒，《动物精神》。

27 《吉尔伽美什史诗》，石碑I。（105~107），5。

28 巴拉班和提蒂塔托瓦，《吉尔伽美什》，第72页。

29 《吉尔伽美什史诗》，石碑I。（185），7。

30 这在我们看来显然非常荒唐。在史诗中，性爱怎么会成为教化和开化恩启都的因素呢？我们难道不是经常把性冲动视为动物本性吗？史诗中的观点却恰恰相反，这在很大程度上与生育力崇拜有关系。因为在当时，性经万被视为提升人类、将人类从动物状态解放出来的因素。当时的人们崇拜性到了一定的程度，庙宇中祭司们的作用可以说明这一点，他们把自己完全奉献给了性。性方法真正将人类与其他绝大多数生物区分开来。在自然中，只有少数物种的性行为是出于愉悦。"……在少数物种中，性行为不是纯粹为了繁殖后代，例如倭黑猩猩（矮小的黑猩猩）和海豚。"（《钻石》，2006，3。）爱神厄洛斯在我们的意识中也有某些动物的性质，这是一个自相矛盾的事实。经济学家狄德利·麦克洛斯基也注意到了这一点，他对这一概念持批判态度。见麦克洛斯基，《资产阶级的美德》，第92页。

31 在《吉尔伽美什史诗》中，自然特性的消失和人性与灵魂的形成之间有着紧密的关系；在经济学中，这一点被称做"对冲"，或者叫"等价物原则"——没有免费的东西，任何事物都是有价格的。在恩启都的事例中，这意味着他不能同时既是自然的生物又是文明的生物。恩启都经过升华，获得了新的个性，这超过了他以往的自然性。

32 《吉尔伽美什史诗》，石碑I，（195~202），8。

33 《吉尔伽美什史诗》，石碑I，（145），6。对一个文明人来说，自然变得不仅不友善，而且甚至犹如梦魇和恶魔一般。有些动物，例如耗子、蝙蝠或者蜘蛛，它们并不咬人。但尽管如此，它们会在许多人心中激起非理性的恐惧感。自然并不会威胁到文明，它只会使我们恐惧。黑暗的森林、泥泞的沼泽或者雾霭重重的山谷，所有这些都可能让一个文明人感到恐惧。这些恐惧的化身是来自神话中的生物，它们经常象征着被恐惧萦绕的自然（巫婆、吸血鬼和狼人……）。

34 《吉尔伽美什史诗》，石碑II，（96~97），14。

35 《吉尔伽美什史诗》，石碑I，（109），14。

36 《吉尔伽美什史诗》，石碑I，（198），8。

37 索科尔（Sokol），《城市及其城墙》（*The City and Its Walls*），第288页。

38 索科尔，《城市及其城墙》，第289页。

39 如今，我们经常把未受破坏的自然视为美丽与纯洁的典范。但是，在完全自然的地方，习惯西方生活方式的人难以存活很长时间，纯粹的自然并不适合所有人。

40 "在前言部分，诗人声称该城墙是吉尔伽美什亲手打造的，而与此同时又叙述道，城墙的基础是七圣人奠定的。七圣人是为人类带来文明艺术的远古人物。这一观点反映出一个古老的传统，即乌鲁克城被（恰当地）视为早期文明的摇篮。"（乔治，2003年，第91页）。

41 同时最好要意识到，在过去的几个世纪中，人性经历了多么伟大的变化。我们的祖父辈或者曾祖父辈通常都掌握了这些"自然的"技术，而且从理论上讲，都设法保证了自身的安全。但是今天，大多数人都难以想象他们有能力或者愿意杀死一只鸡、一头猪或一头牛，尽管他们乐于每天都消费肉食。

42 "只做一件事"的概念导致了极端的工厂生产，人们从事着几乎机器人一样的劳动。巧合的是，就是在这样一个工厂（大头针制造厂）中，甚至是亚当·斯密，这位公认的经济专业化思想之父，也逐渐意识到劳动分工的魔力。如果每个家庭不得不在家里生产自己的大头针，这几乎是不可能的事情。但由于专业化的工厂生产，他们可以轻易地买到大头针，而且价格非常便宜。

43 索科尔，《城市及其城墙》，第289页。

44 索科尔，《城市及其城墙》，第290页。

45 经济学家感兴趣的另一个方面，即市场，其重要性因此增加了。个人依赖大量其他的社会成员，市场变成了这些个人的沟通媒介。由于这样的个人数量太大，因此他们中许多人无法单独沟通，尤其是无法单独交易。

46 《吉尔伽美什史诗》，石碑I，（108……110~112），5。

47 斯蒂格勒，《弗兰克·海尼曼·奈特》（*Frank Hyneman Knight*），第58页。

48 荷福那诺娃，《吉尔伽美什》，第4页。

49 芒福德，《历史上的城市》，第44页。

50 《吉尔伽美什史诗》，石碑XI（9：11~13），88。

51 吉尔伽美什想成功的唯一方法，就是利用妓女的花招。吉尔伽美什永远无法单独用武力征服恩启都。

52 捷克哲学家和生物学家兹德内克·纽鲍尔（Zdenek Neubauer）注意到科学的情况同样如此："与万物的自然性一样，科学的自然性似乎也喜欢躲藏得密不透风。（顺便一提，'密不透风'也意味着秘密的、隐藏的……）"见纽鲍尔，《科学是什么？》（*O čem je věda*？），第59页，《最为现代宗教的科学》一章。纽鲍尔进一步写道："科学——鉴于其精神性——可以想见，着于这种'秘密的特征'。"（纽鲍尔：《科学是什么？》2009，第58页）。

53 他说："我在园中听见你的声音，我就害怕，因为我赤身露体，我便藏了。"耶和华说："谁告诉你赤身露体呢？莫非你吃了我吩咐你不可吃的那树上的果子吗？"《创世记》，3：10~11。隐藏起来的是我们的生殖器，即男人的命根子，正如列奥纳多·达·芬奇的著名绘画所描绘的那样。

54 《以赛亚书》，11：6~8。除非另有说明，本书采用"和合本"《圣经》作为《圣经》相关内容的翻译依据。

55 总的来说，花招与欺骗在古神话中扮演了重要角色——耍花招的人是英雄的根本原型之一。美国人类学家保罗·雷丁（Paul Radin）强调了这一点，他在其最受欢迎的著作《耍花招的人》（*The Trickster*）中，描绘了四个基本的英雄原型。花招是人类最初解放的标志之一，也是对抗比人类本身更强大事物的开始，例如对抗上帝或者自然。这是对律法与规定的最初反叛，是对被动性的最初拒绝，也是对更大（或更抽象）原则进行抗争的开始。甚至连吉尔伽美什也不得不利用花招对付野蛮的恩启都。宗教创始人亚伯兰也撒谎，把妻子当成妹妹，目的是避免闲言碎语。此后他更变本加厉，甚至把妻子卖到法老的卧室里。雅各一生中大部分都是个"耍花招的人"，而且一定程度上，这也包含在他的名字中。在希伯来语里，雅各意味着"用脚后跟拿着"，这有点类似于英语中的"愚弄某人"。在此有必要指出，在早期文化中，花招并不包含今天的贬义。花招仅仅是斗争的一种方法，尤其是对抗更强大的敌人。在《奥德修纪》中，甚至奥德修斯也因狡猾著称。直至今日，耍花招的人经常以正面英雄的形象出现在神话故事中。这些耍花招的人经常应对一些骑士和王子无法应对的困难，而且恰恰因为这一点，前者经常赢得公主的芳心，登上国王的宝座。

56 在《两个伙伴的秘密》一书中，作者荷福那诺娃在这个故事中看到了自然的潜意识（多毛的猎手以扫）与稳定的意识（雅各，"帐篷中的定居者"，精通语言和欺骗语言）之间的斗争。由于浓密的毛发，以扫也显著地展示了动物的外表，就像野蛮的恩启都。从这种象征意义上说，两者都可看做自然世界的生物。这一象征意义把两者都归类为自然世界。

57 《圣经》中第一个城市是由猎人英雄宁录创建的，"他国的起头是巴别、以力、亚甲、甲尼，都在示拿地。他从那地出来往亚述去，建造尼尼微、利河伯、迦拉"。《创世记》10：10~11。巴别很可能意味着巴别塔将要修建的地方，以力最有可能的意思是乌鲁克，即公元前27世纪由神秘的吉尔伽美什统治的地方。其他城市也与我们的故事有关。今天，阿卡得人的版本被认为是《吉尔伽美什史诗》的标准版本，尼尼微市的图书馆中藏有一册。

58 《创世记》，11：9。

59 在《圣经》中，利维坦被描绘为一个巨大且凶残的野兽（见《约伯记》3：8和41：1~7）。托马斯·霍布斯以修辞的意义使用这个名字，用来指代国家或者统治者。没有这种利维坦，霍布斯概念中的社会将陷入无序的混乱状态。

60 霍布斯，《利维坦》，第100页（相关第XIII章的名字是《人类的自然状态，关于其幸福与神秘》）。

61 《吉尔伽美什史诗》，石碑XI（128~136），93。

62 《吉尔伽美什史诗》，石碑XI（82~87），91。

63 《吉尔伽美什史诗》，石碑I（129~134），6。

64 《吉尔伽美什史诗》，石碑II（59~62），14。

65 还可见纽鲍尔《后现代主义的支持者》，第36~37页、第53~55页。

66 简·赫勒（Jan Heller）在其著作《如何用邪恶开路》（How to Plow With the Devil）中研究了这一问题，第153~156页。

67 歌德，《浮士德》，第1篇，第3幕。英语翻译版（歌德，1961年，第159页）。

68 对资本主义的类似辩护还见狄德利·麦克洛斯基（Deirdre McCloskey），例如其著作《中产阶级的品德》（The Bourgeois Virtues）。

69 诺瓦克，《民主资本主义的精神》（The Spirit of Democratic Capitalism），第77~78页（引用自捷克原版的翻译版）。

70 斯密，《国富论》（An Inquiry into the Nature and Causes of the Wealth of Nations），第266页。

71 正如捷克经济学家鲁伯穆勒·穆勒克（Lubomír Mlčoch）经常准确地指出的，人若想驯服100个恶魔，他必须至少是一个圣人。

72 在巴比伦的文化中，作为生殖祭奠仪式的一部分，女祭司同时也是庙宇的"妓女"。"史诗没有揭露沙姆哈特在乌鲁克城中的职位，因为这不是故事的重点。但人们应该注意到，作为伊斯塔的祭祀仪式中心、性爱女神，乌鲁克城因其妓女的数量和美貌而远近闻名。这些妓女中的许多人都是宁孙和伊斯塔雇用的祭祀妓女。"（乔治，2003年，第148页。）吉尔伽美什派去的妓女是一个女祭司或高级妓女，而非一般的娼妓。除了提供性爱的愉悦之外，她还必须知道如何向野蛮人提供人类的智慧，而且说服野蛮人过文明生活。"巴拉班和提蒂塔托瓦（Balabán and Tydlitátová），2002年，第139页。

73 经济学家经常使用的一个术语。极乐点类似于消费者的涅槃，在这个点上，利润不仅在特定的形势下最大化，而且接近理想状态。这个点不考虑限制（例如预算）。在经济学智慧，极乐点这个概念（或称满足点）被用来表示理想的、想要的消费水平。在这个水平上，特定的个人感受到完全的幸福感，而且即使进一步的消费，也无法进一步提升其福利。在经济学中，利润的功能经常被描绘为一座山，而极乐点就是山峰。

74 对于巴比伦人来说，任何形式的不朽都有着至关重要的作用——天堂不会等到死后才出现，死亡被视为介于不幸和厌恶之间的某个过渡。

75 与许多其他的原始欲望一样，对不朽的欲望持续至今，但它是以更加民间的方式呈现的——对永恒的美丽与青春之躯的狂热崇拜，使得人们不顾一切地追求尽可能健康和年轻的生命，却忽视了生命的质量。想通过英雄行动获得这种长久的寿命是不可能的，不管是富人还是普通人，但是可以通过其他方式获得，例如吃符合特定标准（标准是不断变化的）的食物，以及避免其他一些饮食习惯等。甚至这种现代运动也是采取了"回归自然"的形式，至少在他们的餐饮方面是如此。与此同时，对最新奇的草药和混合物的尝试，这些被认为是获得永生的灵丹妙方。在所有的古代社会，这也是一个有趣的普遍现象。

76 海德尔（Heidel），《吉尔伽美什与旧约之比较》（*Gilgamesh Epic and Old Testament Parallels*），第11页。

77 荷福那诺娃，《吉尔伽美什：西方文明的悲剧典型》（*Gilgamesh: A Tragic Model of Western Civilisation*），第8页。

78 《吉尔伽美什史诗》，石碑IX（Si i 7~8），71。

79 《吉尔伽美什史诗》，石碑X（77~91），75。

80 《吉尔伽美什史诗》，石碑X（92~94），75。

81 不得不公平地承认，本史诗的这一部分在几个世纪中经历了许多变化。在该史诗的古巴比伦版本中，第11碑是最后一部分。故事的结局是在吉尔伽美什与客栈老板的谈话后，前往另一次追求不朽的旅途，而且接受了作为永恒皇家地位的角色。然而，在原始版本中，斯杜丽对吉尔伽美什的作用，类似于沙姆哈特对恩启都的影响——她赋予后者以人性的特点，让他回归到人类的集体中，使他可以继续做一个有益的人。只有在后续补上的第11碑中，即加入了吉尔伽美什与乌特那皮什的会谈故事情节之后，斯杜丽才变成一个诱惑人的妓女，吉尔伽美什对此断然拒绝。

82 帕特卡，《历史哲学中的异端学说》（*Heretical Essays in the Philosophy of History*），第23页。

83 《吉尔伽美什史诗》，石碑XI（305~308），99。

84 克拉托赫维尔（Kratochvíl），《神话、哲学与科学》，第17页。

85 我们可从平克·弗洛伊德（Pink Floyd）乐队的歌曲《墙上的另一块砖》（*Another Brick in the Wall*）中认出来。从中可以看出，墙的主题延续至今。

86 克拉托赫维尔，《神话、哲学与科学》，第12页。

02

第2章
CHAPTER 2

《旧约》：世俗性与神性
THE OLD TESTAMENT:
Earthliness and Goodness

- 《旧约》：世俗性与神性
- 进步——世俗的宗教
- 现实主义与反禁欲主义
- 英雄及非神圣化——梦想永不停息
- 自然不是神圣的
- 统治者也不过是人
- 对秩序与智慧的赞美：人是最完美的作品
- 人类完成造物的最后一步
  我们的善恶：福利的道德解说
- 道德商业循环与经济预言
  法老的梦、约瑟与最早的商业循环
  自相矛盾的预言
  商业循环的道德解释
- 善恶经济学：善有善报吗？
  善有善报
  爱律法
- 游牧民族的自由与城市的束缚
- 社会福利——不要像索多玛那样做事
  萨巴斯——安息年
  拾穗
  什一税与早期的社会网
- 抽象货币、禁止收取利息以及我们的债务时代
- 作为能量的货币——时间旅行与整体债务产品
- 劳动与休息：安息日经济
- 结论：效用与原则

我可以马上公开声明：我认为犹太宗教与资本主义有着同样重要的思想。

我在两者中看到了同样的精神。

——沃纳·桑巴特（Werner Sombart）

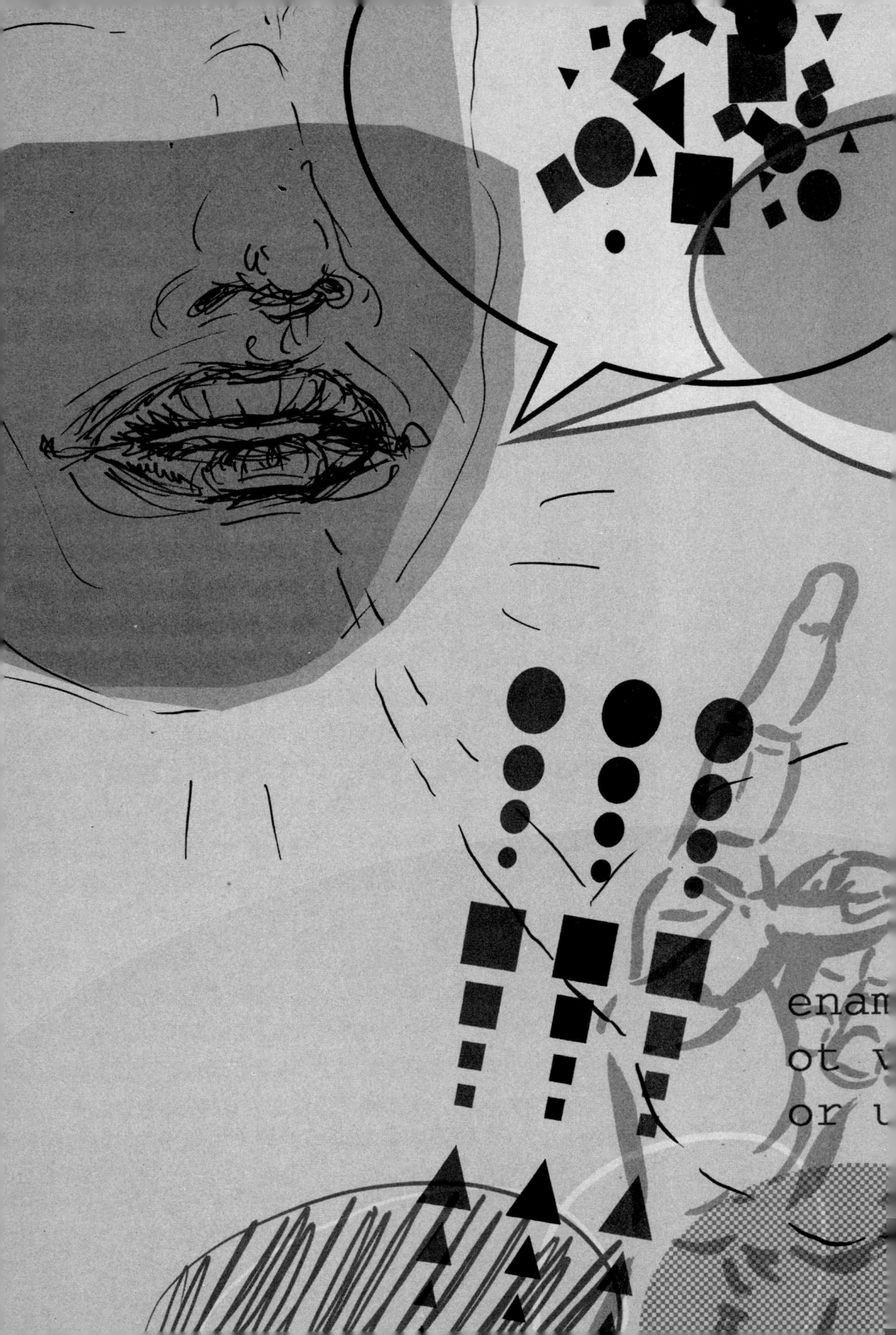

enam
ot v
or u

《旧约》：世俗性与神性

在形成现在的欧美文化和经济体系中，虽然《旧约》[1]中的犹太人起到了主要的作用，但是在一些主要的经济类教材和其他的经济性文章中，却没给他们留有太多的篇幅。[2]马克斯·韦伯（Max Weber）认为，我们将资本主义的诞生归因于清教徒的伦理道德；[3]迈克尔·诺瓦克（Michael Novak）则强调天主教的伦理道德和人类感知的影响；[4]然而，桑巴特则认为，[5]犹太人的信仰产生于资本主义诞生之后。

然而，在这场争论中，所有主导性的观点都承认犹太人文化所起的重要作用。我们无论如何也不能怀疑犹太人思想的重要贡献，及其在现代资本主义经济学发展过程中的作用。[6]因此，在我们探索科学的经济观点时，就不能不提及《旧约》，不仅因为它是基督教建立的基础，对后来资本主义的形成和经济教学都产生了重要的影响，而且也因为它在经济人类学和道德观理解方面的独特贡献。

在许多领域中，犹太人的经济行为都预测了现代经济的发展。早在"黑暗"时代，犹太人就广泛地使用经济工具，这无论如何都超出了当时时代的发展，这也是后来现代经济的主要因素。"他们实行借贷，用许多种资产进行交易……尤其是对资本市场中的股份进行交易、汇兑，而且经常充当金融交易的调停人……他们起到了银行家的作用，实践了所有可能的经济形式。关于现代资本主义（与古代与中世纪时期相反）……其中有许多活动，都以特定的形式，继续（完全有必要地）保留到现在。"[7]

即使是抨击犹太人习俗的那些人也常提到这些方面。正如尼尔·弗格森（Niall Ferguson）所指出的："马克思自己评论文章，即《论犹太人问题》（*On the Jewish Question*）。书中提出资本家不管其种族如何，都是'真正的犹太人'。"[8]就连战前调查种族主义的鼓吹者海因里希·克拉斯（Heinrich Class）也认为，[9]"犹太人天生就是进行金钱与货物贸易的民族"。[10]这种发展如何形成？对于一个最初建立在游牧基础上的民族而言，犹太人的这种商业伦理从何而来？指引我们文明的经济思想价值观又真是犹太人所缔造的吗？

进步——世俗的宗教

《旧约》的作者们使人类有了想法和观念的进步。《旧约》中的故事有其自身的发展过程；它们改变了犹太民族的历史，并且相辅相成。犹太人认为时间是有长度的——有开始也有结束。犹太人相信历史的进步，并且认为进步就存在于这个世界上。救世主的到来会将这种进步推向顶峰，信徒们认为救世主经常会担任特定的政治角色。[11]因此，犹太人的宗教情况与这个世界密切关联。它不是任何抽象的世界，而那些享受着世俗财富的人们也并没有做错事。"信奉上帝给予犹太人的《训诫》并没有指向某个天国般的社会，却带来了大量的物质商品（《创世记》49：25~26，《利未记》26：3~13，《申命记》28：1~13）……人们不会指责那些为了赢得物质商品而参与日常经济活动的人。对于贫穷，既没有禁欲主义的伦理，也不存在净化与精神的效果。因此，犹太教的创始人，例如亚伯兰、以撒和雅各都是富翁这点也不足为奇了。"[12]

在时间是有长度的认识之前，一种无限循环的观念占主导地位。在《吉尔伽美什史诗》中，历史不会向任何一个方向发展下去，万事万物都是重复的、循环的。其中只有一些微小的变化，就像我们在自然中所见到的（四季的往复、生老病死的循环、岁岁年年周而复始等）。故事发生在奇妙的时间环上，比如，吉尔伽美什中的故事会在它开始的地方结束。在希腊神话和寓言中同样如此：在故事的结尾，没有悬疑，没有必要的历史性变化；故事的发生没有明确的时间，即世俗的不定状态，它可能在任何时间的任何地点结束，因为故事结束后没有什么事情发生变化，而且一切都回到它原有的模式。[13]

进步的思想[14]仅仅是来源于对历史的线性理解，它后来成为科学创新和我们推动人类文明的动力。如果历史有开始也有结束，并且它们不是发生在同一个时间点上，那么对于只在下一代才体现成果的领域来说，探索就显得很有意义。进步获得了新的含义。

因此，我们人类的文明特别要感激犹太人关于进步的思想。然而，在历史的进程中，发展的思想本身经历了重大的变迁，所以我们今天对它的理解都有所不同。与最初的教会思想相反，今天我们只是按照经济的或科技的观念去理解进步。[15]另外，经济进步几乎已经成为现代实用社会的一种假设，我们期待增长，任其自由发展。现在，如果没有新生事物出现，如果GDP没有增长几个百分点（我们称之为停滞），我们就认为这是一种异常。但这也并不是一直以来就有的情况。正如凯恩斯上百年前所写的，强烈的增长和有重大意义的物质进步只是在近三个世纪才出现的。

从人类有记载的最早时代起，例如从耶稣诞生前，到18世纪开始，生活在地球文明中心的普通人的生活标准没有发生太大变化。当然，肯定存在生活水平的起起落落，也发生过瘟疫、饥荒和战争，中间也有过黄金时期。但是，没有显著的进步变化。在有些时期，例如在公元1700年前的4000年内，可能有50%的人生活水平更高，最好的时期可能都有所提高。在有记载的历史纪元之前，甚至在最好的冰河时代之前的某个黄金时期，肯定存在某个进步和发明的时代，类似于我们今天生活的时代。但是在有记载的大部分历史时期内，并没有此类进步。[16]

时间的周期性观念束缚了我们几个世纪。在这之后，人类不习惯生活水平的显著提高。对于凯恩斯的言论，我们还可以说在这4000年间，一般家庭的家具陈设几乎没有发生变化。一个在公元前沉睡，而在17世纪醒来的人必定不会注意到在物质上有任何重要的变化。然而，在我们现在所处的时代，假设一个人沉睡了十几年，他醒来之后会完全不知如何操作普通的家用设施。只是在科技革命之后（这期间，经济学作为一个独立的领域诞生了），物质进步才应运而生。

凯恩斯非常明确地表示希望经济发展满足我们的需要。尽管这是事实，但现在大多数经济思想家都强烈主张物质进步的利益作用。这就是我们必须保持不断增长的原因，因为我们从内心深处认为我们要走向人间天堂。又因为现在的人们不再只是注重精神层面，而是更关注外界事物。正如捷克哲学家帕托卡（Patocka）所写，经济学家已经成为我们这个时代的具有重要意义的人物。人们期待他们能够解释现实生活中的经济现象，提出预测（微观经济预测），重塑现实（降低犯罪的影响，加速增长），从长远来看，带领我们通向理想的圣地——人间天堂。萨缪尔森、弗里德曼、贝克尔（Becker）、奈特（Knight），还有其他许多人都成为了经济进步的福音传道者，他们不仅在本国传播，也面向全球的其他国家。在此书的后面部分，我们将继续深入地探讨这一话题。

现实主义与反禁欲主义

除了进步的思想之外，犹太人对我们的文化所产生的另外一个重要贡献是英雄、自然和统治者们的非神圣化。可以夸张点说，犹太人的思想最根本、最实际地影响了我们的文化。[17]时至今日，即便是用符号、绘画、雕塑和图片来刻画上帝、人和动物都是被禁止的。创造现实的代表性标志或标志性代表（从某种意义上说，榜样）都是不被允许的。

> 所以你们要分外谨慎，因为耶和华在何烈山从火中对你们说话的那日，你们没有看见什么形象。唯恐你们败坏自己，雕刻偶像，仿佛什么男像女像，或地上走兽的像，或空中飞鸟的像，或地上爬物的像，或地底下水中鱼的像。又恐怕你向天举目观看，见耶和华你的神为天下万民所摆列的日、月、星，就是天上的万象，自己便被勾引敬拜侍奉它。[18]

与基督教相反，犹太人的思想中并没有太多天堂的概念。[19]以色列人的天堂，即伊甸园，最初只是在某个时间建立在地球上的某个地方，即美索不达米亚。[20]它有着自亚当和夏娃以来的确切谱系。至今犹太人能够算出自创世以来的年限。其中根本没有详细描述天堂的概念，并且它无论如何也不会出现在（神学的）争论之中。甚至伏尔泰也写道："不容置疑的事实是，摩西在其公共律法中，非常强调把一生一世的所有惩罚与回报，全部限制在当世中。"[21]

古老的犹太人思想中没有导向性。人为的禁欲主义也不会鄙视物质或身体方面的任何事情。这是后来在苏格拉底和柏拉图形成的传统思想影响下才出现的。[22]这种希腊的禁欲传统后来通过塔尔苏斯（Tarsus）的保罗和新柏拉图主义者奥古斯丁的传道，也融入了基督教义中，虽然他们也只是在某种程度上同意这种观点（我们将再次谈到与禁欲主义话题相关的希腊和中世纪的基督教学者）。

马克斯·韦伯注意到了犹太人的现世性（世俗性）。他写道："犹太教义是以这种思想对待世界的，即它并不完全拒绝世界，而只拒绝世界上先验的社会等级……犹太教义与清教徒教义的唯一区别（而且一直如此）在于前者缺乏系统的禁欲主义……对基督法律的遵循与禁欲主义几乎无关。"[23]希伯来人认为，世界是真实的，而不只是一个在某种程度上想象出来的完美世界的缩影，即柏拉图通常所阐述的世界。就像奥古斯丁后来所写的，灵魂不会和身体斗争，也不会受身体的束缚。相反，身体和物质世界即经济世界都是上帝的产物。对于犹太人而言，大地、世界、肉体和物质现实都是构成历史的重要部分，是创造物的巅峰。

这种思想是经济学发展的必要条件，即完全出自于世俗的思想。它是有根据的，也被证明是合理的。尽管它自身并没有一个"精神维度"，但是它能完全满足世俗的需要和欲望。[24]《旧约》中很少有蔑视财富或者歌颂贫穷的思想。只是在《新约》中，我们才发现完全鄙视富有的禁欲主义，比如，拉撒路（Lazarus）寓言中描写的故事。但是对于犹太人来说，如果一个人生活富裕，这一般被认为是上帝所赐的恩惠。具有经济头脑的社会学家桑巴特准确地阐述道："纵观犹太文献，尤其是《圣经》和《犹太法典》，你会发现，很少有段落像对待富有那样把贫穷描述为高级的和高贵的。但是另一方面，你会发现大量段落把富有描绘为上帝的恩赐，只是对财富的滥用发出了警告……在所有犹太文献中，没有提到反对财富的段落，而且也没有提到上帝憎恶人类拥有财富。"[25]

除了世俗性的概念外，希伯来人也实行其他的去神圣化。在《旧约》的教义中，英雄、统治者和自然都被抹去了神性。这些在改变对于经济的思考上起了很重要的作用。

....

英雄及非神圣化——梦想永不停息

英雄的概念比它表面的意义更为重要。它可能是凯恩斯笔下的"动物精神"的最初所指，或者是人们追寻个体得到社会重视的内在原型的欲望。我们每个人可能都有一种"英雄情结"，即一种内在的角色模型，一种我们有意或无意要追随的榜样。原型的类型极其重要，因为它的作用非常不理性，并且会随着时间和特定文明发生变化。我们这种内在的鼓舞动力，这种梦想永远不会消失，并且大大影响我们的行为，包括经济行为，这种影响超出我们的想象。

我们意识到，相比所处的文明，《旧约》中有更为逼真的英雄原型。与《吉尔伽美什史诗》和希腊寓言神话中的英雄相反，犹太教的"英雄"更加真实，是更加形象、立体的人。我们已经了解了苏美尔人的英雄思想，现在我们转而探讨对犹太人有着强烈影响的第二种文化，即埃及文化。犹太人的历史始于那里，并且在那里经历了几个世纪，只是在著名的拉美西斯（Ramses）二世统治期间可能离开过。[26] 从保留下来的著作中（如果说有人创造了官僚的传统，那就是埃及人），我们能够粗略地想象出那个时代的英雄形象。有关英雄和国王的神话学在那个时期有了迅速的发展。克莱尔·拉卢埃特（Claire Lalouette）将其总结为这些基本特征——漂亮（有着完美的、令人赏心悦目的面貌。但埃及词汇"nefer"所表达的美丽不仅指外在的美感，也包括内在的道德品质）；[27] 有男子气概和力量；[28] 有知识和才智；[29] 聪明且有悟性；做事谨慎且行动敏捷；声名卓著（名气能够战胜敌人，因为"他一出现，千军胆战"）；[30] 也是一个出色的领导者（关心下属）；是守护土地的铜墙铁壁；是英雄的保卫者。值得一提的是，埃及的统治者，正如苏美尔人一样，是上帝的化身或者子孙。[31]

在《律法书》中，我们没有发现类似的半神人，也没有肌肉健壮的英雄。他们天生就具有超人的身体能力，并且生来就会成就大事。只有肌肉男参孙（Samson）是个例外（但是他的超人力量也不属于神力）。《律法书》中的英雄们（如果可以称之为"英雄"的话）经常犯错误。他们的错误被认真地、有时精确地记载在《圣经》中。这样一来，他们中的任何人都不会被神化。[32]这样的例子随处可见——挪亚因为喝得烂醉如泥而成为耻辱；罗得被他的女儿们诱骗喝得同样烂醉如泥；亚伯拉罕撒谎，并且一再地试图把他的老婆卖给别人做妾；雅各欺诈他父亲并且偷盗他哥哥以扫的长子祝福；摩西谋杀了一个埃及人；大卫王诱骗手下军官的妻子，然后还将他杀害；所罗门王在其晚年信奉了异教，诸如此类。[33]

每一个社会和时代都有其榜样，我们下意识地根据这些榜样行动。大多数榜样都有迹可循。人类学掌握了几个英雄的原型。例如，美籍波兰人类学家保罗·雷丁（Paul Radin）考察了北美印第安人的神话故事，并且在其最具影响力的著作《无赖》中，他描述了其中的四个基本的英雄原型。年龄最大的就是书名所提到的无赖——一个犯欺诈罪的人；[34]然后是文化传播者拉比特；还有以肌肉强健著称的英雄雷德霍恩，最后就是最为成熟的英雄，即双胞胎。比如，吉尔伽美什的身上皆有拉丁笔下四种英雄原型的特点。尽力帮助他的双胞胎就是恩启都。[35]从某种程度上可以说，犹太教，以及后来的基督教，又增加了另外一种原型，即英雄承受苦难的原型。[36]约伯就是其中之一，或者说以赛亚（在基督教中，耶稣将榜样人格化为人们可理解的行为。他通过弱势展现他的力量；通过失去展现他的胜利；通过十字架上的羞辱展示他的伟大。他的使命就是代人受苦受难）。从上面的描述我们可以得知，犹太教中的英雄与无赖、文化传播者和双胞胎都十分相似。而我们说到英雄时很容易想到的肌肉型英雄，此处没有提到。

这对于民主政体的资本主义极其重要，因为犹太人的英雄原型为后来的英雄现象的发展奠定了极好的基础，也更适合于我们现在的生活。"英雄们放下他们的武器，着手于进行致富的贸易。"[37]众所周知，贸易中不需要肌肉和力量，也不需要英俊的外表和半英雄形态。说到传承文明的英雄，奸诈的骗子、文化传播者和受难者的英雄原型更为恰当。

自然不是神圣的

除了英雄们的非神格化，《旧约》中还重点强调了自然的非神圣性。[38]自然是上帝的创造物，这其中说到的神性并不属于我们在《吉尔伽美什史诗》中所见到的喜怒无常的神的范畴。[39]然而，非神格化并不意味着我们可以肆意地掠夺或玷污自然；人类的使命就是守护自然（伊甸园的故事中或者以动物命名的象征意义中都有所体现）。这种对自然的保护和照顾也与我们在本章开头提到的进步思想密切相关。在线性的时间观念中，很显然会出现遗产分配的问题。"犹太教认为人类的经济发展是积极的，而自然从属于经济发展。然而，经济的增长必然会受到限制。我们必须考虑未来子孙们的需要；毕竟人类是世界的主宰。浪费自然资源，不管是个人拥有的还是国家拥有的资源，都是被禁止的。"[40]

统治者也不过是人

在类似的历史进程中，《旧约》的教义为统治者们也赋予了同样的神圣性，即所谓的经济政策传播者。上帝通过摩西召唤犹太人反对法老，这在当时是闻所未闻的事情。统治者就等同于上帝，或者至少是上帝的儿子，即使是按照吉尔伽美什的观念，乌鲁克斯的统治者拥有三分之二的神性。但是依照《旧约》的所有内容来看，法老只是一个普通人（可以与其有意见分歧，也可以奋起反抗）。

犹太教的圣徒一直提醒人们，即使是后来的以色列国王们也不是无所不能的。他们不是上帝，而是上帝的子民。《旧约》的律法中明确写着政治统治者的思想与上帝的意志完全对立。上帝执意让法官作为统治的最高形式，即一种能够进行仲裁公断的机构，但是很明显不适合于行政权力的统治。[41]国王们的统治被犹太人精确地记录在案，而且在此意义上，被后来的《律法书》读者们熟知。因此，这不是一个关于神的机构，当国王是一件完全世俗的事情。事实上，从那以后，谦逊被统治者们看做是最必需的品德之一。以色列国王中最重要的大卫王在《圣经》的《诗篇》中写道："耶和华扶持谦卑人，将恶人倾覆于地。"[42]政治失去了其神圣无瑕的特点，而且政治问题也容许质疑。经济政策可能成为检查的一个项目。

因此，《旧约》不太赞成王朝时期的整个机构，甚至加以反对。在以色列人选举他们的国王之前，以色列由享有较少行政权力的法官们统治。在下面的引用语中，希伯来人的上帝通过先知撒母耳提醒人们不要在他们头上设置一个国王。

> 撒母耳将耶和华的话都传给求他立王的百姓，说："管辖你们的王必这样行：他必派你们的儿子为他赶车、跟马、奔走在车前；又派他们作千夫长、五十夫长，为他耕种田地，收割庄稼，打造军器和车上的器械；必取你们的女儿为他制造香膏，做饭烤饼；也必取你们最好的田地、葡萄园、橄榄园，赐给他的臣仆。你们的粮食和葡萄园所出的，他必取十分之一给他的太监和臣仆；又必取你们的仆人婢女、健壮的少年人和你们的驴，供他的差役。你们的羊群，他必取十分之一，你们也必作他的仆人。那时，你们必因所选的王哀求耶和华，耶和华却不应允你们。"百姓竟不肯听撒母耳的话，说："不然，我们定要一个王治理我们。"[43]

然而，即使没有获得上帝的祝福，统治者独揽行政权力的制度在以色列依旧诞生了。从最开始，即上帝将自己与整个思想相分离的时候，人们就预料政治中不存在任何神的行为，更不用说神圣化。统治者们犯错误，所以能够对他们进行严厉的批判——《旧约》的先知们经常进行这样的批判。

对秩序与智慧的赞美：人是最完美的作品

被创造出来的世界有着各种各样的秩序。一种是我们人类可以识别的秩序，这对于科学和经济学的研究极其重要，因为无序和杂乱不易于进行科学的审查。[44]任何（经济）检测都隐含一种假设，即一种体系（社会、经济）中有某种合乎逻辑的秩序。

在创造伊始，情况似乎并非如此。世间万物都没有名字或称号，一切都融为一体。[45]上帝首先创造了文字，然后在一天的时间里，把光明和黑暗分离，把水和旱地分离，把白昼和夜晚分离等，并给万物赋予秩序。[46]世界被有秩序地创造出来[47]——被合理而又明智地组合在一起。治理世界的规则有章可循。《箴言》几次特别强调是智慧创造了世界。智慧被拟人化，然后大声说：

> 在耶和华造化的起头，在太初创造万物之先，就有了我。从亘古，从太初，未有世界以前，我已被立。没有深渊，没有大水的泉源，我已生出。大山未曾奠定，小山未有之先，我已生出。耶和华还没有创造大地和田野，并世上的土质，我已生出。他立高天，我在那里；他在渊面的周围划出圆圈，上使穹苍坚硬，下使渊源稳固，为沧海定出界限，使水不越过他的命令，立定大地的根基。那时，我在他那里为工师。[48]

> 日日为他所喜爱，常常在他面前踊跃，踊跃在他为人预备可住之地，也喜悦住在世人之间。众子啊，现在要听从我，因为谨守我道的，便为有福。要听教训，就得智能，不可弃绝。听从我，日日在我门口仰望，在我门框旁边等候的，那人便为有福。因为寻得我的，就寻得生命，也必蒙耶和华的恩惠。得罪我的，却害了自己的性命；恨恶我的，都喜爱死亡。[49]

因此，上帝及其智慧驱使我们不断地认知世界。我们的世界并不是完全不可理解的，而且没人禁止我们去探究。我们假设人类通过判断力可以掌握世界的秩序，而这种假设就是任何科学检验的基础。《旧约》中有很多获取智慧的迫切要求。"智能在街市上呼喊……'你们愚昧人喜爱愚昧，亵慢人喜欢亵慢，愚顽人恨恶知识，要到几时呢？'"[50]或者如后面几章所言："智能为首，所以要得智能，在你一切所得之内必得聪明。"[51]

因此，审查世界是一种绝对合法的行为，是上帝的要求——这也是间接地参与造物主的工作。[52]人类的使命是了解自身及其周围的环境，并且利用自身的知识来改善世界。人类被创造出来的目的是打开通向探索自然、改变自然道路的可能性。

犹太教的文化为我们社会的科学检验奠定了基础。值得注意的是，关于自然的合理检验有其根源，即宗教。这是令人感到惊讶的。然而，这个世界总有许多神秘的事情是不能仅靠理性来解决的，我们也一直试图通过受到的教育、自身的判断力和经验等来了解世界。

人类完成造物的最后一步

世界的创造，正如犹太人的教义所说的那样，在《创世记》书中也有描述。下面是上帝的造物、分离和命名（作者强调）的过程：

> 起初，神创造天地……神看光是好的，就把光暗分开了。神称光为昼，称暗为夜……神就造出空气，将空气以下的水、空气以上的水分开了。事就这样成了。神称空气为天。有晚上，有早晨，是第二日。神说："天下的水要聚在一处，使旱地露出来。"事就这样成了。神称旱地为地，称水的聚处为海……[53]

没有命名，现实就不会存在。现实和语言是共同被创造的。维特根斯坦在其短文中就特别提到了这一点，即对语言的束缚就是对世界的束缚。[54]此外，如果在我们脑海中没有一个代表性的符号（比如名字、记号等），[55]我们就无法想象某个事物，反之亦然。

传统来讲，"命名"本身属于创造者的加冕行为，代表着创造的圆满完成，是绘画的最后一笔，即大师的签名。《创世记》中值得注意的一点是最后的行为，创作的最后一笔，即动物的命名，被赋予人类来完成。正如所期待的那样，那并不是由上帝执行。人类担负起了将上帝所开始的创作进行到底的任务。

> 神用土所造成的野地各样走兽，和空中各样飞鸟都带到那人面前，看他叫什么。那人怎样叫各样的活物，那就是他的名字。那人便给一切牲畜和空中飞鸟、野地走兽都起了名，只是那人没有遇见配偶帮助他。[56]

一个段落中有四次提到了命名的问题。上帝将其处于未完成状态的创作（半成品）托付给人类，并且让人类完成最后一笔。命名是一种象征性表达。

在犹太文化（我们现在的文化也如此）中，命名的权力意味着统治权和归属，例如，探索者命名（新的领地）、发明者命名（新的规则），或者家庭命名（孩子）。因此，对于物种起源时的创造者，这种权力由上帝掌控。填写最后一笔的主旨也体现在菜园的概念中，菜园是一个人应该去耕种或者使其更加完美的地方。人被置于菜园里而非森林中或草地上。菜园需要不断地呵护和耕种，而森林和草地即使无人看管也依然完好。[57]

这些与经济学有什么关联呢？现实本身即我们的"客观"世界，是相互依存的。人类自身也参与创造。创造总是被不断地再创造。

真相不是理所当然的，但它也不是消极的。认知真相和"事实"需要人的积极参与。人必须完成最后的步骤（我们也意识到值得注意的近似事实和行为）以使真相可能继续得以创造。就我们来说，实现过程的行为显示了结构的创造，即感受和秩序（圣经中的命名或归类、分级、排序等所完美表达出来的感受和秩序）的归因。我们的科学模型对真相完成最后一部分工作，因为（1）科学模型能解释真相，（2）科学模型给现象命名，（3）科学模型使我们能够根据逻辑形式对世界的存在和现象进行归类，及（4）事实上我们是通过科学模型认知真相的。通过（我们提供的）这种秩序，真相始得真实显露出来；如果没有秩序，真相将失去意义。正如捷克的哲学领袖纽鲍尔（Neubauer）说过的："没有意义就根本不会出现。"[58]

通过他的理论，人们不仅发现了世界，而且塑造了世界。不仅在重塑自然界的意义上如此（提高效率，或通过耕地、配种和开沟提升土地生产力），而且在更深刻的本体论研究上也一样。当人们发现一种新的语言学框架或分析模型时，或停止应用过时的框架或模型时，就是在塑造或重塑真相。模型仅仅存在于我们的头脑中；模型不存在于"客观现实"中。在这种意义上讲，牛顿发明（不单单是发现！）了万有引力。[59]他发明（虚构杜撰的、完全观念上的！）了一个普遍接受的框架，很快"成为"真相。马克思也有类似的发明。他创造了阶级剥削的概念。通过他的概念，几乎在一整个世纪中，人们对历史和真相的认知改变了一大部分世界观。

现在，我们来讨论一个纯粹的经济学课题。让我们在更简单（非模型）的意义上回到实现真相的最后一步。约翰·洛克（John Locke）谈到过这个话题，言辞风趣：

> 对于支持人类生命的粮食来说，一英亩圈起来的耕地所生产的粮食（在有限的范围内来说）十倍于同等富饶但常常荒废的一英亩土地的产出……我此间测量的是改良极有限的土地的出产，大约是十比一，甚至非常接近于一百比一。[60]

迈克尔·诺瓦克甚至说到了原生态创造，[61]或者一种"自然状态"的创造，只有通过人"汗流满面"的努力才能保持不被触碰和原始状态。人既定为已创造世界的管理者，对世界的全部繁荣和创造负责。恰如原始的（不完全妥当的）世界创造，神把守护和保卫伊甸园的任务交给了人，因此人事实上是文化景观的共同创造者。捷克哲学家兹德内克·纽鲍尔也描述过这一点："这就是真相，它是如此深邃，欣然定格世界。因此我认为，真相是一种创造物，而非在客观已知条件下的事件和地点。"[62]

甚至在这种观点中，我们可能看到犹太人的思想如何神秘——它承认不可思议的作用。因此，通过思想的坚实基础，犹太人沉迷于玄虚，反对关于世界的机械起因的解释："根据维布伦的观点，犹太人的思路强调灵魂、奇迹和捉摸不定。相反，异教徒反而看到了机械和科学。"[63]许多年之后，凯恩斯从同样的知识步调迈入经济学思想史；他对经济学的伟大贡献正好是难以觉察的思想的复活——例如动物精神或不确定因素等。经济学家米尼甚至将凯恩斯的疑问和叛逆态度归因于犹太法典教育。[64]

我们的善恶：福利的道德解说

我们在《吉尔伽美什史诗》中看到，善恶不是对道德水平的系统归纳。在史诗中，的确提到了罪恶，然而它是在某种外因下发生的，是（城市）外部的，超越于我们而存在。芬巴巴是邪恶的化身，居住在城邦以外，雪松林中；恩启都是在城邦外怒发冲冠的罪恶——相反，当他融入城市时会变成有益的人。

史诗读者禁不住会想，罪恶是与自然关联的，善则是与城邦、文明、进步关联的。顺便说一下，埃及人沉迷于类似的城市神格化中；对于他们来说，城市代表了神圣的存在。在埃及经文和诗歌中，城市是根据居住的神祇命名的。[65]但是在史诗中，善恶不是道德上的观察——它们不是道德行为的结果。罪恶与自由道德行为或独立意志无关。人类的罪恶无关乎道德，而是一种自然的罪恶。仿佛善恶完全不是伦理学涉及的内容。罪恶就那么发生了。

相反，希伯来思想对道德善恶进行了专门讨论。道德方面涉及了故事的核心。[66]"历史似乎是根据伦理来书写的；伦理看起来是历史的决定性因素。对于希伯来人来说，历史前行的基础是参与者的道德水准。人类的罪孽对历史有影响，那就是为什么《旧约》的作者们要制定繁复的道德准则。是为了确保拥有更美好的世界。罪恶不在城邦之外，不在自然或森林中的某个地方，就在我们心中。在很多故事里，我们能看到完全对立的东西——自然代表善，人为的城市文明意味着罪恶。

当然，在长途跋涉进入森林后也不能摆脱邪恶，因为吉尔伽美什和恩启都决定"杀掉芬巴巴并且砍倒雪松"。苏美尔人相信二神教，即善神与恶神并存，这在地球人类的身上得以体现。犹太人的看律法恰恰相反。他们认为世界是由善神创造的，而邪恶则是由人们的不道德行为造成。因此，人类是罪恶的根源。[67]历史因人类的行为道德而不同。以逐出乐园为例，亚当和夏娃偷吃禁果。[68]其中的不同在洪水的章节中有所阐述。《旧约》中描述人类的堕落与不断增加的罪恶导致了洪水之灾：

耶和华见人在地上罪恶很大，终日所思想的尽都是恶。[69]

与此相反，在史诗中，大洪水是人们行为过于喧闹而惹怒了诸神所造成的。史诗中的洪水之灾没有任何道德因素，然而《创世记》又从道德的另一方面对洪水作出阐释。《旧约》中就到处都有道德行为的例子。索多玛和蛾摩拉因其城市的罪恶遭到毁灭，[70]沙漠流亡40年是对逃上西奈山[71]的惩罚等。犹太民族的整个历史都与道德性密切相关。

道德商业循环与经济预言

在犹太民族的故事中我们也接触到了最早的经济循环概念，也是有史以来首次有记载的经济循环。我们也发现了最早对这种循环模式的原因所作的解释。经济学家们就经济循环提出了各种各样的理论，但是其原因至今没有定论。一些经济学家归咎于心理因素，即储蓄与投资的矛盾。一些则倾向于循环中的货币要素，犹太人认为好坏年景和经济循环的背后都是道德行为在作祟。但是我们将超越我们自己。

. . . .

法老的梦、约瑟与最早的商业循环

为了避免过于简单，史上最早的经济循环一直都是个难解之谜。法老做了一个著名的梦，关于七头肥壮奶牛和七头瘦弱奶牛的梦。法老把这个梦告诉了雅各的儿子约瑟，约瑟把这个梦解释为某种宏观的经济预测——七年大丰收，之后紧接着会有七年困顿、饥荒和痛苦。

> 过了两年，法老做梦：梦见自己站在河边，有七只母牛从河里上来，又美好又肥壮，在芦荻中吃草。随后又有七只母牛从河里上来，又丑陋又干瘦，与那七只母牛一同站在河边。这又丑陋又干瘦的七只母牛吃尽了那又美好又肥壮的七只母牛。法老就醒了。[72]

约瑟后来这样解释法老的梦：

> 埃及遍地必来七个大丰年；随后又要来七个荒年，甚至在埃及地都忘了先前的丰收，全地必被饥荒所灭。[73]

后来约瑟给法老提出建议，如何从实际上避免预言的结果，即避免饥荒和七年的大丰收。

> 法老当拣选一个有聪明有智慧的人，派他治理埃及地。法老当这样行，又派官员管理这地。当七个丰年的时候，征收埃及地的五

分之一，叫他们把将来丰年一切的粮食聚敛起来，积蓄五谷，收存在各城里作食物，归于法老的手下。所积蓄的粮食可以防备埃及地将来的七个荒年，免得这地被饥荒所灭。[74]

在此，我们能够很快想到后来的凯恩斯反周期经济政策。关于这种政策在当今经济政策中的具体应用，详见此书的后半部分。

自相矛盾的预言

现在，我们对此作个分析。年景好的时候，征收[75]农作物的五分之一[76]来储存粮食。然后在年景不好时打开粮仓，预言事实上得以避免（通过前面的经济稳定来限制繁荣的年份并且规避饥荒）。这就表明，如果预言是正确的，那么被预言的情况事实上就永远不会发生。因此，这里就有点自相矛盾。如果我们能预测问题，那么这些问题就根本不会出现。[77]因此，《旧约》中各种各样的预言不是对未来具有决定性的一些洞察，而是一种警告和可能出现的会引起某种反应的关键性变化。如果反应足够强烈，那么所预言的事就根本不会发生。[78]这种"被诅咒的预言家"或"自相矛盾的预言"情况在先知约瑟的故事中也有体现。他似乎认识到这一点（被预言到的绝不会出现），所以他不想成为一个预言家。尼尼微城永远不会覆灭，虽然他的预言与此相反。[79]

如果凶兆可以被预测，那么就有可能完全或部分地避免它。约瑟和法老都无力去避免繁荣或歉收（这样看来梦的解释是正确的，而未来的情况则是迷离的），但他们避免了预言的影响和暗示（这样看来梦的解释就是"错误的"）——埃及最终没有出现饥荒，而这是因为合理而又极其直觉的经济政策[80]所致。换句话说，没有人知道未来，即使是先知们也无法得知，而这仅仅是因为人们能够根据未来的信息作出某种反应。这种反应改变了未来和预言的正确性。这个原理与"自我实现的预言"[81]，即社会科学的一个著名概念完全对立。某些预言如果得以表达了（并且被人信服），就会自我实现，而另外一些预言如果被宣布了（并且被人信服），则会成为自相矛盾的预言。

我们进一步探讨一下首次出现在梦中的"宏观经济预测"。梦是一种无理性的、形象化的而又难以理解的现象，在很长一段时间里不被人们接受，而最近又受到心理学的青睐，成为未来经济的传递者。

我们也不清楚为什么要求现在的经济学家预测未来。在所有的社会科学中，或者说所有的人文学科里，经济学是最关注未来的学科。其他领域对其就没有如此多的关注。[82]或许这种情况是相关联的，不难理解，对于经济学家而言，其乐园就在将来。而对于社会学家、生态学家甚至心理学家而言，他们的乐园是在那美好的过去（那时的人们与其家人、本性和灵魂都相处融洽而和谐）。此外，经济学是所有人文学科中最精确的科学。这或许也是因为它能感知未来。

话题再转向《律法书》。我们注意到，故事的末尾没有提到经济循环的原因（后面要说到）。繁荣过后就是萧条。《圣经》几乎对一切现象都有某种解释（主要是道德方面），这是非常独特的。在这点上，让我们想起了《吉尔伽美什史诗》。它说，恶（或者善）的发生总体上不受我们行为的影响。经济循环在任何方面都没有得以解释，而对于那个问题"为什么"[83]也没有得到任何答案。

....

商业循环的道德解释

这从根本上不同于后来犹太人对此的理解，以色列民族试图找出民族经济的繁荣或萧条背后的原因。

并且其原因都归于道德。如果以色列民族或其代表（一般是国王和神甫）按照上帝的旨意行事，那么就会打赢战争，[84]获得周边国家的尊重。[85]更为重要的是经济会取得繁荣。

> 你们果然听从这些典章，谨守遵行，神就必照他向你列祖所起的誓守约施慈爱。他必爱你，赐福与你，使你人数增多；也必在他向你列祖起誓应许给你的地上，赐福与你身所生的、地所产的，并你的五谷、新酒和

油，以及牛犊、羊羔。你必蒙福胜过万民，你们的男女没有不能生养的，牲畜也没有不能生育的……神所要交给你的一切人民，你要将他们除灭，你眼不可顾惜他们。[86]

我们可以大胆地说，这是史料记载中对于经济循环的原因所作的首次解释。经济循环的原因对于经济学家而言至今仍是个谜，但是《旧约》对其作出了道德方面的解释。有时，当以色列人维持法律和正义，当寡妇和孤儿不被压迫，并且当上帝的旨意被遵行，民族就昌盛。而如果是相反的情况，则会出现经济和社会的危机：

不可苦待寡妇和孤儿。若是苦待他们一点，他们向我一哀求，我总要听他们的哀声，并要发烈怒，用刀杀你们，使你们的妻子为寡妇，儿女为孤儿。[87]

下面的文章部分也是一例：

犹大王亚哈谢的儿子约阿施二十三年，耶户的儿子约哈斯在撒马利亚登基，作以色列王十七年。约哈斯行耶和华眼中看为恶的事，效法尼八的儿子耶罗波安使以色列人陷在罪里的那罪，总不离开。于是，耶和华的怒气向以色列人发作，将他们屡次交在亚兰王哈薛和他儿子便哈达的手里。[88]

依照现在的观点，经济思想中有很长一段时间没有道德的因素，尤其是在曼德维尔关于私人的恶德、公众的利益的观念被实施后（之后会有关于曼德维尔的一个独立章节）。在这种体系中，个人道德与其毫无关联，因为某种后来被称做市场无形之手的事物也能将私人的恶转化为公众的利益。

直到近代，经济学家们才重新认识到道德的重要性，并且提倡用道德来衡量制度的优劣、公正的水平、商业的伦理道德、腐败等，同时研究它们对经济的影响，更不用说对经济增长的影响了。

但是，对于经济循环所提出的两种相互冲突的解释，我们该如何统一呢？道德有无影响？我们的行为会不会影响我们身边的现实？伦理道德对未来会有影响吗？带着这些疑问，我们把话题转向伦理和经济学。

善恶经济学：善有善报吗？

这或许是我们要问的最难以回答的道德问题。我们在探讨犹太人的思想过程中提出这个问题，表明在这方面可能有更多的观点，而不只是讨论中所提到的那些看法。我们也指出回答这一问题不能局限于这个范围。

从上面的文章中可以看出，善确实会有善报。对于犹太人而言，道德就是他们所能做的最大投资。最能推动经济的莫过于追求公正。遵守规则和道德的生活都会在物质上给他们极好的回报。[89]我们记得犹太人对此更难以回答。在《旧约》中，很少提及天堂，就好像犹太人的思想中没有这个概念。将善或恶的回报以死后报酬（最后，正如基督教的行为，见下文）的形式展现是不可能的（有点不明确）。在《地球上的生命》一文中提到了公正。人在世时的道德行为必有回报。它不可能在人死后才呈现。

桑巴特对此作出这样的理解[90]：

> 最初的犹太人根本不了解外面的世界。因此，祸福只能降临在这个世界。如果上帝想要惩罚或者奖赏，他必定会在人活着的时候去做。因此，好人得福，坏人受罚。耶和华说："恪守尽责，这样你便会好好地存活，并且在神所赐你的土地上繁荣昌盛。"因此，受苦者约伯哭诉道："恶人为何存活，享大寿数，势力强盛呢？……神用篱笆拦住我的道路，使我不得经过……他在四围攻击我……他的忿怒向我发作，以我为敌人"（《约伯记》，21：7；19：8~11）。"为何要让我经历这一切？我可是一直走在上帝指引的道路上。"

至于善的回报，我们在另外一篇关于什一税支付的文章中也发现了类似的表述：

> 万军之耶和华说："因你们通国的人都夺取我的供物，咒诅就临到你们身上。你们要将当纳的十分之一全然送入仓库，使我家有粮，以此试试我是否为你们敞开天上的窗户，倾福与你们，甚至无处可容。"万军之耶和华说："我必为你们斥责蝗虫，不容它毁坏你们的土产。你们田间的葡

萄树在未熟之先，也不掉果子。"万军之耶和华说："万国必称你们为有福的，因你们的地必成为喜乐之地。"[91]

然而，研究善恶经济学并非易事。如果道德会有回报，那么康德"道德的道德因素"将如何解释？如果我们行善是为了利益，那么道德的问题就成为一个纯粹理性的问题。伊曼纽尔·康德是一位伦理学领域举足轻重的思想家。从相反的角度提出，如果我们的道德行为是以经济利益为基础，那么它就失去了道德性。根据康德的观点，报酬即道德是不存在的。

同样伤脑筋的情况也出现在《律法书》中，即"惩罚罪恶"[92]，找寻上帝在人间的公正的律法是犹太人思想中的一大主题。《新约》中虔诚的哈希德及其子孙法利赛人都虔诚地遵守既定的、严格的律法。与此相反的是，先知学派强调在善和回报之间没法换算。在《旧约》极其唯美而复杂的《约伯记》中，我们发现了一个很好的例子。撒旦顺理成章地被称为恶魔的守护者（顺便提一下，这是《旧约》中唯一一次明确出现这种说法[93]）。

> 耶和华问撒旦说："你曾用心察看我的仆人约伯没有？地上再没有人像他完全正直，敬畏神，远离恶事。"撒旦回答耶和华说："约伯敬畏神岂是无故呢？你岂不是四面圈上篱笆围护他和他的家，并他一切所有的吗？他手所做的都蒙你赐福；他的家产也在地上增多。你且伸手毁他一切所有的；他必当面弃掉你。"[94]

在约伯经历种种不幸之后（巧合的是，大部分不幸都与其财产相关），其不幸也表明约伯做善事并非为了利益（他像是神在善与恶之间的赌注）。他们的辩论或多或少地集中在约伯的"朋友们"如何证明他肯定以某种方式犯了罪，而且因为这种罪过，他应该受到上帝的惩罚。他们绝对无法想象这种情况，约伯是个正直的人，不会没有（道德）原因就受苦受难。然而，约伯坚持认为自己不应该受到惩罚，因为他没有犯错："就该知道是神倾覆我，用网罗围绕我。"[95]

首先，这种观点与前面关于正义回报的论述相冲突。但约伯仍然保持他的纯正，即使他的正义没有得到回报。

> 他必杀我，我虽无指望，然而我在他面前还要辩明我所行的。[96]

而且——

……我至死必不以自己为不正。

我持定我的义，必不放松，

在世的日子，我心必不责备我。[97]

约伯正直的生活并不是为了利益。即使他唯一的回报是死亡，他依然坚守正直。他从中获得了什么经济利益？

善有善报

生活中，正直的人遭受苦难，而邪恶的人安居乐业的事情时有发生。那么，善有哪些本体论的情形呢？又有什么样的逻辑呢？我们行为的善或恶（支出）与我们完全作为回报获得的善或恶（收入）之间究竟有没有关联呢？从上面的文字中似乎可以发现，这其中的关联是随机的。如果结果的状态（收入）是随机的，那为什么是善而不是恶（支出）呢？除了《约伯记》外，这种特性在《旧约》《传道书》中也有提及：

世上有一件虚空的事，就是义人所遭遇的，反照恶人所行的；又有恶人所遭遇的，反照义人所行的。我说，这也是虚空。[98]

《诗篇》作者对此也有类似的深刻见解，充满苦难：

至于我，我的脚几乎失闪，我的脚险些滑跌。我见恶人和狂傲人享平安，就心怀不平。他们死的时候没有疼痛，他们的力气却也壮实。他们不像别人受苦，也不像别人遭灾。[99]

那么，究竟为什么还要行善呢？毕竟，遭受苦难是许多《圣经》中人物的命运。只有一个答案——为了善本身。善有其自身的回报。从这种意义上讲，善得到了回报，这种回报也可能并不体现在物质层面。然而，从另一种意义上讲，道德在生产能力和计算方法的经济层面上就考虑了。犹太人的使命就是行善，不管有没有回报。如果善终得善报，那么这是额外的报酬，[100]而不是行善的出发点。善和回报毫不相干。

《旧约》中还有一种论证，我们得到了善（收入）。我们出于感激过去施加于我们的恩德（收入）而必须行善（支出）。[101]

道德与禁欲主义还有另外一个共同点。我们后面会讲到，尤其是在讲到禁欲主义者和享乐主义者时，人类在地球上能否享受生活这个问题在善恶经济学中有着重要的地位。因此，他们是否有权力期待效用最大化，他们能宣称所做的善事是为了物质或精神的回报吗？康德认为，如果善有善报，那么我们就没有做过任何值得称赞或道德的事情，因为我们公共事业的增加（无论是事先计划还是未曾料到的）都否定了我们行为的道德性。

犹太人在享乐主义者和禁欲主义者之间保持中立。我们在后面会详细地讲到，所以在此只作简单的描述——禁欲主义者不能追求享乐，或者换种说法是，不能追求效用。他们无论如何都不能有享乐的想法。他们只能按照律法生活（这个派系最大的弱点就是维护这些既定律法的外部来源），而对于他们行为的结果则无所谓。

享乐主义者的行为就是为了使效用最大化，而不考虑律法（律法来自于内生效用的增长，这也是享乐派的一大特点）；他们不需要外生的既定准则，并且声称他们能根据形势本身"计算"每种既定形势的伦理规范（做什么）。

犹太教在中间地带的某个点上提出一种选择：

少年人哪，你在幼年时当快乐。在幼年的日子，使你的心欢畅，行你心所愿行的，看你眼所爱看的，却要知道，为这一切的事，神必审问你。[102]

换句话说，存在明确的（外生的）既定律法，并且我们必须要遵守。在这些界限内，绝对可以甚至必须增加效用。在现代经济的主流语言中，个体要求通过预算实现边际效益的最理想状态。它被称为有界限的最理想状态。在合理寻求自身的效用（或生活的享受）和维系律法之间找到了一种平衡。不是协商而定，也不属于最理想状态。《旧约》中的宗教不是禁止人们欢乐的宗教。相反，世界本来就是给了人类的，或者，如果你愿意，人类可以从中获得欢乐。然而，享乐不能建立在违背既定律法的基础之上。"因此，犹太人被派来驯服和教育那些对财富的无度欲望……以使市场活动和消费格局在上帝给定的道德范围内进行。"[103]

天主教后来再一次提到在寻求效用或享受生活上一个更为禁欲的观点[104]。一个很好的例子就是拉撒路寓言。

> 有一个财主，穿着紫色袍和细麻布衣服，天天奢华宴乐。又有一个讨饭的，名叫拉撒路，浑身生疮，被人放在财主门口，要得财主桌子上掉下来的零碎充饥，并且狗来舔他的疮。后来那讨饭的死了，被天使带去放在亚伯拉罕的怀里。财主也死了，并且埋葬了。他在阴间受痛苦，举目远远地望见亚伯拉罕，又望见拉撒路在他怀里，就喊着说："我祖亚伯拉罕哪，可怜我吧！打发拉撒路来，用指头尖蘸点水，凉凉我的舌头，因为我在这火焰里，极其痛苦。"亚伯拉罕说："儿啊，你该回想你生前享过福，拉撒路也受过苦，如今他在这里得安慰，你倒受痛苦。"[105]

换句话说，这似乎可以理解为富人在世上已经享乐，这似乎就是他在死去后必须遭受痛苦的原因。而另一方面，穷人在天堂得到祝福，因为他在世时没有经历享乐。最终，我们在富人和拉撒路之间没有看到任何关于道德行为的叙述（我们只能从故事中推断，然而故事本身却没有注重这一点）。他们之间的唯一不同就是富人在世间奢华享乐，而拉撒路却遭受痛苦。

在此书的后半部分，我们用独立的一章讲述善（支出）和善（收入）之间的关系，其中将各种不同的道德观点都归纳在一个象征性的善恶轴线上。

爱律法

犹太人不仅必须遵守律法（或许"盟约"这个词更恰当），还要热爱律法，因为它是一种善。他们和法律的关系并不认为是一种职责，[106]而是一种感激和爱。犹太人行善（支出），因为善（收入）已经被施与他们。

> 以色列啊，现在耶和华你神向你所要的是什么呢？只要你敬畏耶和华你的神，遵行他的道，爱他，尽心尽性侍奉他。遵守他的诫命、律例，就是我今日所吩咐你的，为要叫你得福。看哪，天和天上的天，地和地上所有的，都属耶和华你的神。耶和华但喜悦你的列祖，爱他们……他为孤儿

寡妇伸冤，又怜爱寄居的，赐给他衣食……他是你所赞美的，是你的神，为你做了那大而可畏的事，是你亲眼所看见的。你的列祖七十人下埃及，现在耶和华你的神使你如同天上的星那样多。[107]

这与现在的合法体系完全相反，现在不再提到任何爱或感恩。但是上帝期待一种法令的完全内化，并且快乐地履行这些法令，而不是作为一种职责。这绝不是建立在现有经济学中广泛应用的成本效益分析之上，成本效益分析可以推断违背法令什么时候会得到利益，什么时候不会得利（根据被捕的可能性和可能遭受的惩罚数量进行计算）。我们来看几个例子：

你们要将我这话存在心内，留在意中，系在手上为记号，戴在额上为经文。[108]

《诗篇》的作者提到对法令的忠诚时，也不会盲目地履行："我何等爱慕你的律法，终日不住地思想。……所以我爱你的命令胜于金子，更胜于精金。"[109]或者另一篇："不从恶人的计谋……唯喜爱耶和华的律法，昼夜思想，这人便为有福。"[110]《旧约》中多次涉及这个主题，而且《新约》中也接受了以优先考虑善报（收入）为基础的行善（支出）观点。赎罪本身就是一种优先原则。我们所有的行为都是以善为出发点。桑巴特也这样描写过犹太人对于法令的爱和尊重。约瑟福斯（也叫弗拉维）这样写道：

询问你见到的第一个犹太人关于他的"律法"，他将会很清楚地告诉你胜过他的名字。其原因可能要归结为每一个犹太人在他们小时候就被灌输的系统的宗教教育，以及由《圣经》文章中的阅读和阐释所构成的礼拜。成长过程中要通读《律法书》。另外，学习《律法书》是犹太人的一项基本职责。并且你也要殷勤教训你的儿女，无论你坐在家里，行在路上，躺下，起来，都要谈论。（《申命记》，6：5）……犹太法典是最大的财富。它是他们生命中的呼吸，他们的灵魂。[111]

前面引用的一段文字可以看出法令在犹太宗教中的主导作用。当然，这只是他们对《律法书》中法令的充分理解，《律法书》是上帝创造的法令。[112]

还有一些区别也比较显著。埃及人必须忠诚于他们的统治者，[113]然而犹太人则要热爱上帝和法令。[114]上帝制定的法令适用于犹太人，并且上帝是一切价值观念的绝对来源，因此，克服人类法律的一种方式就应运而生了。人类的法律，如果与上帝制定的律法相冲突，就应该从属于个人责任。即使是法律允许，犹太人也完全不能与众生为伍。因此，地方法律、律法和习俗总是要以伦理道德（所说的善）为基础："不可随众行恶，不可在争讼的事上随众偏行，作见证屈枉正直。"[115]

游牧民族的自由与城市的束缚

犹太人从埃及的奴役中解放出来后，自由和责任便成为犹太人思想中的主要价值观念。犹太人最初是一个游牧民族，崇尚自由，并且在不断游牧中成长。他们喜欢这种生活方式而不是定居耕种，定居似乎是对他们的束缚。[116]犹太人是放牧民族，而耕种生活需要定居在某一个地方。

犹太人的理想之地是"伊甸园"中的天堂，而不是一个城市。[117]《旧约》中似乎有很多地方都反映出受人漠视的城市文明及城市罪恶、受束缚的生活方式。序文中就有寓言巴比伦塔的构造："他们说：'来吧，我们要建造一座城和一座塔，塔顶通天，为要传扬我们的名，免得我们分散在全地上。'"[118]亚伯兰选择了牧场，而罗得要求索多玛城和蛾摩拉城。[119]即使在所罗门歌曲中都多次提到，歌词中人们期待城市外的花园和庭院，然而城市的情况让人们大失所望。

游牧的犹太人道德观往往来自亚伯兰。他根据一项神谕，离开了吾珥的迦勒底城。这个神谕说："耶和华对亚伯兰说：'你要离开本地、本族、父家，往我所要指示你的地去。'"[120]到处迁移，而且不被财产束缚，这种能力是一种被认为具有很高价值的品性。可以理解，这种生活方式具有广泛的经济影响。首先，在这种社会中，人与人之间的联系更加紧密，毫无疑问，他们都会相互依靠；其次，他们经常游牧，这决定了他们无法携带超过他们所能携带重量的更多物品。他们收集重量轻的物质财产，完全是因为这些东西的物理重量（质量）依附于某个地方。

此外，他们意识到，在所有者与拥有物之间存在着微弱的双向联系。一旦我们适应了某种特定的物质上的舒适，就很难抛弃这种舒适感，很难重新过上自由的生活。在西奈半岛沙漠的故事中，我们遇到了舒适与自由之间的两难选择。犹太人逃离了在埃及的奴役之后，他们开始对摩西抱怨说："谁给我们肉吃呢？我们记得在埃及的时候，不花钱就吃鱼，也记得有黄瓜、西瓜、韭菜、葱、蒜。现在我们的心血枯竭了，除这吗哪以外，在我们眼前并没有别的东西。"[121]

摩西最伟大的功绩之一是他成功地说服了他的民族，饥饿而自由要好过"免费"吃饭的奴隶。[122]如果想得到"免费的午餐"，那么一定要记住，整个民族都被欺骗了。他们在得到"免费午餐"的同时，却没有人意识到这些"免费午餐"的代价就是他们的自由，以及在很大程度上，包括他们整个民族的存在。

社会福利——不要像索多玛那样做事

在《旧约》中，形成了一种非常复杂的社会经济规则，我们在当时的几个民族中都发现了这种关系。在希伯来人的教义中，除了个人效用，第一次出现了将效用在社会范围最大化的概念，具体体现在《塔木德经》的"Kofin al midat S'dom"原则中，翻译过来就是"人们不要像索多玛那样做事"，要照顾社会中的弱小成员。在篇章的后半部分，我们看到了什一税、救济会、宽恕之年及其他责任。这些措施旨在创建一个更稳定的社会环境，以及一种基本的社会安全网。

萨巴斯——安息年

其中一项社会措施是创设了萨巴斯之年，即安息年。《利未记》对该措施进行了详细的讨论，尤其是在第25章："你们到了我所赐你们那地的时候，地就要向耶和华守安息。六年要耕种田地，也要修理葡萄园，收藏地的出产。第七年地要守圣安息，就是向耶和华守的安息，不可耕种田地，也不可修理葡萄园。遗落自长的庄稼，不可收割；没有修理的葡萄树，也不可摘取葡萄。这年，地要守圣安息。"[123]

现在，每隔四十九年，[124]就会有一个宽恕之年，在这一年，根据最初的计划，土地被归还到最初的所有者手中，因为土地被分给进入迦南的各个部落。[125]在五十年节之时，债务会被豁免，[126]由于负债而沦为奴隶的以色列人将获得自由。[127]这样的规定可以被视为当时的反垄断和社会保障措施。甚至当时的经济体系也有财产集中的倾向，因此也存在权力集中的倾向。这些措施似乎旨在预防这一过程（无须管理部门）。五十年的周期大体上符合当时人们的寿命。与此同时，它明显也试图消除世代负债的问题。负债或者贫穷父亲的后代得以拿回土地，因此有机会再次务农。父辈的罪（管理不善）不会施加在儿女头上，成功也不能世袭，就像在普通的经济系统中那样。苏美尔人的《汉谟拉比法典》有着类似的规定——定期赦免债务，甚至规定每隔三年就取消一次。[128]这样的规定非常有意思，因为似乎最早允许利息的社会（值得怀疑）同时存在赦免的手段，即（在特定时间后）消除债务权利。[129]那时的土地可以被"买卖"，但不是销售，而是出租。地产的（出租）价格取决于距离赦免之年还有多长时间。从表面看，我们是在耕种土地，但最终来说，我们仅仅是"陌生的外乡人"，只是租种固定期限的土地。所有土地和财富都属于上帝，"地和其中所充满的，世界和住在其间的，都属耶和华"。[130]人类只不过是土地佃户，所有权只是暂时的，而且要服从上帝制定的律法。宽恕之年也是用于提醒人们，实际上土地不属于人类。

> 这禧年，你们各人要归自己的地业。你若卖什么给邻舍，或是从邻舍的手中买什么，彼此不可亏负。你要按禧年以后的年数向邻舍买；他也要按年数的收成卖给你。年岁若多，要照数加添价值；年岁若少，要照数减去价值，因为他照收成的数目卖给你。[131]

所有出售的土地或者被卖为奴隶的人都有一种责任，即新的所有者将卖掉土地或者奴隶，只要他们能够努力劳作，或者在亲戚的帮助下有钱买回失去的所有权。如果没有能力做到这一点，他必须等待，等到在五十年节时重获自由。"地不可永卖，因为地是我的，你们在我面前是客旅、是寄居的。"[132]

这些规定表达了这样一种信念，即自由和遗产不能被永远地从以色列人那里夺走。最好强调一点，这一系统提醒我们，没有哪种所有权会永远持续。我们耕种的田地也不是我们的，而是上帝的。宽恕之年再次强调，我们只是此处的过客，这个世界上任何物质的东西都不能拯救我们。我们也带不走任何东西。我们拥有的每件东西都是某种形式的租借。我们只是来此走一遭，物质的东西仍将留在此处，即使我们已经离去。

拾穗

另一项社会规定是拾穗的权利。在《旧约》时代，它确保最穷的人至少有最基本的谋生之物。任何拥有田地的人，都有义务不去捡拾剩下的庄稼，而是留在田地里，留给穷苦的人。

> "你们的地收割庄稼，不可割尽田角，也不可拾取所遗落的，要留给穷人和寄居的。我是耶和华你们的神。" [133]

其他地方也有记载。

> 你在田间收割庄稼，若忘下一捆，不可回去再取，要留给寄居的与孤儿寡妇。这样，神必在你手里所办的一切事上赐福与你。[134]

什一税与早期的社会网

每个以色列人也有义务根据他们全部的庄稼缴纳什一税。他们必须明白所有权来自哪里，以这样的方式表达他们的感恩之情。如果是庄稼，最早的收获属于上帝。人们不能认为他们种植的任何东西完全都是自己的财产，必须把十分之一的收成交给上帝。这十分之一的收成被交到修道院，而且每隔三年，他们要交给利未人、寄居的、孤儿和寡妇。[135]几个世纪以来，甚至在基督教时代，宗教机构发挥了社会安全网的作用。在以色列人当中，我们不仅发现了有利于穷人的现代再分配制度的起源，也存在实体化良好的经济管理概念，这与社会政策紧密相连。在犹太教中，慈善并不被视为一种善意的标志，更多地被看做一种责任。从而，这样的社会有权利以这样的方式管理经济，即尽可能以人们满意的方式执行慈善活动。"既然社会有义务为穷人提供食物、庇护所和基本的经济商品，那么出于这一目的，它有道德权利和义务对其成员进行征税。根据这一义务，社会必须管理市场、价格与竞争，以保护社会中最弱小成员的利益。"[136]救济金以及其他各种为救济穷人而设的慈善行为都起到了另一种强化社会网的作用。上帝通过预言，多次提醒我们，上帝需要的是仁慈，而非牺牲。[137]这些都是自愿的礼物。因为捐赠者与接受者有联系，因此他们知道自己把钱给了谁，知道谁需要救济，以及救济金如何使用。根据摩西的律法，如果哪家的顶梁柱去世（剩下寡妇或孤儿），那么家族成员必须照顾这些人。亡夫的兄弟必须娶这个寡妇，他生下的第一个儿子被视为亡夫的孩子。当这个孩子长大后，必须照顾其母亲。值得注意的是，寡妇不继承亡夫的任何东西，而且有时在丈夫去世后，必须回到娘家。战时，寡妇有权分享部分的战利品。如果她们的钱财受到威胁，可以储存在修道院里。她们经常受雇帮助利未人。整部《旧约》中，尤其是《申命记》记载了很多关于寡妇和孤儿的事情。他们得到特殊的保护，那些对他们不友善的人将面临上帝的审判。

　　他从灰尘里抬举贫寒人，

　　从粪堆中提拔穷乏人，

　　使他们与王子同坐，得着荣耀的座位。[138]

　　欺压贫寒的，是辱没造他的主，

　　怜恤穷乏的，乃是尊敬主。[139]

　　塞耳不听穷人哀求的，他将来呼吁也不蒙应允。[140]

　　　不可亏负寄居的，也不可欺压他，因为你们在埃及地也作过寄居的。不可苦待寡妇和孤儿。若是苦待他们一点，他们向我一哀求，我总要听他们的人们从中可以看出，除了寡妇与孤儿之外，《旧约》也把外来人员包含在社会保护的范围之内。[142]对于这些外来人，以色列人必须对他们实行同样的规则，他们不会因其出身而对他们有歧视。"不管是寄居的、是本地人，同归一例。我是耶和华你们的神。"[143]外国人与以色列人一样，有着同样拾穗的权利。关于这一点，以色列人经常被提醒，他们曾经也是埃及的奴隶。他们应该谨记自己最痛苦的时候，而且应该对奴隶抱有恻隐之心，更不用说对客人的宽待。"不可摘尽葡萄园的果子，也不可拾取葡萄园所掉的果子，要留给穷人和寄居的。"[144]上述的所有规则表明，社会及其凝聚力在犹太教中扮演着多么重要的角色。然而，由于担有这么多责任，贯彻实施的问题随之而来。那么，在这些规定实施的过程中，其落实程度可以说是"参差不齐"。在犹太法典《塔木德经》中，根据几个目标群体，慈善活动被划分为几个等级，而且可以说，是根据辅助性原则进行划分的。对于那些需要帮助的人，犹太教承认存在不同级别的责任。关于《圣经》中规定的向穷人借贷金钱的义务，《塔木德经》总结道："人们的首要义务是满足自己家族成员的法定资金需要。只有在满足了家族的需要之后，人们才有义务满足自己城市中穷人的需要。最后，在满足了自己城市中穷人的需要之后，才有义务去满足其他城镇穷人的需要。"[145]

最明显的差异在于向各种不同社会关系的人群承担不同的义务，例如带利息的借款，贷款人是否属于犹太民族有着显著的差异。

抽象货币、禁止收取利息以及我们的债务时代

对于我们来说，今天的时代似乎建立在货币与债务的基础上，而且可能在将来的历史中被记录为"债务时代"（各种水平的债务）。那么，如果研究这一变化是如何发生的，将会非常有趣。货币、债务、利息，这些都是我们在现在这个时代不可或缺的。凯恩斯甚至认为，利息与资本积累是现代进步的触发器。[146]但是最初，货币与道德规则、信念、象征和信任联系在一起。

最初的货币形式来自美索不达米亚平原的陶片，人们在这种陶片上记录债务。这些债务是可转移的，因此这些债务流通了起来。最后，"英语单词的'credit'（贷款）词根是'credo'，也就是拉丁语的'我相信'。这也就不是巧合了"[147]。这些陶片被保存了5000多年，使我们现在有了最早的文字记载。硬币大约出现在公元前600年，被发现于以弗人供奉阿耳忒弥斯女神的庙里。当时的硬币与今天的硬币差别不大，他们在硬币上刻有狮子和女神雅典娜的形象，有时也刻有猫头鹰。中国在公元前221年开始采用硬币。[148] 在一定程度上可以说，信誉或者说信用是最早的货币。信用可以物质化，可以体现在硬币上，但可以肯定的一点是"货币不是金属"，即使最稀有的金属也不是，而是"里面的信用"[149]。而且货币实际上与其物质载体（硬币、纸币）毫无相同之处。"货币是信任的问题，甚至是信念。"[150]这一点很好地体现在捷克语的放款人一词上，即"veritel"，字面意思就是"相信的人"，就是指相信债务人的人。货币是一种社会抽象，是一种社会约定，一种不成文的合同。[151]对黄金标准的要求与对陶片标准的要求有着同样重大的意义。最初的国家都知道，货币这种流通的媒介，与其载体毫无相同之处。金属往往被选做信任的载体，但有时也可能是陶片。陶土是我们脚下随处可见的最普通的"商品"。这些信任载体出自同样的陶土。根据《创世记》的记载，来自创造亚当的"地上的泥土"。最早的人类和最早的货币都是泥土的产物。[152]

有意思的是，《创世记》首次提到了最早的货币交易。在亚伯拉罕的故事中，伴随着一个特有的谜团。故事是关于一块田地的买卖，是亚伯拉罕从赫人那里买来的，以埋葬他的亡妻撒拉。[153]但赫人想把这块地赠送给亚伯拉罕，而不是出售。直到这个故事发生时，《创世记》中记载的所有财产交易活动都是非货币化的，而且所有权的转移方式是礼物或者暴力[154]（亚伯拉罕从一个攻击索多玛和蛾摩拉的国王那里获得了大量战利品[155]）。在这次最早的货币交易中，亚伯拉罕坚持按照"你们墓地的全价"购买。他拒绝免费接受这块土地，甚至两次拒绝赫人的赠送。《创世记》详细记述了这次交易，他们双方甚至没有任何讨价还价，这让人颇为惊讶。在后面关于基督教的章节中，我们将更详细地研究礼物的象征意义。不可避免的是，随着最早的信用（货币）的出现，利息也随之出现。对于希伯来人来说，利息的问题是一个社会问题。是否可能把钱借给一个身边急需的人，不要像一个放债者一样，不要向他收取利息？[156]关于收取利息是否是一种罪的讨论已经延续了千年。在《旧约》中，明确禁止犹太人向其他犹太人收取利息。"你借给你弟兄的，或是钱财，或是粮食，无论什么可生利的物，都不可取利。借给外邦人可以取利，只是借给你弟兄不可取利。这样，神必在你所去得为业的地上，和你手里所办的一切事上赐福与你。"[157]

基督教徒后来自身也禁止收取利息，而且长久以来，任何形式的利息都是被禁止的，或被公开地惩罚。然而，每个人都会在某些时候借钱，没有人肯不收利息就把自己的钱借出去。而且具有讽刺意味的是，尽管基督徒认为犹太人是不洁的民族，但基督当局允许，或者说认可他们在借钱的时候收取利息。这说明那是中世纪的中欧可以从事的职业之一。威廉·莎士比亚在其戏剧《威尼斯商人》中，留下了这一著名的形象。在这部戏剧中，主要的反派之一——犹太人夏洛克想在借款人不能按时还债时，割取借款人的一磅肉。在十四世纪的威尼斯，犹太人是主要的放款人。正如经济史学家尼尔·弗格森（Niall Ferguson）所述，当夏洛克说"安东尼是个好人"时，他并不是从道德的角度评价安东尼，而是说他有偿债的能力（尽管如此，为了确保后续风险，还是要求非货币性的担保，即安东尼的一磅肉）。正是在这个时候，犹太人发现放债这种生意比其他任何生意都有利可图。最后，"银行"（bank）这个词就是来自意大利语"banci"，意思是犹太放款人所坐的凳子。[158]

但是古犹太人不仅靠利息发财，而且慎重地从整体上看待债务问题。除了前面提到的赦免债务外，关于人们设定担保的程度和到期不付款都有明确的规定。人们的负债额度不应该影响到生计："不可拿人的全盘磨石，或是上磨石作当头，因为这是拿人的命作当头。"[159]

再回到《旧约》关于收取利息的禁令。在当时，该禁令旨在成为一种社会工具。那时，当穷人出于需要借钱时，就属于社会借贷（不像今天，我们大部分借款不是出于需要，而是因为货币富足）。当穷人在紧急关头借钱，不能再对他们收取额外的利息。

你的弟兄在你那里若渐渐贫穷，手中缺乏，你就要帮补他，使他与你同

住，像外人和寄居的一样。不可向他取利，也不可向他多要，只要敬畏你的神，使你的弟兄与你同住。你借钱给他，不可向他取利；借粮给他，也不可向他多要。[160]

然而，在历史的发展过程中，贷款的作用发生了变化。富人出于投资目的而借钱，就像夏洛克和安东尼的担保人一样。在这种情况下，利息禁令没有很大的道德意义。托马斯·阿奎那也有类似的考虑。在他的时代，严格禁止收取高额利息的禁令有所松动，很可能就是因为他的原因。

今天，货币和债务的地位与意义有了更多的改变。通过债务操作（财政政策）或利息、货币供应（货币政策），货币与债务在社会中起到了支配作用。在一定程度上，它们可以决定整个经济与社会。货币不仅发挥了它的传统作用（作为交易的手段、价值的承担者等），而且发挥了更多、更大的作用——能够刺激、驱动（或者放缓）整个经济。货币起到了影响国家经济的作用。甚至有一种经济学派，直接以货币命名，即货币学派。该学派的杰出代表是弗里德曼（Friedman），其主要思想观点是货币供应的管理是经济活动的首要管理手段。这只能发生在高度货币化的社会中，其关键特征之一是依赖债务与利息。

顺便说一下，纸币与硬币（或者说货币的象征性承载物）并不属于我们。[161]它们是国家银行的财产。这也可以解释为什么我们不能毁坏纸币或硬币（我们也不能印刷纸币，在此，并不存在任何竞争）。[162]此外，我们不能随意不接受货币或者不尊重货币。

作为能量的货币——时间旅行与整体债务产品

我们在此补充一点，对利息的谴责也有着根深蒂固的传统，这种传统可以在自亚里士多德笔下见到。亚里士多德不是从道德的角度谴责利息[163]，而是出自形而上学的理由。托马斯·阿奎那也继承了对利息的相同恐惧，他认为时间并不属于我们，因此我们不得要求利息。而且，时间与货币之间的关系非常发人深省。因为货币就像能量，可以穿越时间。而且货币是一种非常有用的能量，却也非常危险。不管你把这种能量放在时空连续体的任何地方，都会发生某些事情。作为一种能量形式，货币可以在三维空间中穿行，垂直（有资本的人借钱给没有资本的人）或水平（水平方向的速度与自由，或者地理移动已经成为全球化的副产品、驱动力）前进。但是货币（与人相反）也可以穿越时间。正是由于利息的存在，货币的这种时间旅行才成为可能。因为货币是一种抽象的建构，不受物质、空间甚至时间的束缚。你所需的只是一句话，可能是书面的，甚至是口头的承诺。例如，"开始吧，我会付款"，然后你就可以在迪拜建造摩天大楼。可以理解，纸币和硬币不能穿越时间，因为它们仅仅是这种能量的符号、物质化、具体化。因为这一特点，我们能够为了现在的利益，将能量传输到未来。债务却能够把能量从未来传到现在。[164]然而另一方面，储蓄能够从过去汲取能量，然后把它传到现在。财政政策与货币政策无异于储存（管理）这种能量。在当前的时代，货币的能量特征可以体现在这样的方面，即整体债务产品统计。由于时间的不确定性，关于整体债务产品增长的整理通常显得没有意义。由于债务辅助（或通过赤字形式的财政政策，或预算盈余）[165]，或由于利率辅助（货币政策），整体债务产品会轻易地受到影响。那么，在赤字水平增大几倍的情况下，整体债务产品统计的意义何在？如果我借款获得资本，整体债务产品统计财富的意义又何在？[166]

犹太人和亚里士多德对待借贷的态度非常谨慎。利息或高利贷的问题成为最早的经济辩论之一。虽然没有提及经济政策（财政和货币政策）的未来作用，古代犹太人可能不知不觉地意识到，他们在利息中发现了一种威力很大的武器。这种武器可能是一个很好的仆人，但（实际上）也可能成为主人。财政政策与货币政策是有力的武器，但同时又很有欺骗性。

就像是一个大坝。当我们修建大坝时，我们预防干旱时期和河谷中的洪水、我们限制自然的肆意妄为；预防难以估算的天灾。通过使用大坝，我们可以把水流控制在几乎恒定的水平线上。利用大坝，我们驯服了河流（也可以通过大坝获得能量），我们把河流驯化了。它不再野蛮奔腾，而是像我们想象的那样流淌。因此，随着时间的流逝，它肯定也会按人类的设想流淌。但是，如果我们不明智地管理河流，它可能灌满我们的大坝，甚至导致溃决。对于建在河谷中的城市，它们的命运会比没有大坝时还要糟糕。

通过财政与货币政策管理货币也是类似的道理。操纵国家的预算盈余或赤字以及操纵中央利率是文明的礼物。但是，如果我们不明智地使用它们，我们的境遇将会比没有它们时更糟糕。

....

劳动与休息：安息日经济

与古希腊人对劳动的消极理解（体力劳动只适合于奴隶）相反，[167]在《旧约》中，劳动并不被认为是有失体面的事情。相反，它是征服自然甚至是来自上帝的使命，属于人类的最早祝福。

> 神就赐福给他们，又对他们说："要生养众多，遍满地面，治理这地；也要管理海里的鱼、空中的鸟，和地上各样行动的活物。"[168]

只有在人类堕落之后，劳动才变为一种诅咒。[169]甚至可以说，这实际上是唯一的诅咒，诅咒劳动的不愉快。这是上帝对亚当的诅咒。亚当不再负责照顾伊甸园，现在"必汗流满面才得糊口"。[170]今天，人们把照顾房子外面的花园看做是一种兴趣。一种有趣的劳动却突然变成了一种诅咒。如果人们之前与自然和谐相处，那么现在，在人类堕落之后，必须与自然作斗争。自然与人作对，而人类也与自然以及野兽作斗争。我们从伊甸园迁移到（充满战斗的）田野。现在，《创世记》中的这些文字记录几千年后的今天，我们已经成功地把自己从最初的诅咒中解救出来。可以说，发达世界中的大多数人们现在不需要"汗流满面才得糊口"，但是与我们照料花园的乐趣相比，劳动的乐趣依然相差甚远。我们可以说，以这种方式对待工作的那些人，已经成功地把自己从最初的诅咒中解救了出来。

工作最初本该是我们很享受的事情，有助于实现个人的人生意义。同样，当弗兰茨·卡夫卡（Franz Kafka）从家里出发动身去保险公司上班的时候，他从不说"我去工作"。对他来说，工作就是写作，就是他的研究。工作对他来说，不是可以挣钱的事情，而是可以让他很享受的事情，或是他的使命或义务。

工作不仅是一种愉悦的来源，也是一种社会地位，一种荣誉。"你看见办事殷勤的人吗？他必站在君王面前，必不站在下贱人面前。"[171]除此之外，周围的文化没有像这样重视工作的。劳动光荣的思想在希伯来人的传统中是独一无二的。[172]最常应用的祝福之一是："神必在你手里所办的一切事上赐福与你。"[173]

柏拉图和亚里士多德都认为劳动是生存必要的手段，但较低的阶级应该致力于劳动，以便精英阶级不受劳动的打扰，而能致力于"纯粹精神的事务，例如艺术、哲学和政治"。亚里士多德甚至认为，劳动是"无聊地浪费时间，只会阻碍人们通往真正荣誉的道路"。[174]《旧约》对劳动持有一种非常不同的观点，许多章节对劳动大加赞赏："手懒的，要受贫穷；手勤的，却要富足[175]……劳碌的人不拘吃多吃少，睡得香甜；富足人的丰满，却不容他睡觉。[176]懒惰人的心愿将他杀害，因为他手不肯做工。"[177]

而另一方面，劳动作为一个生产单位，有其局限性。尽管如此，劳动被视为天然的人类命运。希伯来人的思想有一个明显的特征，即把神圣与世俗分离。在一生中，有些领域是神圣的，容不得经济、理性或效率的最大化。[178]一个恰当的例子就是关于安息日的戒律。一个虔诚的犹太人，在这一天绝对不会工作。

> 当纪念安息日，守为圣日。六日要劳碌做你一切的工，但第七日是向神当守的安息日。这一日你和你的儿女、仆婢、牲畜，并你城里寄居的客旅，无论何工都不可做，因为六日之内，耶和华造天、地、海和其中的万物，第七日便安息，所以耶和华赐福与安息日，定为圣日。[179]

虽然从经济学的角度来看，完全可以在第七天创造更高的生产力，但关于礼拜六的戒律说明，人们最初被创造出来的目的不是纯粹为了劳动。具有讽刺意味的是，正是十戒中的这一条戒律，在今天是被违反得最多的。从这种意义上来说，《旧约》传递的信息与吉尔伽美什的思维完全相反。因为他试图将其臣民变成机器人，即除非非常有必要休息，否则让他们一直不停地劳动。犹太人的安息日不是此类必要的休息，实际上就像紧张过度的机器或者过热的锯片需要休息一样。我们是什么？机器吗？我们必须像长时间工作后的锯片一样，稍微休息一会儿，以防过热或者出故障吗？只是在这样的休息之后，我们难道会说（借用奥威尔在《动物庄园》中的格言，是其中一匹叫"拳击手"的马说的）"我会更努力工作"？这就是休息的意义所在吗？为了提高效率？避免工作场合的受伤？这是一种真正本体论的休息，来自上帝六天创造世界的先例。正如上帝一样，他的休息不是因为劳累或想恢复体力，而是因为他完成工作了。他完成了上帝该做的事情，因此他可以享受片刻休息，品味自己的创造。设计安息日的目的是为了享受。上帝用六天的时间创造了世界，我们有六天的时间去完善这个世界。在礼拜六，尽管世界依然不是尽善尽美，尽管肯定有一些缺陷，人们还是应该休息一下。七分之六的时间用于把世界重塑为你想要的样子，剩下七分之一的时间用于休息，不要在这一天改变创造物。在第七天，享受创造，享受你双手的工作成果。

遵守安息日传递出这样一种信息——创造的目的不仅仅是为了创造，而是结束一个目标。过程只是过程，不是目的。我们创造万物，是为了在其中寻求休息、成就与快乐。某个创造物的意义或者巅峰，不在于下一次创造，而在于我们所有共同创造的过程。用经济学的语言来说，就是效用的意义不是永远增加的，而是在现有的成果中休息。为什么我们要不断地增加收获，而不是实现、了解和享受它们？

这一层意思已经在今天的经济学中销声匿迹了。经济努力已经失去了休息的目的。今天，我们只知道为了增长本身而增长，而且公司或者国家的繁荣，并不意味着可以休息，而是意味着更多的努力。[180]

如果我们今天还相信休息的作用，那也只是出于不同的理由，比如，疲劳的机械或虚弱的人需要休息，不能应对快节奏工作的人也需要休息。难怪"休息"一词在今天已经很少被人用到（它已经几乎变成了一种贬义词）。我们说我们需要"停一会儿"，或者"不工作一天"。还有一点很有意思，那就是我们经常纠缠于和"空闲"相关的词。英语叫"休假"（或"空闲"），法语叫"les vacances"，德语叫"die freizeit"，意思是开放时间、自由时间或者空闲时间。乍一看，它们好像只意味着空虚。

当我刚认识一个好朋友时，我问他是做什么的，就像普通的聊天一样。他笑着对我说："不做什么，我已经都做完了。"而且他并不是一个百万富翁，也不是游手好闲的人。从那以后，我一直在思考。我们总是忙忙碌碌，我们文明的经济中没有休息这个目标。今天，我们只知道为了增长而增长。而且，管理取得了成效并不意味着可以休息，而只是为了下一次更好的业绩。我们什么时候可以说"我们做完了"？

结论：效用与原则

犹太人的思想对现阶段的自由市场的影响不可低估。我们主要继承了其没有禁欲主义的看法、对法律和私有财产的尊重，而且它还奠定了社会网络的基础。犹太人从来没有轻视物质财富，相反，他们认为有责任管理财产。同样，进步的思想和时间的线性观念也赋予我们（经济）生活的意义，而我们把这些归于《旧约》时代。我们试图表明《律法书》如何使生活中的三大领域脱去神圣的外衣——统治者、自然界和英雄。我们也试图阐明追求非神化的人间天堂（同犹太人之意）事实上已经成为对历史上诸多杰出经济学家的探寻。

这一章中我们也探讨了善恶以及与效用的关系。我们行为（支出）的善恶与我们（期待）的回报（收入）之间是什么关系呢？犹太人的思想中对此有两种看法。与此相关的是，在法老的梦中，我们首次提到了商业循环，还有对这种（自然的）波动所作的首次尝试（我们可以称之为符合凯恩斯理论的尝试）。我们也知道，犹太人试图从伦理和道德方面对其作出解释。对于犹太人而言，道德是历史的主要推动力。

我们也用心地研究了安息日的道义，它提醒我们，我们生活的目的不是为了一直工作。生活中有着神圣的地方和时间（安息日）。在那里我们不需要实现生产力最大化。犹太人认为，我们就是创造的终结者、花园的守护者，但就其本身而言，我们要适当地工作。我们是创造的终结者——明确，但也有点本体论抽象的意义。我们也谈论了不受约束的游牧生活和文明的城市生活之间的显著区别。我们还长篇大论地描述了抽象货币以及有利息并可以放贷的历史。因此，我们也了解了其中债务和风险的历史。

在本书第二部分的前面章节中，我们将会探讨犹太人的诸多经济思想。现在我们主要结合其他经济思想得出一些结论。

下一章主要讨论古希腊的经济思潮，我们将探讨对待法律和律法的两种极端方法。禁欲主义者认为法律是绝对有效的，而效用的意义在他们的理念中微不足道。享乐主义者则把效用和欢乐放在首位，至少在通常的史学解说中是如此——以效用原则为基础。不能忽略的是，犹太人试图在这两种原则中找到某种巧妙的折中。《律法书》占首位是毋庸置疑的，然而，它也使得以进步为前提的有限效用得以延伸——通过《律法书》的规则来实现。

注释

1 根据碧姆森（碧姆森，《旧约生活手册》，第7~8页），对于那些被上帝赐予"希望"之地的人，提一提他们的名字也许非常有用。如果我们遵从《圣经》的先例，从亚伯兰以来，称他们为"希伯来人"肯定十分恰当（见《创世记》14：13）。"以色列"是上帝给雅各的新名字，即亚伯兰的孙子（见《创世记》32：28、43：6等），所以雅各的子孙都是"以色列人"。在《出埃及记》3：18和5：1~3中，"希伯来"和"以色列"似乎是同义词。在《旧约》中，"以色列"还有另一个更加具体的含义，因为它可以用来表示北方的部落，并与犹太相区别，尤其是在王国分裂之后。虽然"希伯来"和"以色列"在《新约》时期（例如《罗马书》9：4；《哥林多后书》11：22；《腓立比书》3：5）一直使用，但使用更普遍的是"犹太"一词。这个词（见《耶利米书》32：12、34：9）最初是指犹太南部的一个部落，但是在巴比伦放逐之后，"犹太"一词开始取代"以色列"成为使用最广泛的词汇，用以指与上帝订约的人。这是因为到那时为止，基本上所有以色列人事实上都是犹太部落的成员，因为在公元前722年的撒玛利亚崩溃之后，北部部落（狭义上的"以色列"）已经丧失了他们的身份特性。在谈到大流放之前的时期时，不应该在通常意义上理解"犹太"和"犹太人"。然而，为了本文讨论的目的，我们将视以色列人、希伯来人和犹太人为同义词。

2 据作者所知，关于犹太教的经济学思考问题，研究最多的可能是马克斯·韦伯《古代犹太教》《经济与社会》《宗教社会学论文集》，以及之后在较低程度上的沃纳·桑巴特《现代资本主义》以及卡尔·马克思《论犹太人问题》，但是他们都没有把目标设定为分析关于古犹太人信仰的根本文集的经济学方面。经济学期刊（《商业伦理期刊》《商业伦理季刊》以及其他期刊）已经出版过大量关于犹太商业伦理的文章。但据作者所知，这些文章都没有从整体上研究犹太教历史和哲学基础的经济学方面。关于经济学思考的教科书，可以为例的是麦克·英泰尔（Mac Intyre）的《伦理学简史》（*A Short History of Ethics*）。在《从荷马到20世纪的道德哲学史》（*The History of Moral Philosophy from Homer to the 20th Century*）一章中，没有任何地方提及希伯来的教义。类似的方法也在其他一些教科书中广为流行。关于经济思想史，有些教科书是例外。它们对这个问题考虑得更深入，但年代比较久远，而且现在很少有人使用，例如哈尼

（Haney，L.H）的《经济思想史》（*History of Economic Thought*），在一定程度上也包括洛尔（Roll，E.）的《经济思想史》（*A History of Economic Thought*）或者斯皮格尔（Spiegel，H.W.）的《经济思想的成长》（*The Growth of Economic Thought*）。希伯来人对西方文明生活的贡献得到了许多学者的讨论，如托尔斯坦·凡博伦（Thorstein Veblen）《犹太人在现代欧洲盛行前的智力》（*The Intellectual Pre-Eminence of Jews in Modern Europe*），凡博伦和艾滋鲁尼（Ardzrooni，L）：《论我们变化的秩序》（*Essay in Our Changing Order*）。

3 韦伯，《新教伦理与资本主义精神》（*Protestant Ethics and the Spirit of Capitalism*）。

4 诺瓦克，《天主教伦理与资本主义精神》（*The Catholic Ethic and the Spirit of Capitalism*）。

5 沃纳·桑巴特，《犹太人与现代资本主义》。

6 这是马克斯·韦伯试图阐释的观点。他为此专门写过一本书，叫做《古代犹太教》（*Ancient Judaism*）。

7 韦伯，《新教伦理与资本主义精神》，第270页。

8 见弗格森，《世界之战》（*War of the World*），第32页。关于马克思对希伯来人影响的更多信息，还可见米尼（Mini），《哲学与经济学》（*Philosophy and Economics*），第201页。

9 克拉斯，《如果我是皇帝》（*Wenn Ich der Kaiser Wär*）。

10 见弗格森，《世界之战》，第35页。

11 关于这一点，见约德（Yoder），《耶稣的政治》（*Politics of Jesus*），尤其是《王国降临》（*Kingdom Coming*）这一章，涉及犹太人与弥赛亚之间的政治期待问题，特别是在这个问题中，与耶稣之间的政治问题。

12 塔玛利，《财富的挑战》（*The Challenge of Wealth*），第47~48页。

13 在吉尔伽美什丧失恩启都，而且没有找到永生之后，他无功而返，回到乌鲁克城，回到他未曾完成的城墙面前，好像什么也没有发生过一样："我辛勤操劳为了谁？我呕心沥血为了谁？我没有为自己谋取一丁点的好处吗？"（《吉尔伽美什史诗》，石碑10，III.15~16，第80页）。吉尔伽美什现在是某种英雄，正如史诗开头对他的描写一样。在大洪水发生之前，他从乌特那皮什那儿带来了消息，但另一方面，好像整部史诗可以再次演完一样。从历史的角度看，这"仅仅"是一次冒险，一种历史异常现象，仅此而已。社会学家乔治·齐美尔（George Simmel）在其著作《现代文化中的金钱》（*Money in Modern Culture*）中，以一种非常有趣的方式处理这个冒险现象。关于时间在早期文化中的主导地位，该书符合原型的周期概念。

14 关于更多信息，见埃利阿德（Eliade，M.），《永恒回归的神话》（*The Myth of Eternal Return*），尤其是《时间的重生》（*Regeneration of Time*）一章。

15 对于专门性或者物质性较差的文明，我们认为把它归类为发达程度较差的社会，这些社会还没有达到我们的阶段。我们认为他们"落后于我们"，他们仍然需要"赶上来"。

16 凯恩斯，《我们子孙后代的经济可能性》（*Economic Possibilities for Our Grandchildren*），第360~361页。此处，很有必要再引用一段文字："几乎每一件真正重要的事情，以及每一件世界在现代开端所拥有的事情，都已经在历史之初为人们所知。语言、火、我们今天的牲畜、小麦、大麦、葡萄酒、橄榄、犁、车轮、桨、帆、皮革、亚麻、布、砖、锅、黄金、白银、铜、锡、铅和铁，这些在公元前1000年就已经被载入史册。而银行体系、治国之道、数学、天文学和宗教，当我们首次接触这些事情之前，历史上并无记载。"（第360~361页）

17 "在西方世界，只有希腊思想对肉体与灵魂进行了彻底的'划分'。（重量级人类学家）杰恩斯（Jaynes）将这一划分追溯到公元前6世纪。灵魂这一概念作为某种基本要素，与肉体的概念有明显区别，尤其是在柏拉图和亚里士多德的眼里。而基督教后来进一步发展了这一认识。早期的犹太教并不如此鲜明地区别肉体与灵魂，但是稍后，接受了灵魂不朽的概念。"（荷福那诺娃，2008年，第61页）

18 《申命记》（关于摩西的第5卷）4：15~19。视觉描写是被明令禁止的。而另一方面，非常强调解释，尤其是口头表达。仅仅在几节诗句之前，上帝呼吁："你只要谨慎，殷勤保守你的心灵，免得忘记你亲眼所看见的事，又免得你一生这事离开你的心，总要传给你的子子孙孙。"（《申命记》4：9）与其他民族相反，口头传统在希伯来的文化中扮演着重要角色。在其他民族中，文化遗产（历史）的维护是通过再现的方法。这占据主导，例如图片或雕塑。尤其特别的是，希腊英雄必须完成所有的要求，才能得到吸引人的描绘。

19 关于更多信息，见韦伯，《古代犹太教》，第141页。

20 见《创世记》，2：10~14。

21 伏尔泰，《哲学词典》（*The Philosophical Dictionary for the Pocket*），第308页。

22 此作品并不把目标设定为研究犹太教的随后发展（尤其是大离散之后），其后出现了很多禁欲的行为。我们只能集中关注《旧约》的经济学神话。

23 韦伯，《经济与社会》（*Economy and Society*），第611页。

24 "所以，犹太教在处理经济需要或欲望的时候，采取了与处理其他所有人类基本倾向完全相同的方法。前者不是能够或者必须被消灭的东西，而是人们能够而且必须使之神圣化的倾向，因此他们自身可以被神圣化。因此，犹太教认为获取和保有经济资产是合法的，是被允许的、有益的，然而必须根据上帝显示的《戒律》，严格进行监督与神圣化。"（塔玛利，1997年，第47页）

25 桑巴特，《犹太人与现代资本主义》，第216页。

26 拉卢埃特（Lalouett），《拉美西斯的帝国》（*Ramses' Empire*），第194页。

27 顺带一提，有趣的是，直到今天，我们仍把道德与美学相联系。邪恶的角色让人看上去很不舒服，而正面人物往往美丽动人。读者肯定随口就能说出很多这种例子。来自现代神话的恶魔与怪兽类似于死亡和行尸走肉，例如电影和书籍中的形象，如果说他们具有美丽，那也只是欺骗性的和短暂性的。他们用来当做一种（性）诱惑。在我们大多数的现代神话之后，确实有少数几个反面人物是漂亮的。

28 拉美西斯二世是"一个无与伦比的英雄，他有着宽阔的胸怀与勇敢的心"。

29 拉美西斯二世"有着与西沃特（Thvot）一样聪明的心"。我们有趣地发现，对于埃及人来说，智力存在于心中，心是思想的所在地。今天，心被视为情感的所在地。此外，情感经常与理智相矛盾。而相反，我们认为智力的所在地是头脑。见帕斯卡（Pascal），"心具有理智，这难以从理性方面讲得通"。我们可以轻易地把此处的"理性"代替为"头脑"。

30 正如拉卢埃特所称呼的，这一道德武器每一次都具有同样的效果——不费吹灰之力，即可使敌人瓦解，或者至少可以麻痹敌人。此刻，应该可以记得起，在耶利哥（Jericho）的衰落期间，即希伯来人占领的第一个城市，其城墙（是城墙，而不是人民）轻而易举地倒塌了。见《约书亚记》，第6章。

31 所有引文都来自拉卢埃特的《拉美西斯帝国》，来自《一个英雄的描绘》一章。

32 在浩瀚的《旧约》故事中，也有些故事具有精确的时间（主要是从特定国王登基后开始计算时间，或者根据谱系计算）和地点。

33 对于希伯来民族的重要统治者来说，这一点尤其属实。然而，甚至先知也经常记录其错误。先知约拿（Jonas）拒绝听从上帝的话，傲慢地诅咒上帝，这显示出他对尼尼微城的同情。耶利米（Jeremiah）但求一死，这样的例子很多。比较明显的例外是先知但以理（Daniel）——他是记录中少数几个性格毫无"瑕疵"的人之一。

34 见拉丹，《耍诡计的人》。

35 见荷福那诺娃，《吉尔伽美什》，第6页。

36 这是尼采攻击最多的原型。

37 拉卢埃特（Lalouett），《拉美西斯的帝国》，第118页。

38 在《创世记》一书中，太阳和月亮这些早期文化中传统的神甚至没有名字。它们仅仅被称做较大和较小的光。

39 在那部史诗中，围绕人们的自然是反复无常的神灵的化身。他们与人类一样，有着同样的弱点和怪念头。例如，根据该史诗，众神带来了大洪水，是因为人类制造了太多的噪声。这些噪声让神们很反感。自然不是没有神性，但又不可能从科学的角度检测这一点，更不用说干预这一点（除非人类是四分之三的神，就像吉尔伽美什一样），因为要想安全地、系统地和彻底地（而且科学地）研究森林中性情多变、喜怒无常的神，那些是远远不够的。

40 塔玛利，《财富的挑战》，第51页。

41 关于托克维尔（Tocqueville）对立法权、司法权和行政权的划分，其中有着耐人寻味的暗示。上帝本该是立法者，而他指定的先知是法官。

42 《诗篇》，147：6。

43 《撒母耳记上》，8：11~19。

44 然而，现代科学能够研究某些特定的混沌。例如，混沌理论研究动态系统的行为，这些系统对初始状态高度敏感。

45 这一混沌的主题也出现在其他古代传说和神话中。

46 有一点要特别注意。命名也与某种创造、分隔有关。如果一个事物没有被命名，例如，如果一个事物没有与其他事物分隔开，它就不是它自身——它没有被描绘，因为没有明确的定义。

47 然而，甚至是精密科学、理论物理学的专家，也无法彻底了解"客观现实"的基础。所以直到今天，物理学家也不知道如何准确地回答一些基本问题，例如什么是物质，我们也无法回答。深刻的问题依然蒙着一层神秘的面纱。

48 《箴言》，8：22~30。

49 《箴言》，8：30~36。

50 《箴言》，1：20~22。

51 《箴言》，4：7。

52 这一参与是上帝的意愿，这一事实可以通过一点证实，即上帝让亚当为所有的创造物命名。在较古老的文化中，而且在一定程度上今天也是如此，命名是一项有特权的活动。按照犹太人的理解，这在一定程度上反映了对被命名物的控制。

53 《创世记》，1：1~10。

54 维特根斯坦（Wittgenstein），《逻辑哲学论》（*Tractatus Logico-Philosophicus*），第56页。

55 同上，第57页。

56 《创世记》，2：19~20。

57 《创世记》，2：15。对命名的矫正解释可能是，亚当实际上也给女人命名了，即夏娃。但这件事发生在堕落之后，在此之前，亚当没有给夏娃命名。

58 纽鲍尔，《我的回答》（*Respondeo Dicendum*），第23页。

59 纽鲍尔，《科学是什么》，第173~174页。还可见皮尔斯格（Pirsig），《禅与摩托车保养的艺术》（*Zen and the Art of Motorcycle Maintenance: an Inquiry into Values*），第32~37页，我在此从中引用几句。

"你相信有鬼吗？"

"不。"我回答说。

"为何不信？"

"因为它们是非科学的，它们并不存在，只存在于人的头脑里。"

……………

"例如，如果假设在艾萨克·牛顿之前，重力和重力定律是存在的，那看起来是非常自然的事情。如果认为在十七世纪之前不存在重力，这种想法显得愚蠢可笑。但如果你想得足够久，你会发现你陷入了循环又循环的怪圈，最终你只会得出一个可能的、理性的而且靠谱的结论。在艾萨克·牛顿之前，重力定律和重力本身并不存在……除了人们的头脑，重力定律并不存在于任何地方。当科学家们说鬼魂只存在于头脑中时，我并不生气。让我不解的是，科学也只存在于头脑中，而它并没有让事情更糟，鬼魂也不会。"

60 洛克（Locke），《政府论》（*Two Treatises of Government*），卷II，第V章，第37节，第304~305页；也可见诺瓦克的著作《天主教伦理与资本主义精神》，第286页。

61 诺瓦克，《天主教伦理与资本主义精神》，第150~151页。

62 纽鲍尔，《我的回答》，第28页。

63 米尼，《哲学与经济学》，第228页。或者见韦伯伦（Veblen），《犹太人在现代欧洲的卓越智慧》（*The Intellectual Preeminence of Jews in Modern Europe*）。

64 米尼，《哲学与经济学》，第229页。

65 见拉卢埃特，《拉美西斯的帝国》，第336页。

66 正如桑巴特写道："正如犹太教中的所有其他外来元素一样（例如他们从其他民族吸取的故事），它们也被赋予一种道德含义，遵循宗教精神。"第215页。

67 甚至可以说，它是由认可诱发的。见邦赫费尔（Bonhoeffer）的《伦理学》（Ethics），在这本著作中，他认为"对善与恶的认识因此是与上帝相分离的。人们只有反抗上帝才能认识善与恶……上帝说，人类和我们一样，能够认识善与恶（《创世记》）。认识善与恶就是认识自我，是善与恶的根源，是永恒的选择与抉择的根源……人们把这个秘密从上帝那里偷了出来……人类的生活现在涉及上帝，与人有关，与事物以及自身有关"。第21~24页。

68 《创世记》，第3章。在两个故事中，即《吉尔伽美什史诗》和《创世记》，每次都是一条蛇剥夺了自己的人性。它偷走并吃掉了吉尔伽美什的永生之花。而另一方面，在伊甸园的故事中，它怂恿夏娃吃掉了能让人分辨善与恶的智慧之果。

69 《创世记》，6：5。唯一的例外是挪亚："耶和华对挪亚说：'你和你的全家都要进入方舟，因为在这世代中，我见你在我面前是义人。'"（《创世记》7：1）

70 《创世记》，18：20~21。

71 "这恶世代的人，连一个也不得见我起誓应许赐给你们列祖的美地。"（《申命记》1：35）

72 《创世记》，41：1~4。

73 《创世记》，41：29~32。

74 《创世记》，41：33~36。

75 最早提及税收的是在《创世记》中。

76 有趣的是，现代国家按照非常高的整体税率向其公民征税，虽然国家们并无法维持周期性的平衡预算。有些国家已经几十年没有实现过预算盈余。

77 重要的意外在于，当我们意识到即将来临的问题时，却没有人有勇气去解决它们。当前许多国家的经济政策就是最好的例证，它们将必要的改革推迟到短期政治任期之外，以此逃避责任。

78 纳齐姆·塔利布（Nassim Taleb）在其著作《黑天鹅》（The Black Swan）中讨论了一个类似的原则。

79 "约拿进城走了一日，宣告说：'再等四十日，尼尼微必倾覆了！'尼尼微人信服神，便宣告禁食，从最大的到至小的都穿麻衣……于是，神察看他们的行为，见他们离开恶道，他就后悔，不把所说的灾祸降与他们了。"（《约拿书》3：4~10）这次"就祷告耶和华说：'耶和华啊，我在本国的时候岂不是这样说吗？我知道你是有恩典、有怜悯的神，不轻易发怒，有丰盛的慈爱，并且后悔不降所说的灾，所以我急速逃往他施去。'"（《约拿书》4：2）

80 法老没以上帝或者上帝之子的形象出现，正如他的臣民看待他的那样，而且他甚至亲自应对一些不利局面。这一点给了我们一些有趣的启示。法老并不利用魔法来驱逐危机，读者可以看到他的全部秘密，比如经济政策的"秘密"，这是对特点信息的明智反馈。

81 尽管事实上，我们从历史中可以发现许多此类预言的例子，但是关于自我实现的预言的详细情况，首先记载的是社会学家罗伯特·默顿（Robert K. Merton）。这体现在他的著作《社会理论与社会结构》（Social Theory and Social Structure）中。

82 其他政治科学家也不处理关于未来的问题。但是差别在于，经济学家更有信心准确地预测未来的发展。此外，他们也面临着提供长期预测的压力，因为大量经济决策依赖于这些预测。国家、公司和家庭也是根据这些预测进行组织。

83 此外，这个颇有价值的秘密并没有委托给犹太人，而是给了法老。而且多亏这一点，法老牢固地巩固了自己的地位，奴役了周围的民族（约瑟的子民就是一个例子），而且法老的财政和力量都获得了很多发展，因为他在人们需求旺盛时卖出谷物，或用谷物来交换土地。

84 关于在许诺的土地上定居，出现了无数例子，例如《民数记》（摩西第4卷）的第31章。

85 此处一个绝佳的例证是大卫与所罗门统治时期。见《历代志下》第9章的例子。

86 《申命记》，7：12~16。另一个例子是《出埃及记》，23：25。"你们要侍奉耶和华你们的神，他必赐福与你的粮与你的水，也必从你们中间除去疾病。"

87 《出埃及记》，22：22~24。

88 《列王记下》，13：1~3。更准确地说，以色列王约阿施二世在发展经济方面非常成功，尽管他为人比较邪恶……"在上帝眼里，他做了些邪恶的事情。"但是《圣经》对他的经济成功大加赞扬："因为耶和华看见以色列人甚是艰苦，无论困住的、自由的都没有了，也无人帮助以色列人。耶和华并没有说要将以色列的名从天下涂抹，乃藉约阿施的儿子耶罗波安拯救他们。"（《列王记下》14：26~27）

89 关于人们不遵守规则的原因，我们不打算深究。这其中有许多原因，而其中一个是经济学中的博弈论。也就是说，不遵守规则对个人有利，但如果信任他人、遵守规则，反而不利。当然，这会使得社会的整体福利下降。关于进一步的探讨，见赛德拉切克（Sedláček），《本能规则创造》（*Spontaneous Rule Creation*），引自梅吉斯特里克（Mejstřík），《捷克共和国的金融市场》（*Cultivation of Financial Markets in the Czech Republic*），第317~339页。

90 桑巴特，《犹太人与现代资本主义》（*The Jews and Modern Capitalism*），第214~215页。

91 《玛拉基书》（*Malachi*），3：9~12。《旧约》中有许多地方提到了这一方向。例如，让我们考虑："……因为我是耶和华你的神，是忌邪的神。恨我的，我必追讨他的罪，自父及子，直到三四代；爱我、守我诫命的，我必向他们发慈爱，直到千代。"（《出埃及记》20：5~6）

92 正如简·佩恩（Jan Payne）在其著作《邪恶何来》中准确命名的那样，见第69页。下述关于哈希德传统与语言学派的划分，参考亨格尔（Hengel M），《犹太人与古希腊文化》（*Judentum und Hellenisms*）。杰西博·莫尔·保罗·西德巴克（JCB Mohr Paul Sideback），图宾根（Tübingen），1969年，第310~381页、第394~453页。

93 我们删除伊甸园故事中对"蛇"的描述，在其中，蛇被直接等同于撒旦。此外，我们发现在《旧约》中，直接提及撒旦的地方只有一次，而且非常简略（见《玛拉基书》）。与《新约》中这个词出现的次数相比，罗伯特·玛奇姆勃利德（Robert Muchembled）甚至认为，"尽管事实上，魔鬼的概念自从中世纪以来已经成为欧洲生活的一部分，而且一直伴随着欧洲的所有重大变革……魔鬼代表着我们文化中的黑暗面，是大思想的完全对立面，已经输出到全世界……"他在第1页和第2页这样写道。在此情况下，关于魔鬼在历史上的影响，让我们再次引用一下此书。闻名遐迩的作家丹尼尔·笛福（Daniel Defoe）写过一本著作叫《魔鬼的政治史》（*The Political History of the Devil*）。当玛奇姆勃利德描述这部作品时，他总结道："像洛克和休姆一样，在康德之前，他（丹尼尔·笛福）正在把魔鬼定义为历史的发动机。"第166页。

94 《约伯记》，1：8~11。

95 《约伯记》，19：6。关于其他列表和《约伯记》关于正义的证据，见《约伯记》31：1~40。

96 《约伯记》，13：15。

97 《约伯记》，27：5~6。

98 《传道书》，8：14。

99 《诗篇》，73：2~5。

100 在此书的末尾，约伯要回了他的财产（耶和华就使约伯从苦境转回，并且耶和华赐给他的比他从前所有的加倍。《约伯记》42：10）但是，这一次受难（或者说回报），很难说是一次划算的买卖，而这并不是本书的主题。回报是红利，而非其他。

101 关于魔鬼，苏格拉底给出了一个很有趣的观点，是关于魔鬼（到来）和魔鬼（离去）的差异。在《费多篇》（Phaedo）中，被捕的苏格拉底选择喝毒酒自杀，而非逃跑。他宁愿让魔鬼上身，也不愿做自己认为错误的事情，即越狱和流放。对于苏格拉底，恶魔（离去）比恶魔（到来）更严重："遭受错误比做事错误要好一些。"［高尔吉斯（Gorgias），473a~475e］

102 《传道书》，11：9。

103 塔玛利，《财富的挑战》，45。

104 此外，在希腊文化遗产的影响下，随着"主流"基督教的发展，中东在一世纪受到了宗教熏陶。如果我们想理解规律性的禁食，理解这是一种禁欲的因素，那么我们发现它在《旧约》中占很有限的比重。在一世纪，它在虔诚的基督徒（以及犹太人）中非常普遍。

105 《路加福音》，16：19~25。

106 康德伦理学（直到今天，伦理学都是一门非常有影响的学派）的关键因素是义务。"在伦理学的历史上，康德代表着重要的分水岭之一。或许对于之后的多数哲学作者而言，包括许多有意识的反康德主义者，伦理学都是按照康德的话进行定义的。对于许多从来没有听说过哲学的人来说，不用说康德，道德基本上就是康德下的定义。"麦金泰尔（MacIntyre）写道，《伦理学简史》（A Short History of Ethics），第122页。

107 《申命记》，10：12~22。

108 《申命记》，11：18。

109 《诗篇》，119：97、127。

110 《诗篇》，1：1~2。

111 桑巴特，《犹太人与现代资本主义》，第134、136页。实际上，这不是一个确切的引用，不是来自《申命记》，6：5，而是后面的两节，即6：7。正如我们看到的，甚至是桑巴特也有不精确的时候。

112 在《律法书》中，一共有613条律法，其中大多数载于《利未记》中。

113 见拉卢埃特，《拉美西斯的帝国》，第284页。

114 如前所述，经济学（economics）这个词中所含一部分的意思是名字（onoms），法律或法律的精神。"Nomos"是后缀"-onomy"的来源，正如在下述词汇中一样，例如"astronomy"

（天文学），"economy"（经济）或者"taxonomy"（分类学）等。

115 《出埃及记》，23：2。

116 索科尔（Sokol），《圣经中的人类与世界》，第30页。简·索科尔进一步认为，在一定程度上，美国社会的奠基人最初也是游牧民族，他们与犹太人有着类似的自由倾向。

117 自然天堂转换为天国般的城市，这一概念的转变后来才发生，而且是在《新约》的《启示录》末尾提出的。在其中，死后的生活被描述为在天堂般的耶路撒冷度过，或者说在一个城市中度过。在希伯来语中，耶路撒冷实际上就意味着和平。

118 《创世记》，11：4。

119 《创世记》，13：10。

120 《创世记》，12：1。

121 《民数记》，11：4~6。

122 索科尔，《圣经中的人类与世界》，第33页。

123 《利末记》，25：2~5。第6年的庄稼本该可以再延续3年，见《利末记》，25：21。

124 这个数字的象征意义是根据7的平方。

125 《利末记》，25：8。

126 "第五十年，你们要当做圣年，在遍地给一切的居民宣告自由。这年必为你们的禧年，各人要归自己的产业，各归本家。第五十年要作为你们的禧年。这年不可耕种，地中自长的，不可收割；没有修理的葡萄树，也不可摘取葡萄。因为这是禧年，你们要当做圣年，吃地中自出的土产。这禧年，你们各人要归自己的地业。你若卖什么给邻舍，或是从邻舍的手中买什么，彼此不可亏负。你要按禧年以后的年数向邻舍买；他也要按年数的收成卖给你。年岁若多，要照数加添价值；年岁若少，要照数减去价值，因为他照收成的数目卖给你。你们彼此不可亏负，只要敬畏你们的神，因为我是耶和华你们的神。"（《利末记》，25：10~17）

127 "你的弟兄若在你那里渐渐穷乏，将自己卖给你，不可叫他像奴仆服事你。他要在你那里像雇工人和寄居的一样，要服事你直到禧年。到了禧年，他和他儿女要离开你，一同出去归回本家，到他祖宗的地业那里去。因为他们是我的仆人，是我从埃及地领出来的，不可卖为奴仆。不可严严地辖管他，只要敬畏你的神。"（《利末记》，25：39~43）

128 弗格森，《货币溯源》，第30页。

129 一个不同的问题在于，人们很少在实践中遵守这些规则。正如历史记载所述，这包括美索不达米亚，也包括《旧约》时代。

130 《诗篇》，24：1。

131 《利末记》，25：13~16。

132 《利末记》，25：23。

133 《利末记》，23：22。

134 《申命记》，24：19。

135 《申命记》，26：12~15

136 塔玛利，《财富的挑战》，第52页。

137 "我喜爱良善（注：或作"怜恤"），不喜爱祭祀；喜爱认识神，胜于燔祭！"《何西阿书》，6：6；还可见《以赛亚书》，1：11；《新约》中也有类似的记载，即《马太福音》，9：13："'我喜爱怜恤，不喜爱祭祀。'这句话的意思，你们且去揣摩。我来，本不是召义人，乃是召罪人。"另见《马太福音》，12：7："'我喜爱怜恤，不喜爱祭祀。'你们若明白这话的意思，就不将无罪的当作有罪的了。"

138 《撒母耳记上》，2：8。

139 《箴言》，14：31。

140 《箴言》，21：13。

141 《出埃及记》，22：21~24。

142 《利未记》，25：47。

143 《利未记》，24：22。

144 《利未记》，19：10。

145 帕瓦（Pava），《犹太商业伦理的实质》（*The Substance of Jewish Business Ethics*），第607页。

146 "我想，随着从16世纪开始的资本积累，现代开始了。我不能妨碍当前的观点，出于这一理由，我认为这最初是由于价格的上升，以及价格上升导致的利润上升。这源于西班牙人从新世界带到旧世界的金银财富的增加。从那时起直到今天，似乎沉睡了几个世纪的复利累积的威力重生了，恢复了它的力量。两百年来，复利的威力是如此之大，以至于超乎人们的想象。"他还提到："（现代之前的）这种缓慢的进步或者缺乏进步，主要是因为两个原因：一是缺乏重大的技术进步，二是因为没有资本积累……几乎每一件真正重要的事情，以及每一件世界在现代开端所拥有的事情，都已经在历史之初为人们所知。语言、火、牲畜、小麦、大麦、葡萄酒、橄榄、犁、车轮、桨、帆、皮革、亚麻、布、砖、锅、黄金、白银、铜、锡、铅和铁，这些在公元前1000年就已经被载入史册。而银行体系、治国之道、数学、天文学和宗教，在我们首次接触这些事情之前，历史上并无记载。"凯恩斯，《我们子孙后代的经济可能性》，第358页。

147 弗格森，《货币溯源》，第30页。

148 同上，第25和28页。

149 同上，《货币溯源》，第30页。

150 同上，《货币溯源》，第29页。

151 与此同时，货币使得社会互相联系。由于这一点，我们可以信任一个我们之前并不认识的人，但是赋予其同样的（货币）价值。正如齐美尔在《经济活动建立了距离又克服了距离》（题目本身已经点出了其中的内涵）一章中指出的，最终，正是货币将人们更紧密地联系在一起，比以往任何形式都强烈（见乔治·齐美尔，《货币哲学》，第75~79页）。货币以某种方式把信任制度化了，这一点得到了各种装饰品、符号与标志的确保，即直到今天都存在的钞票和硬币。它们是国家地位的某种"神圣的"象征，象征着我们神圣的或者重要的历史个性。好像特定的钞票或者钞票使用者对其权威"发誓"了——以此为凭，我尊重之，也将接受之。

152 还可见齐美尔，《货币哲学》。

153 《创世记》，23：3~16："后来亚伯兰从死人面前起来，对赫人说："我在你们中间是外人，是寄居的，求你们在这里给我一块地，我好埋葬我的死人，使她不在我眼前。" 赫人回答亚伯兰说："我主请听。你在我们中间是一位尊大的王子，只管在我们最好的坟地里埋葬你的死人，我们没有一人不容你在他的坟地里埋葬你的死人。" 亚伯兰就起来，向那地的赫人下拜，对他们说："你们若有意叫我埋葬我的死人，使她不在我眼前，就请听我的话，为我求琐辖的儿子以弗仑，把田头上那麦比拉洞给我。他可以按着足价卖给我，作我在你们中间的坟地。"当时以弗仑正坐在赫人中间。于是，赫人以弗仑在城门出入的赫人面前对亚伯兰说："不然，我主请听。我送给你这块田，连田间的洞也送给你，在我同族的人面前都给你，可以埋葬你的死人。" 亚伯兰就在那地的人民面前下拜，在他们面前对以弗仑说："你若应允，请听我的话。我要把田价给你，求你收下，我就在那里埋葬我的死人。"以弗仑回答亚伯兰说："我主请听。值四百舍客勒银子的一块田，在你我中间还算什么呢？只管埋葬你的死人吧！"亚伯兰听从了以弗仑，照着他在赫人面前所说的话，把买卖通用的银子，平了四百舍客勒给以弗仑。"

154 亚比米勒把牛羊、仆婢赐给亚伯兰，又把他的妻子撒拉归还他。亚比米勒又说："看哪！我的地都在你面前，你可以随意居住。"又对撒拉说："我给你哥哥一千银子，作为你在合家人面前遮羞的（注："羞"原文作"眼"），你就在众人面前没有不是了。"《创世记》，20：14~16。

155 《创世记》，第14章。

156 《出埃及记》，22：25。

157 《申命记》，23：19~20；也见《利未记》，25：36~37；《以西结书》，第24章。

158 弗格森，《货币溯源》，第35页。

159 《申命记》，24：6。

160 《利未记》，25：35~37。

161 "因为大多数的现代人在其生活的大部分时间，必须把尽力挣钱作为目标，所以，这样一种观念随之而起，即所有的幸福与生活中的满足都与占有一定数量的金钱紧密相联……但是当这一目标实现之后，随之而来的是致命的无聊和失望。这一点在商人身上体现得最为显著，他们为退休后的生活存下了一定数量的钱。这时，金钱显示出它们真正的本质，纯粹是一种手段，而且它变得一无是处、毫无必要。只要生活只与金钱相关，金钱就只是连接特定价值的桥梁而已。没有人能够依靠桥梁生活。"见齐美尔，《齐美尔论文化》，第250页。

162 尽管如此，诸如哈耶克（F.A.Hayek）这样的学者，之前已经提到过，也希望每个机构印制其自己的货币，而且让这些货币互相竞争。

163 "最受人憎恶的，也是最有原因的是高利贷，它从货币本身获得利润。因为货币本该用于交换，而不是为了增长利息……这就是为什么在所有的致富模式中，这是最不自然的一种。"亚里士多德，《政治学》，1258a39~1258b7。

164 略微夸张地说，货币可以起到类似于酒精的作用，有着相似的独特威力。它不会提高相关人的整体情绪或能量，但它仿佛能够转换下一天的能量。换句话说，周末的"能量价值"是持续的，只是部分能量从未来（周六早晨）被转移到了现在（周五晚上）。就像货币债务一样，酒精把周六早上的能量吸走，转移到周五晚上。而我们突然有了如此多的能量，以至于我们开始行为异常。我们的胆子变得更大，消费得更多，我们只想过得痛痛快快。现在，金钱的能量比周末延续的时间更长。

165 今天的国家预算是如此之大，以至于通过其不平衡，可以操控经济发展、刺激经济，或者使经济减速。

166 例如，如果我借贷收入了10%，只有疯子才会认为我当月的财富增加了10%，或者更准确地说，我的生产力更高了。可实际上我没有，一分钱的增长也没有。但从表面上看，我们的收入的确增长了，而且我能（感谢贷款！）花更多的钱。

167 意识到这一点会非常有意思，即假如我们把体力劳动理解为奴隶工作，把奴隶理解为机器，柏拉图离今天的真相不远了。今天，所有的体力劳动实际上都由机器完成，而工作需要创造力或自由意志。这些都留给人类。这就是柏拉图关于自由人（非奴隶）功能的理解——智力活动。

168 《创世记》，1：28。在《创世记》3：17~19的诅咒发生之后，劳动变成了很困难的事情。

169 上帝对亚当说："你既听从妻子的话，吃了我所吩咐你不可吃的那树上的果子，地必为你的缘故受咒诅。你必终身劳苦，才能从地里得吃的。地必给你长出荆棘和蒺藜来，你也要吃田间的菜蔬。你必汗流满面才得糊口，直到你归了土；因为你是从土而生的。你本是尘土，仍要归于尘土。"

170 《创世记》，3：19。

171 《箴言》，22：29。

172 在历史的发展过程中，劳动的价值被发挥到了极致，正如工人在共产主义社会中的地位一样。劳动不仅受到高度赞扬，而且是价值的唯一来源。

173 《申命记》，24：19。

174 希尔（Hill），《工作道德的历史背景》（*Historical Context of the Work Ethic*），第1页。

175 《箴言》，10：4。

176 《传道书》，5：12。

177 《箴言》，21：25。

178 还可见《埃利阿德》（Eliade），《神圣的与世俗的：宗教的本质》（*The Sacred and the Profane：The Nature of Religion*）；《宇宙与历史：永恒回归的神话》（*Cosmos and History：The Myth of the Eternal Return*）。

179 《出埃及记》，20：8~11。

180 正如经济学家杰格迪什·巴格瓦蒂（Jagdish Bhawati）在其著作《为全球化辩护》（*Defence of Globalization*）中准确描述的那样，第33页。不久前，每年2%的GDP增长速度被视为很不错的成绩。但是现在，如果发展中国家最近几年（危机爆发之前）的经济增长速度低于6%，就会被视为失败。

03

第3章
CHAPTER 3

古希腊
ANCIENT GREECE

- 古希腊
- 神话——诗人的真理
  诗人经济学家
  最早的哲学家
  数字神秘主义者
- 色诺芬——基督之前400年的现代经济学
  未来与计算的限制
- 柏拉图：动力的载体
  现实的囚室中
  神话是模型，模型是神话
  逃避身体及其需求
  需求与供应：自由与矛盾
  理想社会
  进步
  城市、文明世界与黄金时代
- 亚里士多德
  理性和积极生活所带来的幸福——"幸福是一门科学"
  效用最大化与善最大化
  善恶的效用
- 禁欲主义与享乐主义
  禁欲主义
  享乐主义
  善恶经济学
- 结论

……关于欧洲哲学传统最可靠的一般描述是由人们对柏拉图的一系列解释构成的。

——艾尔弗雷德·怀特海（Alfred Whitehead）

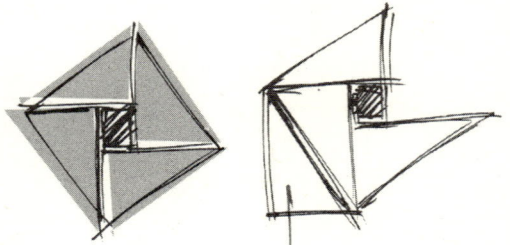

$$5^2 = 5 \times 5 = 25$$

$$16 + 9 =$$
$$= 4 \times 4 + 3 \times 3$$
$$= 4^2 + 3^2$$

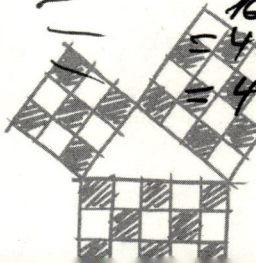

古希腊

欧洲哲学源于古希腊世界。[1] 欧洲地区文明世界的基础以及经济学在许多方面都得益于古希腊世界的启发。如果不理解享乐主义和禁欲主义之间的分歧，我们将不能完全了解现代经济学概念的发展。在此诞生的哲学部分后来变成了经济学不可分割的一部分。哲学家伊壁鸠鲁（Epicuros）的享乐主义后来在边沁（J. Bentham）和穆勒（J. S. Mill）手里得到了更精确的经济化和更专业的数学化。在古希腊，我们可以发现用数学表达的理性基础和科学进步的话题，特别是柏拉图的学说。古希腊和柏拉图学说共同促进了对经济学发展的定义。"柏拉图对传统思想最主要、最持久的贡献是把数学提高到科学探究的主要地位上。包括应用数学分析的经济学，所有科学都必须领会柏拉图唯心主义的本质。目的是对科学原则中的数学重要性和限制进行恰当的评估。"[2] 但是，我们首先稍稍回顾一下其他的早期哲学家，甚至可以先看看前哲学的古代诗歌传统。

神话——诗人的真理

诗歌传统在荷马的《伊利昂纪》和《奥德修纪》时代达到了高潮，在希腊文明世界的开始时期扮演着重要的角色。比利时历史学家马塞尔·德蒂恩内（Marcel Detienne）在他的著作《古希腊真理大师》一书中强调了这样的事实，在希腊诡辩家和哲学传统发展之前，诗歌所起的作用超过我们今天的想象。这种传统是基于口头描述和复杂记忆术的发展，承载着一种完全不同的真理和正义观念。而哲学的根基正是这种传统以及神话和艺术。只是很久以后，书面的传统把真理的观念从诗人的专有庇护下"剥离"开来，开始变成哲学家的领地。因此，柏拉图不认为诗人是努斯鲍姆（Nussbaum）所说的"另一个门类的同行。追逐不同的目标，但是危险的对手"。[3] 最初的哲学家努力与神话作斗争，摆脱事件叙述，以不变的知识为取向，并扮演了"真理大师"的角色。牧师、神学家以及最后的科学家都在做同样的事，最后是当今的科学家在指导着真理的内容。

在古希腊，这样的"诗意"真理观念看起来像什么？诗人们是这样谈论自己的："拥有领地的牧人、不体面的失宠者、大腹便便的人。我们知道如何把很多假的东西说成真的，而且我们还知道，当我们希望这样做时，如何赞扬正确的事情。"[4] 诗人们要求赞扬真理（或者欺骗）的权力。此外，"史诗和悲剧诗人被广泛地认为是希腊的中心伦理学的思想家和老师。没有人认为他们的著作不如历史学家和哲学家的思索性散文集那么严肃、那么以真理为目标"。[5] 真理和现实隐藏在演讲、故事和事件叙述中。

诗人手里产生的成功故事都是重复的。创造者和主角都得以流传，并永远存在于人们的思想中。诗歌是现实的映像。诗人西莫尼季斯（Simonides）的引语极好地说明了这一点："诗歌是演讲的绘画形式。"[6] 但是诗人实际上走得更远，他们的演讲塑造和建立了现实和真理。在真理和现实的建立中，与他们有关的荣耀、奇遇、伟大事迹起着重要作用。诗人口中的赞赏使他们获得了声望，人们能回忆起那些著名的诗人。在其他人的生活中，他们变得更现实，"变得活生生"，成为故事的一部分。记忆中储存的都是正确的；而遗忘的仿佛从来没有存在过。

真理不总是拥有当今的"科学"形式。今天的科学真理是建立在精确的、客观的事实观念上的，但是诗歌真理立足于故事或诗歌的内心共鸣上。"它没有首先经由大脑……直接与感觉系统对话。"[7] 如果诗人写道"她像一朵花一样"，从科学的观点来看，他在说假话。每个诗人都是说谎的人。人类的女性与植物几乎毫无共同之处——拥有的共性少得不值得一提。尽管如此，诗人也是对的，他们不是科学家。正如后来的科学一样，古代哲学力求发现恒定的、常见的、大多数的、不变的东西。科学寻求（创造？）秩序，忽略了尽可能多的其他一切事物。在自己的经历中，每个人都知道生活不是那样的，但是如果相同的事情对于一般现实来说也是成立的，又会发生什么情况？最后，诗歌对真理的敏感性比哲学方法或者之后的科学方法更强。"悲剧诗歌借助其主题和社会作用探索哲学文字中可能忽略或逃避的人类问题和运气问题。"[8]

正如当今科学家做的那样，艺术家画出关于世界的映像，这种映像是代表性的，因此是象征性的——类似的、简化的（但是也容易令人误解的），正如科学模型常常不力求"现实"一样。在传统中，绘画自始至终都是一种幻觉的艺术、"有所指"的艺术，因此，从不同的角度来看，是"容易令人误解的"。正如《坏世界研究》的作者说的那样，它是一门艺术，那些方法是最好的，误导人们做大多数类似于现实的事情。[9]

而在当今，它看起来是很奇怪的。即使是诗人们，也拥有他们自己的真理。希腊人也认为诗人们可以揭示真理，正如赫西奥德（Hesiod）写道："他们用神一般的语调向我说话，使我能够歌颂未来。"[10] 同时，我们要注意，对于希腊人来说，这个特别的真理启示时代依旧在沉睡："她通过托梦自由地讲述未来，尽管看起来有点混乱……"[11] 我们在希伯来思想中已经遇到过类似的东西：法拉奥（Farao）在梦中看见未来，约瑟（Joseph）预测到商业循环周期。但是梦境或者梦境一般状态的模仿也是勒奈·笛卡儿（René Descartes）科学方法的起始。他把做梦（脱离感官）作为看到纯粹真理的一种方法。我们在以后几章里将继续讨论这个问题。

说到笛卡儿，他似乎在寻找一种某种程度上不一样的真理。他寻找的是不变的真理、没有任何疑问的真理。[12] 此外，正如他的重要著作《论正确执行个人理性和寻求科学真理的方法》中说的那样，他似乎已经意识到那一点。笛卡儿寻找的是只有在科学中才有的真理，他寻找的是多克萨。诗人的真理似乎是一种"阿勒西娅"（古希腊人对"真理"的拟人化提法），一种不一样的真理。相反，真理是稍纵即逝的、非理性的、梦境般的。

诗人经济学家

赫西奥德（Hesiod）是希腊诗歌传统中最伟大的也是最后的领导人之一，常常被认为是有史以来的第一位经济学家。[13] 他对一些经济问题进行了研究，例如，资源的稀缺问题，以及由此产生的对稀缺资源进行有效分配的必要性。

他对稀缺性存在的解释是完全通过诗歌进行的。根据他的观点，神灵因为普罗米修斯的行为对人类进行惩罚——物品短缺。"神把人们的谋生手段藏了起来。如果人们仅仅轻松工作一天就能够拥有全年的东西，人们很快就会将船舵高高挂起，牲口和骡子都会停止劳动。但是宙斯把这些东西藏起来了，满心的恼怒是因为不老实的普罗米修斯欺骗了他。"[14]

赫西奥德的解释看起来多少有点滑稽，但是我们可以应用于更根本的分析中——人类劳动的继承。根据赫西奥德的观点，劳动是人类注定的命运、美德和所有美好的源泉。那些不工作的人什么也不应该获得，只被人嘲笑。人与神同样憎恨懒惰，懒惰的人"像无刺的雄蜂一样浪费蜜蜂的劳动果实，只吃白食不工作"。[15]除了最早努力分析人类劳动以外，赫西奥德的著作《工作与时日》让我们这些现代经济学家感兴趣。特别是它对高利贷的批判，数个世纪后在柏拉图和亚里士多德的著作中得以再现，我们将在本章稍后的内容中看到这一点。

最早的哲学家

经济学话题在希腊人的学说中常常不占主导地位，在诗歌和哲学中都是如此。泰勒斯（Thalēs）被认为是希腊有史以来第一位哲学家，也是靠做买卖过日子的。

他被尊为这样的作者："如果他想说明自己的（哲学）优越性，他甚至能获得在商业竞争中取胜的证据。据说他预测了糟糕的橄榄收成并以此获得财富，为的是说明他的预测是多么容易和精确。"[16]在古希腊，从第一位哲学家开始，经济事务因此被认为从属于一切精神存在。与哲学考虑相反，经济考虑早已在本质中拥有一种十分有限的利益对象。经济考虑中的哲学思考因此被证明是正确的、合理的。这就是泰勒斯努力在他的"橄榄生意"中说明的东西。哲学不是空洞的演讲，而是存在普遍的现实影响的研究。泰勒斯投身于哲学研究不是因为他不能以别的方式谋生，而是因为哲学的本质提供了最宽阔的研究视野。为此，在古希腊哲学中，哲学被认为是"科学"及其他学科的"女王"，包括经济学在内的所有学科都不如哲学。这有一点夸张，我们也能证明当今世界完全相反的一面。对于我们来说，哲学似乎是蛋糕上多余的糖霜，是一种无用的努力，永远都无法解决任何问题——与经济学完全不同！

数字神秘主义者

原始的爱奥尼亚哲学家的传统观点为经济科学带来极大的启发。爱奥尼亚传统对一切事物的唯一原始原则进行了探索。对我们来说，最鼓舞人心的哲学家之一是毕达哥拉斯（Pythagoras）。他看到了构成世界的数字部分的本质。他主张"数字是事物的本质"。[17]"就这点而言，它拥有魔力"，因为毕达哥拉斯在数字上的沉思"不仅拥有知性的本质，而且也有神秘的重要性"。[18]

"数字是事物的本质——一切都是数字。当提出这样的问题时，即这样的语言是得到字面的理解还是象征性感官的理解，最有权威的人也在争论。[19]毕达哥拉斯的学生亚里士多塞诺斯（Aristoxenus）指出，毕达哥拉斯'把对数字的研究从一种商业做法转向一切与数字比较'。"[20]对于我们经济学家来说有趣的是："亚里士多塞诺斯表示，是这种商业知识创造了发现真理的机会。'权衡一切……他主张把一切与数字进行对比的观点始于经济学和商业观察。'"[21]如果这是正确的，那么就不是数学为经济学家提供灵感，而是相反的情况。

此外，有趣的是毕达哥拉斯跟希伯来人和其他国家一样，创造了数字神秘主义。[22]无独有偶，二十世纪前半叶的主导逻辑学家和数学家伯特兰·拉塞尔（Bertrand Russell）恰好认为神秘主义与科学的结合（毕达哥拉斯认为神秘主义超越了科学）[23]是实现哲学上完善的关键。对于毕达哥拉斯来说，数字[24]不仅仅是一种纯粹的数量、对事物的统计，它也是一种性质，应该成为描述和谐世界——宇宙原则的一种方式。[25]而这种学说后来通过柏拉图进入了欧洲科学研究的主流。"柏拉图基本上完善了神秘的毕达哥拉斯的社会观点。他们坚持认为世界是一个理性的实体，是'伟大的几何学家'用基本单位构建的。也就是说，一个点，或者'唯一'。"[26] 毕达哥拉斯派学者是最早考虑把世界还原到数字形式的人。我们将在后来看到这如何成为20世纪经济学家产生灵感的方法。

与同代人相反，赫拉克利特（Heraclitus）直觉上认为现实是非静止的。不可动性、非情绪性和静态性在他的时代都是完善和神学的同义词。经济学家潜心于不断用抽象的、不变的原则去改变现实的努力定然远溯到这种思想。另一方面，赫拉克利特的世界是自相矛盾地通过正反相对的力量维系在一起的，正如弓和弦的组合一样。[27] 从这种正反相对和不一致中创造了和谐，因此它被认为是一种运动。

现在，埃利亚学派的哲学家巴门尼德（Parmenidēs）一定与赫拉克利特形成对照。这位阿波罗教士也认为我们通过感官认知的世界是不断发生变化的、流动的，但是他认为这个世界是不真实的。根据他的观点，真实的东西只能是理性的过程，是稳定的、不变的抽象思想。从这种立场来看，真理存在于观点或者理论的领域中。不完善的经验世界（表象的世界）听任不断地变化的摆布。它不是真理的竞技场。真理是在抽象中存在的。现实的经验世界不是真实的——因为倘若它是真实的，那么必须构建一种思维模型，将不断变化的世界"置于死地"，目的是使观点"稳定"下来。

因此，巴门尼德被认为是苏格拉底和柏拉图哲学的先驱[28]，对经济学（以及物理学和其他科学学科）产生了巨大的影响，为很多人认为比现实更真实的稳定抽象结构的模式奠定了基础。现代科学事实上不断地在巴门尼德和赫拉克利特关于世界的观念之间徘徊。一方面，它创造了重建现实的模型，或者假设现实可以被重建。它暗示着至少在一些意识中它是永久性的。另一方面，很多科学家把理性模型仅仅看成是"虚假的、不真实的"支持，应该有助于在不断变化的动态现实中预测未来。

....

色诺芬——基督之前400年的现代经济学

我们可以在经济学家色诺芬的著作中发现古代政治经济学的顶点。色诺芬也是一位哲学家，不过在这方面没什么突出成就。

在他的著作中，这位雅典人对经济学现象进行了描述。但是，"一直到18世纪，他的'方法和手段'才被用于经济学和行政问题的实用分析"。[29]直到19世纪，即他逝世2000多年之后，才有现代经济学家重新发现他的这种观点。深刻的、直接的经济思考在哲学以及希腊和欧洲文化开始之时就与我们同在。色诺芬的经济学分析不像斯密的那么肤浅。

色诺芬的大部分经济学观点都写在两本著作中——《完整的家庭》和《论收入》（有时被称为《方法和手段》）。第一本著作涉及有效的家务管理原则，第二本建议雅典人如何增加国库收入和使国家更繁荣。毫不夸张，可以说色诺芬所写的是区别微观经济学和宏观经济学的最早教科书。顺便说一下，亚里士多德也写了一本著作，叫做《经济学》，[30]是他对赫西奥德《工作与时日》的应答。亚里士多德的著作更多地专注于讨论家务的管理工作，著作的绝大部分内容涉及丈夫和妻子之间的关系，尤其关注女人的角色。著作给人的综合印象是为女人而写，因为书中提到一位"好太太应该是家庭的女主人"[31]，因为她更可能照顾家庭的内务。而根据亚里士多德的观点，丈夫"不那么适合平静的工作，而是应积极参与户外活动"。[32]

但我们还是回到对色诺芬的讨论。在《论收入》中，他提倡雅典实现国家财政的最大化，并建议如何实现这个目标。然而，他不认为实行国有化或战时调度是实现最大赋税收入的最佳途径。

他认为雅典的商业活动更适合扩张。这在当时确实是一种革命性的观点，直到很久以后才被重新发现。他号召雅典公民参与经济活动，尤其是移民。他提议建立"外来人管理委员会"。[33]这样的委员会不仅增加移民的数量，而且提高商誉，还有雅典的经济实力。"那也将增加外来人的忠诚度，也许不是城市里的所有人都渴望获得在雅典定居的权利，这将增加我们的收入……此外，如果我们允许外籍居民有在骑兵队供职的权利，以及适当授予他们其他的特别恩典，我认为他们的忠诚度会增加，同时国家实力和荣耀也会增加。"[34]色诺芬没有在零和博弈的环境中讨论财富和繁荣。[35]零和博弈在当时是常见的，但是在相对现代的常识中，大家都认为只能从交易中得利。外地人商业活动的增加为所有雅典人带来利益，而外地人致富不会给他们带去损失，相反，那会使他们的近郊都富裕起来。因此，他提议加强对外贸和投资的激励："在剧院的前排为商人和船主们保留4个座位也是一个极好的方法。偶尔为他们提供殷勤款待，他们的优质船舶和商品会为国家带来福利。在他们面前表现尊敬，他们将把我们看成朋友，加快访问我们的步伐，以赢得荣耀和利益。"[36] 色诺芬揭示了自己是一位极有才能、富有前瞻性思考的经济学家，考虑到了人类的动机和生意人对感受卓越的渴望，这种感觉常常在当今的经济体系中同样扮演着重要的角色。

从当代经济学的观点来看，色诺芬的价值学说更有趣。现代经济学家称之为"价值的效用论"。它的本质也许在以下色诺芬著作节选中得到最好的体现。这是关于苏格拉底（Socratēs）和克利托布罗斯（Critobulus）之间的虚构对话：

"我们现在看到，对于不了解用途的人来说，如果把笛子卖掉，笛子就是财富。但是，如果自己留下笛子而非卖出，那么它就不是财富了。"

"是的，苏格拉底，我们差不多想到一块儿了，因为我们说过有利可图的东西就是财富。对于笛子来说，要不是卖掉的话，它就不是财富，因为它是无用的。如果卖掉了，它就变成了财富。"

"是的。"苏格拉底议论说，"前提是他知道如何卖掉。但是，另一方面，根据你的观点，他把东西卖掉换成另一种不知道如何使用的东西时，即使笛子卖出去了，也没有转换成财富。"

"苏格拉底，你的意思是，对于一个不知道如何使用的人来说，钱甚至都不是财富？"

"我认为，你在这方面与我的意见相同，财富就是个人可以获得利益的东西。在某种情形下，如果一个人用自己的钱去购买一位使他身心和财产遭受损失的女人，那么他的钱如何为他带来利益？"

"一点利益也没有，除非我们有心保留那些茄属的杂草。如果你误食了那种植物你会发疯，那就是财富。"

"那么钱应该放在很远的地方，克利托布罗斯，如果一个人不知道如何使用它，就不应该将它纳入财富的范畴……"[37]

在克利托布罗斯所举笛子的例证中，我们可以看到，色诺芬意识到更多使用价值和交换价值之间的根本区别，[38]后来亚里士多德、约翰·洛克和亚当·斯密（Adam Smith）都是基于这些区别进一步发展了他们的理论。

我们再来讨论一下亚当·斯密。他对现代经济学最伟大的贡献之一就是对劳动分工的分析以及提出加强生产过程发展和专业化的重要性。色诺芬在亚当·斯密之前2000多年就注意到了劳动分工的重要性。他也把它放在出现分工的社会规模环境中进行讨论。

在小型城市里，同一个人必须自己制作床、椅子、犁和桌子，还常常要自己建造房子。实际上他完全能找到足够的雇主雇用他。现在，一个人在许多行业都做得很好是不可能的。但是在大型城市里，由于对每样特定事物的广泛需求，单一的行业足以满足谋生的需要。常常是单一行业的单一领域也足够谋生。有些鞋匠仅仅为男人制鞋，而另一些人则仅仅为女人制鞋。或者一个工匠仅仅靠榫鞋过活，另一个靠切削为生，还有的靠皮革成型养家，最后一个只不过是把各部分彼此缝合起来。当然，人们把所有的时间和精力花在最细微的任务上肯定会完成得最好。[39]

在许多方面，色诺芬走在时代的前头，是当时最伟大的思想家。正如托德·劳里（Todd Lowry）写道："柏拉图应该想象不到市场规模与劳动分工程度之间的联系，亚当·斯密在此方面出了名。然而，柏拉图的同代人色诺芬在他的《居鲁士的教育》中给出了劳动分工的类似说法，仿佛他在对个人交换的本质判断中走得更远一点。对于他来说，劳动分工发达的大城市与几乎不存在劳动分工的小城市之间是有区别的。"[40]

未来与计算的限制

这位才华横溢的经济学家着重讨论了效用和产出最大化的问题，[41]也清楚地设定了分析的界限。在这个农业在经济中扮演着比当今更重要角色的时代，他对预测经济成功或失败十分谨慎。根据这位古代经济学家的观点："……在农业中，个人对预测的依赖性是微乎其微的。因为不时发生的冰雹和霜冻，还有旱灾、洪涝以及瘟疫毁掉了详尽的规划和良好的安排……"[42] 同时，他认为经济事件必须放在文化环境中去分析，而且作为分析对象，它们绝不能完全与现实世界分离，因为它们不仅仅受到供需法则的支配。

在《论收入》一书中，色诺芬的结束语是我们从历史中知道的各种形式条件[43]——如果其他条件都相同，这是一种与当今的经济学相反的咒语："如果你决定进行计划，我建议你把这项工作交给多多那和特尔斐，问问神灵这样的设计是否会为国家带来现在和未来的财富。"[44]

根据色诺芬的观点，甚至连最好的经济意见和分析也不会包含所有相关的因素，无论它们被叫做"天国的意志""动物精神"或者其他。

色诺芬讨论了十分广泛的经济考虑范围。他的观点包括对就业与价格、[45]创新[46]和"国家"基本设施投资之间关系的研究。[47]正如我们在上面看到的，他对专业化进行了详细的讨论，提供了大量微观的和宏观的建议，研究了"外国投资者"的有利影响等。在一定程度上，可以说他的经济学研究在许多方面比亚当·斯密的见解更广博、更深刻。

最后，我们将在后面的内容中继续讨论的思想是，色诺芬对真实欲望可满足性的思考是有趣的，但更有趣的是抽象的贪得无厌，即对钱的贪得无厌（当时用银子表示）。"银子也不像家具一样，一旦个人获得了住房中足够的家具就再也不会购买更多，然而，没有人不想拥有更多的银子；如果一个人发现自己拥有巨大数量的银子，把多余的部分埋藏起来跟花掉它们获得的快乐是一样多的。"[48]

柏拉图：动力的载体

毋庸置疑，苏格拉底和柏拉图[49]都是我们文化中的哲学传统奠基人。在一定程度上他们划分了哲学的范围，实质上形成了未来数千年的整体原则（无论我们将如何超越他们的框架，这仍然是一个问题）。

苏格拉底、他的学生柏拉图和柏拉图的学生亚里士多德这三代人的观点激起了在我们当今文明世界中依旧延续的问题和争论。至今，我们仍然不明确究竟应该偏爱理性还是经验，柏拉图的理想是否存在，或者正如亚里士多德主张的那样，所有的结构都是人类创造的？

是古希腊传统赋予我们这种探索的传统，而希伯来人或者闪族人的传统中则没有产生这样的二元性。不言而喻，诗人以自己的方式把挖苦人的句子刻进了特尔菲法的阿波罗神殿。而同样的话语在流行电影《黑客帝国》中又回到我们身边。在第一部中奥拉克尔的入口上方就有这样的话，概括了奥拉克尔带给主人公尼欧的信息：“认识你自己。我不会告诉你任何有关你的信息。”

现实的囚室中

柏拉图在我们当今的思考方式中占据着极其重要的地位。我们依旧提出他提过的问题，并设法知道如何回答它们。第二个传统对于我们来说是关键的，就是关于世界抽象概念的观点。提到巴门尼德，柏拉图巩固了理性传统，建立了最好通过理性认识世界的观点。在他最著名的囚室格言中，他奠定了认知世界完全不同的基础——这个世界不是主世界，而是许多映像的世界，是一个从属世界。“随之而来的是无疑的必要性，这个世界是某种东西的映像。”[50] 柏拉图因此打开了一扇通往俗世的几乎神秘而谨慎的大门，这是通往禁欲主义和理性理论信仰的开始。真理是不明确的，在我们看见之前是不明确的，是隐藏的。而理性是通向这种（不变）真理的路径。后来，古希腊最早的话题是摆脱易变性和无规律性。目标是看穿混乱不清的、易变的经验世界，走向不变的、永恒的（因此“真实的”）理性真理。

但是，我们首先回到囚室格言。在这则格言中，柏拉图描述了一个终生生活于囚室中的囚徒，看不到任何真实的事物，仅仅是自己映在墙上的影子。他认为这些都是真实的。他对它们进行研究，在学术上对它们的本质进行讨论，即使没有任何关于其他事物存在的观点。"……囚徒完全相信真理只不过是那些假象的影子。"[51]

这些"专家们"都是影子的推测者。这样，柏拉图希望说的也许是，经验看来似乎仅仅是事物的本质，却并不能抓住现实。现实最终仅仅是通过抽象的研究和合理化模型获得的。由于启蒙运动，我们必须消除自己与这个经验世界联系的黏合力，迈出囚室，[52]看到事物实际上的样子。倘若一个人获得自己的见解并看到真实的事物——现实，那么"他会感到痛苦，眼花缭乱，不能看到之前看到的事物——影子"。[53]如果他回到囚室（就我看来是格言的主要信息），把外面的情况告诉那些完全习惯了自己的影子而非真实事物的囚徒们，他们是不会相信他的话的，也不会接受他的意见。这种命运留待柏拉图的伟大导师苏格拉底来解决。[54]

不变性是柏拉图的导航灯。他努力引起人们的注意力远离易变的（因此短暂的）事物或现象。根据柏拉图的观点，这个世界的真理足迹（或者如果你愿意，可以说结构、方程式或模型）[55]隐藏在我们内心里某个很深的地方，甚至在我们出生之前就刻在骨子里了。如果我们要探索它们的存在，转向自己的内心世界就足够了。在外部的世界中寻找真理是误入歧途的、使人困惑的，因为它把我们引上了追逐影子和研究影子的道路（这是亚里士多德明显选择的道路，见下文）。通过理性而非我们的眼睛或者其他容易上当的感官去感知真实事物是可能的。[56]波普尔（Popper）在下文中概括了柏拉图的关键学说："他认为各种一般的、衰弱的事物也与完美的、不变的事物相对应。这种对完美的、不变事物的信仰通常叫做'形式或观点论'，成为他的中心哲学原则。"[57]

因此，理性主义者的传统得以建立，并最终在经济学中同样获得了重要的地位。恰好是这种逻辑理性地揭示现实的本质并建构行为模型。在当今的经济学中，我们很容易看到一种倾向，即将"真实的"世界纳入数学模型和精确的、永恒的、处处能成立的曲线。

但在此说说笛卡儿是很重要的。笛卡儿被普遍认为是现代科学的奠基人，与柏拉图关系密切。他没有探索外部世界的真理，而关注内心的反思，寻找内心的自我，将自己从感官、记忆及其他感觉或记录的欺骗中解脱出来。从（期待落空的）感官中解放出来，笛卡儿发现真理与梦境独立于理性。笛卡儿将在我们的故事中起重要作用，我们在后面的内容中再对他进行讨论。

神话是模型，模型是神话

根据柏拉图的观点，本质和知识都存在谱系。对观点的认识位于顶点，而在底部的是对欺骗、幻想、囚室墙壁上舞蹈的影子的认识。同时，数学知识的地位不是最高的，地位最高的是哲学知识。数学不能描述全部真理——即使我们以严谨的数学方程式描述整个世界，我们也无法拥有全部的知识。顺便说一下，描述事物运行的能力不意味着我们了解事物背后特定的关系。

这就是为什么柏拉图使用神话，并认为神话是发现真理的潜在方式的原因。神话过分讲究（不是精确的）的是它的力量、优势，而非弊病。作为一种表达的形式，神话拥有的"框架"比"精确的科学"或者数学方法大很多。神话能够达到科学和数学不能达到的高度。它包含了世界的不断演变。有趣的是现代人存在相反的趋势——如果要前往感官不能达到的地方，往往会从数学或者其他严谨的方法中获得帮助。言语方法意味着"沿着路一直走"，而且"走到没有路的地方"。方法应该是指导如何不迷路的（常常是以前的）光芒。如何在这种精神实践中不迷路，到这种程度上，光靠我们的直觉或者感官经验是不够的。

这当然是一个抽象概念——一种模型、格言、故事（即使数学概念也一样）。在科学创造这些神话的时候——就是说理论，也许这些见解可以彼此结合在一起。我们实际上看不到这些事实。我们看到的是对事实表达方式的解释。最后，我们所有人都看到太阳"升起"——但是为什么升起、如何升起和升起的目的是什么都取决于解释。这就是故事叙述开始的地方。

根据柏拉图的观点，可以仅仅通过"高阶"的结构去理解这个世界的秘密。而高阶的结构多少有点形而上学，或者是一种普遍接受的神话、典型、文明故事或模型，或者如果你愿意，是一种存在于我们之上（或者我们心中）的母体模型（《黑客帝国》）。更低结构之上是哲学真理的存在——源于善的极端观点。根据柏拉图的观点，数学定义和演算的功能性是有保证的，因为它超越于我们而存在。我们只是逐渐揭示它的存在而已——我们并没有塑造它。模型揭示了本质中看不见的法则。

亚里士多德关于抽象概念的本质观点似乎是根本上不同的："与柏拉图完全不同，亚里士多德主张观点不是独立存在的，而是'普遍性来自于特殊性'。"[58] 当然，对亚里士多德的一种可能解读是抽象的结构不脱离我们存在，我们不但能理解它（随着我们的知识增长，我们离它越来越近），而且我们（共同）创造它。

同一时期重要的经济学家麦克洛斯基（McCloskey）同时在柏拉图的善中发现了数学与宗教基础的交叉点。对上帝的信仰是一切事物的本质："数学家菲利普·戴维斯（Philip Davis）和鲁本·赫什（Reuben Hersh）注意到'数学和宗教的基础一定是必须由个人支持的信仰基础'。他们观察到，数学家都是新柏拉图学派的信徒和斯宾诺莎的追随者。他们对数学的崇拜可与对上帝的崇拜相比。上帝和勾股定理之类的数学法则都被认为独立于物质世界存在。二者都赋予物质世界意义。"[59] 柏拉图世界[60]里的宗教与数学、科学并非互不相容，它们相辅相成——彼此需要。

二者背后存在的是对本质的信仰。总览全局，缺少哪一个都会变得毫无意义。[61] 用20世纪主要哲学家米哈尔·波兰尼（Michal Polanyi）的话说，甚至科学也是"一种约束我们的信仰系统"。[62] "信仰不会冲击科学，也不会变成迷信。"[63] 相反，信仰的基础是所有科学和所有知识。神话是一种对我们知道不真实且未经证实的某种东西（例如经济学假设）的信仰，开始扮演上层建筑的角色。

在此，就出现了到底有多少经济学是神话制造的问题。需要注意的是，它需要或者产生多少神话？经济学认为它本身处于解释我们这个时代的最佳立场，但是我们发现它需要神话来实现这个角色。经济学在多个方面、以多种形式利用神话。首先，它的假设从神话中吸取要素（神话的无意识使用）。其次，它创造了神话和故事。经济人模型就是这样一种神话模型。用数学华丽的外衣讲述的故事不会对它的神秘性产生任何改变。举例来说，本质存在被称为经济人的神话和故事、市场无形之手、人类自由与独立自主的故事，还有永恒进步或者自动净化市场的神话等。有史以来，没有人看到这里面的任何一个方面，但它们都是故事、信仰或者神话。它们（不仅仅）在经济学中产生强烈的共鸣。而我们的争论、经验和统计导致这些故事的确认或者颠覆。

神话不存在任何贬义的或可耻的东西。要是没有未经证实的信仰，我们也无法存在。但是文明必须承认它，并照此运用它。一个神话仅仅可以与另一个神话取得平衡。神话不会引起与经验主义和现实世界（充斥着大量的神话）的斗争。它只会反对其他的解释和神话。

希腊人并没有"正确地"理解他们的神话，它们只是被承认为神话。正如萨卢斯特（Sallust）写下关于神话的解释："既然这些事情从来都没有发生过，那么总会发生的。"[64] 我们知道这一点，我们的先辈也同样知道。我们在此谈论神话、虚构的故事——不"现实的"东西，是"客观"现实的正确映像[65]或者描述（即使有人碰巧相信存在这样的事物）。

现在，对于我们来说，这看起来有点奇怪，但是我们直到今天仍然在做完全相同的事。问题摆在经济学家面前——我们是否真的相信模型？我们是否相信人确实是理性的、狭隘自我中心的？市场自己会取得平衡吗？市场无形之手是存在的？或者这些仅仅都是神话而已？两种答案都是可能的，但另一方面我们不可混淆它们。如果我们同米尔顿·弗里德曼（Milton Friedman）[66]一起说模型和模型假设都是不切实际的（因此是虚构的），[67]那么我们就不能得出人确实是理性本体这样的神学结论。如果我们的模型（无论是在假设中还是在结论中）被认为是虚构的（无论是有用的还是无用的），那么我们不可能通过它们推断出任何关于人的东西。

另一方面，如果我们认为自己的模型是现实的，那么我们就相信这些模型——神话。而我们比古代的先辈更加热衷于捕捉秘密的神话。古人对他们的神话持保留态度。他们认为神话是有用的虚构故事和抽象概念，是实际上从来没有发生过的故事，但神话对解释事物有用，对我们在这个世界上确定方向有用，还常常对实际活动有用。

经济学家必须作出决定。二者兼得是不可能的。

逃避身体及其需求

柏拉图完全不关心肉体，即使有，也是微乎其微的。柏拉图把肉体的快乐称为"所谓的快乐"[68]，而且"是肉体和对肉体的关注使我们成为奴隶"。[69]

肉体是罪恶的基础，它的快乐是虚假的。"只要我们让肉体和灵魂与这样的罪恶融合，就永远都无法充分实现我们的目标。"[70]仿佛所有罪恶都来自于肉体："完全是肉体和它的欲望发生了战争。"[71]

肉体是一种阻碍，如果灵魂"试图对肉体的一切进行研究，很明显会被它欺骗……灵魂多半在它专注于本身时最理性。尽可能忘记肉体的存在，在探索现实的过程中与它（肉体）不发生任何联系……那么单独带着思想研究客体的人会做得最完美"。[72]我们的灵魂最好是脱离肉体，肉体的存在完全是一种累赘。"看来我们或许应该在死去时才实现我们的目标，我们自称是最爱的目标，也就是智慧。正如我们的宣言中说明的，在我们活着的时候它是无法实现的……我们活着的时候，如果我们尽可能地节制与肉体的关联，与它的合作不超过必需的程度，不被它的本质感染，而是直到上帝亲自解放我们的时候才净化自己，那么我们应该最接近于知识。"[73]

在一定程度上，这恰好是关于早期基督教义抨击需求方面的概念，尤其是使徒保罗和后来的奥古斯丁坚持这样的观点。在这方面，奥古斯丁的肉体是灵魂的监狱（参看更多内容）这个观念听起来仅仅是柏拉图的补充一样。"物质性"和对物质的关注变成了精神主体的对照，肉体是令人不屑的、受约束的，物质的东西都是粗枝末节的。经济学的本质与生俱来。与我们自己对财产需求的阻碍相比，禁欲的社会决不能发展成为专业化的高阶水平。在禁欲社会中，个人仅仅要求最低程度的财产。他们将永远不能实现高级的物质繁荣（也不会关心这种繁荣）。最后，甚至连接受利益和特别关注肉体快乐的经济学也不一定会发展到我们今天所知道的形式。

对于经济学家来说，对肉体快乐即效用的谴责有明确的意义。在消费和生产财富的过程中是不能发现理想的。在破坏和摆脱二者的过程中才可能发现理想。在这方面，柏拉图是一位忠实的禁欲主义者。

从苏格拉底时代开始，大家就在对这个话题进行大范围的讨论："酒杯似乎拥有促进食欲的需要之外的更多的积极价值，因为苏格拉底宣称自己对那些什么也不需要却活得好好的人感到厌恶。'在那种情况下，'他答道，'石头和尸体是活得最好的。'"[74]

最终，甚至连苏格拉底也没法控制自己对性爱的需要。他也饱受性爱和哲学欲望的折磨。与阿尔西维亚德斯的情欲恋爱实际上不在苏格拉底的能力范围之内。不过，禁欲主义的传统是逃避无目的、无度的联系。这很可能是指与物质世界的联系。

就供应方面而言，柏拉图同样也敬而远之。体力劳动、生产、闻到不洁的气味，仅仅是最低级的人干的活，最适合去干那些活的甚至应该是奴隶。这种观念发现于知性和精神的沉思——自我知识中。在这里也可以发现答案——真理的关键也意味着美好的、快乐的生活。

需求与供应：自由与矛盾

今天，我们认为个人拥有的财产越多，就会越自由。禁欲主义的观点刚好相反。个人依赖的东西越少，就感到越自由。因此，他们呼吁摆脱肉体引发的欲望（需求）。

对世界依赖性的解放和摆脱最著名的例子是第欧根尼（Diogenēs）。他把自己的需求缩减到最低水平，摒弃了一切不需要的东西，包括他最后拥有的东西之一——一只水罐，因为他完全可以用自己的双手喝到水。我们将很快回到禁欲主义的纲领上来，这种纲领因此是很明确的——让我们降低对财产的需求，这样我们将能降低供应方面的输出，即劳动。获得很少东西的人就对很少的东西感到满意。仅仅需要一丁点儿东西的人无须过分操劳。如果在供求之间存在矛盾（也许是人类心灵的默认状态），那么对于禁欲主义法则来说，快乐的生活就是降低需求，不增加供应（或者从事生产）。而享乐主义却认为增加供应是幸福生活的法则。

理想社会

正如我们已经说明的，柏拉图和亚里士多德在许多方面对至今仍在进行的讨论进行了定义。对于社会的运行问题和人类立足的基础来说，这也是成立的。"萨缪尔森在《经济学》中含蓄地讨论了柏拉图和亚里士多德之间谈论的古老话题——在社会中利己行为何时可接受？何时将个人行为引导到实现更广泛的社会公益上？"[75]

对于亚里士多德来说，人是一种社会性动物。然而对于柏拉图来说并非如此。在柏拉图的观念中，尽管不是出于我们的本性，正如亚里士多德后来证明的那样，因为社会对我们有利，我们仅仅是社会（善的）公民。"支持稳定社会结构的第二个理由是城市个体成员的理性自身利益。柏拉图的说法是个人知道自己的最佳利益通过理性决策获得。对于柏拉图来说，结论是十分显而易见的。任何理解力强的人都欢迎那些技术更熟练的、更有才智的人进行管理和指导。"[76]

柏拉图把社会分成三个层次，指代各种人类品质的集合——统治阶级代表理性，武士阶级表达勇气，手工业者阶级代表纵欲（柏拉图认为这是最低层的阶级）。统治阶级没有私有财产、他们自己的利益甚至个体性。这源于柏拉图对私有财产的消极观念——更高的阶级完全不应该接受这种（俗世的）东西。他们应该维护整体。统治者既不娶妻也不嫁人。繁衍几乎是临床上确保的，孩子们的养育委托给特殊的公民机构。统治者精英阶级投身于可能的纯粹哲学中。"共和国也认为最好的生活是理性'支配'的生活，理性评估、分级和指示可供选择的工作。"[77] 统治者要服从对观念的公正探索和"对绝对事物的神秘观察"。[78] 这不仅是国家的问题。简而言之，关于肉体的欲望和需要，柏拉图"完全认为没有积极的价值"。[79] 正如乔治·奥威尔（George Orwell）的著名小说《一九八四》中提到的，类似财产、家庭或俗世事物之类的东西仅适合于无产阶级。

根据亚里士多德的观点，好像统治者哲学家们不想要财产是不切实际的。"亚里士多德发现取消私有财产的提案——例如柏拉图在他管理阶级中提出的——未能获得其他人的重视。"[80] 这种分歧中可以发现亚里士多德和柏拉图之间对人本质的重要的观点差异。对于柏拉图来说，财产的堕落在引导人们远离真正重要事物（获得对抽象世界的知识）中扮演着根本的角色。反之，亚里士多德指出了积极的动机源自对物质的欲望。"如果亚里士多德的著作鼓励入世、乐观、实用主义、常识、经验主义和功利主义观点，那么柏拉图的著作则更可能导致出世、悲观主义、激进主义、启示和禁欲。"[81]

作为一名受过教育的雅典公民，柏拉图非常赞赏斯巴达这个"极权主义"的战争国家。体力劳动只是完成和满足需要的手段，被留给了劳动人民。这种最低层的社会阶级可以拥有有形资产，可以纵情于家庭生活，拥有他们自己的孩子，而领导人和士兵以共同体的形式生活在一起，完全没有个人财产的占有权。[82] 柏拉图看到了要求蔓延带来的堕落，试图通过建立新的谱系解决这个问题——哲学家统治整体利益，领导所有人实现节制，而自己什么都不拥有。一个人站得越高，他拥有的个人财产占有权就越小。进步发现于非消费活动中，正如非生产活动一样。因此柏拉图呼吁统治阶级自愿的节制，克服聚集财富的倾向。对于很多经济学家来说，这代表同样难以解决的问题，正如后来中世纪求助于禁欲主义一样（正如柏拉图预言的）。

....

进步

同时，柏拉图关于理想国的看法给他的社会进步观点带去了启发。根据柏拉图的观点，社会就整体来看以社会事件和发展方向为取向是不够的，只有普遍接受的原则才可以。社会需要管理概念，有一个可以达到的目标。当然，柏拉图认为孩子们把他们的父母和所有的公民当做一个集体。在不占有财产的哲学家领导下，孩子们由国家共同抚养。这并不是呼吁立即用暴力建立这种秩序。

它只是一个理想，[83]应该把社会从血缘关系、任人唯亲和按照血统关系推向每个人拥有相同机遇、显示才能而无须为家庭背景所累的秩序。在这个基础上，人们可以通过可能的最合适的方式挑选出人才为社会服务。因此这种方式最有益于社会本身。[84]

柏拉图理想社会中的领导人要抵制腐败的诱惑。这种腐败的诱惑会让他们偏离寻求更多公共福利的道路。这不仅有关财产，而且也有关于性。正如罗贝尔·纳尔逊（Robert Nelson）写道："正如柏拉图和罗马天主教堂都认识到的，性关系也可以产生影响个体自制力的强大情感，也许比私有财产占有权更深刻。柏拉图在《共和国》中的解决方法是通过废除婚姻及其他对自由的性表达的限制来消除占有，进一步确立子女的共同所有权（母亲不应该知道孩子的身份）。更实用的是，罗马天主教堂采取相反的策略，要求牧师和修女独身，以确保他们对上帝和教会的最高忠诚度。"[85]

人要过正确的生活需要的不仅仅是博学，还需要梦想能够改变自己的地位。为此，社会需要哲学家做领导人。他们能看到理想，并向其他人传递经过检验的"和谐"秩序。那么领导整个国家的统治精英们传递的抽象概念应该是每个人日常行为的基准。"精英"这个词本身起源于"eligo"，意思是解放。由此得来的精英是一个解放的集团，被挑选出来为公益服务。《共和国》整部书包含三个层次——宇宙、社会和个人。而和谐出现于下层阶级，适应于上层阶级。倘若没有概念和观察，就不会出现实用的决策。对整体的观察不仅仅是一般的博弈规则，而且应该支配我们的行为，成为社会进步的引擎。

社会养育子女可能与其他重要目标相关——减少意外开支。"苏格拉底认为，只有当我们发展了一种新的技术，将实践与统计、权衡和计量融合时，人类社会生活中才会取得真正举足轻重的进步。"[86] 从这种角度上来看，人类和我们文明世界的整体历史是"一个关于逐渐加强对意外开支人工控制的故事"。[87] 根据柏拉图的观点，意外开支的减少以及数学、计量的不断发展导致人摆脱了激情的支配，掌握了自己的命运，因而控制了社会的走向。因此，无序性阻碍进步的可能性降低了。

正如我们从以下现实例子（来自柏拉图与提麦奥斯的对话）中看到的那样，柏拉图相信希伯来人存在着光辉的过去。文明世界的表达方式在衰落。波普尔对此有很好的概括："……所有社会变迁都是堕落的、衰退的、恶化的。在柏拉图的观点中，这种根本的历史法则构成宇宙法则的一部分。宇宙法则是支持所有创造物的法则。一切变化的事物和所有产生的事物肯定会腐朽的。"[88] 即使如此，"柏拉图认为历史命运的法则，即腐朽的法则可以通过人的道德意志，在人类理性能力的支持下打破。"[89] 从这种意义上讲，他引入了一门科学纲领，为人们重新打开极乐王国的大门。这样，柏拉图给欧洲提供了进步的纲领——科学。

城市、文明世界与黄金时代

城市即经济、政治共同体，是古希腊进步的标志，即使它和我们在苏美尔人或者希伯来人那里看到的存在多少有点不同。

伦理教化于人。野性不再被指为罪恶的巢穴。而我们文明世界剩下的时代都将这样。同时，古代共同体毋庸置疑与国家秩序的发展相联系。尽管如此，它是很多哲学家心中的一根刺，是可以被解释的，例如，柏拉图和亚里士多德在他们的著作中写下关于雅典的衰落并让体制无法实施的事实得到解释。对于柏拉图和亚里士多德来说，哲学家是希望的主要部分——宇宙和谐的希望，因为这种和谐是可以被人发现的，而且可以建议人们和社群如何与这样的秩序融合。这种世俗的事务是城邦的结构，甚至从属于观察宇宙的哲学。

有趣的还有那些生活在城市中的民众与那些生活在乡下的老百姓。他们是平行的。那些生活在城市以外的人是未教化的。他们不知道如何阅读或书写。同时，这种概念与这些"简单的人们"如何生活在神灵的怒火以外相对应："无论何时，只要神灵在大地上降下洪水，横扫一切，山上的牧民和牧人生命会得以保全。而那些生活在城市里的人，就在你那个地方，被卷入河流，漂到大海……它像瘟疫一样清除了你们的存在，只留下那些目不识丁的未受教育的人。你们重新像婴儿般地存在……"提麦奥斯在柏拉图的齐名对话中如是说。[90]在此，我们同样遇到这样的观点，城市中出现的文明世界、文化修养以及人类子女的成长。在此，我们也找到与"人类子女"平行的词，也许在内在（惯常的）善恶之间仍然不存在矛盾，作为"随心所欲"的野兽（或者子女）没有任何内部的限制，仅仅存在外部（自然）限制。看起来似乎是人类与"简单的个人兽性'我想要'"取得了一致，约瑟夫·坎贝尔（Joseph Campbell）这样写道。[91]看来，个人的"我想要"与后来变得紊乱的"我应该"完全取得一致这种状况是可能发生的。

不过，在此同样存在一个有趣的巧合。我们也能在其他经典的希腊著作中看到原始种族更美好的观点："其次，你们没意识到这样的事实，所有人类种族中最美好的、最适应的种族曾经生活在你们那个区域。这就是来自你们自己的种族，整个城市充满生机，多亏他们这一小部分人幸存了下来。"这种古代种族是高级的，尽管"幸存者经过了很多代却没有留下文字记录"。[92]因此这些"古代公民"没有任何技巧，甚至不知道阅读或书写。然而他们生活在和谐中，[93]仿佛还没有被佩米尼迪斯（Permenides）的"礼物"诅咒。在这种情况下，进步的观点至少是一个关于腐朽的概念。我们的先辈不是原始的猿人，而是高级的种族。后来，随着人们变得更有文化、更成熟，迁入城市，看起来更远离了本性的幻想和变化。但即使在城市中，人们也不能躲避来自神灵的怒火；相反，正是这种城市的文明世界常常遭受洪水[94]和其他诅咒的光顾。正如我们可以在《圣经》的"天火焚城录"故事中看到的那样，反倒是山上那些未开化的地方让人们获得更多的安全。[95]

"有福的无知"这个话题以及和谐与技术进步之间的权衡在希腊思想中出现得十分频繁。人们舍弃了自己的自然状态，脱离了与自然的关系，努力找到回归的路——试图接近更有福的国度。

亚里士多德

我们可以把亚里士多德当做最早的严谨而有系统的学者之一。巴门尼德和柏拉图的苏格拉底把自己比做秘密宗教的创始人。相反，我们可以把亚里士多德式的哲学家叫做"专业的人类"[96]——第一位严谨的科学家。

他的伦理学说在这种意义上讲是绝对根本的宗教参考或论证（与柏拉图相反，我们可以见证一种神话与分析之间的过渡）。前苏格拉底哲学家采用美学和记忆术（例如韵律和韵文）作为真理的载体。柏拉图在对话和抽象概念中寻找真理，在一定程度上强调幻想。亚里士多德著作的辩证和形式与当今的记叙体话语没有什么不同。按照当今的词语意义，亚里士多德是最早的类似科学家的人。

尽管如此，他对哲学和科学的理解比我们当今的理解广博得多。首先，他不（像后来那样）绝对区别于科学和哲学。其次，他把我们今天不归类为科学的东西归为科学。对于亚里士多德来说，"所有科学（推理思维能力）要么是现实的、诗意的，要么是理论的"。[97]他把诗歌和应用领域纳入科学。他研究应用科学意在伦理学和政治学；他研究诗意科学意在诗歌和其他艺术；他研究理论科学意在物理学、数学和形而上学。他大多数的科学工作是定性的而非定量的，而他的数学研究十分接近于理论上的哲学和形而上学。

形象地说，是亚里士多德把人们的注意力带回俗世，是他主张"我们需要哲学指明回到平凡的路"。[98] 他的脑海里没有装满概念的世界，而是与鱼儿一同在莱斯博斯岛畅游，观察章鱼和森林中动物的行为。他主张苹果就是以苹果的形式存在，而非概念的世界。为此，他对苹果进行了研究，大体上把天地万物归类为魔兽和物种。在今天我们可以把他叫做经验主义者，而相反的是柏拉图被归类为理性主义的开端。

在那个时代，所有这些是令人惊讶的，"反常"到令人愤怒的程度，且往往会遭到人们的反抗。"亚里士多德的听众看起来在背叛他走向平凡和世俗的尝试，在要求对高尚和考究的关注。"[99]

因此，亚里士多德提出的俗世事物吸引了人们的注意力，柏拉图概念的世界逐渐被推向阴暗的幕后。亚里士多德的注意力恰好落在柏拉图称为皮影戏的东西上。这就是经济如何获取与"最受尊敬的能力……例如，策略、经济学、修辞等"同样的注意。[100]

如果我们要用几句话来总结亚里士多德的学说，那么除了他的稳固基础以外，我们不得不提到他对事物目的或宗旨的感受。与柏拉图相反，他没有对很多不变性进行研究，而是把精力集中在感受上，即活动的目标，因为"希望是为目的服务的"。[101] 类似其他古代学派（此外与希伯来人和基督信徒相同），他强调道德（具体地说关于美德的伦理观，今天得以重新发现[102]）的重要作用，倘若没有对善恶进行研究的话，美好生活——或者说在经济学中被称做充满效用的生活是无法想象的。

举个现实的例子，亚里士多德把物质向地面坠落解释为一种本性。石头来自大地，所以想回到那里，意思是说回归大地。这和气体、火焰或者灵魂想要往上一样。这种解释长期以来都满足人们的需要，直到它被牛顿的万有引力取代。

很多教科书中的经济学思想史实际上始于亚里士多德。是他捍卫了个人财产占有权，例如，[103]对高利贷进行批评，[104]弄清了生产能力和非生产性经济活动之间的差异；[105]对财富作用进行分类，[106]指出了共同体、共用权的悲剧，[107]并讨论了垄断的问题。[108] 不过，我们在此希望专注于他那些构成经济发展的关键但不完善的意见。

例如，亚里士多德深入讨论了效用及其在生活中的作用，涉及功能最大化。经济学至今着迷于这个问题（唯一的区别是今天我们仅仅从它们的数学表达式方面来考虑，往往掩盖了更深刻的哲学讨论），还有我们当今叫做元经济学的其他关键领域；或者远远超越"家务管理"的范畴，对这些努力的意义和目的（宗旨）进行提问。

理性和积极生活所带来的幸福——"幸福是一门科学"

亚里士多德提问的事物也许是每个人都感兴趣的——如何过上快乐的生活？个人的生活方式得以实现，我们所有人都想要的生活是什么？关于幸福的问题——幸福主义——显然不仅仅是理论上的："……当前探究不像其他研究一样以理论知识为目标（因为我们探究的目的不是探寻什么是美德，而是成为善……）。"[109] 他的第二本著作叫做《欧德摩斯伦理学》，是讨论伦理观的。采取与《尼各马可伦理学》相似的方式——如何获得美好的生活，因为"幸福同时是一切事物中最美丽、最美好的"，[110] 正如他在著作的第一段话中所指出的。有福的生活受到善的多少束缚以及如何实现它（"幸福是一门科学"[111]），是我们在以下内容中将要提出的问题。

首先，我们必须说亚里士多德认为只有在社会整体有益的环境中才能实现个人福利。他著名的说法是"人在本质上是一种政治性动物"。[112] 此外，他不认为社会具有机械特征，如同后来经济学认为的那样，而是一个有机的整体。离开其余部分，一个部分不仅完全没有意义，而且更主要的是它不能存活。[113] 同时，人与社会结合不是因为个人的利益，而是因为出于本性。[114]

即使如此，效用仍然是一种复杂的事物，而且在不断地变化。问题是什么对效用有着根本的影响？亚里士多德不认为效用是瞬间存在又消失的某种东西，而是个人可以拥有但无须意识到的一种状态。他也注意到效用存在一种谱系般的结构，仿佛是说除非实现了基本的（自然的）需要，否则我们不能认知来自更高需要的效用。他也注意到效用彼此相互排斥："……从其他来源产生的快乐妨碍活动的进行……更多合意的活动排除了其他活动的可能……例如，剧院中的观众吃着糖果，而演员们是贫穷的。"[115]

效用最大化与善最大化

对于亚里士多德来说，人做一切事究竟是否因为要实现效用——快乐最大化是一个在相当程度上毫无意义的问题。根据他的观点，快乐仅仅"完成活动"，他重复这个观点很多次。"但无论我们是为了快乐而选择生活，还是为了生活而选择快乐，都是我们在当前可以解决的问题。由于它们看起来彼此约束，不允许分离，因为没有活动就不会产生快乐，每项活动都是通过快乐完成的。"[116]然而，"快乐"这个词不是与完美和善紧密结合的：在最完美的活动中，至上的快乐仅仅是一种回报，一种义务——"快乐完成活动。"[117]快乐不是目的；利益和完美才是目的。因此，快乐类似于点缀在完美这块蛋糕顶端的樱桃，一切活动都指向这个目标。[118]它不是活动的意义，而是伴随的表达形式。活动的目的（宗旨）是善的。

在当今的经济学中，我们在某种程度上机械地习惯于效用最大化，即实现个人效用的最大化。我们有数以万计的数学练习去实现效用函数最大化、效用最大化和寻求边际效用的推导公式最优化，或者我们将边际效用与边际价格进行平衡比较，然后将利益与成本进行比较。然而，在绝大多数情况下，我们完全没有意识到令人惊奇的哲学和伦理学风暴。

效用等同于利益（因此也等同于目标）的概念是享乐主义和禁欲主义之间的核心分歧之一。和柏拉图一样，亚里士多德更接近于禁欲主义。同时，亚里士多德知道最大化的前身，他实现的是利益最大化（MaxG），而非效用最大化。

刚好在《政治学》的开头他就说："……每个人的行为目的总是为了获得自己认为适宜的……"[119]

这类似于《尼各马可伦理观》的开头："每种艺术和探索以及类似的每个

行动和选择都被认为是以某些利益为目标的。因此，利益被宣称为一切事物的目标。"[120]

他在《尼各马可伦理观》第十卷中对"快乐"这个词进行了大量的详细讨论。这本书开头的话是这样的："……我们也许本应紧接着对快乐进行讨论。因为它被认为是与我们人类的本性关系最密切的……人选择自己认为愉快的，逃避痛苦的。"是的，这听起来像经济学教科书的前言一样。

但是亚里士多德继续说："有些人说快乐是善的，相反，另一些人则说它完全是恶的。"[121]例如，在《尼各马可伦理观》结尾的地方，他和享乐主义者欧多克索斯（Eudoxos）进行争论："……欧多克索斯认为快乐是善的，因为他认为理性的和非理性的一切事物都以快乐为目标……"他告诉欧多克索斯："这种说法似乎说明（快乐）是所有的善之一，但并不比其他的善要好。"[122]亚里士多德不否认快乐在一定程度上是善的，但它并非像享乐主义主张的那样是善的全部。

至今，经济学家仍然不得不应对亚里士多德提出的问题："……普通人和精英都说那是幸福，认为生活过得好与获得精彩都是同样幸福的。但是关于什么是幸福，它们存在差异……"[123]至今，你可以用同样的问题让经济学家发疯："如果人们实现效用最大化，效用这个词的意义是什么呢？"那是一个很复杂的问题，我们将在后面的内容中对它进行讨论。在此只是十分简单地谈谈。

我们可以与亚里士多德一样认为人实际上不会实现个人效用最大化，而是实现善的最大化。人仅仅是做自己认为善的事情。难道不是每个人都会由"善"这个词联想到一些不同的东西吗？是的，就是这个观点，对于效用来说也是同样成立的。如果我们认真思考亚里士多德的出发点，"每个人做一切事情的目的都是为了自己认为是善的事"[124]，那么效用仅仅是"我们认为善的"一个子集。我们从某些事物（或者十分犹豫的和难以辩护的）中并不获得效用。说得再简单些，如果我们说特定的人做某些事情是因为他认为这件事是善的。我们说阿西西的弗朗西斯放弃自己的所有财产是因为他认为这种放弃是善的，那更正常；苏格拉底决心不否定自己的学说，也不逃避，而是选择喝下毒药，不是因为他期望获得死后的效用，而是因为他认为那是善的。因此，善最大化比效用最大化更有雄辩力，此外，也是一个更有用的概念。

....

善恶的效用

如果我们作出这种改变，那么可能早已看到我们的感知如何与善恶经济学紧密相连。难以想象一个人会自愿地、自由地做他认为在特定阶段完全罪恶的事情。例如，如果一个人去偷窃，并非为了偷窃而偷窃（自己的确认为是罪恶的），而是为了发财，人们认为发财是善的。行动的目标或者意图不是偷窃而是拥有更多财富。最终我们在效用最大化的假设下支持类似的讨论。[125] 为什么有人要偷窃？因为偷窃会增加自己的效用？绝不会。人们不会为了偷窃本身去偷窃，而是因为致富会产生效用，也可能是肾上腺素发作或者为了复仇。但是无论什么原因导致一个人去偷窃（或者进行其他罪恶活动），他们这样做是出于某些善的目的。[126] 因此，善最大化可能解释效用最大化所解释的相同事物，此外还能够解释这些行为的更广泛环境。如果我们认为善最大化的命题是荒谬的（在一定程度上它确实如此，因为它不能被驳倒，正如我们将在本书的第二部分中看到的那样），那么关于效用最大化的命题也一定是荒谬的。除了善最大化的荒谬性之外，看起来更加直观。也许正是因为如此，经济学隐藏在效用最大化的背后，以使诡计不那么明显。

亚里士多德认为我们不会以短暂的、单方面的效用最大化为目标做事。我们也将在以下的例子中予以说明。"有很多事物，即使它们不带来快乐，我们也应该感兴趣，例如看到、记下、知道和拥有优点。如果快乐一定要伴随这些事情发生，那就没有什么区别。我们应该作出这些选择，即使不会导致快乐的结果。"[127] 我们想要这些东西因为它们是善的，而它们是善的却因为善是人类的固有部分。因此，一个人能看、能记忆、能分辨，而且是公正的，那么他就更有人性。

如果我们设法实现一个善的目标，就会拥有欣喜、快乐或幸福的感觉。效用就本身而言很难是个目标。目标是一种利益，而效用是它的副产品，一种外部效应。对于个人来说，善的东西也是快乐的源泉（比如食物）；我们的世界因此而存在。我们不仅仅为了快乐而吃饭，但是我们吃饭时会感到快乐。

当今效用最大化常被机械地认为是人类的本性。亚里士多德认为完全的节制才是最伟大的美德："……罪恶属于无节制的阶级"[128]，而且"出于这些相同的原因，善是有节制的……那么，过剩和不足是罪恶的特征，也是美德的终点"。[129] 因此，这不是关于享乐主义者主张的效用最大化，而是关于节制。目标存在于两者之间的某个地方。让我们举个例子："关于给予和取得财富，平均是慷慨的。消除过剩，弥补不足，达到丰富和平均。"[130] 或者在更一般的水平上："在节制的情况下，它也是如此……沉迷于所有快乐且毫不节制的人变得自我放纵，而像乡下人一样避开所有快乐的人会变得麻木。节制与勇气毁灭于过剩和不足。"[131] "因此，所有艺术都是适用的——用这种标准观察它是否中庸得当，并判断它的作用。"[132]

不是不惜任何代价地实现最大化，而是以中点为目标。"达到善不是一件很容易的任务，因为在一切事物中找到中点不是一件很容易的事情。"[133] 为此，我们还可以说这种观点不是很容易意识到的。个人必须去感受它。我们完全不知道幸福的最大点在哪里。[134]

禁欲主义与享乐主义

令人惊讶的是，也许是经济学奠基人亚当·斯密在他的著作《道德情操论》中最好地描述了古希腊的伦理系统。在他的不朽著作[135]最后、最有趣的部分里，我们找到对古老的希腊人哲学观念的研究。斯密把古人的伦理学说分成两种不同的学派——禁欲主义和享乐主义。它们事实上是相互竞争的。它们的主要分歧在对从善是否获得报酬这个问题的回答。是否能计算出善行给我们带来某种对等价值？支出的善是否与收入的善相关？

禁欲主义

禁欲主义没有找到善与快乐或效用之间的任何关系，[136] 为此，任何事先演算都是被禁止的。某些善行获得快乐（效用增加）的回报，另一些则完全不会，但是行善的人应该完全无视个人行为的结果或者影响。不管特定行为的结果如何，对个人道德品质的判断是基于个人对律法的遵循。[137]

换句话说，判断个人行为道德品质仅仅是根据个人对律法的忠诚度，而非特定行为的结果或者影响。结果应该完全留给命运。[138] 如果个人行为不道德，"他的成功只会带来极少的满足"。[139]

根据禁欲主义的观点，无论是增加还是减少，特定行为的道德品质不存在于行为的反响中，而存在于行为本身的正确性中。为此，根据禁欲主义的观点，我们不能分析行为的成本或者收益。

现在，亚当·斯密被认为是古典经济学的奠基人，有目的地实现效用最大化是主要的话题。他认为自己是禁欲主义者。他推动了古代哲学向这个方向发展，[140] 使它从关于效用的思考中解放出来（我们又回到当今如何理解斯密传统的矛盾论点上）。[141]

享乐主义

正如伊壁鸠鲁描述的，享乐主义学派公开宣扬完全相反的观点。根据他们的观点，善和律法都不是外部的。行为的利益存在于其本身的结果中——它带来的效用。此外，它的效用是从行为者的个人观点来判断的。享乐主义伦理观的源泉是利己主义，通过计算和理性的方式实现。伊壁鸠鲁不承认存在任何更高的或无私的原则。只有在友谊面前他愿意破例。效用因此变成美好生活的主要假设和决定所有行为的指导性本质。而禁欲主义不得计算自己行为的结果（谁能够监督我们行为的目的），相反，对于享乐主义（信奉伊壁鸠鲁学说的人）来说，他们的道德是绝对必需的。[142] "肉体的快乐和痛苦是固有欲望和嫌恶的唯一最终对象。"[143] 信奉伊壁鸠鲁学说的人在善和效用之间画等号——行为的道德品质仅存在于减少或增加个人利益的过程中。[144]

信奉伊壁鸠鲁学说的人在这一点上始终如一。他们主张"根据伊壁鸠鲁的观点，思想中所有快乐和痛苦最终源自于那些肉体的快乐和痛苦"。[145] 另一方面，实际经验的定义相对广泛，也包括知性的经历。享乐主义者被认为是个人的理性忽视了行为对长期目的的影响。这样的人接受短期快乐或以此为托词："倘若不能明智地、健康地、充分地生活，过上令人愉快的生活是不可能的。而且倘若不能愉快地生活，明智的、健康的、充分的生活也是不可能的。"[146]

利己主义、深谋远虑、推演和计算构成享乐主义伦理观的源泉。当然，根据享乐主义的观点，甚至这些原则（现代经济学立足的原则）也存在例外的情况。例如，利己主义的本质在友谊面前是不能成立的，在友谊面前，同情心是我们行为的主要动机。

善恶经济学

如果我们希望用经济学技术用语表达上述观点，那么禁欲主义通过某些确定的"伦理约束条件"把人类行为划分为几个部分（正如当今的经济学和预算一样）。当然，对于信奉伊壁鸠鲁学说的人来说，伦理约束条件完全消失，道德品质事实上无保留地与效用曲线结合，只有外部限制（例如预算）可能限制效用的增加。然而，另一方面，享乐主义学说在它们不必采用任何外部（外部给出的）伦理体系或者规则集合的意义上拥有重要优势。而外部伦理体系和规则集合总是禁欲主义或任何立足于律法或责任的人的弱点。享乐主义的本质产生了其自身的规则。

禁欲主义和享乐主义者之间的另一个差异是关于善的看法。作为享乐主义学说中的道德品质，善失去了其固有的感受，变成一种纯粹的效用子集。

品德高尚的行为可能有时导致更大的效用，那时必定是受到约束的。善或多或少变成一种规则的集合，可能导致效用增加。其立场完全与禁欲主义学说冲突。而善对于禁欲主义来说是他们所有行为的理由，快乐源于坚持法则（包括轻视结果）。享乐主义则完全颠覆了这种逻辑——善变成效用的成果。

正如早已说过的，这种功利主义经济学说的哲学在穆勒的手中变成了主流。[147] 另一方面，亚当·斯密用这样的话结束了他讨论享乐主义的章节："无疑，这种体系完全与我力图建立的不一致。"[148] 他拒绝享乐主义，因为享乐主义对世界的观点过于简单化。"通过这种得体使各种美德迅速增加，伊壁鸠鲁沉迷于一种对所有人来说都是自然的趋势。但是，哲学家有培养特殊爱好的倾向，正如表现他们独创性的伟大方式一样，他们的独创性是说明所有少见的表现趋势。"[149]

讽刺的是，这种来自亚当·斯密的批评预测了经济学思想的未来发展——至今大多数的经济学家认为自私或利己主义的本质是人类行为的唯一推动力，甚至更大的讽刺是亚当·斯密被认为是这种本质的创始人。另一个方法论上的讽刺是经济学可能"解释少数原则基础上的所有现象"。

善恶经济学中的禁欲主义和享乐主义学说之间的两极张力是伊曼纽尔·康德（Immanuel Kant）最明确强调的，同时这两个学派在另一方面彼此对立，是决策活动的两个道德原型。[150] 在他的伦理观中，康德投向禁欲主义学派。他复兴了这种学说，并使其更加严谨，但是这种方向并没有使其进入经济思想体系。

....

结论

希腊人是我们哲学的开端，他们对我们当今的生活方式有极大的帮助。我们从诗人真理的概念开始讨论，然后谈到哲学的诞生和数字神秘主义。我们深入研究了一些细节，看到色诺芬经济学思想是多么有趣。

柏拉图是我们哲学动力的载体。他谈到观念的世界，反对影子的世界，即我们现在生活的这个世界。他不关心肉体的欲望。在此，我们相当详细地讨论了模型、神话、进步的观点、黄金时代，以及教化生活和自然生活之间的争论。亚里士多德可以被认为是第一位科学家。与柏拉图不同，他投入了大量的精力研究这个世俗的世界。我们讨论了他关于幸福生活的思考和幸福生活是否存在于效用最大化中。我们也引入利益最大化作为生活意义和目的的核心概念。

最后，我们开始了享乐主义和禁欲主义之间的争论。亚当·斯密也对此投入了大量的笔墨。作为一门科学，经济学明显是均衡善和效用的享乐主义方法的继承人。尽管我们很多代人在很努力地尝试，当今只有享乐主义纲领——实现商品供应最大化，直到满足对善的需求——仍然没有得以实现。

注释··

1 本章的共同作者是卢卡斯·托特。他帮助我修订了英文版。

2 劳里，《古代和中世纪的经济学》，第19页。

3 努斯鲍姆，《善的脆弱性：希腊悲剧与哲学中的运气和伦理学》，第12页。

4 赫西奥德，《神谱》，第25页。

5 努斯鲍姆，《善的脆弱性：希腊悲剧与哲学中的运气和伦理学》，第12页。

6 德蒂恩内，《古希腊真理大师》，捷克译本，第128页。引自普塞罗斯："*Energeias Daimonon*"，821 B，Migne，PG，CXXII。

7 接下来的引语是："……之后，大脑可能提出有趣的评论。"坎贝尔，《赖以生存的神话》，第88页。以后几章里，我将设法说明甚至当今这和内部的"故事和谐"（或假设、结论的模型、模范等）也在当今普遍的经济体系及科学中起着举足轻重的作用。

8 努斯鲍姆，《善的脆弱性：希腊悲剧与哲学中的运气和伦理学》，第13页。

9 德蒂恩内，《古希腊真理大师》，捷克译本，第128页。

10 赫西奥德：《神谱》，第28、38页。

11 欧里庇得斯，《伊菲革尼亚在陶里斯》，第92页。另见欧里庇得斯，《伊菲革尼亚在陶里斯》，第1240页："然后俗世产生了梦境、夜间的幽灵，而这些都是预言那些原始的东西、当时知道的东西和引起的东西。"另见第1261页和1278页。另见"预言一切都还太早，来自梦境的观点，成就阁下的财产！"埃斯库罗斯《七将攻底比斯》，来自《希腊戏剧全集》，第I卷，第109页。

12 "我理应拒绝，因为关于我可以假设最低程度的怀疑这样的观点是不成立的……我认为在我清醒时进入头脑的所有对象所拥有的真理并不比梦境中的幻觉多。"笛卡儿，《方法谈》，卷IV，第28页。

13 "第一位希腊经济学思想家的荣耀属于诗人赫西奥德。这位皮奥夏人生活在真正的古希腊早期，公元前8世纪中叶……在828行的诗歌中，前383行的中心是根本的经济问题，关于稀缺资源如何满足人类无数的、大量的目的和欲望。"罗斯巴德，《亚当·斯密之前的经济学思想：奥地利人关于经济学思想史的观点》，第8页。

14 赫西奥德，《工作与时日》，第42~49页。

15 同上，第305页。

16 克拉托赫维尔，《从荷马到笛卡儿的神话与科学之间的哲学》，第53页。

17 见亚里士多德，《形而上学》，第986页a1~第987页b30："毕达哥拉斯哲学……假定数字的因素是所有事物的单体……他们说事物本身就是数字。"

18 布恩特、琼斯和比迪恩特，《初等数学历史根源》，第82页。

19 马汉，《哲学批评史》，第1卷，第241页。

20 斯托拜亚的亚里士多克森，第58页B2。见格思里《希腊哲学历史》卷I.第177页。剑桥大学出版社，1962，1965，1969。（第三卷为平装本。第一部分：智者篇；第二部分：苏格拉底篇。）

21 哈里斯，《旋风当政》，第80页。

22 这里有一些关于数字神秘主义的例子：爱和友谊都是和谐的表达，在音乐中拥有同样的数字8；健康的本质是数字7；正义的数字是4，因为它与复仇有关，应该与罪恶对等；根据数学奠基人的观点，定义婚礼的数字是3；空间是1。这种神秘主义后来变成古代解梦著作的基础。见拉德，《古代和中世纪哲学史》，第89页。另见科克、拉文和斯科菲尔德，《前苏格拉底哲学家》，第VII章。

23 在短篇论文《神秘主义与逻辑》中，拉塞尔说明了古希腊人如何用他们的神秘理论进行科学思考和综合科学观测。罗素，《神秘主义与逻辑学及其他论文集》，第20页。

24 毕达哥拉斯也是最早提出无理数概念的人。对于这种数组来说，难道那不是个有趣的名字吗？归根结底，我们往往认为数字是最理性、最可能代表一切的东西。某些像数字一样绝对的事物看起来非理性，只是因为它在某些方面违背我们的日常经验，只是因为它处于无理数的区间，不能被用于统计羊群的数量。那么，我们能否认为自己在任何事物中都是客观的、理性的存在呢？

25 毕达哥拉斯是哲学家中最早使用"宇宙"这个词的人。他也是最早使用"哲学"这个词的人。

26 劳里，《古代和中世纪的经济学》，第19页。

27 赫拉克利特，B51。

28 如果仅仅从他学生柏拉图写下的对话中了解苏格拉底的大多数观点，我们很难区别这两位思想家。对于本书的需要，我们提到柏拉图对话中的观点就已经足够了，无须把它们具体归属于苏格拉底或者柏拉图。

29 劳里，《经济概念考古》，第46页。

30 现代学者们有时把这部著作归功于亚里士多德的学生狄奥弗拉斯图。

31 亚里士多德，《经济学》，第1353页b27。

32 同上，第1344页a3。

33 色诺芬，《方法和手段》，II.7。

34 同上，II.4~7。

35 只有当其他人结束时，才可能有收获。

36 色诺芬，《方法和手段》，II.4。

37 色诺芬，《完整的家庭》，I.11~14。

38 使用价值说明消费一种商品的效用。交换价值的基础是特定商品的相对稀缺性。例如，水拥有很高的使用价值，因为我们的生活不能没有它。但是它的交换价值（例如市场价格）很低，因为存在的水太多了。

39 色诺芬，《赛勒斯的教化》，卷VIII，C.2，5。

40 劳里，《经济概念考古》，第90页。

41 "……缩减行政机构的成本……将差额再三投资……以使投资带来最大的收入。"色诺芬，《方法和手段》，IV.40。

42 色诺芬，《完整的家庭》，V.18。

43 来自于《新约·雅各书》4：13~17："你们有话说：'今天、明天我们要往某城里去，在那里住一年，做买卖得利。'其实明天如何，你们还不知道。你们的生命是什么呢？你们原来是一片云雾，出现少时就不见了。你们只当说：'主若愿意，我们就可以活着，也可以做这事，或做那事。'现今你们竟以张狂夸口，凡这样夸口都是恶的。人若知道行善，却不去行，这就是他的罪了。"这意味着努力把它放在更广泛的世界环境中，不再根据宇宙中的事件划分未来。

44 色诺芬，《方法和手段》，II.2。

45 "例如，铜匠人数的增加导致铜器价格的下降，铜匠退出业务。在铁器行业中也发生同样的情况。另一方面，当粮食和葡萄酒丰产时，庄稼是不值钱的，增产的利益消失了，以致很多人放弃农业，开始从事商业买卖或放债。"色诺芬，《方法和手段》，IV.6。

46 "如果……行业或者商业对全体公民有帮助；如果受到我们最高敬意的人尽其努力致力于行业发展，商人的数量将成比例增加。如果大家都知道这一点，发现一种增加国库收入且无损于个人利益的新方法的人，应该获得应有的回报。这种投机不应如此被人忽视。"色诺芬，《耶罗》，XIX。

47 "我现在解释了我认为应该被国家采用的规定，目的在于所有雅典人可以获得足够的公共费用支持。某些人可以想象一下，根据自己的统计，不可能有足够的财富会捐献给国家并提供必要的庞大资本额为这些计划融资。但即使如此，他们也用不着感到失望。因为重要的不是计划细致入微地执行……无论建造的房屋数量有多少、打造的船只有多少还是购买的奴隶有多少，他们都能马上证明那是有利的。事实上，在某一方面，逐步进行比同时面面俱到更有利。通过财力允许的方法，我们可以复制深思熟虑的设想，避免错误的重复。"色诺芬，《方法和手段》，IV.33~37。

48 色诺芬，《方法和手段》，IV.7。

49 我们不再对这两位思想家进行区分。苏格拉底自己什么都没写，而我们知道他所有的观点都是来自于柏拉图的说法，因此很难区别柏拉图和苏格拉底，所以哲学家往往自己也刻意回避这个问题。我们同样遵守这种惯例。更多信息参见卡恩，《柏拉图与苏格拉底的对话》。

50 柏拉图，《提麦奥斯》，29 b。

51 柏拉图，《共和国》，VII，515c。

52 或者来自于电视。在某种意义上，电视播送的现实版本仅仅是现实的影子。一个人从电视获得认知，然后从这个角度去看问题往往会感到失望，长期的舒适之后会"毁掉眼睛"。

53 柏拉图，《共和国》，VII，515c。

54 "……如果他必须与没完没了的囚徒争论影子的存在，难道他不会被人嘲笑吗？难道不会说他从外面的世界回来时眼睛灼瞎了？而且，就任何努力解放那些囚徒并领导他们走向外面世界的人而言，如果那些囚徒可以够得着这个人，会不会招死他？"柏拉图，《共和国》，VII，517a。

55 《黑客帝国》这部电影详细讨论了这种观点——我们是某人设计的（精彩）影子的奴隶（被用来产生能量）。

56 我们降生在这个世界上，我们必须发现与生俱来的观点。这些观点本身是客观的。在与普罗塔哥拉的对话中，柏拉图在侧面评论中批评了齐名哲学家的无调节主观主义："人度量一切事物。"柏拉图，《普罗塔哥拉》，361c。在柏拉图的世界中，我们不学习任何新的事物；我们仅仅发现我们自己内心早已知道的一切。

57 波普尔，《开放的社会和它的敌人》，第I卷，"柏拉图的魅力"，第19页。

58 纳尔逊，《到达人间天堂》，第34~35页。关于亚里士多德的《尼各马可伦理观》，欧文翻译，第166页，阿凯特出版，印第安纳波利斯，1985年。

59 麦克洛斯基，《资产阶级的美德》，第152页，关于戴维斯和赫尔施的《笛卡儿梦境》。

60 狄德利·麦克洛斯基甚至在"善"（Good）和"上帝"（God）的言语美丽类似处更进一步，提到柏拉图打比方太阳点亮思想，让它更接近于理解上的善。虔诚的基督教徒当然愿意把"善的太阳"说成"上帝的儿子"。见麦克洛斯基，《资产阶级的美德》，第365页。

61 有些类似的东西在数学家和物理学家的警句中提及，它们与总数和巧合相关——上帝不会玩骰子。

62 波兰尼，《个人知识》，第171页。

63 麦克洛斯基，《资产阶级的美德》，第153页。

64 萨卢斯特，《论神灵与世界》，卷IV。

65 但在此要注意，一切都是现实——科学的"真理"、原则以及虚构事物的再现或映像（可以说，不是现实本身）。

66 "我们发现真正重要的、值得注意的假说是关于现实的不精确说明性的'假设'。一般说来，理论越重要，假设越不切实际……因此，假说的重要性必须在于假设中描述不成立的；要考虑到它并非很多伴随发生的事件，因为正是它的成功说明了假设与解释现象毫无关系……"（弗里德曼，《实证经济学论文》，第14页）。

67 问题是"什么是我们的模型？"它们是否证明自己是正确的？或者是有帮助的（或多或少是有用的）？但是如果它们在某些方面没有自称正确或成立，它们如何有帮助？

68 柏拉图，《费佐》，64d。

69 柏拉图，《费佐》，66d。

70 柏拉图，《费佐》，66b。

71 柏拉图，《费佐》，66c。

72 柏拉图，《费佐》，65b~66a。

73 柏拉图，《费佐》，66e~67a。

74 努斯鲍姆，《善的脆弱性：希腊悲剧与哲学中的运气和伦理学》，第142页。柏拉图，492e。

75 纳尔逊，《宗教经济学》，第105页。

76 劳里，《古希腊经济学和法学观点：我们来自希腊思想的传统》，第25页。

77 努斯鲍姆，《善的脆弱性：希腊悲剧与哲学中的运气和伦理学》，第138页。

78 见拉德，《古代和中世纪哲学史》，第185页。

79 努斯鲍姆，《善的脆弱性：希腊悲剧与哲学中的运气和伦理学》，第139页。

80 纳尔逊，《到达人间天堂》，第36页。

81 纳尔逊，《到达人间天堂》，第61页。

82 柏拉图，《共和国》，卷V。

83 就字面意义而言，"utopia"（乌托邦，没有的地方）由"ou"（没有）和"topos"（地方）
   构成。因此它是指不存在具体的地方、无法实现的观点。

84 在《安提歌尼》中，索福克莱斯走得更远。在这部著作中，他说最糟的是那些无论如何都不能
   为共同体在力所能及的范围内提供最大利益的人；由于全局利益，不存在让任何个人舒适的地
   方。"最糟"的人是那些出于自身利益而保留个人能力的人（《安提歌尼》第181页）。"恶
   人"与"那些高尚的人"形成对照，仿佛存在两个相反的极端（《安提歌尼》，第108~109
   页）。"努斯鲍姆，《善的脆弱性：希腊悲剧与哲学中的运气和伦理学》，第55页。

85 纳尔逊，《宗教经济学》，第271页。

86 努斯鲍姆，《善的脆弱性：希腊悲剧与哲学中的运气和伦理学》，第89~90页。

87 努斯鲍姆，《善的脆弱性：希腊悲剧与哲学中的运气和伦理学》，第91页。

88 波普尔，《开放的社会和它的敌人》，第I卷，"柏拉图的魅力"，第17页。

89 波普尔，《开放的社会和它的敌人》，第18页。

90 柏拉图，《提麦奥斯》，22e~23b。

91 坎贝尔，《赖以生存的神话》，第72页。

92 柏拉图，《提麦奥斯》，23c。

93 另外，柏拉图写道："古代的人胜过我们，生活在更接近神灵的地方。"《斐利布斯》，16d。

94 "你们这些人仅仅想起一次洪水，尽管事实上在那之前发生过很多次。"柏拉图，《提麦奥
   斯》，23b。

95 《创世记》，19：16~17："但罗得迟延不走。二人因为耶和华怜恤罗得，就拉着他的手和他
   妻子的手，并他两个女儿的手，把他们领出来，安置在城外。领他们出来以后，就说：'逃命
   吧！不可回头看，也不可在平原站住，要往山上逃跑，免得你被剿灭。'"相似的话题可以在
   《马太福音》（24：15~16）的耶稣告诫中看到："你们看见先知但以理所说的'那行毁坏可

憎的'站在圣地（读这经的人须要会意）。那时，在犹太的，应当逃到山上。"

96 努斯鲍姆，《善的脆弱性：希腊悲剧与哲学中的运气和伦理学》，第261页。

97 亚里士多德，《形而上学》，1025b25。

98 努斯鲍姆，《善的脆弱性：希腊悲剧与哲学中的运气和伦理学》，第260页。

99 努斯鲍姆，《善的脆弱性：希腊悲剧与哲学中的运气和伦理学》，第260页。

100 亚里士多德，《尼各马可伦理观》，1094b3。

101 亚里士多德，《尼各马可伦理观》，1113a15。

102 通过美德伦理观，我们基于美德赋予伦理观意义（有影响结果的责任、利益、效用或者演算）。更多信息参见麦金太尔的《美德之后》。麦金太尔本来是亚里士多德学派的人，后来变成托姆学派的人，用他自己的话说是"比亚里士多德本人更贯彻亚里士多德学说的人"。麦金太尔《美德之后》，序言第x页。柏拉图是美德伦理观的奠基人，但真正建立美德伦理观的是亚里士多德。在启蒙运动之前，美德伦理观是我们文明世界的主导伦理学派，到启蒙运动时，部分被功利主义和康德学派的道义学（道德建立于责任、好心和遵循法则之上）取代。

103 亚里士多德，《政治学》，卷II，第V节。

104 亚里士多德，《政治学》，卷I，第X节，1258b。

105 亚里士多德，《政治学》，卷I，第X节。亚里士多德在此将善的经济学区别于一般利益和恶的做法，即为了财富本身而进行的无节制财富积累。

106 亚里士多德，《政治学》，卷VIII，第X节。

107 亚里士多德，《政治学》，卷II，第III节，1261b。

108 亚里士多德，《政治学》，卷I，第XI节。

109 亚里士多德，《尼各马可伦理观》，1103b27~29。

110 亚里士多德，《欧德摩斯伦理学》，1214a6~7。

111 亚里士多德，《欧德摩斯伦理学》，1214a18~19。

112 亚里士多德，《政治学》，I.1253a2。

113 关于对《尼各马可伦理观》中的社会和经济过程不同见解，参见波兰尼的《亚里士多德发现经济》。

114 亚里士多德，《政治学》，II.1.1261a18，III.1.1275b20。

115 亚里士多德，《尼各马可伦理观》，1175b2~13。

116 亚里士多德，《尼各马可伦理观》，1175a19~22。

117 亚里士多德，《尼各马可伦理观》，1174b23。

118 麦金太尔是亚里士多德学派现代的关键人物之一，把由理性和积极生活所带来的幸福定义为"觉得满意和表现良好的状态，个人感觉非常有利于自己和神明"。麦金太尔，《美德之后》，第148页。

119 亚里士多德，《政治学》，I.1.1252a2~3。

120 亚里士多德，《尼各马可伦理观》，Eth.1094 a1~3，及"论家务管理——在某种程度上的城邦亚单位"。"……医术的目的是健康……经济学财富的兴旺。"亚里士多德，《尼各马可伦理观》，1094a8~9。

121 亚里士多德，《尼各马可伦理观》，1172a19~29。

122 亚里士多德，《尼各马可伦理观》，1172b10~28。

123 亚里士多德，《尼各马可伦理观》，1095a14~23。

124 亚里士多德，《政治学》，I.1.1252a1~7。

125 在这方面，亚里士多德更接近于禁欲主义。"……大多数人以及最普通的人认为善或者幸福
就是快乐。那就是他们为什么热爱快乐生活的原因。"《尼各马可伦理观》，1095b15~17。
"但是上层的人和积极处世的人认为幸福是荣耀……而我们认为善的东西是事物固有的，而非
轻易获得的。此外，人会追求他们确信的荣耀。"《尼各马可伦理观》，1095b24~29。

126 在这方面，他与柏拉图的学说一致："……我们认为，真正聪慧的人拥有安排和谐生活的所有
可能性，总是把事情做到最好。"《尼各马可伦理观》，1101a1~2。

127 亚里士多德，《尼各马可伦理观》，1174a4~9。

128 亚里士多德，《尼各马可伦理观》，1106b29~30。

129 亚里士多德，《尼各马可伦理观》，1106b31~34。

130 亚里士多德，《尼各马可伦理观》，1107b9~10。

131 亚里士多德，《尼各马可伦理观》，1104a19~27。

132 亚里士多德，《尼各马可伦理观》，1106b6~7。

133 亚里士多德，《尼各马可伦理观》，1109a25~26。

134 探索意义是亚里士多德学派最主要的课题之一。他们根据柏拉图·弗朗尼希斯观点中认为的
常识，去参见加达默尔，《柏拉图哲学中善的观点——亚里士多德学派哲学》。

135 斯密，《道德情操论》，第395~430页。

136 斯密，《道德情操论》，第415页。

137 "智者……确信支配所有人类生活的智慧，无论什么命运临头，总能获得快乐和满足。他知
道宇宙各部分之间的所有联系，以及他自己想要的命运……如果是生，他坚决活下去；如果是
死，老天想必没有更多的机会让他出现在此，他心甘情愿地踏上命运的归宿。'我接受，'一
位玩世不恭的哲学家说，他的教义在这点上与那些禁欲主义者相同，'无论我拥有多少财富，
无论我是富有还是贫穷、快乐还是痛苦、健康还是疾病，什么都一样，我都会获得同样的快乐
和满足。'"斯密，《道德情操论》，第405~406页。

138 "人类的禁欲主义生活似乎被认为是一种伟大的技术博弈。然而，其中存在混淆是非的可能
性……博弈的全部快乐产生于玩得开心，来自公平竞争以及玩技术。然而，不管个人的技术如
何，如果会玩的人由于偶然性的影响而失利，失败应该是一种相当欢乐而非伤心的事情。他也
不会受到人为的打击……他完全享受博弈的全部快乐。相反，如果糟糕的玩家同样碰巧赢了，
他的成功也只能带来一点点的满足。他由于想起过去所有的失败而感到苦恼。甚至在游戏中，
他享受不到自己能够拥有的任何快乐。"斯密，《道德情操论》，第409页。

139 斯密，《道德情操论》，第409页。

140 "我们引用涉及古代哲学家的几段话是以这些主体形式记录下来的，也许最有启发性的、最有

趣的形式之一仍然是古代的那些形式。他们教义的精神和勇气与现代体系的意志消沉、充满哀怨和满腹牢骚形成鲜明对比。"斯密，《道德情操论》，第415页。

141 "如果我将要起航，"（禁欲主义者）爱比克泰德说，"我会选择最好的船和最好的舵手，等待最好的天气，做什么都会一帆风顺。谨慎和得体是神灵给我指引前进方向的原则，要求我如此，却没有更多要求；不过，如果出现大风大浪，船体的强度和舵手的技术都可能毫无作用，我也不再为结果费神。"我所必须做的仅仅是早已完成了的。我进行的指导者从来没有把我指向凄惨、焦急、沮丧或者害怕的处境。我们是淹死还是抵达港湾，那是朱庇特的事情，我们管不着。我把这完全留给他作决定，懒得去考虑他可能如何作出决定。无论获得什么结果都是同样无关紧要、心安理得的。"斯密，《道德情操论》，第406页。

142 "例如，依据这种哲学，谨慎是所有美德的源泉。"斯密，《道德情操论》，第434页。

143 "它们总是那些激情的固有对象，他（伊壁鸠鲁）的思想无要求证明。"斯密，《道德情操论》，第431页。

144 斯密，《道德情操论》，第431页。

145 斯密，《道德情操论》，第432页。

146 伊壁鸠鲁，《第一教义》，第1页。

147 穆勒，《功利主义》。

148 斯密，《道德情操论》，第436页。

149 斯密，《道德情操论》，第438页。

150 参见康德，《道德形而上学基础》。

04

第4章
CHAPTER 4

基督教义：物质世界中的灵性
CHRISTIANITY:
Spirituality in the Material World

- 基督教义：物质世界中的灵性
- 经济学格言
- 消除债务
- 现在就偿还债务
- 礼品赠送与交易行为
- 天国经济学
- 博弈论：爱敌如己与以牙还牙
- 《新约》中的善恶经济学
- 你得有爱心
- 邪恶不灭论：人们的格言
- 劳动福祸论
- 私有制：谁拥有土地
- 小爱：社群主义、慈善团体与共同责任
- 发展：奥古斯丁的禁欲主义与阿奎那的稳固基础
- 阿奎那对现实的颂扬
- 无形之手的原型
- 好人还是坏人
- 邻里社群
- 道理与信仰
- 城市、本性与自由
- 结论——《圣经》是一本经济学读物

经上记着说："人活着，不是单靠食物。"[1]

——《圣经·新约》

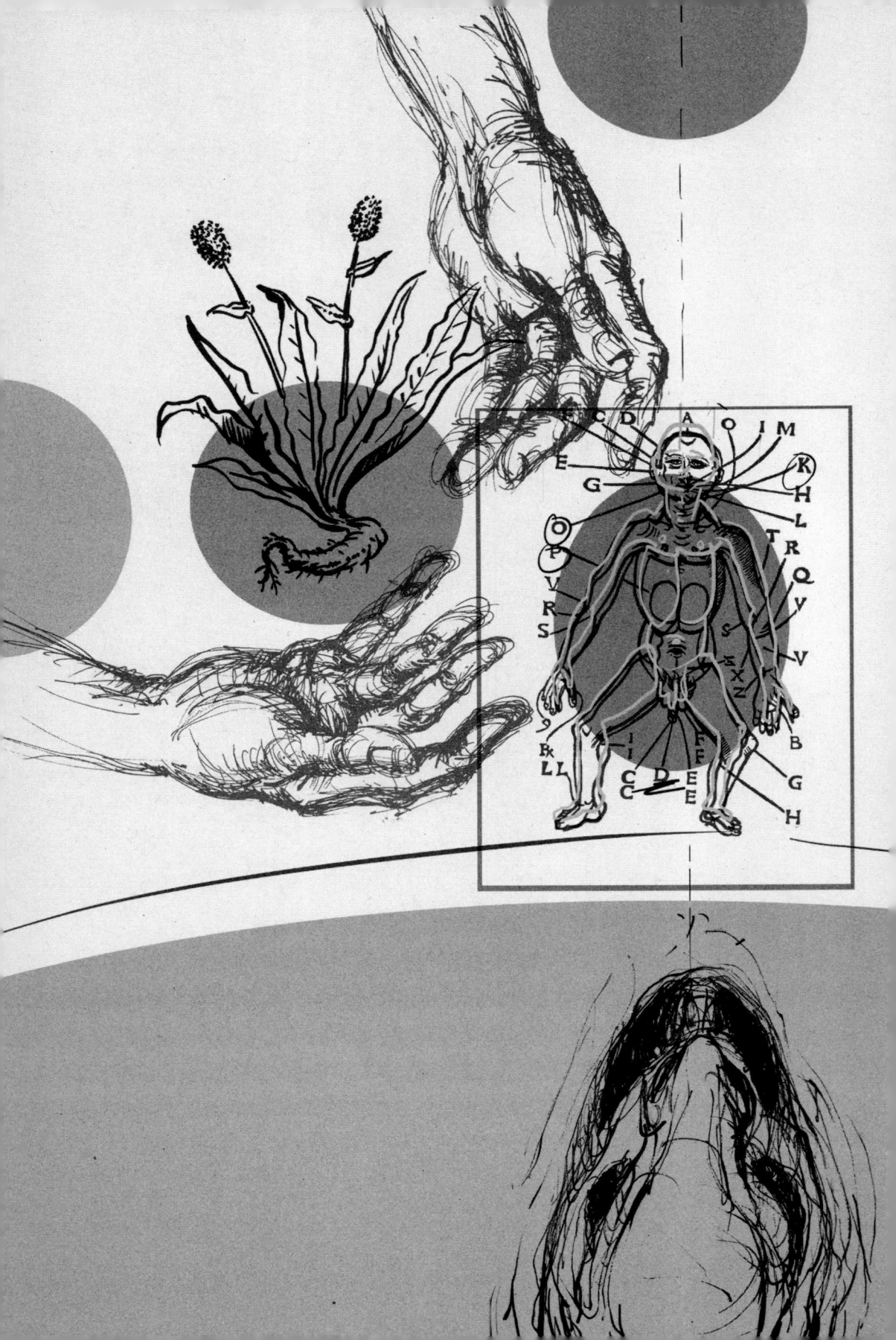

基督教义：
物质世界中的灵性

耶稣说："人活着，不是单靠食物。"这当然是正确的，正如人的生存无法离开食物一样正确。我们拥有身体和灵魂，而且我们在精神上和物质上都是存在的。说到底，所有这些状态都是非人的；在某种意义上都是现世的。没有物质，我们会死去；失去灵魂，我们就不再是人了。我们必须两方面都考虑，同时常说的"以物质交换灵魂"或"以灵魂交换物质"都是绝对错误的。另一方面，认为两者彼此孤立或互不相干的看法也是错误的。之所以我们需要客观、具体地对脸上的汗水[2]保持敏感，是因为我们需要缓和现在的狂热和对经济学进行深刻的思考。

在本章中，我们看一下基督教义如何探索两极之间的和谐。基督教义如何看待我们俗世的匆忙？它又是如何思考消费行为、物质要求和禁欲主义的？我会设法阐明基督教义中的经济概念、先辈对市场无形之手的阐述、善恶问题与社群成员构成等问题。在此，我们还要稍稍考虑一下基督教义如何阐述善恶代价的问题。

作为西洋文明中最普遍的宗教，基督教义对现代经济的构成有着巨大的影响。这种信仰常常拥有举足轻重的话语权，特别是在规范性问题上（那些早该做到的）。很难想象，没有它的话，我们的现代西方民主会如何。

基督教义建立在犹太文明之上，[3]汲取了希腊思想的诸多要素，并在救世方面披上了自己崭新的外衣。就这样，它从一种信仰变成近两千年来欧洲-大西洋地区（简称"欧大地区"）文明发展的最根本部分。但这不是应该对基督教义进行研究的唯一原因。有些经济学家写道，[4]经济学家与托马斯·阿奎那的关系比艾萨克·牛顿更近，恰好是因为他们的言语和论证[5]（而且现实方法论也常常一样，与公认的方法论相反）时常使人想起神学争辩而非物理研究论证。

经济学格言

　　《圣经》与经济学的关系比人们平常认识的更密切。在《新约》的30句耶稣格言里，有19句发生在经济或社会环境中。有关丢失钱币的格言；[6]关于才能的，就是耶稣在谴责没有"把金钱交托给银行家"的仆人时说的那句；[7]关于不义管家的；[8]关于葡萄园工人的；[9]关于两个欠债人的；[10]关于富有的愚人[11]等。[12]有些作家甚至统计出成千上万的经文与经济或社会话题相关，或与公理、财富或金钱等论点相关，而这样的社会经济学话题在《旧约》和《新约》中出现的频率都是位居第二（讨论得最多的话题是偶像崇拜[13]）。在《新约》中，平均起来，每16句经文中就有一句讨论这些话题；而在《路加福音》中，这个频率达到了每7句出现一次。[14]

　　耶稣在山上布道时，最长的、也许是最重要的演讲是这样开始的："门徒到他跟前来，他就开口教训他们，说：'虚心的人有福了，因为天国是他们的。'"[15]虚心，这很明显是一个经济学课题，在这里一开始就得以提出（与缺乏灵魂的人相对）。有福的还有那些"对正义如饥似渴的人，他们将得到满足"。我们不想深入研究神学上的解释，可以肯定的是耶稣完全抛出了最大化原理。短缺和贫乏（肚子和灵魂两方面的）被认为具有很高的价值。耶稣示范祷告的一开头就提到了帕特·内斯特（圣父）的名字，在表达请上帝从天国降临的渴望后，恳求"我们日用的饮食，今日赐给我们。"[16]。顺便说一下，《新约》的一个关键词条是"福音"，当初的意思就是小费，传播佳音（例如出乎意料的胜利）的小小报酬。对礼品话题[17]进行讨论时，我们很快会回到这些经济学论题上来。

　　而关于《新约》中经济分配如何重要的最后一个例子是《圣经》的最后一卷——《启示录》。在末尾处，反基督徒的黑暗统治期间，那些被打上"牲口标记或名字"的奴隶受到禁止买卖的处罚。[18]

消除债务

正如我们看到的，基督教义形成了经济学术语方面或经济和社会环境下的大量熟语。也许基督教义与经济学之间最重要的联系是耶稣祷告续[19]中的"免我们的债，如同我们免了人的债。"[20]《新约》中，"债务"在希腊语里的意思是"罪过"。[21]从这种意义上讲，债务和欠债人这些字眼在我们这个时代用得更普遍，不像以前那样隐晦地表示罪过和罪人。

耶稣也谈论一些更深刻的事情。那时候，人们的债务增加到不堪忍受的地步，无力偿还，最后沦为债务奴隶。[22]《旧约》中关于债务奴隶豁免的完整概念有十分丰富的内容。[23]

《新约》从一个更高、更根本的水平上看待这种社会制度。有人不得不支付赎金赎回沦为奴隶的人们。这些人必须被买回、赎回，或用更现代的话说是从苦海中捞出来。饶恕（债务、罪过）是基督教义的关键特征，使它成为区别于其他主要信仰的独特宗教。耶稣的职责是赎人，花代价把我们从罪孽、债务的束缚中买回来[24]（把我们从债务中赎出来）。"要舍命作多人的赎价。"[25] "我们藉这爱子的血得蒙救赎，过犯得以赦免，乃是照他丰富的恩典。"[26] 还有"我们在爱子里得蒙救赎，罪过得以赦免。"[27] 对于犹太人社会，他们习惯于代表性的牲畜牺牲概念（例如帕索韦尔的羔羊），"并且不用山羊和牛犊的血，乃用自己的血，只一次进入圣所，成了永远赎罪的事……为此，他作了新约的中保，既然受死赎了人在前约之时所犯的罪过，便叫蒙召之人得着所应许永远的产业。"[28]换句话说，他在"宣告大赦年"的到来——免除一切债务和罪孽。

现在就偿还债务

如果这种概念看起来十分遥远或与现在无关，那么让我们想想2008年和

2009年危机中的银行和大公司的近期赎回吧。那是不公平的，格言如是说：

> 因为天国好像家主清早出去，雇人进他的葡萄园做工，和工人讲定一天一钱银子，就打发他们进葡萄园去……他们得了，就埋怨家主说：
>
> "我们整天劳苦受热，那后来的只做了一小时，你竟叫他们和我们一样吗？"家主回答其中的一人说："朋友，我不亏负你，你与我讲定的，不是一钱银子吗？拿你的走吧！我给那后来的和给你一样，这是我愿意的。我的东西难道不可随我的意思用吗？因为我作好人，你就红了眼吗？这样，那在后的将要在前；在前的将要在后了。" [29]

自相矛盾的是，我们的现代社会离开了这种不公平的债务人宽恕制度就不能正常运行。如果政府实际上没有支付赎金并赎回银行和一些大公司，很难想象将会到来的财务末日审判会是什么样子。当然，这违反了所有听起来合理且基于公平的原则。为什么大多数负债的银行和公司没有良性竞争却获得最大程度的宽恕呢？因此，我们看到耶稣的道理是当下十分普遍的（至少在危机时期如此）。毫无疑问，它是不公平的，但是必须这样做，目的不仅是赎回这些特定的困难公司和高负债公司，还有那些在少数公司没有得到拯救时就会遭殃的其他人。

礼品赠送与交易行为

经济理论中，送礼是一种异常现象，难以用现有的经济模型解释原因。同时，礼品（我们无法偿还）的概念是基督教救世概念的基本原理。"你们得救是本乎恩，也因着信。这并不是出于自己，乃是神所赐的；也不是出于行为，免得有人自夸。" [30] 上帝的救赎是免费的，不能用行动、功劳或品行良好来支付。"完全没有交易。它就是一份礼物。"

这种来自上帝的公正通过对耶稣基督的信仰传递给所有信徒。对有罪的和缺乏上帝荣耀的所有人没有差异。在基督耶稣的救赎后，他的恩典泽被万人。[31]

此外，"我是阿拉法，我是俄梅戛；我是初，我是终。我要将生命泉的水白白赐给那口渴的人喝。"[32]尽管这是自相矛盾的，在先验性问题中（传播、超越、发展、渗透），货币交易行为（或超越/交互行为）是不合适的。[33]超越是买不到的，它只能是给予的。

第一所教堂建立后不久，来了一位希望用钱买到这些礼物的魔术师。你可能会料到门徒的反应如何。"彼得说：'你的银子和你一同灭亡吧！因你想神的恩赐是可以用钱买的。'"[34]让我们看一个关于礼物的经济学观点以及对减价行为或区域的看法（这里都是字面意思）。

共同礼物或互换礼物是一种比明码标价买卖更具深意和更古老的交易方式。在人类历史上，世代以来很多东西完全没有价格。人们没有这些东西一样过活。很久以前，人们相互赠送东西，或者生活在社群中进行交易，而前一种行为更普遍。前一种非货币体系就是礼品经济。发生易货交易时，通常要么是非亲非故的人之间，要么是可能的敌人之间。[35]即使是现在，钱也是为联系大社群而设计的，那些旧式的和小规模的群落并没有那么多花钱的地方。[36]

直到今天，礼品现象在经济学家之间仍然是一个热烈讨论和引起争议的话题。为什么人们要赠送礼品？餐馆中或其他场合（例如出租汽车）的小费被认为是一种自愿的礼物。[37]为什么在外国的汽车旅馆自愿给小费而从不图回报？[38]

礼物的主要特征是它没有价格。礼物当然是有价值的，但绝没有一个价格。一件礼物可以是互相交换的、共同拥有的（而且常常是这样），但是其交换价值总是不精确的、不明确的、不清楚的（我们不是交换相同的东西）。在基督教义中，我们奉献自己的信任和信仰（很多人认为那也是"上帝的礼物"），而上帝拯救那些收到礼物的人。礼物不可议价，更不可能存在折扣。与此相反，交易双方都要同意并接受价格。我们必须意识到，如果没有大型的、功能正常的市场，设定一个价格肯定是相当复杂的过程，同样也是一件绝对敏感的事情。即使托马斯·阿奎那成功解决了这个问题（正如当今反垄断机关做的那样，常常在市场无法正常运行的情况下监督或设定价格）。现代的"投机泡沫"也是对价值定价的幻想脱缰（过一段时间就会破灭，意思是说价格回到价值的假设概念上）。直到今天，各种各样的市场促销活动中都会提供礼物——"免费的小东西"。加油站可能提供玩具熊，买番茄酱多送10%的量，或者是举行"买二送一"活动。这也可以被认为是现代社会消除竞争中确切商品价格的一种努力。

另一种有趣的现象是我们常常隐藏价格。我们小心地撕去礼品的价格，饭店里只有付款人才可以看到账单，而在更高级的餐馆里账单甚至以各式各样的折叠方式优雅地隐藏起来。在最好的餐馆里，应邀进餐的人拿到的菜单完全看不到任何价格。[39]我们觉得最可贵的事情是获得免费的午餐，而且不是那种可以买得到的。[40]在生活中无法买卖或用金钱来衡量的东西才是最宝贵的。

来自我们内心某处的概念认为，严格的互惠性是不符合重要事物或拉近人类关系的需要的。你也许已看到，整个《魔戒》三部曲中没有任何东西是买卖的。伙伴们通过赠送礼物获得他们在征途中所需的一切。[41]心思缜密的托尔金（一位热心致力于细节的人）在《魔戒》中绝不会提到货币这种东西。在这方面，类似于大多数的古老传说、童话故事、神话或者小说。《吉尔伽美什史诗》中也没有发现任何关于钱的东西，而且没有任何人买卖过东西。重要的东西都是直接给予的、发现的或掠夺的（例如，至尊魔戒的易主都是通过这种方式，但绝不会是卖掉的）。[42]

钱是现代社会正常运行所必需的。而在我们亲近的人之间，我们常常创造一种钱仿佛不存在的情境，或者至少钱是不重要的（这就是为什么我们会"轮流埋单"，或者在餐馆轮流支付账单）。我曾经听说，朋友就是相互负债而忘了彼此亏欠多少的人。另一方面，如果一位朋友想要为你的帮助付钱，那么也许会伤你的感情。当时，通过请客吃一顿、喝一杯或做点什么报答的事情来"还债"倒是可以接受的，但绝不会是拥有绝对价格的报酬。马塞尔·莫斯认为，这种互惠的礼物赠送行为"就像复兴长久以来被遗忘的主导动机"，"回到过去那个自然的时代"。[43]有些人类学家力图说明礼物经济体系是一种基本的、本质的结构，而钱或等价交易行为仅仅是辅助性的。[44]

而实际上，因为不可买卖的东西是不能交易的（例如友谊），没有办法可以买到这种东西（你买不到真正的朋友或内心的宁静），但是你在餐厅可以买到晚餐，这样做可以获得朋友的友谊。或者在山上买到一座小屋，在那里设法求得宁静。归根结底，让我们来宣传下这个道理的作用——人们向你展示某些不能买到的东西（彻夜安眠、一家人的开心早餐或者其他美好的东西），然后向你提供一些可买卖的替代品。

尽管我们知道这是一种错觉，其实是演员和配角们在广告中的表演，而我们还是想要拿到更好的枕头（有助于缓解失眠的痛苦）、新鲜的酸乳和谷类食物（一家人享用的开心早餐）以及洗发香波（即使广告中的模特儿也许从来没有用过它）。

我们还是回到价格的话题上。捷克哲学家兹德内克·纽鲍尔在最近的新书中写道"价格是邪恶的"，这种说法是否正确？[45] 卓越的德国社会学家乔治·齐美尔……在谈到钱的共性（意思是"共同特性"）时似乎也提到："事物本身的更深层次意义被降低了……钱是'庸俗的'，因为它是任何东西和任何事务的等价物。只有那些独一无二的东西才是与众不同的。无论什么东西，只要与其他很多东西等价，那么就与价值最低的东西一样了。出于这个原因，它甚至还使价值最高的东西贬值到最低的水平。那是所有度量程序的悲剧。它直接导致最低要素的状态。"[46]对于最重要的事物，有人谴责我们唯利是图或"无利不早起"时，它甚至会伤害我们的感情。

天国经济学

除了你永远不能摆脱的礼物矛盾论以外，耶稣的训诫还常常以很多其他矛盾论点为根据，正如他的许多格言一样。[47]耶稣认为，一位贫穷的寡妇捐助两枚小铜币比富人送出的金条更可贵。[48]且不说他在此表达边际负效用的事实，他同时也承认了钱的正当作用。基督教义重视生活的物质方面，不反对物质享受，当耶稣被问到是否应该完全支付世俗赋税时，他注视着钱币上印着的肖像，答道："把恺撒的东西还给他。"[49] 是有那么回事，耶稣曾经把"殿里卖牛、羊、鸽子的，兑换银钱的人"[50] 从神殿中赶出去……但是他也没有把他们撵得更远！他的理由是不反对他们的职业（那也不足以把他们从神殿里赶出去），而是因为他们混淆了献给上帝的东西和世俗的东西。[51]

当然，耶稣常常告诫人们，要反对财产的两面联系——它不是单方面的所有权，而是也存在交互所有权。[52]《圣经》中告诫的声音恰如其分——俗世的事物（面包一样的东西）都没问题，但是我们不应该过分关心它们，不应该过度依赖它们，因为它们本身就是一个陷阱：

> 不要为自己积攒财宝在地上，地上有虫子咬，能锈坏，也有贼挖窟窿来偷；只要积攒财宝在天上，天上没有虫子咬，不能锈坏，也没有贼挖窟窿来偷。因为你的财宝在哪里，你的心也在那里。[53]

我们也应该看看以下类似的段落：

> 所以我告诉你们：不要为生命忧虑吃什么，喝什么，为身体忧虑穿什么。生命不胜于饮食吗？身体不胜于衣裳吗？你们看那天上的飞鸟，也不种，也不收，也不积蓄在仓里，你们的天父尚且养活它。你们不比飞鸟贵重得多吗？你们哪一个能用思虑使寿数多加一刻呢？何必为衣裳忧虑呢？你想：野地里的百合花怎么长起来；它也不劳苦，也不纺线；然而我告诉你们：就是所罗门极荣华的时候，他所穿戴的还不如这花一朵呢！你们这小信的人哪！野地里的草今天还在，明天就丢在炉里，神还给它这样的妆饰，何况你们呢！所以，不要忧虑说："吃什么？喝什么？穿什么？"这都是外邦人所求的。你们需用的这一切东西，你们的天父是知道的。你们要先求他的国和他的义，这些东西都要加给你们了。所以，不要为明天忧虑，因为明天自有明天的忧虑；一天的难处一天当就够了。[54]

有趣的是，这些话数次说到富有和贫穷（像我们一样）拥有同样的力量。即使（或者恰好因为）我们拥有的衣裳太多（这是一个如何选择、购买或定做的问题），这些话对我们也有很意义，正如它们对穷人社会或者衣不遮体的人群的意义一样（也就是他们的感受）。读这段话时考虑这个观点也是有趣。它也针对超富社会。在这样的社会里，是富余而非短缺带来麻烦。在出现这种富余的情况下，我们担心的是该吃什么、喝什么（会不会太腻人？太甜了？）和该穿什么（我应该穿哪件衣服？）。

加上以下的引文当然也是恰如其分的："贪财是万恶之根。有人贪恋钱财，就被引诱离了真道，用许多愁苦把自己刺透了。"[55]"钱财是祸根"这种说法总是被错误地引用，这句话并不贴切。贪恋钱财才是恶行的根源。也许下一句要引用的话更准确，这是保罗在另一封信里说过的，也使用了"贪恋钱财"这样的字眼："你们存心不可贪爱钱财，要以自己所有的为足。因为主曾说：'我总不撇下你，也不丢弃你。'"[56]"思虑、钱财和宴乐"看起来是使得（信仰的）种子"结不出成熟的子粒"的关键性妨碍之一。[57]

博弈论：爱敌如己与以牙还牙

我们用与现代博弈论方法相同的方式来思考结果。在众所周知的囚徒困境中，两名囚徒都选择他们各自的占优战略，实现两人预计的个体效用最大化，但绝不能同时达到效用最大化。两人都理性地选择非合作方式，因此肯定是更糟的结果（帕雷托非最优状态）。这个系统本身（博弈的特征）"迫使"我们共同趋向于不希望的结果。巴里·纳莱布夫（Barry Nalebuff）是现代博弈论的领军人物，指出以基督原则"待人如己欲人待己"为基础的协商，就知道如何克服这种矛盾："如果人们都遵循金科玉律，那么就不存在囚徒困境。"[58]

一种人类学研究方法揭示了与博弈论和道德史都相关的有趣历史。长期以来，人们认为在关于重复博弈策略的博弈论中，采用针锋相对策略——或者说在每个步骤中采取对等手段是要付出代价的。如果两名博弈者在博弈中进行欺诈性合作，卓有成效的策略是以同样的方式报复首先采取欺诈行为的人，反之亦然。换句话说，你给我一巴掌我就给你一巴掌，你给我笑脸我也给你笑脸，大家互相关照。这种策略被认为是自从阿克塞尔罗得（Axelrod）1980年试验以来最好的战略，当时的博弈论专家互相拆台。阿纳托姆·拉波波特（Anatom Rapoport）采用针锋相对的方式屡次获胜。迫使人们遵循法则、鼓励以合作解决问题和懂得如何宽恕他人是一种简单的、绝对的策略（互相配合、迅速执行，确保博弈在前一个人欺骗他人之后不会马上失败）。实际上这就是《旧约》中说的"以牙还牙"和"以眼还眼"。

直到最近才发现一种更加有效的策略。在这个信息不完全且充满噪声的世界里，只有不去解释用意和实行报复战略（常常不必如此）才能看到这一点。[59] 此外，这种策略存在递归趋势，常常与彻底下降的螺旋形运动效应有关。纳莱布夫认为，仁慈终究是更有用的。

正如东方文明中的历史一样，关于"以眼还眼"和"以牙还牙"的法则首先被认为是最有效的策略。[60] 耶稣首次给出了一种更具合作性的长期策略：

> 你们听见有话说："以眼还眼，以牙还牙。"只是我告诉你们：不要与恶人作对。有人打你的右脸，连左脸也转过来由他打；有人想要告你，要拿你的里衣，连外衣也由他拿去；有人强逼你走一里路，你就同他走二里；有求你的，就给他；有向你借贷的，不可推辞。[61]

在重复博弈的情形中，如果双方都采取"以牙还牙"或者"善有善报，恶有恶报"的策略，那么邪恶一方就会获得更大的空间。邪恶一方（或许随便哪个都是）的唯一动作就是将来采取递归方式。还不确定一小撮邪恶是否会逐渐消失，或者逐渐变成毁灭性风暴。[62] 我们惩罚邪恶并不能减少它，反而会扩大规模。与纳莱布夫的博弈相比，仁慈就能实现邪恶的最小化，比针锋相对、"以眼还眼"策略更奏效。耶稣如是说：

> 你们听见有话说："当爱你的邻舍，恨你的仇敌。"只是我告诉你们：要爱你们的仇敌，为那逼迫你们的祷告。这样，就可以作你们天父的儿子。因为他叫日头照好人，也照歹人；降雨给义人，也给不义的人。你们若单爱那爱你们的人，有什么赏赐呢？就是税吏不也是这样行吗？你们若单请你弟兄的安，比人有什么长处呢？就是外邦人不也是这样行吗？[63]

同时，基督教义针对这个与伦理有关的问题进行了一场大革命。正如我们在前几章所看到的，邪恶可能但不一定以伦理的形式存在；某些邪恶（一棵树倒下来压到人）是不好的，但它不是伦理上的邪恶，没有谁是有罪的。在这一节中，所有邪恶——包括残余的邪恶——都是直接出现的，无论是有意的还是无意的，也不论伦理的还是非伦理的，都落在救世主耶稣的肩上。耶稣为世上所有的邪恶作出牺牲。在这些复杂的系统中，很难发现谁有罪。正因为如此，上帝在这种意义上讲是不公平的，因为上帝宽恕众生。我们可以说他是"绝对不公平的"，正如向雇工支付高工资的地主一样，尽管他无须这么做。[64]调查有罪的伦理体系在《新约》中的赦免下消失无踪。

《新约》中的善恶经济学

> "不要像帮助路上的老太太一样帮助上帝。"
>
> ——U2乐队，Stand-up Comedy

善行是否会带来收获（经济学上的）？关于为什么做善事的问题引出了有关犹太思想的问题（正如我们已经看到的一样），而《新约》在很大程度上解决了这个问题。这种解决方式是两面的。

通过联系"上帝天国"的新概念，基督教义完全开创了一个"新天地"。品行端正的行为在这里获得应有的回报。"上帝天国"的概念是犹太文明中所没有的，犹太文明并没有采用这种说法。俗世的世界无须公正（公正在此遭受损失，而不公正的人过着富足的日子），但是公理在未来的天国中对每个人都要进行审判。犹太主义只须处理关于世间公正回报的问题，而基督教义把公理转移到了天国。因此，善恶（行为）在发生的报酬（收到的）上是有经济学逻辑的，但只在天国才这样。因此，做善事和受罪都是有回报的，因为公正会在天国获得奖励。

这是一种很漂亮的解决方法，但即使这种解决方案也是有代价的——代价就在俗世。在《旧约》中，俗世是一个充满善行的世界，但是在历史的舞台上，善行退居二线。

基督教义圆满解决了古人经济学的问题——关于回报的伦理矛盾，并非是免费的——解决矛盾的方法是以牺牲俗世为代价。对于很多基督信徒（特别是诺斯替教徒）来说，俗世似乎并不公平，在很大程度上是邪恶的。《新约》对于俗世来说是遥远的，有时甚至是对抗的。根本原因是："难道你不知道与俗世为友就是憎恶上帝？"无论谁选择做俗世的朋友就是做上帝的敌人。[65] 因为只有在彻底的罪恶世界中，公正才会遭受损失，而不公正的人才会过得快乐。从这样的世界中逃跑似乎是十分明智的。保罗写道："死亡就是收获……我渴望与基督一起起程，走得越远越好。"[66] 终归，邪恶人格化的利益比《旧约》中的更具体，更使人厌恶。[67] 在《旧约》中，撒旦明确地提到了四种情况[68]（如果我们仔细统计《创世记》中那条蛇的说辞）。另一方面，在《新约》中几乎有50次提到他。更有甚者，他被称为"俗世的统治者"。[69]

在这种意义上讲，善恶经济学在这个世界上是不灵的。公正的回报不在于此（参看拉扎勒斯的故事），而是在天国。

基督教徒脱离苦海的观点主要由此产生。从这个立场来说，俗世看来似乎是邪恶的、不公平的、瞬息万变的、无价值的。我们不要在所谓的柏拉图盲区世界中做事，我们不要忙于俗务，最好是尽可能地忽略这个世界（奥古斯丁也认为如此，但这种思想趋势在基督教义的随后阶段被阿奎那推翻）。

其次，《新约》解决善恶经济学问题的更深刻方式是摆脱对善恶的纠结。拯救是求不来的礼物（正如我们在上面部分看到的），你无处可得。从这种意义上讲，善恶经济学不可能存在。我们随后再讨论这个问题，首先让我们来谈谈基督教戒律中最重要的一条——关于爱的戒律。

你得有爱心

在此，我们还要好好回想下《旧约》和《新约》的根本目的："爱你的邻居如爱你自己一样。"根据耶稣的话，这条法则直接来自于爱上帝的戒律，是所有戒律中最重要的一条。[70]

"因为全律法都包在"爱人如己"这一句话之内了。" [71]

这条戒律对于经济学家来说同样重要，因为它涉及自我主义或自爱的规定。人不应该极其自私，而是应该绝对无私，自己与他人的利益同样重要。热爱他人的人也会同样热爱自己。顺便说一下，我们注意到这两方面都可以称为爱。我们很容易把自我主义理解为利己主义。我们的自爱应该与他人爱我们一样。不多不少，刚刚好。

此外，我们给予的爱应该与对方的行为无关，或者说与别人对我们的行为无关（接受的善行）。换句话说，耶稣希望我们不计任何代价互爱。让对方爱或恨我们去吧，但我们应该爱那些爱我们如自己的人。

关心自己（精明）并不是什么坏事，但它不可成为强迫性的爱。精明甚至是七德之一，正如麦克洛斯基提到的："托马斯·阿奎那在13世纪中叶就把精明归入七德之中。其他还有专门技能、资格能力、节俭、广义理性等。" [72] 在此，我们应该注意到，精明只是七德之一，而不是唯一的一个，我们应该总是记住这一点。

邪恶不灭论：人们的格言

即使不是不可能消灭的，邪恶也是顽固的。甚至在伊甸园的理想国中，（潜伏的）邪恶可能性——认识善恶的知识树——一定会存在。[73]邪恶一定是可能的。这就是一些基督教义彻底意识到的东西——我们无法通过人类的努力摆脱邪恶。一旦存在，它就像无处不在的杂草一样根植于善行之中。这就是为什么俗世需要基督代表的牺牲。如果我们能够通过我们自己的努力实现完全的善行，那么牺牲将是不必要的。《马太福音》中关于杂草的格言是有趣的：

耶稣又设个比喻对他们说："天国好像人撒好种在田里，及至人睡觉的时候，有仇敌来，将稗子撒在麦子里就走了。到长苗吐穗的时候，稗子也显出来。田主的仆人来告诉他说："主啊，你不是撒好种在田里吗？

从哪里来的稗子呢？"主人说："这是仇敌做的。"仆人说："你要我们去薅出来吗？"主人说："不必，恐怕薅稗子，连麦子也拔出来。容这两样一齐长，等着收割。当收割的时候，我要对收割的人说：先将稗子薅出来，捆成捆，留着烧；唯有麦子要收在仓里。"[74]

我们无法完全杜绝邪恶。邪恶扮演了一定的角色。如果我们动手铲除所有的邪恶，那么将毁掉许多好麦子。用托马斯·阿奎那的话说："因为，如果要防止所有邪恶的发生，很多善行也会从天地间消失。"[75]奥古斯丁似乎持有相似的看法："因为他（上帝）认为，从邪恶中挑选善行比不让任何邪恶的存在更好。"另外，他写道："因为如果邪恶的存在是不好的，那么它的存在就不是万能的上帝所允许的。"[76]

只有在田间才应该拔除寄生杂草（邪恶）；田地外面的杂草就无须拔除（例如，牧场里或山边的）。

关于杂草的格言还有另一层意思：我们当然没有能力辨别什么是"好的种子"或什么是杂草——直到种下了才知道。[77]我们抽象的伦理体系也是不完全的，更不用说如何应用于实践当中。没有哪个伦理流派被证实是彻底协调的、无可辩驳的。区别善恶是否在人的能力范围以内（"你们不要论断人，免得你们被论断。"[78]）。顺便说一下，到目前为止，这条格言正在逐渐兑现。人类没有能力建立一个满意的伦理系统，尽管最重要的、最有创意的思想都试图实现那个目标。

它就像卡在眼中的刺。我们看见的伦理世界是被歪曲的——我们认识不到自己的错误，同时也无法拔除"你弟兄眼中的刺"。[79]我们试图创造成熟的伦理体系（例如关于伪善者的体系），以此挡住蠓虫，但吞下的却是骆驼。[80]耶稣在他的时代无视这样的人造伦理体系，甚至还嘲笑它们。[81]耶稣没有留下任何伦理行为准则，也没有可以从表面判断的法则体系，只有关于爱的戒律。耶稣的立场是所有善行和邪恶都是来自于人的内心，由心而发。[82]而我们如何鉴定那些看不见的人心？保罗补充说："但命令的总归就是爱。这爱是从清洁的心和无亏的良心、无伪的信心生出来的。"[83]而且更加明确地声称："在洁净的人，凡物都洁净；在污秽不信的人，什么都不洁净，连心地和天良也都污秽了。"[84] 最后的总结是："凡事我都可行，但不都有益处；凡事我都可行，但不论哪一件，我总不受它的辖制。"[85]

但是，让我们回到伊甸园，根据《圣经》记载，在那里诞生了知识和区别善恶的能力。从这个立场出发，还有一个永恒的矛盾，就是所有伦理学派都在试图压倒对方，认为自己在辨别善恶之间的差异上做得更好（知道什么是善行、什么是邪恶）。[86]同时，根据《创世记》记载，人类从伊甸园堕落正是由于渴望品尝善恶知识树上的果实。因此，知道并区别善恶的愿望成为堕落的原因——而伦理学派刚好试图在这方面胜过他人（又来了）！耶稣的话把道德从行动领域转移到了思维和想象领域，也就是欲望。犯罪并不一定是杀人；憎恶也"足以"构成犯罪。[87]憎恶与谋杀之间的差异常常是因为勇气和机会，有时甚至纯粹是逻辑学上的问题。其他罪孽也同样从外在（行为）转移到了内心（对邪恶的渴望、意图），正如我们可以在"山丘布道"中看到的那样。基督福音传递的一个关键信息是善恶不再有价值。对于那些已经被宽恕的人，他们的罪恶不再会被考虑。这是摆脱人类道义迷宫的最根本办法（在实践中和哲学上都一样）。基督为我们赎罪，支付了赎罪的代价。他这样做改变了道义，消除了基于这一点的善恶概念。基督消除了善恶经济制度。与上帝的关系不同于簿记结算，而是类似于爱和自由、快乐。除此之外，他提供的是不公平的赦免（绝对不公平），这种赦免对于我们的收益来说是不公平的。[88]

劳动福祸论

我们已经看到希伯来人和希腊人如何理解劳动的概念。人被安置在伊甸园是为了"使他修理看守"。[89]伊甸园不是一个无所事事的地方。即使是十全十美的天赐福地，人依然要干活。[90]劳动属于人。它是更充分地表达、自我了解的途径，归根结底更是内省的永久源泉——重新认识个人的前途和局限，我们在这个世界上常常扮演不完全的角色。人因此不能弄懂必然性问题，但是能认识本性。[91]只是在堕落以后才出现使人厌恶的工作（汗流满面）。

我们在希腊传说中也读到类似的故事。很久以前，劳动是令人愉快的，但是因为被创造的第一个女人潘多拉（作为惩罚而创造的）打开了她的盒子（更确切地说，那是一只罐子），释放了所有可能的罪恶，从盒子当中释放的还有不愉快的劳动——人类过去闻所未闻的繁重劳动。[92] 仿佛劳动本身并没有被诅咒（很久以前它是以有福的形式存在），但是现在加深了苦难的程度："地必为你的缘故受咒诅。你必终生劳苦，才能从地里得吃的。"[93] 仿佛是说："过去给你们创造快乐并让你们的存在有意义的东西现在往往令人不愉快，与你作对。"

这种理论显然是传统劳动经济学观点的补充，传统的观点含蓄地假定劳动负效用在工作的第一时间就存在。现在，我们认为工作是一种负效用和消费效用（人工作正是为了可以消费）。然而，我们却忽视了劳动更深刻的、本体的意义，或劳动对于人来说独一无二的事实，而且人们在工作中看见一种深刻的意义和人生的一部分（然而是重要的！）目标。

但是我们再回到《新约》。劳动应该给人带来快乐和满足。《圣经》也反对某些希腊观念，不提倡没有体力劳动的生活。劳动甚至是人的责任："若有人不肯做工，就不可吃饭。"[94] 高尚的人应该脱离所有苦役和俗世这种观念被简单的现实推翻了。耶稣基督来到耶路撒冷做了木工，技术娴熟。他所有的信徒都工作，主要是渔夫（体力劳动），也有收税官（非体力劳动）。他们中一个也没有依靠传播哲学知识过活，只有知识分子才把所有的时间都花在思考上。连构成《新约》令人惊奇的部分，并传播福音到整个罗马的使徒保罗也没有专门做宗教工作。他整日干活——自己搭起帐篷，以免麻烦他人。[95]

现实生活与思想活动之间如何取得平衡？《新约》和《旧约》中都没有看到这两个领域之间任何的非此即彼的关系。相反，使徒保罗在《帖撒罗尼迦前书》中写道，那些想要虔诚生活的人应该老老实实地工作，赚钱养家。而教会中越来越多的人却打着各式各样的宗教理由作为幌子拒绝体力劳动。

"弟兄们，我们奉主耶稣基督的名吩咐你们：凡有弟兄不按规矩而行，不遵守从我们所受的教训，就当远离他。你们自己原知道应当怎样效法我们。因为我们在你们中间，未尝不按规矩而行，也未尝白吃人的饭。倒是辛苦劳碌，昼夜做工，免得叫你们一人受累。这并不是因为我们没有权柄，乃是要给你们作榜样，叫你们效法我们。我们在你们那里的时候，曾吩咐你们说，若有人不肯做工，就不可吃饭。因我们听说，在你们中间有人不按规矩而行，什么工都不做，反倒专管闲事。我们靠主耶稣基督，吩咐、劝诫这样的人，要安静做工，吃自己的饭。弟兄们，你们行善不可丧志。若有人不听从我们这信上的话，要记下他，不和他交往，叫他自觉羞愧。" [96]

此外，使徒保罗还强调，即使是他也不依靠邻居的慈善救济过活，尽管他十分专注于自己向异教徒传播福音的高尚使命："我未曾贪图一个人的金、银、衣服。我这两只手常供给我和同人的需用，这是你们自己知道的。我凡事给你们作榜样，叫你们知道应当这样劳苦，扶助软弱的人，又当纪念主耶稣的话，说：'施比受更为有福。'" [97]

....

私有制：谁拥有土地

不脱离劳动是源自劳动的利益，是我们自己的所有权。现在来看，私有制是否总是有效的？在一定的极端意义上，在存在主义的需求中，基督教义不相信私有财产的绝对权。除此之外，托马斯·阿奎那认为私有制对社会稳定、正常秩序和积极动机的激励存在有利影响。阿奎那关于私有制所有权提出了一个重要的例外情况："在需要的情况下，万事万物都是公共财产……因此，获得他人财产似乎并非是罪，因为他人的私有财产必须变成公共财产。" [98] 这个观点的基础是本质上所有俗世资产都归入共同所有权的概念。

他的概念不仅在学究时代得以流行，而且在古典经济学时代也很流行。约翰·洛克是欧洲-大西洋地区经济学传统的创始人之一。他提出了一个类似的概念。他从推理和信仰两方面进行论述："无论我们是否考虑，自然都告诉我们，人一旦出生，就有权拥有自己的储蓄，从而获得食物等。因为自然供人们维持生活，或者说给我们讲述那些上帝为亚当创造了世界的启示。对于挪亚和他的子嗣来说，显而易见的是，正如大卫王说的那样（《诗篇》，115：16），上帝'把这个世界给了人的子嗣们，让所有人类共同享有'。"[99] 古典经济学家约翰·斯图尔特·穆勒的看法与其相似："土地不是人创造的。它是所有物种的固有遗产。"[100]

人为制定的法律绝不能侵犯上帝的永久法。[101] 连私有制法律也不能凌驾于人类之上，管理人类社会。换句话说，私有财产制度在人类社会处于成败关头的时刻会被推翻。

就这点而言，托马斯·阿奎那没有看到财富的任何罪恶（相反，正如我们将进一步展示的那样，他是质疑传统的禁欲主义观点），他也无法想象我们的邻居出现极端短缺的情况（他对社会的看法认为邻里是一个社区，这就或多或少注定了这种观点）。另一方面，他意识到存在很多困苦之人，是不可能让所有人都吃饱的。"不过，如果需要是如此明显、迫切，那显而易见，目前的需要必须通过有效的任何方式来补救……那么一个人利用另一个人的财产救济自己的需要是合法的，不管是公开还是秘密获得，也不管是偷还是抢。"[102] 这是因为"这种必要性减少了或完全消除了罪孽"。[103] 这个概念也在约翰·洛克著作的《公民政府论文集I》的内容中反复出现，约翰·洛克在保护（几乎绝对的）财产权方面是众所周知的。[104]

富人应该在有需要的时候与别人共同分享自己的财产。[105] 阿奎那举了《旧约》训诫中的例子，认为从不属于自己的葡萄园中采集果实填饱肚子并非犯罪。倘若不带一颗葡萄走，饥饿的人就可以在别人的葡萄园中吃饱。托马斯·阿奎那认为，这并不违背社会福利法（私有制），因为建立法律的目的就是"教人们习惯于把自己的财产给他人"。[106]

同样，关于拾穗的法律也是基于类似的精神建立起来的。富人有责任不派第二拨人去拾取第一拨剩下的麦穗。[107] 田地里留下的一切都属于穷人和孤寡。[108] 读过《旧约》的任何人都会注意到经文如何频繁地列出一条条具体命令来保护社会弱势群体——寡妇、孤儿和外邦人。

小爱：社群主义、慈善团体与共同责任

从经济学的观点看，我们不能不提到第一个教会以各种公社的形式存在。公社的运行就是以共同所有权为基础。他们认为世界末日会很快到来：

> 信的人都在一处，凡物公用，并且卖了田产、家业，照各人所需用的分给各人……那许多信的人都是一心一意的，没有一人说他的东西有一样是自己的，都是大家公用。使徒大有能力，见证主耶稣复活，众人也都蒙大恩。内中也没有一个缺乏的，因为人人将田产房屋都卖了，把所卖的价银拿来，放在使徒脚前，照各人所需用的，分给各人。[109]

类似的所有权方式后来转变为修道院，有时也是基督教城市，例如胡斯运动战争期间的捷克城市泰伯。自愿和非常虔诚的社群主义概念如何成为无神论共产主义本身就是一个问题。不过，正如我们从历史中看到的那样，马克思共产主义者的见解不能提供资本主义制度的有效替代选择。

我们知道，无数参考文献提到类似的社群主义报告时就说"百基拉和亚居拉的房子"。[110] 第一代基督信徒希望创造一个"尽可能独立于主流皇权社会的替代社会"。[111] 这些地方集团[112]歌颂贵族的晚餐，[113]从穷人手里敛财。[114]

在拉丁语中，"charitas"（慈善）的意思是"爱"。在《新约》中，好几个表示"爱"的词的用法都与现在不同：The Greek agapé was different from erós，stergein，and filia（希腊神圣之爱不同于性爱、情爱、亲情和友情）。[115] 慈善是一种社会的爱，或者说是怜悯。差不多可以说"小爱"是一种无力的（与其他力量相比几乎难以察觉的）万有引力，在无力之爱的意义上类似于慈善救济，在与其他形式的爱（热烈的、集中于某个人或少数人的）相比时很难察觉。但正如近处拥有强大的力量（原子能）和远方拥有微弱的力量（万有引力）一样，慈善在我们的现实社会中使大部分人彼此联系在一起——这种联系方式类似于万有引力如何让相距遥远的物体彼此联系一样，虽然没有原子能或电磁场那么"强大"。

我们可以从《旧约》中得知最古老的慈善机构或共同利益的习俗、律法。[116]《新约》进行了进一步的对此、补充和扩展："你们只要求他的国，这些东西就必加给你们了。你们这小群，不要惧怕，因为你们的父乐意把国赐给你们。[117]你们要变卖所有的周济人，为自己预备永不坏的钱囊，用无尽的财宝在天上，就是贼不能近、虫不能蛀的地方。"[118]

不过，重新分配的执行应该是善意的、自愿的。使徒保罗写道："少种的少收，多种的多收，这话是真的。各人要随本心所酌定的，不要作难，不要勉强，因为捐得乐意的人是神所喜爱的。"[119]使徒保罗在以下关于教会内信徒互相帮助渡过难关的引文中描述了重新分配的平等性：

> 如今就当办成这事。既有愿做的心，也当照你们所有的去办成，因为人若有愿做的心，必蒙悦纳，乃是照他所有的，并不是照他所无的。我原不是要别人轻省，你们受累，乃要均平，就是要你们的富余，现在可以补他们的不足，使他们的富余，将来也可以补你们的不足，这就均平了。如圣经上所记："多收的也没有余，少收的也没有缺。"[120]

> 论到为圣徒捐钱，我从前怎样吩咐加拉太的众教会，你们也当怎样行。每逢七日的第一日，各人要照自己的进项抽出来留着，免得我来的时候现凑。及至我来到了，你们写信举荐谁，我就打发他们，把你们的捐资送到耶路撒冷去。[121]

教会内部的社会保护网被认为具有那样的功能。但它与整个社会的应用无关，保罗也不能保证募集的钱财得到公平管理。钱财仅仅是分配到急需之处。

现在让我们简要地看看之后在主流基督教文明发展过程中的经济文化精神。

发展：奥古斯丁的禁欲主义与阿奎那的稳固基础

奥古斯丁和托马斯·阿奎那是塑造基督教文明的欧洲和影响其发展的关键人物。我们阅读《新约》后可以感觉到接受俗世与很多要素边缘化之间的紧张状态，尽管耶稣没有站出来对俗世进行先验批判。归根结底，耶稣福音的主要内容是由多次重复的消息构成："上帝天国就在这里。"[122]在某种意义上，它已经存在于这个物质世界上，仿佛时常降临于这个世界，就像波浪不停地冲上沙滩一样。[123]

奥古斯丁在很大程度上着迷于柏拉图哲学，[124]在现实世界中他看到的仅仅是幻想，仅仅是一场展示个人所知真实世界的皮影戏——对于他来说，有形的并不代表真实（在许多方面类似于关于俗世理性的个别极端情况，在俗世中抽象观念凌驾于具体事物）。这并不与肉体和精神的二元性直接相关，但不管如何，奥古斯丁认为肉体是"灵魂的重量"。[125]这种概念本身意味着经济学没有赋予它很大的重要性。从经济学的观点来看，我们仿效后来一位伟人的看法是十分有趣的，托马斯·阿奎那颠倒了奥古斯丁对内在的注意，强调研究客观世界。

亚里士多德的著作把注意力引向客观世界，在欧洲到了阿奎那时代这才被发现。在百家争鸣的中世纪末，亚里士多德被认为是奥古斯丁的威胁，后者专注于基督教义。托马斯·阿奎那没有鄙弃亚里士多德学派关于俗世的解释，反之，他努力争取支持，因此渐渐地出现了"俗世获得爱的关心"。[126]正如奥古斯丁把柏拉图哲学观点与基督教义联系一样，托马斯·阿奎那同样把亚里士多德的观点与基督教义联系（他在著作中时常引用亚里士多德的话——更有甚者，他称亚里士多德为"哲学家"）。[127]托马斯·阿奎那的主要影响之一是他的贡献可以代替奥古斯丁修会会士的新柏拉图哲学。新柏拉图哲学在数千年间都是天主教会传教的核心思想。[128]通过"为亚里士多德洗礼"，阿奎那创造了一种新的体系，通过十分友善的眼睛来看待这个创造的世界。在此之前，俗世常被当或罪恶之都的代名词。当时反对托马斯·阿奎那（以及阿尔韦特）的声音很好地描述了这种情况："尽管尘世在他们的心中更加朴实，他们声称具有非凡的智慧。"[129]

阿奎那对现实的颂扬

新柏拉图思想通过有序体系支持耶稣升天的概念，反映了等级制度或多或少是根据事物联系建立的。但是托马斯·阿奎那不这么认为："所有事物，无论是活的还是死的、物质的还是精神的、高尚的还是低劣的，也无论善恶，我们身边存在的所有事物都是基于上帝的存在。俗世不仅仅是善的——严格意义上说它是神圣的。"[130]

阿奎那教导我们，行为要绝对尊重天地万物，对存在的一切保持积极的态度。用托马斯·阿奎那的话说："每种事物都是好的，因为它是实实在在的存在……存在本身就一定是一种善。"[131] "万物有灵。"[132] 从存在论的观点来看，托马斯·阿奎那的理解认为物质世界是完全真实的。柏拉图学派的极端分子和一些奥古斯丁追随者则这样认为，俗世仅仅是一个幻觉、一个影子、一个陷阱、一块罪恶的试验田或现实世界的不完美前身。对于阿奎那来说，解决俗世的问题具有纯粹的意义。[133]

托马斯·阿奎那在对待事物的积极立场上比亚里士多德更进一步，走得更远。亚里士多德认为，俗世是由上帝创造的，形成于一切事物之前。它不是上帝造物的对象，但是上帝从那里取料，创造了天地万物的实体。阿奎那的思想完全符合犹太主义的教条，深信这种原始的非物质也是上帝创造的，而且是上帝造物的杰作。[134] "凡神所造的物都是好的"。[135] 阿奎那反对奥古斯丁的论证"要灵魂得到快乐，必须割舍一切肉体的存在"，[136] 认为灵魂脱离肉体并不比灵肉合一更接近上帝。肉身因此无须被否定。相反，阿奎那提倡保护肉身。

这个问题在开始的时候似乎并不引人注意，却拥有极大的影响，尤其对于经济学来说如此。如果上帝能够无中生有进行创造，那么事物也一定是上帝的杰作。从这种观点出发，事物、现实和俗世代表了善——因此值得认真对待和努力改善。现在看来，我们多少有点走到了另一个极端，过于在意外物而怠慢了内心，或者说忘了考虑灵魂的问题。

现在，阿奎那之前的时代偏移到了完全相反的方向。这种摆钟式转向是有趣的，因为两个极端都是可以避免的。作为阿奎那的传记作者，切斯特顿（G. K. Chesterton）写道："上帝造了人，因此他能够和现实接触。而那些由上帝联系起来的人，没有谁能置身度外。"[137] 正如托马斯·阿奎那提出的，我们看待某些东西时，认为那是一种赐福，是一种脱离当世经济行为庸俗感知的自由。

....

无形之手的原型

如何应对确实存在的罪恶呢？是否有必要通过制约和法律彻底惩罚和杜绝罪恶？托马斯·霍布斯是现代最伟大的哲学家之一，他向我们提供了一种解决方法。根据霍布斯的观点，人一出生就染上了罪恶，而那就是为什么人的行为总是需要被纠正和审视。他向统治者——专制君主——提供了一种强硬的、严厉的手段来解决问题，统治者拥有强大的执行能力镇压所有的罪恶。[138]

如果统治者不能镇压罪恶，那么恣情将在自由人群中传播，不久以后就会发生人与人之间的战争，混乱开始扎根。没有必要阐明这种见解对个体经济自由观念的巨大影响，然而人们在经济学上确实受制于此。阿奎那反对这种观念："所有罪恶都是基于某些善行。实际上，罪恶本身是无法存在的，因为它没有实体……因此，凡是罪恶都有善的一面。"[139] 罪恶本身是不存在的。[140] 除非在某个善行中存在某些罪恶的理由，否则我们是不可能犯罪的。[141] 纯粹的罪恶是没有的。只有在其他目的上才会产生罪恶。[142] 罪恶的事物（邪恶的决定）确实存在，[143]但它们违背了人性的基本方向。[144] 人性，听起来很有理，总是倾向于善行的。甚至苏格拉底也有类似的见解："无论谁做错事或做恶事，都是身不由己的。"[145]

为了避免误会，在此我不想说人是好的，而仅仅说人在本性的范围内是好的。如果你希望如此，那么人的内心是好的。人拥有好的内心、好的根本，自创造以来就是善的。但发生了扭曲，人事实上会做坏事。[146] 但人有一种向善的趋势，并非完全坏透了的。用基督教的话来说，人还是可以医救的，包括"最坏的人"。如果什么都不存在，那么人类就没有任何好的东西，又如何拯救他们呢？[147] 这正好是人类内心的写照，上帝在数次批判和呼吁中都谈到了。做了的坏事只是善事的附属。人可以考虑邪恶（谋杀），但是它的执行是出于某个其他意图（或许是复仇，在个人的主观感情上是正义的，而正义的就是善的——人出于正义而进行复仇）。最大的罪恶（例如大屠杀或烧死巫师）有更大的善行借口（在修辞学上如此，也是出于很多人的判罪），更大的善行会被罪恶遮蔽［纳粹分子认为他们应该获得更大的生存空间（生活空间，或者扩张需要），审讯者认为他们的行为会使俗世摆脱邪恶］。因此人就会错误地执行可想象的最大邪恶，但这样做的（最自我扭曲的）目的总是努力向某种善行接近。意图不是善行的全部。知识也是必要的。

邪恶在这个世界上有它存在的作用："因为如果所有邪恶都消除了，很多善行也不存于世了。"[148]阿奎那写道。此外，他提到："很多善行存在于只有罪恶发生时才出现的事物中。"[149]总之（加强语气）：

> 从所有事物中消除邪恶并非好想法……整体的善行凌驾于部分的善行之上。拥有远见的统治者疏忽某些缺乏善根的部分是正确的，因此可能增加整体的善行……如果把邪恶驱逐出这片天地，很多十全十美的东西将会从这个世界消亡，美好东西的出现是善恶合一的结果。事实上，坏东西发源于有缺陷的好东西，而且，某些好东西也是坏东西的结果，得益于有远见的统治者。因此，寂静的间歇使赞歌更有感染力。邪恶不应该被排除在事物之外。[150]

在某些方面，这听起来好像是随后来自曼德维尔《蜜蜂的寓言》中的主题——"个人恶习"或"公共利益"。[151] 在他的著作《哲学、政治学、经济学和历史概念新研究》一书中，哈耶克（F. A. Hayek）很好地认识到这种前后关系；他明确地提到曼德维尔批评的非独创性："难道连托马斯·阿奎那也不承认所有罪孽都被杜绝会是有效的吗？"[152]

关于无形之手的概念在古代也同样众所周知。这既不是亚当·斯密，也不是贝尔纳德·曼德维尔，更不是第一个表达这种道理的托马斯·阿奎那创造的。古代诗人阿里斯托芬写道：

> 古时传说，

> 我们所有的愚蠢计划和徒劳幻想
>
> 都被用于生产公共产品。[153]

但是阿奎那的理论另有所指。即使上帝不想要邪恶存在,[154]阿奎那把邪恶的存在归入上帝的存在和天意的证明,反对那些认为邪恶行为中不存在上帝的观点。出于整体福利的目的,部分邪恶一定会存在的。[155]整体善行取代部分善行,正如我们以上讨论的。为了支持这些概念,阿奎那提供了《圣经》中的两段引文:

> 我造光,又造暗;
>
> 我施平安,又降灾祸;
>
> 造作这一切的是我耶和华。[156]

> 城中若吹角,百姓岂不惊恐呢?
>
> 灾祸若降临到一城,
>
> 岂非耶和华所降的吗?[157]

如果存在绝对的善,那定然是上帝的打算。不过,我们从上述引文中看到,希伯来人对事物的看法更复杂——上帝既创造了和平,也"创造了邪恶"。归根结底,是上帝在伊甸园种下了善恶知识树,但在人们吃树上结出的果子时,上帝发现"人已经与我们相似,能知道善恶"。[158]另一方面,我们还看到,甚至具体体现邪恶的撒旦也扮演了双重角色。他的邪恶角色做了某种善行。但对于善恶存在的伦理类型,由于伦理是存在的,自由就必须存在,因为我们只能在自由选择的环境下谈论伦理道德。从这种意义上讲,没有邪恶就没有善行的存在(至少有这种可能性)。邪恶的可能性甚至存在于理想的伊甸园中。

因此,邪恶不能被摒除,那也不是我们想要的。这种观念并不完全承认自由主义概念的合法地位,但是它极大地丰富了这种概念。在关于杂草的格言中我们已经看到了这一点。任何情况下,我们通过统治的力量远离难以解决的问题并彻底清除恶习。而上帝的眷顾并不排除邪恶。"为防止个体的罪恶而消灭共同的善是不合适的,尤其上帝的力量十分强大,可以引导任何邪恶走向善的结局。"[159] 或者更坦率地说:"我的回答是,引诱人犯罪是完全不合律法的,然而借助他人的罪孽实现善的结局是合法的,因为即使上帝也在利用罪孽实现某些善行,他从邪恶中挑选善行。"[160]

有时,利用恶魔去耕作比对抗恶魔更好。与其花费大量精力与邪恶作斗争,不如利用邪恶自身的精力实现我们想达到的目标。把磨安装在狂暴的河流边,或给恶魔套上马车的挽具,正如捷克圣徒普罗科普做的那样。如果你无法争取对手,那就欺骗、利用他。恰如其分地利用混乱的自然力比徒劳地试图镇压更明智、更有益。多亏歌德《恶魔》中的口误,让我们知道了邪恶的诅咒:

那种力量的一部分都令人费解,

总是想着恶事,做着善事。[161]

这足以指导和控制精力的混乱。混乱会使我们自我壮大,引起因果循环,因此它服务于我们的目标,圣徒就是这么做的。那么,经济学应该意味着操纵的艺术。

混乱和自由意志的相互影响不应该被理解为一种阻碍(即使它的出现如同风暴中的海洋一样),而是一种源泉。我们应该学习如何在风暴中的大海里航行,而非试图让大海平静下来,或通过暴力指导它。著名的美国经济学家迈克尔·诺瓦克(Michael Novak)在他的著作《民主资本主义精神》中关于这个问题发表了有趣的看法。他认为,在所有现存的和历史的体系中,只有民主资本主义体系理解了"罪"如何深深扎根于人类的精神中;然而,任何体系要消灭这种罪孽都是不可能的。为此,资本主义制度把"堕落的世界"当成现实的起点,并且设法"把精力变成创造力"。[162]

归根结底,上帝也"让魔鬼耕作"。他利用这种邪恶作为自己的仆人(根据《以西结书》的"风暴"[163]片段解释),实际上却是……

好人还是坏人

关于人性善恶的问题是社会科学的关键。"规则"就是根据这个问题发展而来的。如果人的本性是邪恶的，那么就有必要迫使他向善（在"社会善行"的环境和借口下），并限制他的自由。如果是一个弱肉强食的世界，正如霍布斯认为的那样，我们需要一个强大的国家，强大的极权国家迫使人向善（非人的本性）。

但是如果相反的话，人的本质是善的，那么就可能实现更多的自由主义。不需要干涉个人的行为，因为人的本质就存在向善的倾向。只有在人作为整体的一部分不能充分进行理性（集体）行为时才需要动用国家干涉、规则和自由限制，以弥补糟糕的社会自发协调功能，或被迫协调来确保更好的结果（例如在外部效应的情况下）。这就是经济学的关键问题——是否可以依赖成千上万的个人自由意志？社会是否需要上层建筑的协调？在什么领域人类活动的自发性可以获得最佳结果？自由的（无限制的）人类活动何时本能地趋向善行？又何时本能地趋向邪恶？这些关于人类内心善恶的问题恰好是各种学派的差异所在。我们的社会是由恶人还是邻居组成？

邻里社群

爱邻居是基督教义的关键信息之一。人一出生就是群居动物。[164] 我们聚集在一起形成社会不是因为我们的缺点或必然性（这不是主要原因），而是由于我们的社会性质。[165] 连刚刚创造的、尽善尽美的亚当也被认为不应该孤独寂寞："耶和华神说：'那人独居不好，我要为他造一个配偶帮助他。'"[166]

在《神学大全》中，托马斯·阿奎那认为人应该存在于"社会生活"之中，即使伊甸园也是如此——伊甸园是一个完美的、无罪的国度。[167] 但他走得更远。对他来说，人天生就是他人的家人和朋友，这与霍布斯的弱肉强食概念绝对对立。阿奎那认为人是善的，作为社会的人，注定要为他人做善事。这对社会观点存在根本的影响，因此也构成了他的（经济学）工具。

此外，因为"人天生就是社会性动物"，需要得到他人的帮助，以实现自己的目标。这主要通过人与人之间的彼此关爱来实现。因此，通过上帝的律法引导人达到终极目标，彼此关爱是对我们的规定……现在，所有人互爱都是自然的。

这一点标志着这样的事实——一个人通过自然的激励去援助需要帮助的任何其他人，即使相互并不认识。例如，把误入歧途的人拉回正道，帮助他人远离堕落的边缘，或做其他类似的善事："仿佛每个人都是天生的家人和朋友。" [168]

阿奎那进一步写道："因为人在知道实际情况时会相互帮助，一个人可以激励另一个人向善，并克制恶行。"因此，经书有云："铁磨铁，磨出刃来，朋友相感，也是如此。"（《箴言》，27：17）。《传道书》（4：9~12）又说："两个人总比一个人好，因为二人劳碌同得美好的果效。若是跌倒，这人可以扶起他的同伴；若是孤身跌倒，没有别人扶起他来，这人就有祸了！再者，二人同睡，就都暖和；一人独睡，怎能暖和呢？有人攻胜孤身一人，若有二人便能抵挡他。三股合成的绳子不容易折断。" [169]

要不是有这样的知识，阿奎那如何看到统治者根据需要而存在？统治者纠正群众的自由运动，因此社会就不会崩溃。阿奎那不许社会发生混乱。此外，他认为统治者的协调产生公共利益，引出了经济学的中心话题。

那么，如果人在社会中为许多人而活是天性使然，那么人与人之间就有必然存在一些点可以被群体掌控。因为有很多人在一起时，每个人都只看到自己的利益，除非还有一个维护公益关系的机构存在，否则民众就会分崩离析。同样，要不是有一般规律的存在迫使躯体照管所有器官，一个人或者其他动物的肉体也会破碎。

怀着这个目的，所罗门说（《传道书》，4：9）："若没有统治者，人民会堕落。" [170] 此外，阿奎那写道："在前往宿命终点的过程中，人也采取了各种方法，正如人做事和行为的差异显示的那样。人需要某些指示性道理的引导走向尽头。" [171]

因此，社会要求的既不是专制君主也不是中央集权者，而是一位管理者，一位统治者——舵手。因此，经济学也必须成为"舵手"的帮手，而非成为让河流变道或完全再造的工具。

道理与信仰

要证明原始的学究时代是一段盲目信仰的时期，人文科学必须等待理性复兴的努力都是徒劳的。如果我们带着这样的错误观点去阅读托马斯·阿奎那的著作，那么将一次又一次对他在知识的理性部分上所用的强调语气感到惊讶。关于这一点，他表现为理性的最忠实听众之一。在他之前和之后的其他神学家呼吁纯粹的启示，不屑于理性，"不可倚靠自己的聪明"。[172] 例如，马丁·路德后来宣称，信仰的建立就是与理性对立，他称理性为"魔鬼的婊子"。[173] 关于这一点，阿奎那的引语首次走向前沿："信仰的真相不可能与人类理性生来就懂得的那些原则相对立……因为上帝是我们本性的创始人。"[174] 他在一个人需要另一个人的意义上要求信仰与理性之间的辩证关系，而他极力主张尽可能讨论理性并避免误导我们的信仰。

但是阿奎那甚至走得更远，坚持认为科学对信仰传道是很重要的，因为如果有些东西可以得到证实显然违背信条。那么科学在此要么揭示了信仰的真谛，要么是被严重误传，要么是没有得到理解。[175] 理性不可能得到更好的认识。他这样指出科学的角色——如果实践发现能够得到真实的证明，那么对《圣经》的传统解释就必须失效，因为那种解释是错误的。阿奎那的传记作者切斯特顿深信，如果所有的事物都留给阿奎那和像他一样的人去处理，那么就绝不会像现在一样有宗教和科学之间的冲突。[176]

理性几乎与美德同样重要；对于阿奎那来说，违背理性如同违背上帝一样令人厌恶，因为"在那种意义上，理性有权作为上帝在人世间的代表统治一切"。[177] 根据切斯特顿说，阿奎那把神学当做纯粹的知识。一个人的善良就是他能够听从理性的指导，并遵照理性行事。不理性就可能是一种罪——"易于克服的愚昧是一种罪孽。"他写道。[178] 在讨论酗酒的章节中，他把酗酒列为一宗罪正是因为人有意识地放弃使用理性。[179] 我们可以在阿奎那的著作中发现类似的精辟语句。正如德斯卡特斯后来做的那样，[180]连阿奎那也不能想象"上帝是骗子"，上帝给人以理性只是因为可以蒙蔽人。

阿奎那关于这一点表现得十分理性。在这方面，他类似于伟大的赫胥黎教授，赫胥黎是不可知论者，创造了"不可知论"这个词。如前所述，他几乎完全接受了赫胥黎关于不可知论的定义——在尽可能的程度上坚持理性。仅存的问题是可能性到了什么程度？每个理性论者终究都会脱离直觉。

城市、本性与自由

托马斯·阿奎那也遭遇了个人独立性与社会进步之间的对立，甚至连吉尔伽美什文明的朋友恩启都也知道。阿奎那写道：

> 如果人打算独自生活，像很多动物那样，那么他就不需要在其他人的带领下走到终点。每个人都是自己的国王，仅次于上帝，因为来自天堂的理性光辉指引着每个人的行为。然而人比其他任何动物在本性上更趋于社会性和政治性，进而以群体的形式生活。这很明显是人性的必然性。对于所有其他动物，自然都预备了食物，以毛发披覆，以尖牙、利角和蹄爪御敌，或者至少能在空中快速飞翔，而人在这些方面独独没有任何自然的准备。没了这些利器，人却拥有理性……现在，一个人是不能提供自己所需的一切的，因为个人在无人帮助时无法提供生活的一切。因此，很自然的结果是人应该生活在很多人聚集的社会中。[181]

专业化意味着社会必然从原始状态（正如恩启都那样）发展到更高的水平。在这种意义上讲，重要的是认识到齐美尔的这种说法："都市总是货币经济的基地。在此，经济交易的多重性和集中性赋予了交易手段的重要性，而那在农村商业的狭隘性下是不可能有的。"[182]

人无法独自获得社会提供的所有幸福。如果个人独自生活在沙漠中或被人遗忘的小岛上，他就是自己的统治者。他无法获得专业分工社会中的物质福利，而只是得到支配自己的自由，不从属于社会结构中的任何人。但是如果他生活在社会中，希望利用社会的优势，那么必须生来就成为社会秩序的一部分，使社会能够向单一的目标前进。

结论——《圣经》是一本经济学读物

基督教义是欧美文明的主导信仰。然而，还存在关于文明的其他看法，或许拥有共同看法的人更多。这些（常常是未实现的）社会学和经济学理想中的大多数来自基督教义。因此经济常常被当成一种社会结构而不仅仅是宗教信仰本身。如果我们对这些大众持有的看法（例如，在世俗化的经济进步中，我们将在本书的后半部分中看到这一点）有这样高的期望，那么我们一定把那些看法当成与别人同等的研究。

令人惊讶的是经济与《旧约》和《新约》有如此多的共同之处。原罪可以被解释为消费之罪，正如亚当与夏娃实际上消费了某些他们无权拥有且没必要消费的东西。那种消费与罪有关系（正如我们将在本书后半部分中看到的那样）。大多数耶稣格言使用了经济学的语言或环境。而基督教义的真正核心概念——救赎——最初就拥有纯粹的经济意义。这种不公平的救赎——宽恕罪孽——同样可以在我们的文化中观察到，比如政府扮演救世主的角色赎回负债过重的银行和公司。"罪"这个字在希腊语中的意思是"债务"。事实上，如果没有经济学术语，基督教义的核心概念就没有任何意义。所以，基督教义的基本信息好像可以在我们的经济学时代得到更好的解释，我们可以用（原本的）经济学词汇来进行解释。这些词变得更具体、更贴切。在2009年的危机中，我们可以听到首席银行的祷告词"宽恕我们的罪"。它意味着"消除我们的债务"。

基督教思想强调所谓的"积极不公正"概念。在积极的意义中，这是不公平的——例如救赎，或者工人不公平的高工资。这跟你如何努力没有关系——

每个人都获得同样的回报。因此基督教义在很大程度上消除了对善恶的计较。上帝宽恕众生，这是绝对不公平的。基督教义在伟大的故事中引入了天国的概念，因此解决了希伯来人关于上帝（不）公平的疑问。

我们也讨论了某些事物的价格，这些东西是买不到的，但可以被给予。我们试图效仿，甚至在今天也常常假装不关心价格或有意冲淡价格的概念。我们讨论了关于拯救和爱的经济学，是世界的关键性准则。我们还详细讨论了邪恶的问题，邪恶如何在善行中扮演角色，以及邪恶如何永不消灭。我们思考了市场无形之手的问题——我们的恶行如何转变成利益，好意又如何变质。我们讨论了是否真正心怀叵测的问题，并对伦理摩尼教的概念进行了研究。提出关于奥古斯丁和阿奎那的经济学思想，也揭示了理解当今世界构成的真正结构关联。我们讨论了人类和俗世的善恶本质。最后，我们还谈到了理性与情感之间的关系，以及自然与文明是人类存在的基本状态。

注释··

1 《马太福音》，4：4。除非另有说明，所有《圣经》引文均来自于"和合本"《圣经》。

2 《创世记》，3：19："你必汗流满面才得糊口。"

3 基督时代最早是接纳了犹太信仰的基本概念，开始对所有西洋文明史产生意义深远的影响。

4 纳尔逊，《宗教经济学》，第329页。

5 麦克洛斯基，《经济学修辞》，第481~517页。

6 《路加福音》，15：8~10："或是一个妇人有十块钱，若失落一块，岂不点上灯，打扫屋子，细细地找，直到找着吗？找着了，就请朋友邻舍来，对他们说：'我失落的那块钱已经找着了，你们和我一同欢喜吧！'我告诉你们：一个罪人悔改，在神的使者面前也是这样为他欢喜。"

7 《马太福音》，25：27："就当把我的银子放给兑换银钱的人，到我来的时候，可以连本带利收回。"

8 《路加福音》，16：5~12："于是，把欠他主人债的，一个一个地叫了来，问头一个说：'你欠我主人多少？'他说：'一百篓（注：每篓约五十斤）油。'管家说：'拿你的账，快坐下，写五十。'又问一个说：'你欠多少？'他说：'一百石麦子。'管家说：'拿你的账写八十。'……倘若你们在别人的东西上不忠心，谁还把你们自己的东西给你们呢？"另见《路加福音》，19：13~24。

9 《马太福音》，20：8："到了晚上，园主对管事的说：'叫工人都来，给他们工钱，从后来的起，到先来的为止。'"

10 《路加福音》，7：41~43："耶稣说：'一个债主有两个人欠他的债：一个欠五十两银子，一个欠五两银子。因为他们无力偿还，债主就开恩免了他们两个人的债。这两个人哪一个更爱他呢？'西门回答说：'我想是那多得恩免的人。'耶稣说：'你断的不错。'"

11 《路加福音》，12：16~21："就用比喻对他们说：'有一个财主，田产丰盛，自己心里思想说："我的出产没有地方收藏，怎么办呢？"又说："我要这么办：要把我的仓房拆了，另盖更大的，在那里好收藏我一切的粮食和财物，然后要对我的灵魂说：灵魂哪，你有许多财物积存，可作多年的费用，只管安安逸逸地吃喝快乐吧！"神却对他说："无知的人哪，今夜必要你的灵魂，你所预备的要归谁呢？"凡为自己积财，在神面前却不富足的，也是这样。'"

12 在此我们仅列出几个。关于埋藏财富的格言（《马太福音》，13：44）、关于珍珠的格言（《马太福音》，13：45）、关于厚道人的格言（《路加福音》，10：25~37）、关于忠诚仆人的格言（《马可福音》，13：33~37；《路加福音》，12：35~48；《马太福音》，24：42~51）和关于悔改罪人的格言（《路加福音》，15：11~32）。史蒂文·考克斯、肯德尔·伊斯利（2007）的《和谐》，《福音和谐》，第348页。

13 其内心和本身也可以优雅地与过度专心于物质相联系。"一个人不能待奉两个主。不是恶这个爱那个，就是重这个轻那个。你们不能又事奉神，又事奉玛门（注："玛门"是"财利"的意思）。"《马太福音》，6：24。另见《路加福音》，16：13。

14 威利斯，《上帝的政治：为什么对的可以犯错，而错的什么也得不到》，2005年，212。另见科兰斯、赖特，《经济中的道德尺度》，2007。

15 《马太福音》，5：2~3。

16 《马太福音》，6：11。

17 《希腊语-英语辞典》（利德尔和斯库尔特编）："报酬给了带来好消息的信使。"

18 《启示录》，13：17："除了那受印记、有了兽名或有兽名数目的，都不得作买卖。"

19 另见霍斯利，《契约经济学》，第81、95页。

20 《马太福音》，6：12。

21 在希腊语中，原本用的是"opheilēmata"这个词，意思是"债务"。所有《圣经》英译本（除两本之外）都如此翻译。这种祷告也载于《路加福音》，11：2~4。在此用的是希腊语"amartias"一词，同样带有"罪孽"的含义，词根来源于"hamart"，意思是"失败，做错事，罪孽"。这两个词常常是同义词。（在《新约》中"Amartias"出现了181次，"hamarant"出现了36次，"opheilo"也出现了36次）。

22 见《利未记》，25：39。

23 《出埃及记》，21：1~6；《利未记》，25：8~10和41~42；《申命记》，15：1~6和12~15。债务取消也出现于《汉穆拉比法典》，117。见霍斯利，《契约经济学》，第45页。

24 《哥林多前书》，7：23："你们是重价买来的，不要作人的奴仆。"我们在《旧约》中看到类似的要素——个关于救赎奴隶的典型情况出自《利未记》，25：48~49："卖了以后，可以将他赎回。无论是他的弟兄，或伯叔，伯叔的儿子，本家的近支，都可以赎他。"或《撒母耳记下》，7：23："你从埃及救赎他们作自己的子民，又在你赎出来的民面前行大而可畏的事，驱逐列邦人和他们的神，显出你的大名。"或《诗篇》，107：2："愿耶和华的赎民说这话，就是他从敌人手中所救赎的。"或《诗篇》，111：9："他向百姓施行救赎。"

25 《马可福音》，10：42~45。"赎回"是指一种契约体制，那些已经负债累累的人——奴隶可以被赎回（见《利未记》，25：25~28、47~55）。见霍斯利，《契约经济学》，第123页。

26 《以弗所书》，1：7。

27 《歌罗西书》，1：14。

28 《希伯来书》，9：12~15。

29 《马太福音》，20：1~16。

30 《以弗所书》，2：8~9。作者强调。

31 《罗马书》，3：22~24。作者强调。

32 《启示录》，21：6。作者强调。

33 从拉丁语来看，预定的位置可以传递（"越过，到远处，超过"）。前缀"trans"的意思是"越过，通过，跨越，超过或到远处、外面"。

34 《使徒行传》，8：20。

35 格雷贝尔，《论价值的人类学理论》，第154页。另见切尔，《礼品经济》。

36 捷克哲学家简·索科尔想补充的是，他的祖母每年只需要用几次钱，就是买盐而已。

37 非常有趣的是观察哪些领域成了小费的避风港。在餐馆中是要给小费的，但绝不会在商店给。出租车司机可以拿到小费，但公交车司机就拿不到。捷克的修理工可以获得小费，但在美国没人给女佣或门卫小费。

38 关于小费的讨论十分激烈，而且不仅仅是经济学家之间在讨论。关于这个话题最有趣的议论之一是在昆廷·塔兰蒂诺的处女作《落水狗》这部电影开映时出现的。

39 也要注意餐馆或者酒吧中互赠礼物的动力。人们应邀参加晚宴或仅仅是喝杯饮料，但如果你希望在别人面前放上8.50美元就能让人快乐，那么你根本就不会让对方高兴起来。但是一杯价值8.50美元的饮料是很少有朋友会拒绝的东西，尽管事实上这是同样的交易（从"数字"经济学的观点来说如此）。

40 这来自于《旧约》的一段话："你们一切干渴的都当就近水来，没有银钱的也可以来。你们都来买了吃，不用银钱，不用价值，也来买酒和奶。"《以赛亚书》，55：1。

41 巴沙姆、布朗森（主编），《魔戒与哲学》。正如阿利松·米尔班克指出的，所有的商品都是礼物，不发生任何钱财的交易。

42 即使到现在还存在是人拥有魔戒还是人属于魔戒的几分争议。拿咕噜来打个比方：他是否曾经拥有魔戒？还是他发现了魔戒，然后被魔戒控制？葛拉迪瑞娅乃至刚多尔夫同样担心他们不能控制魔戒，而是魔戒会控制他们，把他们重塑成魔戒的形象。接着，我想要说的是一个双向所有权的极端形象。不仅仅是我们拥有事物，而且事物也拥有我们。查克·帕拉尼克的著作中可以发现类似题材，宗教礼拜仪式电影《搏击俱乐部》由此而来（大卫·芬彻，1999）；在这部电影中，泰勒·德登（不是名人，代表美国的普通民众）谈到影片中的主要特征时说："你拥有的东西最终会拥有你。"

43 莫斯，《礼物》，第66~67页。

44 赫瓦尔，《礼品经济》，第2页。另见杜尔干，《1947》，第4~7页；斯特劳斯·利瓦伊，《王权的本质结构》，1969年；布尔迪厄，1977年。

45 纽鲍尔，《什么是科学》，第145页。

46 齐美尔，《金钱与文化》，第249页。

47 甚至连耶稣的生活也基本上是个矛盾：国王出生在马厩里（《路加福音》，第2章），他那时最虔诚的"信徒"也拒绝了他（《马太福音》，21：45~46），他与收税官为友，同妓女一起吃饭，他的强大潜藏于软弱，在钉死之前，世上最强大的存在，上帝，被残酷地用钉子与犯人一同钉上十字架。尽管如此，让我们引用几段描写这些矛盾的话："你们想这两个儿子，是哪一个遵行父命呢？他们说：'大儿子。'耶稣说：'我实在告诉你们：税吏和娼妓倒比你们先进神的国。因为约翰遵着义路到你们这里来，你们却不信他；税吏和娼妓倒信他。你们看见了，后来还是不懊悔去信他。'"《马太福音》，21：31~32。"说：'人子必须被交在罪人手里，钉在十字架上，第三日复活。'"《路加福音》，24：7。"你们杀了那生命的主，神却叫他从死里复活了。"《使徒行传》，3：15。

48 《马可福音》，12：42~44："有一个穷寡妇来，往里投了两个小钱，就是一个大钱。耶稣叫门徒来，说：'我实在告诉你们：这穷寡妇投入库里的，比众人所投的更多。因为，他们都是自己有余，拿出来投在里头；但这寡妇是自己不足，把她一切养生的都投上了。'"

49 《马太福音》，22：17~21："'请告诉我们，你的意见如何？纳税给恺撒可以不可以？'耶稣看出他们的恶意，就说：'假冒为善的人哪，为什么试探我？拿一个上税的钱给我看。'他们就拿一个银钱来给他。耶稣说：'这像和这号是谁的？'他们说：'是恺撒的。'耶稣说：'这样，恺撒的物当归给恺撒；神的物当归给神。'"

50 《约翰福音》，2：14。

51 "耶稣就拿绳子做成鞭子，把牛羊都赶出殿去，倒出兑换银钱之人的银钱，推翻他们的桌子。又对卖鸽子的说：'把这些东西拿去。不要将我父的殿当做买卖的地方。'"《约翰福音》，2：15~16。应该注意，这实际上是耶稣的第二公法（在加利利的迦拿用水兑入葡萄酒之后），约翰记录在他的福音中。

52 泰勒·德登在电影《搏击俱乐部》中如是说："你拥有的东西最终会拥有你。"

53 《马太福音》，6：19~21。

54 《马太福音》，6：25~34。

55 《提摩太前书》，6：10。

56 《希伯来书》，13：5。

57 《路加福音》，8：14。

58 纳莱布夫，《策略性思维》，第106页。

59 基本上，莎士比亚戏剧的伟大主题在开始的时候都是一些小误会，随着时间的推移规模扩大。他的喜剧作品在最后一般总是每个人都对自己一笑置之，而悲剧作品的结局是大家杀死对方。

60 《出埃及记》，21：23~25："若有别害，就要以命偿命，以眼还眼，以牙还牙，以手还手，以脚还脚，以烙还烙，以伤还伤，以打还打。"

61 《马太福音》，5：38~42。

62 在普拉切特和盖曼合著的《吉兆：巫女艾格尼丝·纳特的准确预言》一书中，一位古代战争女神成为了战地记者，因果完全扭转，无论她走到哪里都会引发战争。采访某人的过程稍微有些不正常，然后就是稍微离题，甚至是最初在一起好好的，也会突然爆发战争。

63 《马太福音》，5：43~47；纳莱布夫，《策略性思维》，第109页。

64 《马太福音》，20：1~16。

65 《雅各书》，4：4。

66 "因我活着就是基督，我死了就有益处。但我在肉身活着，若成就我工夫的果子，我就不知道该挑选什么。我正在两难之间，情愿离世与基督同在，因为这是好得无比的。然而，我在肉身活着，为你们更是要紧的。我既然这样深信，就知道仍要住在世间，且与你们众人同住，使你们在所信的道上又长进、又喜乐。叫你们在基督耶稣里的欢乐，因我再到你们那里去，越发加增。"《腓立比书》，1：21~26。

67 在《旧约》中，撒旦不是堕落和恶意的代表，而是耶和华的仆从，从事神圣的工作，且在通往天国的队列中有他的位置。

"扫罗追赶非利士人回来，有人告诉他说：'大卫在隐基底的旷野。'"（《撒母耳记上》，24：1，《历代志上》，21：1）大卫的诱惑来自耶和华和撒旦……给撒旦戴上反叛世俗力量的面具这点在《新约》中有所保留。国际标准《圣经》百科全书："撒旦"条目。

68 《历代志上》，21：1："撒旦起来攻击以色列人，激动大卫数点他们。"（顺便说一下，比较历史上的旧《撒母耳记下》24：1中的相同故事是有趣的，在这个故事中相反的是"耶和华又向以色列人发怒，就激动大卫，使他盼咐人去清点以色列人和犹大人"。然后在《撒迦利亚书》3：1~2中："天使又指给我看，大祭司约书亚站在耶和华的使者面前，撒旦也站在约书亚的右边，与他作对。耶和华向撒旦说：'撒旦哪，耶和华责备你，就是拣选耶路撒冷的耶和华责备你，这不是从火中抽出来的一根柴吗？'"撒旦在《约伯记》开始时出现了若干次（第1章和第2章）。第四种情况，即使已经讨论过了，是伊甸园中的"毒蛇"形象。"蛇"常常让人想起撒旦。某些译本把《诗篇》109：6中的告发者翻译成撒旦。

69 在《约翰福音》14：30中，耶稣把撒旦说成俗世的统治者："以后我不再和你们多说话，因为这世界的王将到。"或在《约翰福音》12：31中："现在这世界受审判，这世界的王要被赶出去。"在《以弗所书》6：11~12中，保罗进一步写道："要穿戴神所赐的全副军装，就能抵挡魔鬼的诡计。因我们……乃是与那些执政的，掌权的、管辖这幽暗世界的……恶魔争战。"

70 "耶稣回答说：'第一要紧的，就是说："以色列啊，你要听，主我们神，是独一的主。你要尽心、尽性、尽意、尽力爱主你的神。"'"《马可福音》，12：29~30。

71 《加拉太书》，5：14。然后，"因为全律法都包在'爱人如己'这一句话之内了。"（《罗马书》，13：9）。雅各甚至把这当成了皇家律法。"经上记着说：'要爱人如己。'你们若全守这至尊的律法，才是好的。"《雅各书》，2：8。

72 麦克洛斯基，《资产阶级的美德》，第8页。

73 《创世记》，2：16~17："耶和华吩咐他说：'园中各样树上的果子，你可以随意吃，只是分别善恶树上的果子，你不可吃，因为你吃的日子必定死。'"

74 《马太福音》，13：24~30。

75 阿奎那，《神学大全》，I. Q22，A2，R. O. 2。"为全体民众做善事的人不允许存在一丁点过失，以免影响整体的善……既然一件事物中的不足会得出另一件事物的善，乃至全世界的善。一人的堕落是另一人的新生，这样就让物种得以保持存在。然后，因为上帝为所有的人提供的善，在特定的效用中容许某些缺点存在也属于神的眷顾，世间的尽善尽美是不可能阻止的，因为如果所有罪恶都被制止了，那么很多善行也会消失于天地间。如果不杀死其他动物，那么狮子就无法存活；如果没有暴君的迫害，就不会有受难者的忍耐。"

76 奥古斯丁，《信仰、希望和爱的手册》，第33、110页。

77 如果没有罪恶，我们是否能够认识到所有的善行？要不是我们牙齿开始受伤然后又停止，我们是否能觉察到牙齿已经受到伤害？

78 《马太福音》，7：1，又见《路加福音》，6：37："你们不要论断人，就不被论断；你们不要定人的罪，就不被定罪；你们要饶恕人，就必蒙饶恕。"

79 《马太福音》，7：3~5。

80 《马太福音》，23：24："你们这瞎眼领路的，蠓虫你们就滤出来，骆驼你们倒吞下去。"

81 《马可福音》，2：27："又对他们说：'安息日是为人设立的，人不是为安息日设立的。'"

82 佩恩，《Odkud zlo》，第78页。

83 《提摩太前书》，1：5。

84 《提多书》，1：15。

85 《哥林多前书》，6：12。在《哥林多前书》10：23中，保罗然后又重复了这四条："凡事都可行，但不都有益处。凡事都可行，但不都造就人。"

86 更多内容参见邦赫费尔，《伦理学》。

87 《马太福音》，5：21~22："你们听见有吩咐古人的话，说：'不可杀人'，又说，'凡杀人的，难免受审判。'只是我告诉你们：凡向弟兄动怒的，难免受审判。凡骂弟兄是拉加的，难免公会的审断；凡骂弟兄是魔利的，难免地狱的火。"

88 所有罪恶都被赎回。人应该同时保持对上帝、自己和身边的人的负责态度。因为爱和感恩在本质上不是微不足道的。奥古斯丁的概念"爱人，做你想要的"，关于这一点可以得到更好的理解。*Dilige et quod vis fac In epistulam Ioannis ad Parthos, tractatus VII, 8.* 很容易理解，关于赦免和律法的讨论更深刻、更复杂。保罗在他给罗马的书信中谈到了这种争议。

89 "神将那人安置在伊甸园，使他修理看守。"《创世记》，2：15。

90 更多内容参见《神学大全》，I. Q102，A3。

91 《神学大全》，I. Q97，A3，全集。

92 见《神谱：诸神世系》，571 nn。

93 《创世记》，3：17。

94 《帖撒罗尼迦后书》，3：10。

95 《使徒行传》，18：1~4："这事以后，保罗离开了雅典，来到哥林多。遇见一个犹太人，名叫亚居拉，他生在本都。因为革老丢命犹太人都离开罗马，新近带着妻百基拉从意大利来。保罗就投奔了他们。他们本是制造帐篷为业。保罗因与他们同业，就和他们同住做工。每逢安息日，保罗在会堂里辩论，劝化犹太人和希腊人。"

96 《帖撒罗尼迦后书》，3：6~14。

97 《使徒行传》，20：33~35。

98 阿奎那，《神学大全》，IIa-IIae Q.66 A.7全集。

99 洛克，《政府第二条约》，第16页。

100 穆勒，《政治经济学原理》，第142页；更多信息参见诺瓦克的《天主教伦理与资本主义精神》，尤其第151、285和287页。

101 阿奎那，《神学大全》，Ia-IIae Q.66 A.7全集："我的回答是，人权不能违背天赋权利或神授权力。"

102 阿奎那，《神学大全》，Ia-IIae Q.66 A.7全集。

103 阿奎那，《神学大全》，IIa-IIae Q.66，A6 R.O.1。

104 约翰·洛克，《公民政府第一要约》，第4章42节。此外，参见保罗·西格蒙德的二次文献，《圣·托马斯·阿奎那论政治学和伦理学》，尤其第73页。

105 "人可以得到外部事物的第二样东西就是事物的功用。"《提摩太前书》，6：17~18："又要嘱咐他们行善，在好事上富足，甘心施舍，乐意供给人。"《神学大全》，IIa-IIae Q.66，A2全集。

106 "律法的目的是使人习惯并乐意与他人分享自己的财产。"《神学大全》，Ia-IIae Q.105，A2 R.O.1。

107 "你进了邻舍的葡萄园，可以吃饱了葡萄，只是不可装在器皿中。"《申命记》，23：24~25。

108 "在你们的地收割庄稼，不可割尽田角，也不可拾取所遗落的。不可摘尽葡萄园的果子，也不可拾取葡萄园所掉的果子，要留给穷人和寄居的。我是耶和华你们的神。"《利未记》，19：9~10。

109 《使徒行传》，2：44~4：35。

110 《哥林多前书》，16：19；《罗马书》，16：5。

111 见霍斯利，《契约经济学》，第140页。

112 见霍斯利，《契约经济学》，第144页。在这些地方收藏中，保罗似乎是在旅途中边游览边写下信件的。

113 《哥林多前书》，14：23；《罗马书》，16：23。

114 《加拉太书》，2：1~10；《使徒行传》，15：6~41。

115 更多信息，参见路易斯的《四宗爱》，或者麦克洛斯基的《资产阶级的美德》，与《路易斯书信》进行比较，第225页。

116 劳里说："社会正义或者经济正义的最早迹象或概念来自于《旧约》中的《尼希米记》5：5。"劳里、戈尔东：《古代和中世纪的经济概念与社会正义概念》，第5页。《圣经》引文如下（《尼希米记》，5：1~8）：百姓和他们的妻大大呼号，埋怨他们的弟兄犹太人。有的说："我们和儿女人口众多，要去得粮食度命。"有的说："我们典了田地、葡萄园、房屋，要得粮食充饥。"有的说："我们已经指着田地、葡萄园，借了钱给王纳税。我们的身体与我们弟兄的身体一样；我们的儿女与他们的儿女一般。现在我们将要使儿女做人的仆婢，我们的女儿已有为婢的。我们并无力拯救，因为我们的田地、葡萄园已经归了别人。"我听见他们呼号，说这些话，便甚发怒。我心里筹划，就斥责贵胄和官长说："你们各人向弟兄取利"于是我招聚大会攻击他们。我对他们说："我们尽力赎回我们弟兄，就是卖与外邦的犹太人；你们还要卖弟兄，使我们赎回来吗？"他们就静默不语，无话可答。

117 霍斯利，《契约经济学》，第155页。

118 《路加福音》，12：31~33。

119 《哥林多后书》，9：6~7。

120 《哥林多后书》，8：11~15。

121 《哥林多前书》，16：1~3。

122 上帝天国不在那里。这在托马斯福音中有很好的描述："耶稣说：'如果你的领头人对你说，看，（父的）天国在空中，那么空中的鸟儿比你先到。'如果他们对你们说'天国在海中'，那么鱼儿比你先到。相反，天国就在你心中，而你现在还没有入住。"《托马斯福音》的《学者译本》中第3句，由斯蒂芬·帕特松和马尔温·梅耶尔完成。

123 路易斯对即将到来的上帝天国最好描述是："当今我们还在外面的俗世，在大门的另一面。我们认识到菲涅尔和意义的纯粹性，但是它们不会让我们变得清洁和纯净。我们不能将看得见的光华掺杂在一起。但是，《新约》其余的所有内容都说天国不会总是如此。有一天，上帝乐意了，我们就可以进入。"《荣耀的分量》，16~17。

124 具体例如《忏悔书》第VII册。

125 奥古斯丁，《论上帝之城》，第19册，第17章。"当我们应该达到宁静的天国时，这种尘世的生活应该让位于永恒。我们的身体仅仅是动物的躯壳，它的腐朽压垮了灵魂，但是高尚的肉体是没有任何需要的，各个组件都服从于意志的指挥。"相反，我们需要提到的是奥古斯丁试着抛弃柏拉图的极端说法，尤其是普罗提诺的思维和事物二元性。普罗提诺认为肉体有强烈的否定含义。在奥古斯丁的《叙事诗篇》142节第8句中可以找到更详细和精确的差别。更多详细信息请参见赛普的例证——《与肉体斗争：波尔菲里和奥古斯丁的灵肉二元论》。

126 德雷克和法尔肯贝格，《现代哲学的历史》，第13页。

127 尽管阿奎那的一大部分学说都是来自亚里士多德，但也不是生吞活剥地全盘接受，而是大大简化了托马斯主义的证明，认为那仅仅是另一种伪装——重新施洗过的。他引用亚里士多德是为了无须重复已经完成的证明，而非出于盲目的尊敬。与布拉邦的西格这位同辈相反，西格宣扬获得哲学家的看法完全比获得真相更重要。阿奎那认为捍卫真相更重要，而非亚里士多德。相反，在某些问题上阿奎那指出亚里士多德的错误论证，而在有些问题上他更倾向于奥古斯丁或者新柏拉图学派狄奥尼修斯·阿瑞俄珀吉塔的看法。

128 真相是历史上的天主教会开始成为柏拉图学派信徒；而且有点过于沉迷于这个学派。切斯特顿，《圣·托马斯·阿奎那》，第36页。

129 彼普尔，《托马斯·阿奎那导读》，第121页。

130 彼普尔，《托马斯·阿奎那导读》，第142页。

131 阿奎那，《反异教》，第III册，Q.7，第3节。要解释完全的逻辑性是这样的："在这些讨论中，变得显而易见的是本质上没有罪恶。事实上，邪恶仅仅是丧失了某些东西而已。这些东西原本是有的……现在，缺乏不是本质；相反，它是一种物质否定。因此，邪恶不是事物的本质。还是，每种事物实际上都是与其本质契合的。在它存在的程度上，就会有好的东西；因为，如果善是所有人渴望的，那么存在本身就一定被称做善，因为所有人都希望善。从而，每个事物都是善的，因为都是实实在在存在的。现在，善恶是一对矛盾。因此，根据邪恶拥有本质的事实，没有什么是邪恶的。因此，没有什么东西在本质上是邪恶的……现在，存在的万事万物一切行动都是向善的，正如已经证明的那样。因此，存在的东西没有任何一样是邪恶的。"

132 托马斯·阿奎那，《神学大全》，I.Q8（上帝是否存在于万事万物中？）A1，全集。

133 诺瓦克，《民主资本主义精神》，第71、96页。

134 托马斯·阿奎那，《神学大全》，I.Q44，A2，全集。

135 《提摩太前书》，4：4。

136 奥古斯丁的见解引用于《神学大全》，Ia-IIea Q4，A6，全集。引文原出于奥古斯丁的《论上帝之城》，XXII，26。

137 切斯特顿，《圣·托马斯·阿奎那》，第91页。

138 霍布斯，《极权国家》，129："把他们通过对惩罚的恐惧与圣约履行联系起来……正义、公道、朴素、仁慈，总而言之自发地为他人做事。正如希望他人对我们做的那样，不对某些力量感到恐惧……与我们自然的热情相反的事。"

139 阿奎那，《反异教大全》，第III册，第11章（章节标题为"邪恶以善行为基础"）。"从上述的讨论也可以看到任何邪恶都是基于某些善行的。实际上，罪恶本身是无法存在的，因为它没有实体，正如我们已经证明的。"

140 同上，第12章。在第7章中，他总结说某些快乐"是不可能存在的，存在的也是邪恶……通过这种讨论，驳斥了摩尼教徒的错误，因为他们声称某些事物的本性是邪恶的"。

141 同上，第4章、第6章和第7章。

142 同上，第14章。"因此，很明显，邪恶是一个偶然原因，不能是本身的直接原因。"或在第III册的第71章："代理人做邪恶的事是不可能的，除非根据代理人打算做善事的事实。"

143 同上，Q18，A1。

144 同上，Q71，A2，OTC，在此引用奥古斯丁（De Lib.Arb.III，13）的话"所有恶行仅仅是因为本身是错误的，是违反本性的"。

145 '……仿佛有人自愿做坏事。我非常肯定的是没有哪个明智的人认为人会自愿犯错或自愿做错事、做坏事。人们熟知任何做错事或做坏事的人都是身不由己的。"柏拉图,《普罗塔哥拉》,345d-e。

146 《马可福音》,7：20~23；《耶利米书》,17：9。

147 '康健的人用不着医生,有病的人才用得着。"《马可福音》,2：17。"他愿意万人得救,明白真道。"《提摩太前书》,2：4。

148 阿奎那,《神学大全》,I.Q22,A2,R.O.2。

149 阿奎那,《反异教大全》,第III册,第71章。

150 同上,第7节。

151 在发行时,寓言挑动很大的流言(哈耶克,《哲学、政治学、经济学和历史概念新研究》,第252页),我们随后将看到为什么。

152 哈耶克,《哲学、政治学、经济学和历史概念新研究》,第252页,引文来自《神学大全》,IIa-IIae.Q78,A.2。

153 阿里斯托芬,《Ecclesiazusae》,第289页。哈耶克引用了经济思想趋势：《政治经济学家与经济思想论文集》,第III卷,85。另见《哲学、政治学、经济学和历史概念新研究》,第254页。

154 阿奎那,《反异教大全》,第I册,第95章。

155 阿奎那,《神学大全》,I.Q22,A2,R.O.2。

156 《以赛亚书》,45：7。

157 《阿摩司书》,3：6。这样,韦斯利的注释注解了诗句："邪恶……无论是他(上帝)直接做的,还是借由仆从做的。无论什么方法,上帝是当事人的代理人。他的口中同时流淌着善良和邪恶。"马太·亨利精辟解说如是："罪的邪恶来自于我们自己,是我们自己做的事；但是邪恶的苦恼来自于上帝,是他做的事,无论谁都是他的工具。"

158 《创世记》,3：22。

159 阿奎那,《神学大全》,I.Q92,A1,R.O.3。

160 阿奎那,《神学大全》,IIa-IIae Q.78 A4全集。

161 歌德,《浮士德》,第一部分第3幕。

162 诺瓦克,《民主资本主义精神》,第IV章："罪"。

163 《以西结书》,28：11~19。这种逆反推罗王的预言能力如此有说服力,它最后变得完全与堕落天使撒旦联系。因为它的说服力和诗意,我们可以完全引用过来："你无所不备,智慧充足,全然美丽。你曾在伊甸神的园中,佩戴各样宝石,就是红宝石、红璧玺、金刚石、水苍玉、红玛瑙、碧玉、蓝宝石、绿宝石、红玉和黄金,又有精美的鼓笛在你那里,都是在你受造之日预备齐全的……我将你安置在神的圣山上,你在发光如火的宝石中间往来……因你……强暴……犯罪……亵渎圣地,就从神的山驱逐你……我已将你从发光如火的宝石中除灭。你因美丽心中高傲,又因荣光败坏智慧,我已将你摔倒在地,使你倒在君王面前,好叫他们目睹眼见。你因罪孽众多,贸易不公,就亵渎你那里的圣所。故此,我使火从你中间发出烧灭你,使你在所有观看的人眼前变为地上的炉灰。各国民中，凡认识你的都为你惊奇。你令人惊恐，不再存留于世，直到永远。"

164 阿奎那，《神学大全》，I.，Q97，A4，全集；另见阿奎那，《反异教大全》，第III册，第117章。"动物群居"的说法和概念取自亚里士多德。另见托马斯·阿奎那，《天国》，"论塞浦路斯王的王权"："然而于人来说比其他任何动物更具备社会性和政治性，人群体而居。"第1册第1章，第4段。

165 相反，为了避免可能的误解，应该注意到阿奎那的人是个体的人——以个体形式存在（参见《反异教大全》，第III册，第113章），灵魂是各异的（西格蒙德，第137页）。当时连这个问题也不解释。同样产生了同伊斯兰教哲学家斗争的怒火。伊斯兰教哲学家认为所有的人都拥有共同的理性。

166 《创世记》，2：18。

167 "因为人生来就是社会性动物，所以在无罪的状态下应该过社会性生活。"《神学大全》，I.Q97，A4，全集。

168 阿奎那，《反异教大全》，第III册，第117章（这种伙伴被称为"神圣的律法注定我们要爱邻居"）。

169 同上，第128章。

170 阿奎那，《De Regio》，第1册，第1章，第8段。

171 同上，第1章。

172 《箴言》，3：5。

173 路德，《威滕伯格最后的布道者》，51：126节，7 ff行。全部引文如下："但是因为魔鬼的新娘——理性，一个貌美的罪恶，走了进来。我们认为她很聪明，她说的和想的都来自可以帮助我们的圣灵，那又如何呢？不是法官，不是医生，不是国王或帝王，因为（理性）是魔鬼最大的罪恶。"另见纳尔逊，《宗教经济学》，第131页。

174 阿奎那，《反异教大全》，第I册，第7章，第1节。

175 同上，第II册，第3章。另见彼普尔，《托马斯·阿奎那导读》。

176 参见切斯特顿，《圣·托马斯·阿奎那》。

177 同上。

178 《神学大全》，第I册，第2章，Q76，A.2。

179 "因此醉酒（诸如此类）是一种致命的罪孽，因为它使人自愿、故意丧失自己使用理性的权利，而理性使人能够遵守道德和避免罪孽。"《神学大全》，IIa–IIae Q150，A2。

180 笛卡儿，《方法论》，此外见《沉思录》中的类似话题。

181 《De Regno导读》，第I册，第1章。

182 齐美尔，《齐美尔论文化》，第176页。

第5章
CHAPTER 5

笛卡儿——机械力学
DESCARTES THE MECHANIC

- 笛卡儿——机械力学
- 人就是机器
- 我思故我在
- 模范与神话
- 关于怀疑的疑问
- 循环的膨胀理性
- 人总是独自做梦
- 结论：客观性与多彩性

笛卡儿哲学就是关于经济理论的观点。

这些是经济人的根基，是个可以想象得到的关于人的狭义

概念……

——皮耶罗·穆勒

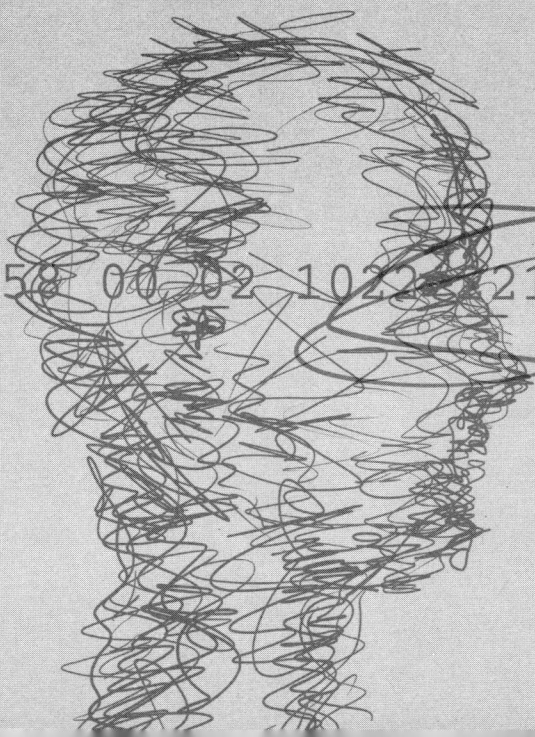

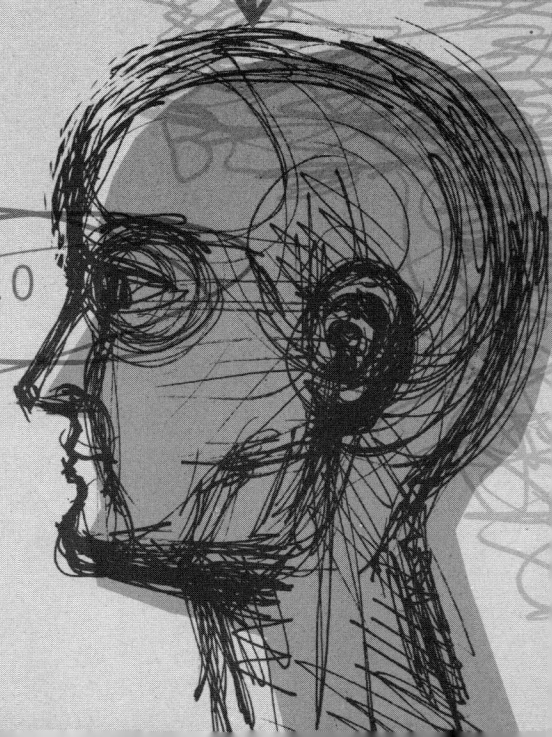

笛卡儿——机械力学

到目前为止，神话、信仰和宗教是解释我们所处世界的关键，包括这个世界的"经济学"特征。学术时代的到来改变了这一切（或者正如我们随后将看到的，这个世界已经被改变）。科学时代制订的目标是普及一种研究世界的方式，不允许有任何疑问存在，避免出现任何主观的、有争议的因素。或许现在的这个时代最重要的特征是从强调"为什么"变成"怎么做"。科学时代试图解密我们所处的世界；用机械、数学、确定性和理性的外衣来呈现一切，摈除那些不能通过验证确定的规则，例如信仰和宗教。但是，即使在"怎么做"这方面，我们所处的世界迄今的确还保守着自己的秘密。

经济学被归类为一门社会科学，主要是关于机械力学、数学、确定性和理性世界的学说（主流是经济学）。因此，对这种策略予以恰如其分的关注是很重要的。对于那些考虑这些事物的经济学家来说，理解笛卡儿的观点是至关重要的，因为"笛卡儿哲学就是经济状况"。[1]

人就是机器

毫无疑问，笛卡儿认识世界的科学方法代表了一种巨大的突破性进步。这对于经济学家来说在两个方面都是成立的。我们看到市场无形之手的概念在斯密以前很久的时代就存在了。经济人从艾庇拉斯那里获得道德修养，但是从笛卡儿那里获得数学和机械知识。早就有希腊哲学家毕达哥拉斯[2]认为数学是所有事物的固有法则（完全是后现代精神，我们最近的见解只有通过回顾和整合过去的故事才能创造出来）。当然，笛卡儿的概念成为经济科学的绝对关键方法论，即使不是决定性的。经济学在笛卡儿的概念得到普遍再认识的时候才开始真正发展。最初的经济学家广泛讨论了知识理论。他们被证实全部都是笛卡儿的继承人。约翰·洛克和大卫·休姆把笛卡儿的概念带到英国。通过他们，笛卡儿的学说同样深入经济学——而且至今仍维持着稳固的核心地位。没有哪门社会科学在经济学中像笛卡儿哲学一样得到如此多的热情欢迎。笛卡儿的卓越成就包括哪些部分？他的理论对经济学家的根本意义是什么？

在理所当然的程度上，笛卡儿被广泛认为是科学的奠基人。[3] 他在好几个领域直接改变了人们对世界的看法[4]和人类学对存在的理解。这种科学上的（再）构建为人类学带去冲击。穆勒和边沁的功利主义微积分就是笛卡儿对道德和经济学产生影响的例证。随后通过不断改良，笛卡儿哲学成为现代经济学的固有部分。

首先，笛卡儿试着去摒除传统、神话和迷信，尤其是主观的非系统性行为（把这理解为对情感和情绪的依赖）。这样做之后，他为系统性检验世界新方法的可靠（客观）根据打下了坚实的基础。我们随后会看到他如何设法达到这个目标。

其次，在亚里士多德学派的原子论相对占主导的中世纪之后，出现了关于物质和精神两极存在的古代二元理论——只有灵魂在某种程度上可以用精神代替，因此二元论重返现实世界，但在伦理学上的地位并不如认识论。人是物质和精神之间仅有的联系，正如古代二元论概念一样（人总是处于善恶之间）。在此，即使在理性主义者的立场看来，精神高于物质这点能成立，当今的经济学家也能够在不确定与经验主义现实的联系时，就创造出自己的模型。

再次，由于受当时技术进步的蛊惑，现实的存在论本质中引入了数学机械学的概念。然后，机械学的地位从机械的相对狭义使用一跃成为存在论框架的最高构件。[5] 如果在希伯来人的概念中道德是现实的主要本质，是对基督信徒的仁慈和对奥古斯丁的热爱，那么机械学就成为笛卡儿臂膀的主要本质。我们等下再回到这种概念的难点上来，但在此让我们介绍一下值得注意的穆勒观点："然而，他对思考不是十分注重，笛卡儿实际上仅赋予思想十分不充分的作用。发现之路有很多，但是他却声称只有一条——数学。"[6]

人类学的衰落与数学精神衰落有关。在这样一个世界里，没有情感、机会或任何空余的空间。一切都因确定性的机械时效和机械手表的精密度而彼此相关。笛卡儿和他的继承人"在实践上用数学术语表达一切——宇宙、国家、人体，甚至人类的冲动和道德"。[7]

笛卡儿的机械力学在他自己的例证中有极好的概括。他认为身体"仅仅是一座塑像或者一台泥做的机器"，其功用来自简单的机械原理，与"仪表、人造喷泉、磨坊及其他机器"一样。[8] 这种原理的假设是知道如何解释一切——甚至是迄今心理学仍在努力尝试解释的事物："实际上我们可以把我描述的机器中枢系统与喷泉管道装置进行比较……与各种各样的装置和弦线比较。"[9] 这种信仰在当今的经济学中仍然十分强大——经济人是一种机械构造，工作基于绝对可靠的数学原理和纯粹的机械力学，经济学家甚至能够解释内心的动机。

在爱奥尼亚哲学家的精神里，笛卡儿把整个世界转换为个人存在的基本参数。个人代表着空间位置分布情况，或者广延实体——所有物质的共同点。对于笛卡儿来说，世界的存在仅仅是唯一的："苍天和大地的物质是相同的。"[10] 他的方法学一元论（将一切转换或推断为唯一原理）以及精神与物质对等的看法在当今的经济学中起着主导作用。可以理解的是，这种统一的、根本的、解释一切的原理认为经济学差不多在任何情况下都能获得赞同，其本身就是一种裨益。

我思故我在

笛卡儿对经济人类学有着真正的突破性进步影响，至少应该大概总结一下他的概念。笛卡儿力求抛弃任何稍有疑问的东西。为了实现这个目标，他忘掉了自己知道的一切和感官告诉他的一切，只是集中精力于逻辑思维。最后，他开始信服有些事情对这些思想的考虑——他自己践行的思想——是一定存在的。[11]

他得出了著名的结论"我思故我在"。他的哲学以这种全新的、而且依照他的信念是牢固的基石为基础。随后他开始为上帝的存在提供证据——因为他在思想中发现自己的概念。然后更进一步，在著作的后半部分中，他得出了关于物质客体和空间客观存在的原理。

由于物质客体（因此空间也是同样的）仅可以通过感知清楚地认识到，经验主义与理性主义发生冲突。但是笛卡儿努力坚持理性主义的方法论，自己另辟蹊径。当然，如果某物的感受状态不同于理性，那么理性就是正确的。即使我们看不到真实，相信逻辑上的解释也更合理。此外，对于我们的感官来说，事物的存在也是不可思议的。感官在某些方面又瞎又哑，而理性可以获得感官不能实现的成功。即使粒子"实际上"不能再无穷分裂，我们也能够对我们的思想（假想）进行分割。因此，现实世界是关于理性世界的再现，而非我们根据"纯粹"经验认识的世界。

但是，如果我们不相信自己的感官，又如何保证现象的客观世界（关于空间的客观世界）在根本上是存在的？我们如何知道它不仅仅是一场梦？若非假设上帝在蒙蔽我们，那我们"看到"的一切不仅仅是空间、物质和时间的错觉？在某些方面，笛卡儿认为外部世界是一场连续不断的梦，在客观上是不存在的。正如笛卡儿写道，这是假设上帝希望蒙蔽我们。这对于他来说是一个不可接受的概念。他没有分析从何处获得自己的确信，仅仅是依赖一种神学证明，以及基督教关于上帝给予光明的理解。[12] 如果上帝是最正确的、尽善尽美的，他就不希望蒙蔽我们。如果我们假定上帝没有用梦幻这种鸦片使我们迷醉，[13] 那么我们一定可以得出如下结论，外部的物质世界实际上是存在的，而且我们可以研究这个物质世界。这又是什么"科学证据"？

在所有的物质事物中，笛卡儿首先研究的是我们的身体。人的身体属于物质世界的范畴，但又是一个例外，因为在某些方面与我们的精神联系在一起，精神是非物质的。存在于空间中的物质作用于我们的身体。身体的作用是媒介，因此物质与我们的理性通过感官沟通。另一个阶段导致关于事物本质的验证是事物对我们身体的作用——笛卡儿探求法则中的物质。这不是通过感官在可知觉的任何东西中看到的（例如色彩、硬度、温度、材料等），而仅仅在结构中发现一切。事物的结构可以描述为三个数学特征——结构的长、宽、高（在笛卡儿体系中，这些元素表示为x、y和z坐标轴）。[14] 可以由石头的例子知道为什么物质的性质由空间结构决定。我们想象一下，通过打碎石头，我们可以得知石头的硬度；我们也可以回想没有颜色的石头是透明的；我们可以分辨石头的重量、冷暖触觉和所有类似的其他特征。我们唯一不能分辨石头的本质是它的三维结构（广延实体）。这种本质与空间一致。[15]

模范与神话

在理性主义者笛卡儿手中，经验主义的知觉（在后来中世纪的学究传统中被当成与理性一致）遭遇失败，而在更接近"真实"的斗争中，理性获胜。笛卡儿闭上眼睛沉思道："据此，我假设我看到的一切事物都是不真实的（虚构的）；我认为那些客体中没有哪个是那虚妄记忆表示曾经存在的；我假设我没有任何感官；我认为身体、图像、空间、位移和位置都仅仅是我思维的虚构事物。那么，到底存在什么可以被认为是真实的呢？或许仅仅是绝对的什么也不存在。"[16] 唯理论者与经验论者之间的斗争到后来还是毫无结果，说法不一而足；但是笛卡儿冲击了历史，在我们的感官缺陷中留下深深的烙印。

乔治·伯克利对此评论如下："感官的偏见和错误独独能发现自己，并让我们形成观点；而且，力图通过理性纠正这些问题，我们不知不觉地被带入陌生的悖论、困境和矛盾中。这些悖论、困境和矛盾在我们投机取巧时逐渐壮大、加强，最后，偏离到错综复杂的混乱中，我们才发觉自己到了什么地步，或更糟的是，陷入了孤独的怀疑论。"[17] 伽利略更加直截了当："新科学（笛卡儿哲学）强奸了我们的知觉。"[18]

我们可以把笛卡儿的哲学看成矛盾悖论的最好例子。尽管它的基础是错误的，笛卡儿科学方法成为当今主流经济学思想的主要指导思想。我们同样在经济学中看到了类似的重要性。包含内部矛盾的体系与真实在一定程度上相冲突。它常常基于纯粹的、故意的不现实假定，结果是得出愚蠢的极端结论。看来这种拥有一定寿命的体系不是由于其确定性或逻辑上的一致性，而是因为不存在一个竞争体系（库恩、拉卡托什、法伊尔阿本德以及后来的波普尔都对这些问题进行过大量的详细讨论）。[19] 因此，经济模型得以被接受不是因为其或多或少更符合实际（即使与真实的一致性的确使之更引人注目），而是因为其或多或少更具可信度、适用性、说服力或与我们内在主观对世界的运行信仰一致（与模仿的、继承的模范或偏见一致）。一个体系（或神话）替代或消灭另一个，科学模型和经济模型扮演的角色类似于神话。

这就是当神学神话被科学神话替代时发生的情况。我们应该注意，当笛卡儿如何悄悄地、小心地用科学神话取代神学神话时，他的结果如何。[20]

关于怀疑的疑问

笛卡儿希望区别纯粹的逻辑和理性，这个矛盾给我们提供了一种等同于无逻辑根据的概念、偏见和思维方式。他自己是相信的。他完全信任理性的思路导致了对他先前观点（偏见）的回归和肯定，或者正如笛卡儿变得多疑之前看到的那个世界一样（即使毋庸置疑的是他自己也有怀疑）。

笛卡儿关于上帝存在的"证据"是一个很好的例子。它建立于上帝存在于思想中的概念（正如笛卡儿支持的那样）之上；根据他自己的说法，如果上帝是不真实的，那么这就是不可能成立的。那么，他的论点到底说明了什么呢？

笛卡儿走到哪儿都会随身带着《圣经》和托马斯·阿奎那的《神学大全》，他写的东西也有关亲历的神秘现象。[21] 当然，如果他不是基督教徒，他就会发现有时得出希望的有效结论是很困难的。在提供证据证明经验主义"感知"世界的外部事物——或者发现精神领域以外的事物——存在的过程中，他作出了一个更加可笑的判断。简单来说，我们的感官被蒙蔽是不可想象的，由此他得出的结论是感官不能被蒙蔽。笛卡儿论证的方式明确地去掉了大部分传统和偏见，使自己的立足点更加稳固。

我们十分熟悉经济学中同样的方法。在经济学中基于精心选择的假设，我们得出的结论（可以理解的）已经包含了这种假设。所以，麦克洛斯基指出，保罗·萨缪尔森撰写的主流经济学教科书宝典《经济学》希望科学知识"无任何疑问，无任何抽象概念，无是非原则或个人信仰。它能够传达科学方法论……经济学科学家的形而上学、是非原则和个人信念。"[22]

科学家与前科学家之间的人类学差异是前科学家明确知道所指的假设（关于信仰和神话的文章），并积极接受它们（或者否定它们）。相反，现代人无意识地支持个人的（科学）信仰。宗教伴随着关于信仰的明确表白，[23]然而科学并非如此——尽管你同样相信科学。[24]仿佛是现代人对自己的（科学）信仰感到难为情。这很好，因为它不能被科学证实，无论如何不与我们的现代人类学一致。大家关于"科学信仰"的整个概念似乎是一个矛盾，却又不是。前科学家没有费心去考虑科学的证据，因此，就无须为自己的信仰感到羞耻（我们现在说这是偏见），就可以自由坦言。如今他们隐藏在假说的（没人用"我相信……"这样的话来肯定）但绝不会得到证实的格言中。然而，大多数科学信仰甚至连上面提到的格言都没有。这种信仰的基础更深刻，甚至深到我们无法得知的地步。这样，艾尔弗雷德·怀特海批评了笛卡儿的方法，否定了"那些令人难以置信的瓦解现代哲学的抽象观念的来源"。[25]

通过对于现实世界存在的自负（是的，就是自负）的怀疑，笛卡儿转了一圈又回到现实世界的存在上来（只是这一次有了"科学上的证据"）。如果他确实感到怀疑，就不能断言（连梦中也不能）自己相信经验主义世界。这是一个真实的而非虚伪的世界，也不能基于这些思路进行"求证"。因此，就产生了关于笛卡儿怀疑完整性的疑问。我们可以怀疑他的疑问。我们必须找到他研究的意义，因为如果它仅仅证实我们过去相信的一切，那所做的这些事又有什么用呢？

此外，实际上具有讽刺意味且十分矛盾的是，笛卡儿在梦中开始创造科学方法和科学论述的基础。[26]

循环的膨胀理性

康德后来又提出了这样的论断，认为纯理性需要一个外部的、经验主义的世界才能够考虑周全。换句话说，为了使理性得以有效，需要与外部世界或概念共同运行。对语言本身来说是完全无意义的抽象概念。而理性就其本身来说仅仅是重复膨胀；理性本身是空洞的。相反，经验主义本身没有解释，也缺乏意义，是无意识的、无意义的，因此不会存在。[27] 没有理性的感知，事实就没有用处。理性的感知是一定的理性准则，拥有自己的解释、名称和意义。正如考德威尔写道："至少对于科学来说，没有无理性的事实。" [28]

对于经济学家来说，笛卡儿对人性的贬低拥有更大的影响。自他那时起，对人的定义是由情绪而非逻辑推理完成的。有知觉的个体性减少了，消失在所有人完全相同的客观合理的普遍性中。不能计算或至少用数字代表的是把它当成不真实的假象。数学方程式成为真相的标准——冷冰冰的，拒人于千里之外，对所有个体都一样，在时间和空间上都是恒定不变的。人和现实简化为机械的数学微积分。如果这种简化不能得以执行，那么仿佛就是证实了知识的欠缺和愚昧——这样的保护使其成为未知的区域、神话和轻视的对象。

人总是独自做梦

这样，我们得出另一个结论，一个对于经济学来说十分重要的结论。

这样做之后，笛卡儿在个体的个性化方向上也走出了不为人知的一小步。笛卡儿的概念中对人的定义不是在社会环境下进行的——他不接受社会冲动。笛卡儿仍然完全停留在自己的梦境中。甚至在笛卡儿之前一千多年就进行了类似实践的柏拉图欺骗了感官，最后也得出这样的观点，一个人一生都是生活在自己梦幻的桎梏中（后来与朋友一道努力获得自由）。最后打破枷锁，摆脱桎桎，看到赤裸裸的现实。柏拉图关于桎梏的格言在他回忆那些向他求教的人并作答时显示出最大的光辉。但是笛卡儿封闭在自己的世界里，完全与世隔离。最后，理性不需要别人的存在。正如埃德蒙·胡塞尔说的："事实上，笛卡儿开创了一个全新的哲学形式。完全改变了哲学的风格，来了一个根本的转变：从朴素的客观主义到先验的主观主义。"[29]

从这种社会心理学的立场来看，很明确的是我们同样可以抨击笛卡儿最初的冥想和沉思。他那时开始创建著名的思想"我思故我在"。不过，同样也可以说——或许更有说服力——人获得所有的自我意识都是基于社会相互作用（正如柏拉图的故事描绘的那样）。[30]例如伊曼纽尔·康德、马丁·布贝尔、伊曼纽尔·莱维纳斯及其他站在这个阵营的哲学家，他们确定人类的存在是基于个体与他人的聚合。根据他们的说法，只有通过与其他人聚合在一起，才能支持"我存在"的概念。

结论：客观性与多彩性

最后，让我们提一提胡塞尔的另一种意见。笛卡儿努力树立一个全新的、不可动摇的科学基础，因此科学知识需要统一的标准，对于所有人不言而喻、不可争辩。简要地说，他努力解决客观性的问题（统一性或者观点的统一化），因此他可以摆脱对新哲学（科学）的质疑、怀疑、主观性和缘由的不统一性。他的新科学是每个人都将在客观上看法一致。换句话说，他希望消除任何疑惑。

如果我们回顾自身，将能看到发生了既不是科学见解又不是科学方式的统一化，个体哲学家（或者自然科学家，也会考虑到经济学家、社会学家或者医生）的见解根本不同。具体地说，经济学中连最基本模型的一致性都不存在，而方法论更不是统一的。得到更多认同的问题是领域的统一而非答案的一致。

科学并没有像笛卡儿希望的那样得以成功建立。科学中充满了怀疑。我们发觉自己处于类似笛卡儿之前的情况下，那时人们对世界的看法都是建立在宗教上的。仅有的差异是科学已经成为现代的宗教。稍稍浏览关于神话向科学变迁（或多或少是成功的）的过程之后，让我们回到经济思想的主体部分。让我们从影响了当今经济思想的个人开始研究，尽管事实是经济理论教科书中只有很少的部分涉及那个人。

注释···

1 穆勒，《哲学与经济学》，第24页。

2 "这种代数解析的出现同步于笛卡儿的解析几何学发现，然后是牛顿和莱布尼兹发明了微积分。事实上，如果毕达哥拉斯预见了他启发思想的问题，就会觉察到自己与秘密教派带来兴奋的密切关系十分合理……17世纪的科学史读起来仿佛是柏拉图或者毕达哥拉斯的某些栩栩如生的梦境。"怀特海，《科学与近代世界》，第32~34页。

3 有些作家认为库埃的尼古拉斯主教是现代科学的真正奠基人。"来自学究哲学的现代哲学"的第一个分支可以追溯到1450年，库埃的尼古拉斯完成名著《白痴》的年代。"复活"的过程是1644年笛卡儿的《哲学原理》完成的。见法尔肯贝格：《现代哲学史》，第27页。

4 "但是，哲学在笛卡儿和他的接班人手中再生是完全披着科学宇宙论的外衣。因为对理性的审视，终极概念的胜利证实了科学家对改良的抵制。每次哲学都是设法压制整体的束缚。科学的例子也影响到了思想的其他领域。因此，历史上的反叛被夸张，拒绝了哲学调和各种各样的方法论思想的抽象概念。思想是抽象的；而对抽象概念的偏狭使用是精神的主要错误。"怀特海，《科学与近代世界》，第19页。

5 "此外，在他的《哲学原理》中，他（笛卡儿）说：'通过我们的感官，我们对外部对象的形象（或者状况）、尺寸和动作意外的东西一无所知。'因此，身体被认为具有某些实际上没有的性质，事实上完全是思维的产物。因此，自然获得的功劳本质上应该留给我们自己；玫瑰本来就是有香气的；夜莺本来就是会唱歌的；而太阳本来就是会发光的。诗人完全是个错误。他们应该用抒情诗歌颂他们自己，歌颂人类思维卓越的可歌可泣。自然是暗淡的、无声的、无味的、无色的；只不过是物质的匆忙，它是无止境的、毫无意义的。然而，你为它掩饰，这就是17世纪封闭的典型科学哲学的实践成果。"怀特海，《科学与近代世界》，第56页。

6 穆勒，《哲学与经济学》，第24页。

7 穆勒，《哲学与经济学》，第18页。

8 笛卡儿，《论文集——人》，99，AT XI，第120页。

9 均来自笛卡儿：《论文集——人》，100，AT XI，第131页。

10 笛卡儿，《哲学原理》，第22段。

11 但是他也以另一种方式做这样的事："我有感觉，我'是我所爱，因此我是我'"，等等。

12 "上帝的首要特质被认为是：他是所有光明的绝对来源，因此他欺骗我们是完全荒谬的。"笛卡儿，《哲学原理》，第27页。

13 "无疑，上帝理应被认为是一个骗子，如果他自己直接根据我们的意见提出这种补充的材料，或者仅仅是通过某些既不延伸、又无动作的客体把它提供给我们。而我们很明显认为这种材料与上帝完全不同……因为上帝是不会欺骗我们的，这就是与他的上述本性矛盾之处。我们必须毫不犹豫地断定存在有长宽高的特定客体……"笛卡儿，《哲学原理》，第42页。

14 "而实际上，正如我意识到的色彩、声音、气味、味道、温度、硬度等方面的差异，我有把握断定，在进行各种感官知觉的人体内存在与这些分类相对应的特定多样性，尽管在现实中或许与它们不一样，"笛卡儿，《方法导论》，第135页，以及"我们意识到我们的感官除了能感知到光、色彩、气味、味道、声音和触觉之外什么也无法感知；我最近对此进行了说明，仅此而已，至少就它们在我们所知的程度上来说如此，不过是客体的特定因素，包括尺寸、形象和动作。"笛卡儿，《哲学原理》，第57页，第V节，"论世界"，第CXCIX段。

15 见安泽恩鲍切尔，《哲学入门》，第79页。

16 笛卡儿，《沉思录》，第2节，第1章。

17 伯克利，《关于人类知识原理的论文集》，第9页。

18 节选自阿伦特的《人类条件》，第274页，n31条；取自伽利略《关于两种世界体系的对话》。

19 此领域的优秀二次文献来自捷克作家法伊库斯的《当代哲学与科学方法论》，或穆勒的《哲学与经济学》、《经济理论发展起源》，或考德威尔的《超越实证哲学，20世纪中的经济学方法论》。

20 因此"科学知识贬低为科学成员的集体看法"，见雷德曼的《经济学与科学哲学》，22，她应用茫佩的《科学理论结构》（第647~648页）概括了库恩的观点。

21 更多关于笛卡儿的《沉思录》或他对耶茨看法的内容参考《炼金术士的启蒙运动》，第152页："笛卡儿在多瑙河河畔过冬，坐在德国造的火炉边取暖，然后就进入了一连串的意味深长的沉思。在1619年11月10日的晚上，他做了一个梦，似乎是他最主要的经历，引导他走向对数学的信仰，认为数学是理解自然的唯一关键。"文艺复兴中关于圣经注解著作的重要性，见法伊尔阿本德的《反方法》，第35页："亚里士多德和托勒玫之后，地球是运动的这个概念——奇怪的、古老的、完全'荒谬'的毕达哥拉斯观点——被抛入历史的废纸篓中，直到被哥白尼复活，哥白尼把这个观点进一步打造成击败对手的武器。炼金术著作在这种复兴中扮演着重要的作用，这个观点的复兴仍然没有得到充分理解，只有伟大的牛顿自己对其进行了仔细研究。"另见耶茨，《乔达诺·布鲁诺与炼金术传统》，具体见第VIII章。文艺复兴的魔法与科学："对于笛卡儿哲学的新学派来说，文艺复兴的万物有灵论基本定律与炼金术根据是研究世界的绝对过时的方法。在伟大的17世纪进步中，科学代替了魔法。"第395页。

22 麦克洛斯基，《经济学修辞》，第16页。

23 例如，使徒关于信仰的坦白如下："我相信上帝是万能的，是天国和凡间的创造者。"

24 "以事物为起点，我们不能发现纯粹的随机神秘性的是信仰。对自然规律的信仰让科学的发展成为可能，这是一个关于更深层次信仰的具体例子。这种信仰不能通过任何归纳的一般化进行证明。"怀特海，《科学与近代世界》，第20页。

25 怀特海，《科学与近代世界》，第82页。

26 "它是思想史上意味深长的讽刺之一，通过那些在可能的自然哲学中引起关于体制的概念，机械科学的发展本身就是一个文艺复兴魔术传统的结果。"耶茨,《炼金术士启蒙运动》,第150页。弗朗西斯·耶茨是该领域中受人尊敬的权威。

27 如果意义没有解释性的框架、没有说明性的理论,那么我们就不能很好地认识到没有框架、描述、解释和意义的事实。

28 考德威尔,《超越实证哲学》,第48页。

29 胡塞尔,《笛卡儿的深思》,第4页。

30 与穆勒的《哲学与经济学》(第174页)中马克思的立场进行比较。

第6章
CHAPTER 6

伯纳德·曼德维尔的罪恶之巢
BERNARD MANDEVILLE'S
BEEHIVE OF VICE

- 伯纳德·曼德维尔的罪恶之巢
- 经济人的诞生
- 骗子也会变老实
- 罪恶之歌——国家财富的根源
- 市场无形之手及其原型
- 结论——曼德维尔是第一位现代经济学家

万民中最坏的人也会从事公益活动。
　　　　　　　　　　——伯纳德·曼德维尔

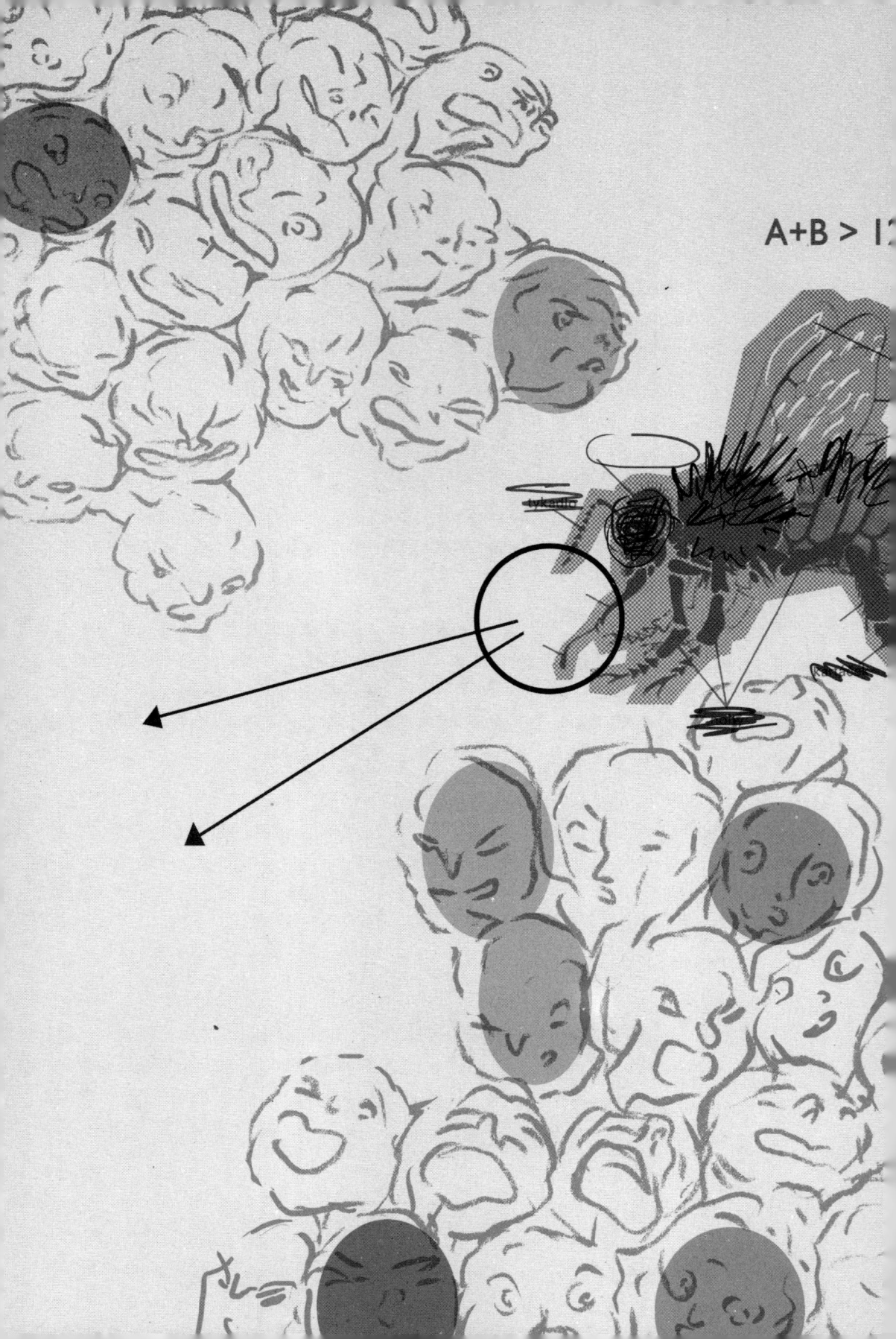

A+B > 12

伯纳德·曼德维尔的罪恶之巢

正如《旧约》中某章声称的，自从出现了主流经济学思想之后，伦理学就消失了。关于道德的辩论被认为在利润原则和财富方面过于缺乏热情。对于经济学家来说，伦理学是枯燥无味的、毫不相干的，完全没有讨论伦理学的必要——只要信赖市场无形之手就足够了。个人的恶习（例如自私自利）会自动转变为公益（例如效率的提高）。同样，我们看到历史性的讽刺——正如我们很快知道的，关于市场无形之手的概念实际上源于伦理研究，但是大约百年之后伦理问题消失了，而经济学完全独立于伦理学。形势发生了非比寻常的逆转。亚当·斯密、托马斯·马尔萨斯、约翰·穆勒、约翰·洛克都是伟大的古典自由经济学之父，也是最重要的伦理哲学家。[1] 百年后，经济学成为一门数学化的、确定性的科学，充满了图形、方程式和表格，再也没有伦理学的任何空间。

为什么会发生这种情况？我们必须研究伯纳德·曼德维尔的一个重要答案。他可能没有亚当·斯密那么著名，但他却是我们迄今所知道的市场无形之手概念的真正创始人。关于市场无形之手的理论在当今被错误地归功于亚当·斯密，这个理论为我们留下了关于经济学伦理的深刻印象——它主张个人伦理道德无关紧要；任何事情无论是否符合伦理道德规范，都会影响到公共福利。

恰好在无形之手法则起作用的那一瞬间，伦理学变得无关紧要。我们在《旧约》中领会的伦理学与经济学之间的关系发生了逆转。连同曼德维尔本人，人们开始对"罪恶越大，产生的公共福利就越多"的观点进行讨论。这当然是一个历史性的讽刺，亚当·斯密明显地、彻底地、清楚地超越了伯纳德·曼德维尔提出的市场无形之手的概念。当今经济学家关注的是重新回到伦理学上，规范的内化作用成为一个诱人的领域。人们开始普遍认识到，经济学在人们都遵循博弈规则的伦理环境中效益更佳。在各种各样的标签下（商业环境质量、公司管理、透明度、非正式机构调查等），受人尊敬的全球机构开始关注伦理学对经济的影响。注意力又回到了开始的状态，希伯来人的概念回归了，那时伦理学比经济学更胜一筹。这也是亚当·斯密承认的观念。[2] 而爱挑刺的诗人伯纳德·曼德维尔一开始就指出了这一点。

经济人的诞生

> "我推想，世上至今，
>
> 绝不会出现一本像
>
> 马基雅弗利的著作那样的书。
>
> 但是曼德维尔走得更远、更远。"
>
> ——约翰·韦斯利[3]

即使曼德维尔仍然多少被其他更著名学者的光辉所掩盖，但他的确是第一个明确考虑经济学、经济学福利以及其与伦理学关系的人。他是最先系统地认识到个人对社会的无意识影响，并公开提出社会福利可以而且必须基于自我主义的人。他为自己的概念的辩护方式十分大胆、有启发性和独创性。回顾一下，有迹象表明他的某些观点可以在很多古代著作中找到（正如我们已经在苏美尔人、希伯来人和托马斯·阿奎那的学说中看到的）。不过，很清楚的是曼德维尔引进了这样的概念，认为个人的道德败坏会引起整体经济福利的进步。从这种立场来看，我们可以认为曼德维尔而非亚当·斯密是第一位真正的经济学家。

他也是独一无二的，在诗句中谈到了经济学话题。在简短的、生动活泼的诗句中，他创造了一个独特的综合思想体系，彻底超越了之前众所周知的所有伦理概念和社会概念。

骗子也会变老实

若没有与之相伴的争论，伟大的概念就难以真正互相较量。伯纳德·曼德维尔的故事在当时挑起了激烈的公议——正如我们将看到的，得罪最多的正是亚当·斯密本人。同样，经济学家也普遍认为亚当·斯密是伯纳德·曼德维尔概念的支持者。

曼德维尔最初靠翻译和写作神话故事过日子。他通过简单的工作获得声望，他的作品深得大众欢迎，例如《蜜蜂的寓言：私人的恶毒，公众的利益》。他以诗句形式体现的寓言于1714年首次出版，但是直到1723年再版时才激起公议。他突然发现自己处在18世纪最火热讨论的中心。

评论曼德维尔的人数在迅速增长，连当时著名的人物也加入其中，例如乔治·伯克利、弗朗西斯·哈奇森、阿奇博尔德·坎贝尔、约翰·丹尼斯和亚当·斯密。他断言曼德维尔的学说"差不多是最严重的错误"。[4]英国神学家约翰·韦斯利把曼德维尔比做邪恶的马基雅弗利。曼德维尔的概念在官方是严令禁止的；在法国，他的著作被刽子手当街烧毁。很多人认为他是反基督者，甚至大卫·休姆和吉恩·雅克·卢梭也加入反对他的队伍中。

诗一开始是对繁荣社会的描述，繁荣社会的特征与当时英国社会制度相对应。在此，罪恶假借和平社会的名义得以发展壮大。没有哪笔交易不充满欺诈，也没有哪个政府当局不存在贿赂和贪污：

因此，各行各业都充满了罪恶，

然而整体上却是个天堂。[5]

但是蜜蜂在抗议，相信它们在公正和诚信的社会中会过得更好。

蜜蜂的上帝——朱庇特主神，倾听了它们的恳求，把蜜蜂变成诚实的、善良的生物。

从那天起，法庭寂静了。

因为现在债户乐意还债，

甚至连债主遗忘的都还上了；

债主拒绝收款，认为没有债务。

而那些犯错误的人站着不说话，

丢下傻瓜们让人恼火的请求。[6]

但是，我们来看看到底发生了什么：蜂巢没有变得更繁荣，蜜蜂们也没有过得比以前更好，而是发生了完全相反的情况。很多蜜蜂失去了工作，因为只要少量的工作就可以在社会中活命，生活中有很多东西都是不必要的。法官、律师和守卫者们都失去了工作，官僚监督的执行也不再是必要的。因为奢侈品和饕餮大餐消失了，老百姓——农民、仆人、鞋匠和裁缝——都由于商品需要的减少而遭受损失。蜜蜂的国度变得热爱和平，因此不再武装自身。寓言的结局是可怕的——蜂巢里的蜜蜂大批死亡，只有少部分活了下来，因为其他的蜜蜂不需要工作，而且不能够维持自己的生计。最后，另一群蜜蜂把原来的蜜蜂从蜂巢中赶了出去，而流离失所的蜜蜂只好找一棵倒下的树遮风避雨。

罪恶之歌——国家财富的根源

> 骄傲与自负比所有美德加在一起都多。
>
> ——伯纳德·曼德维尔[7]

曼德维尔在一个目标上成为他那个时代的苦涩映像。用他自己的话说，指出了我们的伪善。[8] 我们咒骂罪恶，试图无论如何也要让它从世界上消失。即使如此，我们的福利仍然来自于它。如果曼德维尔生活在适合于咒骂罪恶的社会中，那么我们要多多感谢的恰好也是同样（憎恶的）罪恶。为此，他不再诅咒罪恶，而是决定投入对罪恶的赞美中。蜜蜂之神施与的美德是对蜂巢伪善的惩罚，因为蜜蜂的罪不是邪恶而是伪善。同时，曼德维尔没有忙于为罪恶辩护——他依旧认为罪是邪恶的。

尽管试图这么做，社会却绝不会摈除罪恶："人们认为别人给他们一些东西会过得更好，但是人类那么多年来仍然保持同样的水平。虽然有很多启发性的、煞费苦心的著作在力图促使进步，但是我完全不认为有希望从这么琐碎的事情中得到更好的结果。"[9]

曼德维尔甚至认为"坏事是和伟大的、强势的社会分不开的"。[10] 可以拿罪恶与街道上的垃圾相比——是的，它确实使人厌恶，它会弄脏我们的鞋子和衣服，放慢我们的速度，影响美观，但它是每个城市不可分割的一部分。"肮脏的街道是无可避免之灾祸"，[11] "时时刻刻都会产生新的垃圾"。[12] 但是，如果有人决定消灭邪恶（若没有奇迹和直接的神圣干预——必须指出的是，包括邪恶的干预，曼德维尔无法想象会发生这样的改变），一定会付出很高的代价。所以，罪恶对经济是有帮助的。

这就是那种状态的福利；

罪恶促成了自己的伟大。[13]

根据曼德维尔的观点，我们应该感谢罪恶和非道德的作用。只要灵活应用，事实上是国家财富的基础。用更现代的语言来说，罪恶是有效需求的放大器，成为经济的驱动因素。亚当·斯密研究的是国家财富形成的原因，而曼德维尔发现了罪恶与经济制度联系在一起。

奇怪而荒谬的罪恶产生了，

转而改变了交易。[14]

如果我们要承认一个诚信社会的存在，就必须跟经济繁荣说再见。曼德维尔自己也没有偏爱两者的哪个产物，而是仅仅对每种制度作了解释。"宗教是一码事，交易是另一码事。"[15] 如果关于宗教的理想在具体社会中得以实现，那么将产生一个贫穷的、"单纯到愚蠢的"[16]社会。人们必须在伦理和繁荣之间作出抉择。于此存在的选择是："因此（人们不公正地）断定，没有骄傲或奢侈品，吃的、穿的和消费的东西还是一样好；使用的手工艺品和新玩意儿还是一样多；而且国家与罪恶盛行之处一样繁荣。"[17] 曼德维尔实际上把国家财富归功于罪恶："让我们对那些使一个国家强大和富有的必要因素进行研究。任何人类社会最称心如意的是拥有肥沃的土壤、宜人的气候以及温和的政府……在这些条件下，人们可以尽可能地表现自己的善良和正直，没有任何人伤害到公众，人们愿意怎样快乐就怎样快乐。但是人们就没有了艺术或科学。拥有比好邻居带来的更多宁静，人们一定会贫穷、无知，差不多完全缺乏所谓的'小康生活'以及任何重要的美德，他们甚至不能弄到一件过得去的外套或一个饭锅。因为在这种懒惰、安逸、愚蠢、无知的状态下，你不需要对罪恶感到恐惧，因此你就一定不能指望任何重要的美德。

"如果你认为人类社会是重要的、强大的，那么你一定接触到了人们的热情……骄傲让人们老老实实地工作。教会他们进行交易和制作手工艺品；人们之间互相嫉妒、竞争；提高数量，建立各种各样的制造业；开垦一切可以开发的土地……人人的行为都是合法的，每个人都按照自己愿意的方式思考……充分利用人们的恐惧，用艺术和勤奋平复了人们的自负……教会他们与外国通商……这将带来财富，无论出现在哪儿，都将很快带来艺术和科学……

"但是，倘若你处于一个朴素的、诚信的社会中，最佳做法是以天然的简朴来保全人类……消除可以提高人们欲望或者改善理解力的每一件事情。"[18]

在他的寓言中，曼德维尔关于经济周期的原因提出了一种独特的、引起争论的描述。上帝让蜂巢不知不觉地陷入经济衰退是因为蜜蜂的诚信。他完全走到了思想的另一个极端，而非像我们描述的希伯来人那样。希伯来人认为如果人们都老老实实行事的话，国家就会取得更好的经济效益。根据曼德维尔的见解，彻底消除邪恶必然导致更大的邪恶——蜂巢中大多数蜜蜂死去，群体全面遭遇失败。消除部分的邪恶导致了更大的邪恶，因为：

最糟的是，民众

做了公益的事。[19]

正如神话中的惯例一样，我们最后发现了一种"寓意"——

那么，如果没有怨言，

傻瓜只有努力

创造一个伟大的诚信蜂巢。

然后享受世界的方便，

远离战争，过着逍遥自在的生活

没有重大的罪恶

空虚的乌托邦在脑子里扎根。

欺诈、奢侈和骄傲必须存在，

我们才能获得利益。

…………

不，人民要想强大，

对于国家来说是必需的，

对于人民的温饱来说也是迫切的。

仅仅美德不能让一个国家得以生存。

太好了，人们在黄金时代复兴，一定是一样自由的，

就像橡树的果实一样诚实。[20]

市场无形之手及其原型

曼德维尔的社会哲学明显基于自爱的原则，自我主义恰好来自亚当·斯密的著作《道德情操论》，而亚当·斯密对这本书的第一个句子就十分反感（我们将很快知道这一切）。曼德维尔认为，如果我们消除了自己的邪恶（我们的自私自利），社会繁荣将很快走到尽头。机制原理是这样的。每个罪恶意味着一个有效需求——要么是对商品的需求（奢华的衣服、精美的食物、高大的建筑物等等），要么是对服务的需求（治安、管理、律师服务等等）。曼德维尔认为，一个发达的社会主要来自于经济上对这些需要的满足。

在年代更久远的著作中，我们屡次遇到这样的理论，认为部分的邪恶有助于整体的善行，因此消除邪恶是不明智的。我们已经知道吉尔伽美什和圣·普罗科普如何成为朋友并迫使他们无法降伏邪恶，把邪恶转化为有益于社会的东西。耶稣劝阻他的信徒不要拔除杂草，"恐怕薅稗子，连麦子也拔出来。容这两样一齐长，等着收割。"[21] 此外，托马斯·阿奎那提醒我们："很多善行存在于罪恶发生时才出现的事物中。"[22]

对于曼德维尔来说，他没有意识到这些原因是令人遗憾的，因为想到这些原因必定可以避免他的寓言所挑起的大部分争论。

结论——曼德维尔是第一位现代经济学家

曼德维尔是对贪欲哲学的关键支持者。在这种意义上讲，对于一个社会的进步来说，贪欲是必要条件，没有贪欲就完全没有或没有那么多进步。他问

道，在什么地方我们能离开贪欲和罪恶呢？只有这样，社会才能达到真正的基本发展，才能够应对国际竞争。他是享乐主义的旗帜鲜明的支持者。如果我们想要的和我们已经拥有的东西之间存在脱节，我们就应该以增加财产为目标，直到财产符合我们的要求。而他甚至比享乐主义者更进一步。他倡导我们的要求要进一步发展，在他看来这就是进步的必经之路。在那方面，现代经济学是他思想的派生。

作为一门科学，经济学假设人类的需要是无限制的（日益增长的要求），同时资源是供不应求的。因此，我们应该设法以满足要求的方式使用这些稀缺资源。

它是否意味着未来的必经之路就是满足新的需求？它是否也意味着为了实现那个目标，我们需要越来越多的新罪恶诱惑？如果一个社会决定满足于它已经满足的（正如禁欲主义者似乎提出他们的纲领一样），那么是否最终意味着特定社会的终结？

就善恶经济学而论，曼德维尔无疑相信个人的罪恶有助于公益，因此它是有益的。他坚持的立场与希伯来人（即亚当·斯密）的观点完全对立。希伯来人相信美德在经济学上是有益的，但罪恶不是。就市场无形之手的概念而言，对于曼德维尔来说，市场会把罪恶转变为优点。市场不仅仅是人类相互影响的纯粹协调者，而且是个人邪恶转换为公益的媒介。

注释••

1 经济学诺贝尔奖获得者阿马蒂亚·森也对这个话题进行了研究。在《伦理学与经济学》一书中，他指出，剑桥大学直到最近才将经济学与伦理学一起讲授。阿马蒂亚·森，《论伦理学与经济学》，2。

2 "人类社会……看起来好像是一台巨大的机器，其正常的协调运转生产无数适合的效应……因此，美德宛如社会车轮上的一个精美构件……而罪恶的腐蚀使得车轮彼此摩擦发出噪声，必然是令人不快的。"斯密，《道德情操论》，第464页。

3 《约翰·韦斯利评论期刊》，伦敦，1909–16 IV，第157页，1756年4月14日。见菲利普·哈思的"蜜蜂的寓言"介绍，第8页。

4 斯密，《道德情操论》，第451页。

5 曼德维尔，《蜜蜂的寓言：私人的恶毒，公众的利益》，第9页（企鹅出版社第67册）。

6 曼德维尔，《蜜蜂的寓言：私人的恶毒，公众的利益》，第70页。

7 曼德维尔，《慈善救济与慈善学派评论》，第164页。

8 曼德维尔，《蜜蜂的寓言：私人的恶毒，公众的利益》，第55页。

9 曼德维尔，《蜜蜂的寓言》，第56页。

10 曼德维尔，《蜜蜂的寓言》，第57页。

11 同上。

12 同上。

13 曼德维尔，《蜜蜂的寓言》，第68页。

14 曼德维尔，《蜜蜂的寓言：或个人罪恶与公众利益》，第68页。

15 曼德维尔，《社会性质调查》，第197页。

16 曼德维尔，《蜜蜂的寓言》，第23页。

17 曼德维尔，《蜜蜂的寓言：或个人罪恶与公众利益》，第149页注释M。

18 曼德维尔，《蜜蜂的寓言》，第200—201页注释Q。

19 曼德维尔，《蜜蜂的寓言》，第68页。

20 曼德维尔，《蜜蜂的寓言》，第76页。

21 《马太福音》，13：29~30。

22 阿奎那，《反异教大全》，第III册，第71章。

第7章
CHAPTER 7

亚当·斯密——经济学铸造者
ADAM SMITH, BLACKSMITH OF ECONOMICS

- 亚当·斯密——经济学铸造者
- 财富与伦理学
- 发现并握紧无形之手
- 斯密与曼德维尔
- 亚当·斯密问题
- 不是一个，而是更多动机
- 斯密的社会人与休姆的遗传性
- 社会是理性的选择吗
- 理性是激情的奴隶
- 两位奠基人的统一
- 结论：再论斯密先生

亚当，亚当，亚当·斯密

听听我在叫你什么

有一天在课堂上

你不是说

自私自利注定要付出代价？

它是所有学说的精髓。

是吗？是吗？是吗？斯密？[1]

——斯蒂芬·李科克

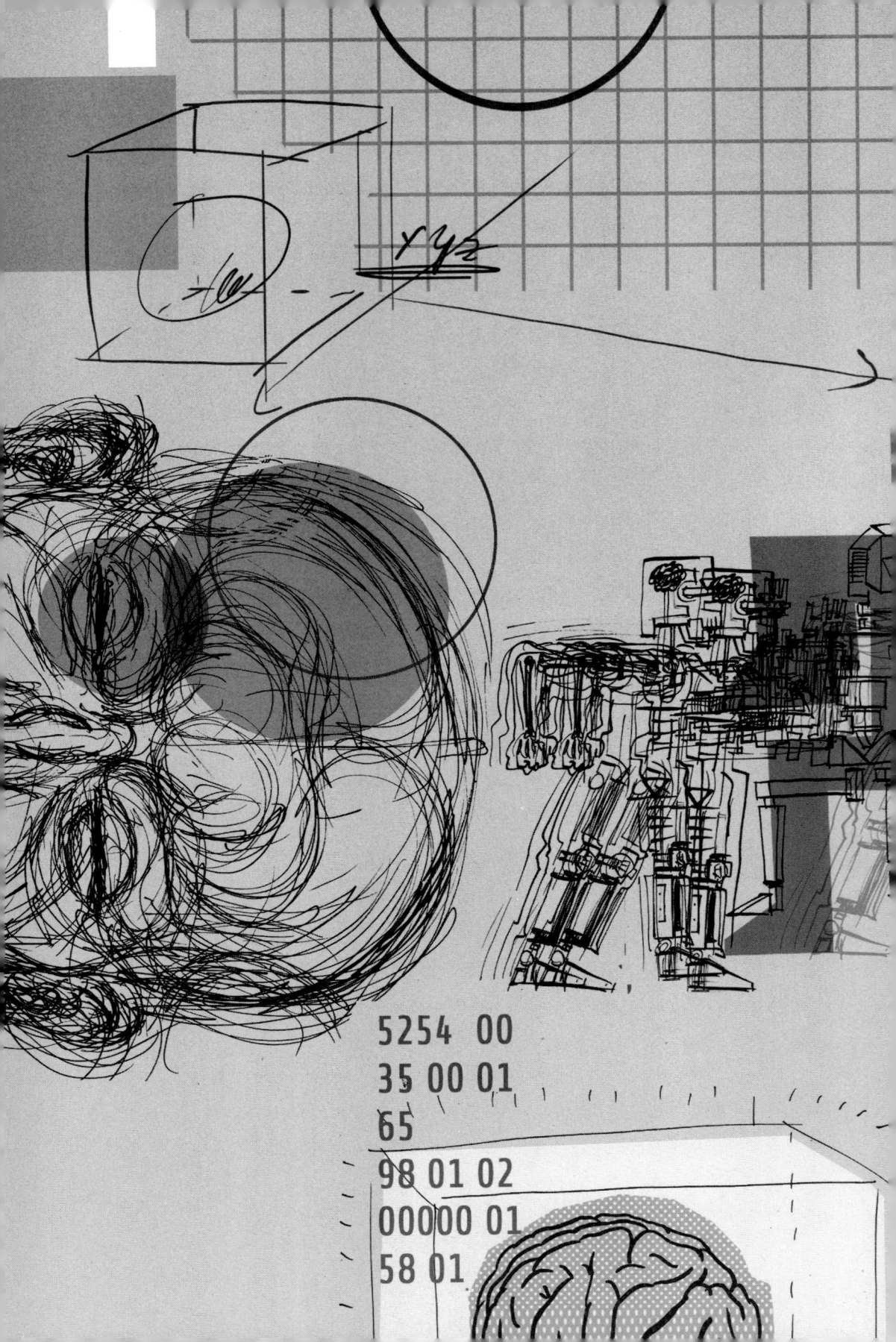

$x \, y \, z$

5254 00
35 00 01
65
98 01 02
00000 01
58 01

亚当·斯密——经济学铸造者

关于他不寻常的、永恒的声望，法国的捷克裔作家米兰·昆德拉指出，矛盾的、残酷的现实常常与伟大人物的逝后声名为伴。伟大的人物死后，围绕他们创造的传说往往完全失去本来的主要信息，人们却把注意力集中在次要问题上（常常是错误的）。一个很好的例子是占星学家蒂乔·布拉厄，布拉厄在鲁道夫二世大帝提拔布拉格进入哈布斯堡帝国中央的时候为统治者的皇室效劳。这位占星学家是捷克斯洛伐克非常时期的代表人物，在捷克几乎是家喻户晓的名人。不是因为他的发现，而是因为他的膀胱。传说是这样的，蒂乔·布拉厄参加御宴，在皇帝面前不敢站起来去厕所，熬的时间太长，结果他的膀胱在席上突然胀破了。差不多可以确信这个鸡毛蒜皮的故事是假的，完全偏离了他事实上永垂不朽的观点。

亚当·斯密是一位18世纪杰出的英国思想家，被公认为"现代经济学之父"，也遭遇了类似的命运。全世界的人都把关于国家财富和个人财富基于自私自利、自身利益和市场无形之手的论点归功于他的贡献。这也是在本章的前言引用中解释过的，斯蒂芬·李科克当众嘲笑斯密的说法，认为"自私自利注定要付出代价"。[2]

正如他的名字（"Smith"在英文中有铁匠和斯密的双重含义），亚当·斯密注定成为奠基人（铸造者）——科学时代的经济学家，他把古代的未完成概念引入现实，给经济学研究提供了一个固定的框架。对于"Smith"这个名字本身，以及用《旧约》的希伯来文解释，凯恩翻译为"斯密"（铁匠）。另一方面，"Abel"在希伯来语中的意思是"煤屑、鼓风或徒劳"。当铁匠、农场主凯恩杀死逃脱的牧羊犬时，他让狗"随风而去"。"Adam"的意思仅仅是世界上第一个人的名字（在希伯来语中，亚当的意思是"人"）。因此，即使在他的名字中，"Adam Smith"——打铁的人——语源上也是与一组罕见的含义联系在一起的。[3]

当然，认为亚当·斯密是古典利己经济学铸造者（奠基人）的观念多少有些复杂。例如，一般人读到经济学思想史时，可能对斯密的《道德情操论》中第一个句子感到十分震撼："无论如何自私自利，尽管那显然是在人的天性中就有的本质，也会对别人财富的增加感兴趣，表示别人的幸福对于个人来说是必需的，尽管个人除了感到快乐之外什么也得不到。"[4]

现实是这样的，斯密本人从来没有宣布过斯蒂芬·李科克（以及通俗史上观念认为的）归功于他的成就。相反，尤其是在关于昆德拉信息的精神中，斯密的名字被写入经济史是由于他自己没有创造、没有普及但在事实上远远超越他自己的原理。类似的命运发生在他和他的第二项关键贡献上——专业化。正如我们前面说过的，古希腊人对专业化进行了详细研究，甚至可以说色诺芬投入了比亚当·斯密更多的关注，且理解更深刻。

斯密根本没有赢得很多评论家的好评。例如，熊彼特是经济思想史领域最有权威的人物之一。他写道："除他母亲之外，在他的一生中没有任何其他女人起过重要作用。其他方面也是如此，生活的魔法和激情对于他来说仅仅是空中花园。"[5]同样，历史学家诺曼·戴维斯认为斯密是一位"极其健忘的教授"，回想起这样一个故事："他成为爱丁堡的风景之一，他精神恍惚地在大街上游荡，衣冠不整，像打摆子一样，用一种特别深情的口吻与自己进行热火朝天的辩论……他事实上没有结过婚，一直与他的母亲生活在一起。我们完全可以认为这种精神混乱的可爱性格应该使精神融入正常的日常生活工作中。"[6]

财富与伦理学

误解来自于斯密留下双面（在许多方面都是矛盾对立的）遗产的事实，当今常常被简化为他最著名的著作——《国富论》。

当然，一般说来，我们知道亚当·斯密不止写了一部著作。且不说人们对广受欢迎的《国富论》（1776）的膜拜，他先前还写作了《道德情操论》

（1759）。简而言之："乍一看来，他的两本书彼此大相径庭。《国富论》成为整个经济学原则的起源，而在《道德情操论》中，斯密对伦理学进行了研究，而且他明显在疏远新古典市场无形之手这样的经济观念。"据说斯密本人认为"思想（《道德情操论》）比《国富论》更重要"。[7]正如我们深信的那样，他这本400页的著作中第一个句子就明确地反对把所有人类活动转换为（隐藏的）自我主义的任何企图。[8]

斯密与市场无形之手之间的联系很容易被认为是享乐主义的继承者，享乐主义者的基础是理性、推测和自身利益。当然，这是一种严重的错误。让我们回想一下享乐主义者在快乐中发现的俗世活动的意义。如果有必要抵制快乐或者遭受痛苦，那么只因为有随之而来的更大"效用"（或更少的罪恶）。无论行为是善的还是恶的，人们都不应该承担自己的原本价值。这种价值被认为来自结果和对效用、快乐影响的观点。除了最后的效用以外，善行并不拥有其自身价值。善行不是行为的目标，它仅仅代表追求快乐的一种方式。这种体系不仅仅领先于功利主义，而且也成为我们当代经济学教义的基础。

大多数的评论家一定同意这一点，认为斯密的学说在一定程度上是建立在禁欲主义的哲学之上的。[9]斯密把伦理道德分为三类，分别定义为得体、谨慎和仁慈。伊壁鸠鲁被归入谨慎一类，他的传统遭遇明确反对："无疑，这种体系与我在努力建立的完全不一致。"[10]接着，他又说："通过迅速增加各种不同的美德，伊壁鸠鲁沉迷于一种趋势。这种趋势对所有人来说都是自然的，但是哲学家具体说来有培养特别爱好的倾向，正如表现他们独创性的伟大方式一样。他们的独创性说明了尽可能少的本质表现的趋势。"[11]

斯密把斯多葛学派学者归类为得体，对禁欲主义者投入更多关注，给予了更多的承认。尽管遭受抨击，而且事实是他不认为此学说可行，但是这种学派仍然是与他最贴近的。在他的文字中常常可以直接看到他的赞赏："他们（禁欲主义者）奉行教义的精神和勇气与某些现代体系的意志消沉、哀怨痛苦和满腹牢骚形成极好的对比。"[12]尽管斯密钦佩禁欲主义学派，但他不喜欢禁欲主义者的是他们对任何事情的漠不关心、情感淡漠、缺乏兴趣。同时，他意识到实现禁欲主义理想是十分麻烦的，而他不能够完全认同禁欲主义者相信的可观察的因果关系概念。

对于斯密来说，伦理学说的基础是共同的仁慈（慈悲）和自制（自我克制），认为仁慈和自制比社会主要结构元素要更鼓舞人心。[13] 他提到了奥古斯丁和柏拉图，还有哈奇森博士和托马斯·阿奎那的教派学说也应归入同样的类型。根据这些学派的学说，任何利益都会毁灭伦理学。换句话说，如果我们因为做了好事拿到报酬，那么原本的好事就失去了其伦理道德方面的意义，简而言之，成为一种利益工具。

"如果某种行为被认为出于感恩，就表示对更多恩惠的期待。或者如果某种行动被理解为出于公德心，就表示希望获得金钱报酬，这样的发现将完全毁灭关于荣誉或表扬的所有观念——这类行为的价值。"[14] 斯密写道，这种学派相信"自爱是一种原则，在任何程度上或任何方面绝不会具备任何道德要素"。[15] 斯密对这种潮流进行了友好的评价（一个体系拥有一种滋养和维持所有情感中最高尚、最令人愉快的独特倾向[16]）。然而，尽管如此，他并不赞同其特立独行的形式。他不认为仁慈和慈善的动机是出自喜欢它足以同时支持整个社会，并解释我们的最基本的天性。

斯密进一步支持这种结构，把它与公正旁观者的制度相联系。公正旁观者的概念是指非主观、断然地作出判断，并指出他人行为是非功过的假想人。

我们假设自己就是自身行为的旁观者，尽力想象行为会带来什么影响及结果。这就是我们通过其他人的眼睛审视自己行为是否得体的唯一窗口。[17]

哈钦森、休谟和后来的穆勒也采用了类似的概念。在穆勒的非个人功利主义理论中，他根据个人应该确保自身实现整体效用最大化的理论创立了一个道德规范。那不是个人或个人主义，而是效用的集体认知。如果我放弃一百个单位的财富会让别人的效用增加到一百以上，超过了我所减少的效用，那么我就应该为了别人的效用而放弃自己的财富，因为穆勒功利主义的真正追随者认为具有意义的不是个人效用，而是整体效用。由"公正旁观者"指导的社会将是一个幸福的社会，比仅仅由个体效用最大化指导的更优越。在此时期，他的著作十分激进。尽管他在强调和证明市场必须处在每个经济系统中心这方面是对的，但他仍然相信是整体经济而非仅仅某个市场因素在起作用。总之，应用斯密的哲学支持纯粹的自由主义经济制度是不精确的。斯密从来没有声称任何一种市场分配方式都有利于社会。

发现并握紧无形之手

社会由于同情而共同占有和公正旁观者的概念实际上是斯密的两个最重要的贡献。当今，他似乎在暗示无形之手共同占有社会。亚当·斯密自己仅仅使用了"无形之手"这个术语三次——在两部重要专著和一部天文学著作中各使用了一次。因此，我们还不清楚为什么这些东西引起了如此的震撼。[18]

第一次事件或许出自斯密最著名的引语，描述了一个屠夫做生意的动机，直到现在仍然常常被用来作为自由市场效力的解释（强调）：

> 它不是来自于屠夫、酿酒商或面包商的慈悲，而是来自于他们对自身利益的考虑，虽然我们可以从他们那里获得晚餐。我们告诉自己，他们拥有的不是仁慈，而是自私，而且绝不要与他们讨论我们的需要，而是他们的利益。一般说来，实际上他（屠夫）既不打算支持公众利益，也不知道他支持的有多少。通过选择对地方行业而非外地行业的支持，他仅仅为自己的财产打算。通过引导行业生产达到最大价值，他仅仅为自己的获益打算，正如在很多其他情况中一样，他被无形之手引导，引起的结果是他的意料之外的。对于社会来说，实现非个人意图也不总是坏事。通过追逐自己的利益，他常常促进社会比个人打算那么做时更高效。我从来不知道那些改变公共产品交易的善行存在。实际上，它是一种矫揉造作，在商人之间并不非常普遍，只要寥寥几句话就可以说服他们别那么做。[19]

把它与《道德情操论》中的第二个事件相比较，角度似乎是与先前的一个例子相反。在这种情况下，无形之手似乎就是分配之手。它的作用常常被称为（政府再分配）"有形之手"：

> ……他们与穷人分享自己所产出的一切。他们被无形之手引导，做

着几乎与生活必要分配同样的事。本就该这样分配的，在所有居民之间平均分配地球，因此，并没有促进社会利益进步，并提供人类繁衍资力的打算。当上帝把这个世界分配给少数几个贵族统治者时，既没有遗忘也没有放弃那些被排除在分配之外的人。这些人也在享受这个世间产出的应有份额……同样的法则、对体系的同样爱好和关于秩序、艺术和创造的同样考虑常常让人想起那些力图促进公众福利事业的制度。[20]

要进行完整叙述的话，在斯密的著作中实际上还有关于"无形之手"的更多情况，但是与我们深入讨论的经济学和伦理学不相干。在他早些时候的著作《天文学》中，写到早期的宗教思想时，他谈到一个神秘的机制："火会燃烧，水可以洗涤，重的物质下降，轻的物质上升，这些是物质自有性质的必然性；绝非过去理解的朱庇特无形之手在操纵那些事物。"[21]

因此，我们在此看到，斯密使用的无形之手概念有三个角度：是个人追逐自利的同义词，是重新分配的集体之手，也是一种神秘的、上帝（朱庇特）一般的力量。他不能给自己创造的术语赋予更广泛的、更复杂的意义。

因此，结果是斯密的《国富论》仍然被人误解。斯密常被人认为不仅是曼德维尔思想的继承人，而且也是托马斯·霍布斯的人性利己动机概念的传播者。因为自由的个人自我主义足以指导社会，所有道德都是多余的。市场会把一切（包括善恶，但尤其是恶的方面）都改造为公共福利。社会可以（或必须）建立在自私自利上。令人惊讶的是，20世纪许多经济学家持有的观点类似于斯密的。[22] 简单地说，我们听到别人引用一些不是斯密说过的话时也有这样的感觉——例如霍布斯（人与人的斗争）、曼德维尔（市场无形之手的罪恶被改造为美德）、赫伯特·斯宾塞（市场进化论和极小国家的辩护人）和艾恩·兰德（根本自我主义的简化论）等。现在，亚当·斯密完全没有这样思考过，甚至连方向都不一致。即使略过《道德情操论》，我们甚至不能在经济学著作《国富论》中读到这样的结论，在两本书中他的观点与上面描述的一切几乎完全抵触。

斯密与曼德维尔

在《道德情操论》中，除了上面描述的三个主要学派以外，斯密也致力于对（纵欲体系）"纵欲学说"的特别关注。纵欲学说的特征是消除了罪恶和美德之间的差异。在此，斯密也被归为曼德维尔一类的人。曼德维尔的学说是完全无法让人理解的：

> 然而，还存在另一种体系，似乎完全消除了罪恶和美德之间的区别。因此，这种趋势是完全致命的。我指的是曼德维尔博士的体系。尽管这位作家的见解是个严重的错误，然而，某些方面以某种特别的方式来看，还是表现出了人性的本质。尽管曼德维尔博士十分粗俗，而且口才笨拙，但生动、幽默和夸张的描述给他的教义披上了真实的外衣，十分容易使幼稚单纯的人受骗。[23]

亚当·斯密强烈反对我们错误地归功于他的概念。如果我们要对经济学的开端和《国富论》立足于自私自利和自身利益的主题进行讨论，那么我们中的大多数人将直接把亚当·斯密当成这种学说的创始人。但这是很奇怪的，因为斯密尽管谙熟曼德维尔的著作，《国富论》中也没有任何地方引用过他的话。唯一有引用的地方是在《道德情操论》中，他屡次清楚地表示自己疏远"纵欲的"曼德维尔，努力减少一切（邪恶的）自我主义。更有甚者，曼德维尔是唯一一个被斯密如此直接批评、嘲笑和讽刺的人，而且有好几个地方如此。有时给我们这样的印象，整部著作的写作意图就是为了反对曼德维尔。因此，斯密不可能认为自己是曼德维尔的继承人，与历史记载的情况相反。

最重要的是，斯密不愿意对罪恶和美德之间不存在差异的论点表示妥协（罪恶和美德之间不存在差异当然不是曼德维尔的论点，即使斯密指责过他）。实际上，我们反而能证明关于善恶的定义如何因为斯密而发生改变。曼德维尔认为自私自利和利己主义在蜜蜂王国的立场上是罪恶的（并不推托其他罪恶）。这就是为什么他得出结论说罪恶会导致善的结果。

但是亚当·斯密没有认为利己主义是罪恶的。他把利己主义更名为自身利益

（他自由交换使用这两个术语），尽管不是基于社会运行的法则，他认为从事商业是重要的。这样，他就把自己摆在反对曼德维尔（当时受到大家指责）的位置，同时为他的经济理论打下一个类似的基础。通过悄悄地把罪恶重新定义为美德，斯密设法吸收曼德维尔说法的逻辑性，而不用嘲笑似的抨击。由于斯密，曼德维尔饱受嘲笑的利己主义变成了公正的"自身利益"——我们可以在《国富论》或《道德情操论》中发现这个词（与"自我主义"这个术语相反）。

这是一个来自道德教师的令人惊讶的方法。我们惊奇地看到，斯密悄悄地把罪恶重新定义为美德而没有合理的论述。他也未对曼德维尔表示一丁点儿的感激。

亚当·斯密问题

整个图书馆都充斥着"两个斯密"发行的出版物。[24] 约瑟夫·熊彼特提出了"亚当·斯密问题"的课题，尽管进行了激烈的议论（我们将随后概括主要内容），至今却没有得出一个关于斯密如何思考自身利益和同情问题的答案。[25] 无论斯密关于经济人的人类学认知是什么（无论其是关于个人还是社会，也无论其是否建立在利己主义之上），仍然可以确定的是"经济学之父"给这个年轻的领域留下的是一个自相矛盾的、不清不楚的、模棱两可的观点。

由于某种程度上的夸张，可以说这种争议至今也没有得到解决，现在的经济学被分成许多学派。例如，方法论的个体主义和集体主义之间的争议在一定程度上与"两个斯密"问题的不清楚定义有关。斯密没有确定在接下来的时代里经济人类学会如何。在《国富论》中，人表现为个人，其动机取决于自身利益。尽管斯密是伦理学教授，在这一点上也完全没有对伦理问题进行讨论，而且他也没有考虑人在社会中缺乏商业庇护时如何工作。在此，利己主义是社会成员之间唯一的、表面上足够的联系，而不是一个看起来关于相互同情的必然性的简单字眼："如果个人出于自身的利益而关心自我并展示这种利己主义，那么他更可能成功，因为其优势为自身需要而服务。"[26]

以上提到的关于屠夫的引语告诉我们和谐地、优雅地、非暴力地进行控制的无形之手是存在的，看来似乎没有别的帮手是必要的。与此相反，《道德情操论》中的人类看起来完全不同。人类行为的指导原则是仁慈和亲切；人不是理性的行为者，但是根本上由情感主导一切，而斯密的朋友大卫·休谟也有同样的看法。人不是脱离社会的个人行为者，而是社会不可分割的一部分。支持其他学说的学派遭受斯密的尖锐批评。他犀利的言辞明确地指向曼德维尔的体系，而曼德维尔的体系也是后来的研究者错误地归结于他对经济学思想史的（最伟大）贡献。在《道德情操论》中，亚当·斯密成为一颗哲学新星和一位十分有能力的伦理教师（至今为人所喝彩），而不是一名经济学家。他创造了一种十分大胆的、有独创性的、复杂的心理社会结构，仅仅是为了彻底地、最严格地说明那些试图发现自身真正利益的方法是错误的。有时，我们甚至会有这样的印象，斯密与自己的观点对立，似乎有精神分裂症，自己的一部著作对另一部构成质疑。

不是一个，而是更多动机

根据斯密的观点，纠正看法的关键是一个动机的组合。为此，他也批评伊壁鸠鲁。斯密逃避解释所有人类行为背后唯一法则的努力，而是提出更具指导性的原则。另一方面，仁慈代表最美好的、最优秀的法则，但它本身不够强大。把仁慈与自私混淆没有任何问题。斯密认为不存在任何邪恶或卑鄙的东西。

事实如此，利己动机的混淆常常会玷污那些理应由善意情感产生的行为……仁慈或许可以是神性中的唯一的行为法则……而人是如此不完美的生物，对存在的支持要求那么多身外之物，个人必须出于很多其他动机而行事。[27]

我们可以发现解决和巩固一切问题的所有努力，乍一看来似乎亚当·斯密处于精神分裂症状态。首先，有些学者们公开宣称斯密连理论都不协调一致（这种

方法称之为"难以断言的术语")。[28] 例如,巴克尔[29]认为:

> 实际上,他们是单一对象的两个部分。在《道德情操论》中,他对人性的同情心进行了研究;在《国富论》中,他研究的是人性的利己部分。在《道德情操论》中,他把我们的行为归因于同情心;在《国富论》中,他又归因于自私自利。稍微比较一下这两部著作,我们就能证明这种根本性的差异,而且能够发觉一部著作是另一部的补充。因此,为了理解任何一本书,都有必要把两本书放在一起研究。其次,很多人试图把斯密的这两个方面联系在一起,有时更密切,有时更松散。[30]

在以下来自《道德情操论》中,我们可以发现一种解决方法:

> 人类社会的所有成员都需要相互帮助,同样也易遭互相伤害。相互提供的帮助来自爱、感恩、友谊和尊敬,社会一派繁荣,充满快乐……尽管社会的不同成员之间本来没有彼此的互爱和情感,虽然这样的社会是不那么快乐和愉快的,却不一定就会消失。不同的人之间存在社会,正如不同的商人之间一样,来自对效用的感受,而非任何彼此的互爱或情感……根据约定价值进行唯利是图的商品交易,它(社会)仍然可以存在。然而,社会不能存在于那些总是准备彼此伤害和破坏的人之中……相反,正义是支撑整体结构的中流砥柱。[31]

从这种观点出发,似乎亚当·斯密对两个基本原则都十分推崇,他做的仅仅是显示这种或那种动机在每个人的行为中如何重要。尽管爱和自私这两种强烈的情绪常常以纯粹的形式出现,但通常还是贯穿在我们的动机中。马丁·布伯在区别人际关系与权宜关系,以及那些纯粹、脱离效用(见下文)的关系时,对此有极好的论述。因此,很可能亚当·斯密认为,自私原则对于社会关系的主要动机来说是个整体,包含了非亲非故的社会关系。然而,单独这种动机仅会导致人类贫穷社会的极少工作。因此,我们必须补充斯密关于热爱仁慈的第二个基本原理,特别是在人际关系中可以发现这种原则,就是它使得一个人与人的社会变成一个事实上的社会。

斯密的社会人与休姆的遗传性

在《道德情操论》中，斯密提出了一种十分"无私的"论点，声称个人都是通过一种他称为同情心的自然结合力联系在一起的。他不仅考虑相互的恩惠（喜欢），而且考虑到人类的普遍趋势、共同利益和理解他人动机的能力——共鸣。他相信人们拥有理解能力，能感应到彼此的想法，并出于这种感应而完全按照因果行事。为了避免尊重他人的意愿实际上仅仅成为自私的不同伪装形式（例如，我们害怕类似的痛苦将发生在我们身上），亚当·斯密创造了自己的体系。根据他的看法，人不会想象本人发生的状态，而是根据别人的角色进行调整和适应。

他举了一个例子，即使一个男人知道女人临产的痛苦绝对不会发生在自己身上，他甚至没有必要为此发愁，也会把自己放在女人经历这种痛苦的位置上。这存在一个重要的区别，斯密坚持这种表面上的细节差异，并花了许多时间和精力为此排疑解惑。通过"把自己置身于另一种情况下"，斯密创造了一种针对个人主义的心理防卫系统。"然而，同情心在任何情况下都不能被认为是一种利己原则。"[32]

斯密把他的社会伦理学建立在相互的同情心的原则上。人是社会生物，其本质植根于感觉共鸣的需要，属于生活环境的一部分。这也是为什么伦理学在社会上具有宝贵的作用："美德是人类社会的重要支撑，遏制社会的矛盾发生。"[33] 我们无法想象斯密和曼德维尔之间的更大矛盾。相反，曼德维尔认为罪恶是社会财富的根源；另一方面，那时的社会变得公正（正如斯密认为的那样），它将陷入贫乏，很快会从世间消灭。对于斯密来说，"美德如社会车轮上的一个精美构件……而罪恶的腐蚀使得车轮彼此摩擦发出噪声，必然是令人不快的……因此，如果美德由于其自身的关系变得适合需要，且罪恶成为厌恶的对象，那么区分那些不同品质的不是逻辑，而是直觉的感受和感情。"[34]

社会是理性的选择吗

社会维系在一起的基础是个人的理性选择吗？是否是一个现代经济预料到的观念？是否让个人继续成为社会的（良好）成员是理性的预测？或者是另一个因素在起作用？

斯密的同辈大卫·休姆对探索这些问题和综合理解经济人类学有很大的贡献。他对关键的经济利益话题进行了评论，例如社会秩序的起源、效用和自私理论以及理性与超理性之间的关系。休姆对于我们来说是十分重要的，因为斯密和休姆持有许多类似的观点，而且他们是非常亲密的朋友。

休姆反对例如托马斯·霍布斯等人提倡的社会契约概念。依据社会契约学说，人们自愿地（理性地）用自己的自由"交换"社会秩序，使自己服从于社会律法，同时期望他人也同样行事。因此社会维系在一起是基于自私的原则，它仅仅是快乐主义的预测。休姆反对这种理论，写道："反对利己假设的最显著证据是，正如与我们的共同感情和最大公无私的想法相反，要求存在哲学的无上延伸，建立如此与众不同的悖论。对于最马虎的观察者来说，仿佛存在这样的倾向，例如爱、友谊、怜悯、感恩……（这些）明显不同于那些强烈的利己情感……所有这种（证明一切来自自私的）努力迄今已证明徒劳无功，看来完全可以确定朴素的爱是哲学中错误推理的根源。"[35]

在此，他采用了亚当·斯密后来使用的一个说法。根据休姆的看法，我们的执行和赞扬也不能揭示自身利益的任何现象，或者发现我们现在的幸福和保障与毫无关联事件的任何联系。[36]

赞美无论在时间上还是空间上与自己完全没有联系的行为是我们的本性。尽管与我们的效用毫无联系，为什么我们认为这样的行为是道德的、善意的呢？根据休姆的观点，原因很简单——这些行为与我们的道德感情发生共鸣（因此与预测不相符）。休姆认为，个人的效用不能被当做社会的结构单元。我们仍然可以给出很多实例，"我们在私人利益独立于公共利益中发现这样的情况。这是非常矛盾的。可是我们观察到道德的感情会继续，尽管这种利益脱节是存在的。"[37] 关于自私和个人的效用，他不认为那是独有的、解释一切的情感，但是同样包括更广泛的效用——社会效用："有用性是令人愉快的，让我们感到很满意。这是个事实问题，得到日常观察的证实。但是，有用吗？对于什么来说有用？对于某个人的利益，当然是的。然后是谁的利益呢？不仅仅是我们自己的，因为我们的满意度常常会进一步提高。"[38]

这是一个关键性的概念，也有助于我们理解斯密关于社会共存的概念。休姆认为，人类的道德情感比效用原则更有力、更深刻。（感情上的）情感比（理性上的）预测更有力。人类行为的规范早在国家建立之前就存在了（国家没有霍布斯式地创造人类行为规范），从社会契约论的立场出发是不可能解释这一切的。"迫于这些情况，我们必须放弃那些把所有道德情感归结于自私原则的理论。"[39] 休姆这样总结。社会公德是关于情绪、情感而非理性范畴的。

"不同于现代经济学家，亚当·斯密假设人们在考虑可选择方案时是高度相互关联的。因为人们分享类似的情感和激情，就会在其他人表达行为中的强烈情感时对其他人产生认同。"[40]

正如亚里士多德和阿奎那一样，休姆认为人类具有动物群居性，并认为个人属于社会的一部分。换句话说，个人理性地"选择"成为社会中的成员不是因为这将会带来可计算的效用，而是因为人的本性使然。归根到底，社会是个人出生的地方。人类拥有向善的自然趋势和强烈的、天生的社会同情心，所以会产生共鸣。"将其有助于社会幸福的东西直接贡献出来，让我们感到满意和亲善。这是一个在很大程度上说明伦理学起源的原则。"[41] 他完全认为这种特征是一种"人性的原则"。[42]

"人类的内心……绝不会对公益完全漠不关心。"[43] 他另外又写道，"就此而论，没有哪个人会对我如此漠不关心。对于社会或个人的有益的东西一定是首选的。"[44] 休姆也许在以下的这段引文中最精辟地归纳了这种概念："看来好像存在趋于公益的倾向，促进和平、和谐和社会秩序，总是使我们站在社会美德的一边……仁慈和同情心的本质如此深入地进入我们的情绪当中，拥有如此强大的影响，使人们能够发出最有力的谴责和赞许。"[45] 在此，出现的还是我们从亚当·斯密那里知道的动机，这种个人的动机不仅取决于自己，而且来自于对个人约束他人和整个社会的最强大的情绪。我们还可以这样说，休姆说的不是理性的预测，而是引导我们趋于社会美德。根据休姆的观点，这些美德在理性上不是合理的，因为关于社会契约的理论也是如此认为的。

斯密和休姆都不赞同社会应该跟理性论者和卢梭社会契约理论假设的那样建立在享乐主义原则以及理性选择的原则上。人类学是不同的——人与人之间基于固有的情感而联合在一起。社会维系在一起的秘密也同样如此。我们一出生就处于这个社会中，也说不出个所以然来。

....

理性是激情的奴隶

斯密的人类行为理性的观点看来似乎同样有趣。在此，他也受到朋友大卫·休姆的强烈影响。亚当·斯密写道："尽管理智是伦理学一般规律的根源，也是我们通过理性形成所有道德判断的根源。假设正确和错误的第一感知从理性推导而来是可笑的、莫名其妙的……这些最初的感知不是理性的对象，而是来自直觉的感受和感情……但是理性不能反映任何特定的对象，不管是令人愉快的还是令人不愉快的……理性表明这种对象是获得某些生来就是令人愉快的，要么是令人不愉快的其他事物的方式。它可能反映它对于别的事物要么是令人愉快的，要么是令人不愉快的。但是没有什么事物对其本身来说是令人愉快的，或者令人不愉快的，因为这是直觉的感受和感情无法得知的。"[46]

休姆因为下面的这段引文出了名，强调了理性主义的人类学："理性本应仅仅是激情的奴隶，绝不会自以为具有比服务和遵从激情有更多作用。"[47]

（顺便说一下，在这一点上，他的立场十分接近于伯纳德·曼德维尔的概念，[48]他与斯密一起不遗余力地批评过伯纳德·曼德维尔。）这段引文或多或少归纳了他的哲学观点——理性和情感不是相互对抗的，彼此并不是完全对立的。它们没有处于同样的水平上以至于相互竞争。人类行为是通过感情、激情和情绪引导的，而理性在合理化的过程中仅仅扮演一个次要的角色。[49]约翰·洛克采用了类似的说法："在探索和发现的过程中，理性并不是如此建立和宣扬这种自然规律的……既不是理性也不是规律创造者能够说明这一切。"[50]

我们的行为不是便利或不便、效用或成本周密计算的结果。我们的行为反而是强迫执行那些我们无法理解的事情，情绪会促进我们的行为。凯恩斯的"精神愉快"也拥有类似的非理性特征。

哲学家大卫·休姆从以下的角度对当时的经济人类学表示藐视——情感而非理性是人类行为背后的动力。说得再简单些，理性本身不足以促使人类发生行为。根据休姆的观点，社会利益"就本身来说，对我们不是毫无影响的。有用性仅仅是某个特定目的的倾向。在术语上是自相矛盾的说法，作为一种达到目的手段，任何事情都是令人满意的，目的本身并没有影响我们。"[51]理性本身并不知道如何命令我们按特定的方法行事；理性也不知道如何促进我们的行为。[52]"那些高尚的、公平的、相称的、伟大的、慷慨的想法占据着我们的心灵，鼓舞我们接受它、维护它。那些明白易懂的、显而易见的、可能发生的、真实准确的想法仅仅提供了关于理解的冷静认可；使冒险的好奇心得到满足，使我们的研究得到一个结果。"[53]

伊曼纽尔·康德的立场似乎与此相似："然而，纯理性的指引不能演绎出任何结果。"[54]当找到实现目标的最佳途径时，在布局（改变达到目的的手段）、修正（修正感知）、分配和平衡中，理性仅仅起着次要的作用。[55]我们在自己的行为中发现理性和感情之间的合作。[56]我们在本书的下半部分得出这样的结论。单独理性会产生悖论："它并不与宁愿破坏全世界也不弄伤一个指头的理性相反。"[57]

两位奠基人的统一

有一种悖论是重要的经济学权威否定曼德维尔[58]和斯密[59]的经济学独创性，同时他们又赞扬两人在心理学、伦理学和哲学领域中是重要的思想家。那么这两位学者如何成为"经济学奠基人"？原因是心理学、哲学和伦理学实际上都处于经济学的核心，而更确切的是因为他们超越了之前的所有人，曼德维尔和斯密处在旷日持久、至今仍然持续的经济学争论中。为什么我们不认为重商主义者是经济学之父？或者说数学取向的重农主义者？是斯密的上一代法国重农主义者文森特·古尔奈（1712—1759）宣布了今天仍在使用的众所周知的警句——市场自由学说和通行证。但是现在我们听不到有关他或者其他人的很多议论，而亚当·斯密问题（斯密与曼德维尔理论中关于自我主义的问题）至今仍然得到热烈的讨论。

问题是关于"自我主义"的定义广度，或者说我们打算在这个术语中包括的所有内容。著名的捷克改良主义者传道士简·胡斯宁愿被烧死也不愿否定真相，还有阿西西的弗朗西斯散尽自家财产。如果连他们的行为也被定义为利己主义的，那么每个人的行事都是利己的，但是"自我主义"这个术语显然失去了它的意义，因为它变成一个不可检验的、无所不包的术语，可用于解释任何行为——甚至是完全对立的行为。

结论：再论斯密先生

在本章中，我们对有关市场无形之手概念的误解进行了讨论。市场无形之手过去被认为是斯密的贡献。我们讨论了他与伯纳德·曼德维尔的关系以及作为理性结构的社会契约概念问题。我们提出了"亚当·斯密问题"的论点，并指出了人类行为多半不能通过单一的（利己）原则进行解释。同时，我们稍微考虑了他的好友大卫·休姆的哲学观点，斯密接受了大卫·休姆的很多观点。例如，休姆贬低了理性的作用，并把情感和感情放在关键位置上。然后斯密谈论了同情心这种基本的社会原则，是同情心使社会维系在一起。两人都认识到了人实质上是一种社会性的存在，每个成员在感情上甚至与人类大家庭的最遥远成员也是有联系的。

现代社会的主流被认为是斯密古典经济学的继承，忽略了伦理学。善恶的问题主导了古代的辩论，然而现在即使讨论它也几乎是歪理邪说。正如我试图说明的那样，我进一步证明关于亚当·斯密的流行观点是错误的。斯密对经济学的贡献完全比（不确定的）市场无形之手概念和自私的、自我中心的诞生以及经济人诞生要大得多。

关于斯密的流行观点使经济学变得片面。为了理解现在的经济学状况，有必要同时阅读两部斯密的著作。因为如果我们仅仅把注意力集中在斯密《国富论》的通俗方面而没有从《道德情操论》的更广阔角度看问题，那么就很容易得出偏离斯密本意的结论。

斯密十分了解伦理学的重要性，给它赋予了重要的社会作用和地位，尽管他的衣钵稍微有点混乱不清。对于我们的经济学家来说，我相信斯密的传统是道德问题，必须纳入经济学——这是经济学的关键问题。对于我来说，他对经济学最有影响的贡献是伦理学。关于善恶争论的问题不是从斯密开始的，但在他那时达到了高潮。

注释

1 利科克，*Hellements of Hickonomics*。见森，《伦理学与经济学》，第21页。

2 利科克，第75页。另见森，《伦理学与经济学》，第21页。

3 《圣经》中也存在类似的姓名文字游戏，常常在古代和现代的故事中出现。特别是《圣经》，十分强调姓名的重要性。《黑客帝国》这部电影的故事使类似的文字游戏升级。这部电影中的主角叫做尼欧（"Neo"由英语单词"one"颠倒字母而成，意指救世主耶稣，而"Neo"这个词在希腊语中的意思是"新的"）。在《黑客帝国》的虚幻故事中，同样有人叫做托马斯·安德森。安德森这个名字是非常普遍的（在美国最常用名中位居第九），因此与尼欧这个有独创性的、新取的名字形成鲜明的对比。安德森语源于安德鲁的儿子。安德鲁在希腊语中的意思与希伯来语中的亚当相同，就是"人"的意思。因此安德森的意思是"人之子"，是耶稣常常用来称呼自己的记号。同时，我们谈到《黑客帝国》这个话题时，就应该想起尼欧的主要敌人正是斯密。

4 斯密，《道德情操论》，第3页。

5 熊彼特，《经济分析史》，第177页。

6 戴维斯，《欧洲历史》，第604页。

7 拉斐尔，《公正旁观者》，第1页。

8 见科克霍夫，《致命诱惑？》；弗斯，《亚当·斯密之前的自身利益》，第14页。另见普列托·吾珥塔多，《亚当·斯密与曼德维尔传统：曼德维尔博士纵欲体系的重商主义基础》。

9 "禁欲主义哲学对斯密的伦理学思想构成重要的影响。它也在根本上影响了他的经济理论。"（斯密，《道德情操论》，拉斐尔和版，1982年，第5页）

10 斯密，《道德情操论》，1853年，第438页。

11 斯密，《道德情操论》，1853年，第438页。

12 斯密，《道德情操论》，1853年，第283页。

13 "更广泛的论述见第六版，斯密比他早些时候的感觉更热切地尊重斯多亚哲学。"（斯密，《道德情操论》，1982年，拉斐尔和麦克菲版，第18页。）

14 斯密，《道德情操论》，第302页。

15 斯密，《道德情操论》，第444页。

16 斯密，《道德情操论》，第445页。

17 斯密、拉斐尔和麦克菲，《道德情操论》，第15~16页；（III.1.5.）。

18 拉斐尔和麦克菲表明："评论家过分强调'无形之手'，无形之手在斯密的两部著作中仅仅各自出现过一次。而且每次的环境都是社会运行中看到的协调体系禁欲主义概念。"（斯密，《道德情操论》，拉斐尔和麦克菲版，1982年，第7页）又说："在《国富论》中出现了自然和谐的禁欲主义概念，特别是显而易见的、结构单一的天赋自由体系。"（IV.ix.51. ）

19 斯密，《国家财富性质与原因调查》，第266页（B.I.Ch.2.I.2.2；B.IV Ch.2 IV.2.9）。

20 斯密，《道德情操论》，第264~265页。

21 斯密，《哲学主题散文集》，第49页。见麦克菲，《朱庇特的无形之手》。另见斯密评论，《道德情操论》，第214页。

22 例如，艾齐厄尼（1988）、弗兰克（1988）、弗里德曼（1962）、赫希曼（1977）或斯蒂格勒（1971）。

23 斯密，《道德情操论》，第451页。

24 例如，海尔布伦，《世俗哲学家》；施奈德和斯密，《亚当·斯密的道德与政治哲学》；莫罗，《亚当·斯密：道德家和哲学家》；盖德，《政治学与伦理学，从马基雅弗利到尼布尔》。

25 在不计其数的书卷中，我尤其想指出的是维茨姆的论文（1998）。在这篇论文中，作者从心理上分析并详细地概括了自私与慈善之间的矛盾或对立和谐关系，或者《国富论》与《道德情操论》之间的（明显）矛盾。值得一提的是以下作家：杜鲁门（2005）、吾珥塔多（2005）、弗里德曼（1978）和伊文斯基（1993）。

26 斯密，《国家财富性质与原因调查》，1869年，第15页。

27 斯密，《道德情操论》，1853年，第446~447页。

28 希尔德布兰德在Die Nationalökonomie der Gegenwart und Zukunft（法兰克福，1848）中指责斯密的"物质主义"（意思是人性的自我中心理论），克尼斯在Die Politische Oekonomie vom Standpunkte der geschichtlichen Methode（不伦瑞克，1853）中认为斯密写作《道德情操论》和《国富论》时改变了自己的观点，而这种变化是他到法国考察的结果。关于Umschwungs Theorie的完全成熟见解产生于凡·斯卡辛斯基的Adam Smith als Moralphilosoph und Schoepfer der Nationaloekonomie（柏林，1878）。根据凡·斯卡辛斯基的观点，斯密的所有伦理学见解都是从哈奇森和休姆那里学来的，而所有的经济学知识都是来自于法国的学者们（斯密，《道德情操论》，1982年，第20页）。

29 他的《英国文明史》，卷II（伦敦，1861），第432页、第433页及第437页。

30 在《道德情操论》的校订本中，学者们认为"所谓的'亚当·斯密问题'"是一个基于无知和误解的伪问题。无论谁读到《道德情操论》时，首先读一下早些时候的版本，然后再读第六版，都不会有丝毫意向对同一个人写了这本书和《国富论》感到疑惑，或者假设他经历了关于人类行为观点的任何根本变化。斯密对伦理学和人类行为的重视基本上从1759年的第一版到1790年的第六版是一致的。观点有一定的发展，但是并没有发生根本的改变。显而易见的是《道德情操论》与《国富论》也不是各自孤立的"。（斯密，《道德情操论》，1982年，第20页。）

认为把这两个观点结合起来没有问题的其他学者们包括哈斯巴赫，*Untersuchungen über Adam Smith und die Entwicklung der Politischen Ökonomie*（莱比锡，1891）；利门塔尼，*La morale della simpatia*（热那亚，1914）；埃克斯坦的译本（1926）引言；及坎贝尔，《亚当·斯密的伦理科学》（伦敦，1971）。还有更多人对此进行了讨论，包括对 *Umschwungs Theorie* 的激烈讨论：蔡斯，*Adam Smith und der Eigennutz*（图宾根，1889），和奥忍肯，《亚当·斯密的一致性》（伦敦，1897），更详细内容见《亚当·斯密问题，Zeitschrift für Socialwissenschaft》，雅尔冈·沃尔夫版（柏林，1898），25~33，101~8，276~87。另见麦克菲，《社会中的个人》（伦敦，1967）。

31 斯密，《道德情操论》，1853年，第124~125页。

32 斯密，《道德情操论》，1853年，第465页。

33 斯密，《道德情操论》，1853年，第463页。

34 斯密，《道德情操论》，1853年，第464页。

35 休姆，《伦理原则调查》，《大卫·休姆选集》，第245页。

36 同上，第213页。

37 同上，第215页。

38 同上，第214页。原文中强调"有用"这个词。

39 休姆，《伦理原则调查》，《大卫·休姆选集》，第215页。

40 豪特曼，《亚当·斯密的道德哲学是否是市场经济的充分基础？》。

41 休姆，《伦理原则调查》，《大卫·休姆选集》，第215页。

42 休姆，《伦理原则调查》，《大卫·休姆选集》，第216页。

43 休姆，《伦理原则调查》，《大卫·休姆选集》，第229页。

44 休姆，《伦理原则调查》，《大卫·休姆选集》，第230页。

45 休姆，《伦理原则调查》，《大卫·休姆选集》，第219页。

46 斯密，《道德情操论》，1853年，第470页。

47 休姆，《人性论文集》，第297页。

48 与曼德维尔的《蜜蜂的寓言》第56页比较。

49 罗尔斯，《道德哲学史讲义》，第29页、第30页。

50 引文来自哈耶克的《法律、立法与特权》，第151页。

51 休姆，《伦理原则调查》，《大卫·休姆选集》，第239页。

52 古代学派对此意见一致（柏拉图、亚里士多德和泽诺恩）；至少这就是亚当·斯密如何解释的。思想家们倾向于人类美德尽善尽美的相互关系，认为理性高于一切，激情处于从属位置。见斯密，《道德情操论》，1853年，第397页。

53 休姆，《伦理原则调查》，《大卫·休姆选集》，第197页，作者强调。

54 康德，《伦理学的形而上学要素》，第41页（第IX章"美德的义务是什么？"）。

55 罗尔斯，《道德哲学史讲义》，第31~32页。

56 休姆，《伦理原则调查》，《大卫·休姆选集》，第198页。

57 休姆，《人类理智论文集》，第298页："宁肯毁灭全世界也不愿弄伤一个指头并不是违背理性的事。对于我来说，选择牺牲自己的一切，以防止某个印第安人或者我完全不认识的人产生最轻微的局促是不违背理性的……简单地说，强烈情感必须伴随有某个错误的判断，目的是使其存在不合理；并且那时在严格意义上它也不是合理的激情，而是判断。"

58 哈耶克："我并不是说他是主要的经济学家……我应该更倾向于称赞他是一位十分伟大的心理学家。"《政治经济学家和经济史的经济思想散文趋势》，《哈耶克文集》，第III卷，编辑巴特雷和斯特芬·克雷斯吉、劳特利奇，伦敦，1991年，第74~75页，曼德维尔博士部分。

59 熊彼特："他从来没有用达尔文学说的坦率揭露先辈的足迹。在批判中，他心胸狭隘，度量很小……但是无论他从先辈学到什么、没学到什么，事实是《国富论》并没有包含1776年全新的单一解析概念、原则或方法。"《经济分析史》，第177~179页。

卷II

渎神思想

Blasphemous Thoughts

倘若没有苦难，什么都不会改变。人性也不会发生一丁点儿变化。

——荣格

所有那些古老的故事、巴比伦神话和《新约》格言对我们有什么好处？（后）现代时代——尤其是经济学——必须向这些古代的教义学习什么？这种思考方法对我们有什么好处？特别是在债务危机下、我们十分担心的时候该怎么做？

　　心理学家荣格相信，人类思考和形成世界观的环境是跨越新千年依然不变的模型。这就是为什么研究和认识这些模型是值得的。最好了解它们早期的原始形式。在某种程度上它是赤裸裸的，那时我们的文明世界尚且年幼，在历史发展的环境下遵循这些模型的演变。

　　我们无意识中积累的东西在危机时刻能得到最好的认识。"揭示更深刻意义的是最出乎意料的、最令人恐惧的混乱事物。"¹荣格写道。对于他来说，破坏的地方常常是他建立理论的基础。

　　经济自身软弱无力而非十分强健时，也告诉我们有关其本身的更多东西。当经济缺乏保护、萎靡不振时，我们可以比其充满骄傲、鄙视一切时更好地认识其本来面目。强势常常隐藏了事物的本质，而脆弱却能揭示本质。

01

第1章
CHAPTER 1

必要的贪欲——需求史
NEED FOR GREED:
THE HISTORY OF WANT

- 必要的贪欲——需求史
- 神灵的诅咒——可怕的需求
- 欲望经济学：摆脱满足
- 马尔萨斯第三次复兴——人们脸上的汗水与消费的麻醉
- 供应能否不断满足需求？
- 考虑外部因素
- 相同效用与效用最大化
- 经济学家的时代：债务时代与伊卡洛斯的堕落

我们想要找到爱，
我们想要获胜，
什么都是不够的，
也不需我的名。

——哈维，"我们是浮萍"

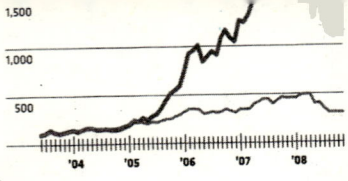

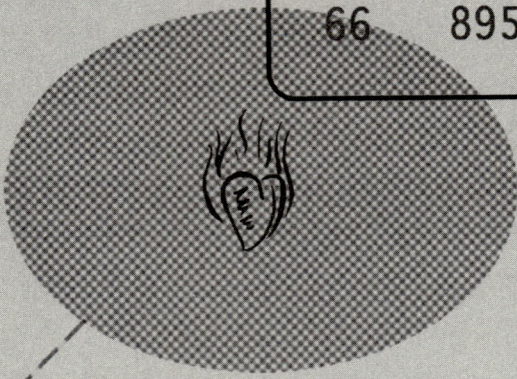

必要的贪欲——需求史

只要潘多拉盒子一打开，就会引起许许多多的烦恼。但谁是潘多拉？盒子里到底装了什么？在本章中，我们将研究人类欲望的出现，或者用经济学术语来说，就是需求的诞生，或对非（生存）必要事物的需求。这就是效用来自外部商品的观点的开端，而这种外部商品不是我们"需要的"。正如经济学如此强调满足需要（欲望）的概念一样，这种观点是有趣的。

根据希腊神话，潘多拉是世界上的第一个女人（或多或少与《旧约》中的夏娃差不多）。但她来到这个世界上只是神灵向人类报复的结果（与夏娃相反，夏娃被创造出来是作为亚当的助手）。她带来一个盒子（或者更确切地说是一只瓦罐），里面藏着所有可能的苦难和罪恶，在这以前，世界上是不存在这些东西的。

出于好奇心打开盒子之后，罪恶、疾病还有（现在我们最感兴趣的）对劳动的诅咒降临到这个世界上。在这以前，劳动是令人愉快的，而现在变成了十分艰难、令人疲惫不堪的工作。潘多拉迅速盖上她的盒子，但一切都已经太迟了。

神灵的诅咒——可怕的需求

我们在关于夏娃和亚当的故事中可以读到某些类似的东西（亚当在伊甸园的故事中扮演一个十分被动的角色，我想应该把他放在次要的位置上）。在与（亚当完全避开的）毒蛇进行智力交锋后，也许也是出于好奇心，夏娃尝了一口禁果，结果是和亚当双双被驱逐出伊甸园，同时把邪恶引向俗世。被驱逐出伊甸园之后，亚当受到的唯一诅咒是"expresis verbis"——对劳动的诅咒：[2]"地必为你的缘故受咒诅。你必终身劳苦，才能从地里得吃的。地必给你长出荆棘和蒺藜来，你也要吃田间的菜蔬。你必汗流满面才得糊口，直到你归了土；因为你是从土而出的。你本是尘土，仍要归于尘土。"³

我们觉得十分有趣的东西就来自于此。

第一，在这个故事中，人类记得劳动有过令人愉快的时候。人必须工作，即使在伊甸园中也是如此。上帝指派人到伊甸园中"修理看守"。⁴在最初的文化中，原始的理想国不是一个死气沉沉的国度，而是一个令人愉快的劳动天堂。

第二，在两个故事中（历史上没有相互影响的可能性），是欲望、好奇心——尤其是扩大的需求和贪得无厌，或者说不富足给凡间带来了邪恶。夏娃和亚当可以随意吃"园中各样树上的果子"，⁵但那仍然不足以满足他们。

我们不知道到底是什么导致第一个人陷入这种令人不适的不富足。伊甸园的理想国中他们还缺少什么？在这种意义上讲，这个故事类似于潘多拉的故事。这些故事向我们揭示了一些东西——即使我们拥有足够的一切，比如生活在伊甸园之中，我们仍然不会感到满足，我们打开"第十三间房子"是不变的趋势（完全不必要的）。

这样，类似的故事或者寓意穿上神话故事的外衣，对孩子们和我们成人来说都有教育意义。正如《黑客帝国》三部曲中的第一部电影大结局时的使者斯密告诉摩耳甫斯的一样："你是否知道第一个母体模型的设计目的是创造一个完美的人类世界？在完美世界中，没有人受苦，每个人都是快乐的。这是一种灾难。没有人会接受这个计划。"使者斯密深思了这种异常现象的原因之后又说："有人认为我们缺乏描述你那完美世界的程序设计语言。但是我认为，作为一个生物种，人类实际上是通过苦难和忧患来确定自己的存在。"⁶劳里从伊甸园的故事中推导出类似的教训："当亚当和夏娃吃了智慧树上的禁果时，他们被赶出富足的世界，进入匮乏的俗世。'汗流满面才得糊口'。伦理的主题是知识和选择权的使用，在神统治的或自然稀缺的世界中是一种负担。"⁷

第三，神明诅咒的对象不是直接的；反之，神明放开条条大路，允许人们走向各自的灾难。对于伊甸园中的禁树和潘多拉盒子中的禁果来说，这都是同样适用的。欲望和好奇心是一对孪生姐妹。即使禁树的果实"悦人的眼目"⁸

——像广告一样，它也一定是悦目的。此外，广告常常吸引我们超理性（有人说是动物性）方面的注意力。[9]

不管怎样，毒蛇（动物）唤起了夏娃的欲望，这种欲望是过去没有的，而且想要得到的东西对于她来说是无论如何都不需要的。关于这一点，"欲望"这个词用得最恰如其分，因为它激活了某些已经蛰伏在我们内心的东西。毒蛇没有创造欲望，而仅仅是唤醒了欲望。

中世纪很流行的观念是伊甸园中的原罪是性，让人拥有了性的冲动。但这缺乏令人信服的论据。看来似乎更可能是原罪让人产生了"吃"（消费）的欲望。最后，在伊甸园的故事中，夏娃和亚当真的吃了（"吃"这个字重复出现了两次）禁果："（夏娃）就摘下果子来吃了；又给她丈夫，她丈夫也吃了。"[10]

根据历史学家大卫·诺曼的观点，认为亚当·斯密"通过自问有关人类贪欲的本质进入经济学领域"。[11] 依据写作《国富论》的来源，贪欲实际上不仅在经济学理论诞生之时就存在，而且与原罪的概念一同存在于我们的历史摇篮中。

欲望经济学：摆脱满足

且不说希伯来人和希腊人，让我们引入第三种古代文化——苏美尔人。正如我们在《吉尔伽美什史诗》中看到的，恩启都最初也是被神灵当做惩罚派下凡间的，正如潘多拉一样。最后，恩启都变成了吉尔伽美什的终生好友，正如亚当与夏娃的意义一样。

恩启都本来像动物一样生活在森林中。是一个女人——神殿妓女沙姆哈特把他带到城市，象征着把他变成人类。现在，我们可以看看最后似乎相辅相成的两种方式。

在一定程度上，《史诗》中的女人（妓女）是堕落后的恩启都。在那之前，恩启都一直都是满足的。他没有欲望，仅仅是最基本的需要——食物、住所、安全。他甚至能够自给自足，没有文明也一样能生活，像其他所有的野兽一样。但是，随着沙姆哈特的到来，她告诉他想要得到什么。正如斯拉沃伊·齐泽克说的，[12]我们需要知道自己想要什么（在这点上，广告对于我们的社会来说是十分重要的[13]）。有了第一次之后，这种行为伴随而来的是要得到更多。在他像野兽一样生活时，没有任何不满意的地方，因此就没有欲望。因为没有很多需要，他拥有自己需要的一切。正如艾尔弗雷德·马歇尔写道："未开化的人实际上不比野蛮的动物好到哪里去；但是他的每一次进步都是在增加自身需要的多样性以及满足这种需要的多样性。"[14]

既然他需要更多，就会产生欲望。在此，我们证明了欲望的出现，也就是需求的出现（即对某些我现在不拥有且实际上不需要的东西的渴望）。同时，沙姆哈特使恩启都脱离了野兽、脱离了本性、脱离了他的自然环境。她把他带到城市——人类的大家庭。

我们在故事中看到的第二点是沙姆哈特是恩启都的拯救者。女人告诉他想要得到什么，因此她使他变成人类。她给他一个更高的目标，让他感到不满意、不知足。她是文化的载体。是她把他带到城市，教化他，并给他啤酒喝。对于恩启都来说，沙姆哈特是进步的载体。

我们已经看到欲望的最初觉醒——时常感到不满意和想要更多的东西。这种自然现象处于我们文明世界的最底层，是成为人类的基础（古人对此有很好的认识）。弗兰克·奈特也许是最近这个年代中最重要的芝加哥经济学家，指出："感到更不满意而获益更多是人的本质。"[15]乔治·斯蒂格勒是奈特的学生，甚至进一步写道："拥有常识的个人希望得到的最重要的东西不是对自身财富的满足，而是想要更多、更好的东西。"[16]

在这里，我们与潘多拉或者夏娃很相似。我们总是希望拥有越来越多的东西，因此牺牲了劳动的快乐。我们想要的太多，因此我们工作过量。放在过去生活的日子里，我们现在显然是最富足的文明世界，但是我们却远远达不到"足够"或者满足，即使不更进一步，也不比"原始社会"的任何时候感到更满足。一句话：如果我们自己不想不断地增加GDP（国内生产总值）和提高生产力，我们就无须时常"汗流满面"地让自己劳累过度。

马尔萨斯第三次复兴——人们脸上的汗水与消费的麻醉

"你永远不能让自己对实际上不需要的东西感到满足。"

——U2，《定格瞬间》

受人尊敬的托马斯·马尔萨斯是生活在18世纪末和19世纪初的一位经济学家。他的许多理论存在很多争论，但直到今天人们仍然能回忆起他的著作《人口论》，他提出的理论认为："在生产维持人们生活的物质方面，人口的力量大大超过了地球的力量。"[17]

换句话说，我们的星球无法支持人类人口的增加。[18] 在此，他实际上是想证明人类的需求（就整体来看）是无限的，同时地球的（农业）资源是有限的。后来，我们看到由于耕种技术、化肥和农药的发展，地球的生产能力比当初出现时强了几百倍，而且我们的星球到目前为止还不存在这个问题。马尔萨斯过时了。我们有足够的食物，而问题仅仅是食物的分配而已。

后来，新马尔萨斯学派的论证出现了，认为不断提高的地球生产力、技术和劳动生产率一定是有限的。然而，连这个马尔萨斯第二推论也不会发生。不过，我们还是希望提出第三个推论——我们需要的增长速度比需要得到满足的速度更快。

很久以前，我们认为自己拥有的越多，需要的或者想要的就越少。但是，我们在此犯下了一个严重的错误。需要与我们拥有的成比例增长，我们决不会感到满足。换句话说，供应的增长决不会赶上新需求的增长。但是正如马尔萨斯自己指出的，这种不满足使我们更进一步[19]（我在此有意不使用"向前"这个词，因为我们只有在拥有特定目标时才会向前进步）。关于这一点，帕廷金认为："……历史表明，西方社会创造新需求的速度正如满足需求方式扩张的速度一样（即使不是更快！）。"[20] 换句话说，欲望将永远不会得到满足，或者正如斯拉沃伊·齐泽克说的："欲望存在的理由不是实现其目标，寻求完全的满足，而是欲望本身的增值。"[21] "传道书"甚至指出："眼看，看不饱；耳听，听不足。"[22]

与当今的现实对比，艾尔弗雷德·马歇尔的预见看来就不那么准确了："人类的需求和欲望是不计其数、种类繁多的，但一般说来它们是有限的、能得到满足的。"[23] 需要或许是有限的、能得到满足的，然而并非需求或欲望。它们似乎是无限的。相反，我们拥有的越多，似乎想要的就更多。如果我们需要越来越多的消费，像醇酒使人长醉一样，消费是否展示了上瘾的本质特征？如果我们的经济因为GDP停滞不前、零增长或低增长而低迷，我们是否会上瘾？为什么我们不知道如何变得更理性？因为消费就像一种麻醉药。

在著作《与狼共舞的女人》一书中，埃斯蒂斯提出了关于上瘾的有趣描述："上瘾是掏空生活同时又使生活'看来似乎'更好的事情。"[24]在著作《愤怒》一书中，萨曼·拉什迪写道，每种罪都是不正当行为。换句话说，我们认为的不富足是要求获得我们没有资格获得的东西。[25]亚里士多德也有同样的看法："罪属于那些无节制的人。"[26]

我们认为，满足需求会导致需求得到满足。但是，唉，正如我们今天能从有史以来负债过重的社会中看到的，这不是一种无足轻重的错误。需求仅仅是在创造新的需求。财富满足不了需求，而是在创造新的需求。此外，需求（想要、贪欲、渴望）随着新的供应变得越来越大。直到超越饱和现象，我们进入一种《诗篇》107中描述的情况："他们心里厌恶各样的食物。"[27]

正如米兰·昆德拉在他的著作《可笑的爱》中，特别是在故事"对金苹果的永恒欲望"中指出的，尽管最终的极乐从来不会实现，但追逐幸福的过程中存在特定的幸福。他指出帕斯卡关于猎人的评论："……他们寻找的仅仅是追逐的乐趣，而非猎物本身。"

正如经济学家奈特说的："经历的奖励更多来自于追逐的快乐而非占有的财产……人是不幸的……努力想实现目标，而目标远离我们的速度比个人乃至社会追赶的脚步更快。因此，如果有人要选择的话，或者有人的性格是如此要求，生活最后是一种西西弗斯式的劳动。"[28]

在这种观点看来，人并不知道自己的最大幸福或者满足的饱和点在哪里。我们四处摸索、探求，仿佛盲人摸象，而且仅仅是在追忆中了解到它的存在。

"我再也不会快乐了"就是我们听到的最经典的话，而不是"我从来没有快乐"。我们知道确实存在快乐，但只有在效用减少时才会知道它。正如齐美尔说的，我们越靠近幸福，就变得越渴望。最强烈的欲望不是来自那些绝对遥远的、难以达到的东西，而是来自我们不拥有可是似乎又在力所能及范围内的东西——这种错觉在我们的社会货币化之后尤其强烈。[29] 它就像神话中彩虹另一端的财富一样。你向彩虹多走一步，彩虹就远离你一步，财富也一样，都在不断进步。"足够总是在视野以外，就像我们接近天边，而天边总在远离我们一样。"[30] 由此，我们的财产供应和需求之间总是存在一定的距离和缺口。均衡经济学的失败变得更加显而易见。"你越接近目的地，就摔得更远。"保罗·西蒙斯如是说。

供应能否不断满足需求？

如何使天堑变通途？似乎有两种方式实现需求与供给之间脱节的最小化。一种方式是提高商品的供应（个人生活物品的增加以及GDP的不断提高），直到商品能满足我们的需求——可说是我们拥有想要的一切。

这就是享乐主义纲领。发现你希望得到的（正如我上面试图说明的那样，这本身就是一件很困难的事情），然后努力实现这个目标。这是一个永无止境的问题，正如棍子上吊着的胡萝卜一样，我们在上文中也努力说明这一点。然而，这就是我们从古希腊时代直到今日都在选择的纲领。那也是我们的GDP不断提高的原因之一——因为我们非常希望GDP发展。

关于需求与供应问题的另一个答案是大相径庭的，可以在禁欲主义中找到这样的观点。如果存在错位，即需求与供给之间存在缺口，那么应该减少需求，以满足现有的供应条件。理论上这看起来很容易，实际上这是一件心理学上很难解决的事情。禁欲主义必须终生遵循这样的原则。一个常见的答案是这样的："做个不满足的人类好过一头满足的猪；不满足的苏格拉底好过满足的傻瓜。"[31] 是这样的，但是做个满足的苏格拉底就更好了（至少在消费方面来说如此）。正是苏格拉底自己说过："在那种情况下，石头和尸体都是快乐的。"[32] 最终，柏拉图没有赋予肉体的欲望和需要积极的价值——这些欲望和需要都是靠不住的——正如我们在本书的第一部分中说明的那样。

根据这种观点，一个富翁是什么也不想要（更多）的人，而穷人的需要就很多。因此，从技术上说，一个百万富翁比工资低于平均水平的人更像穷人。

考虑外部因素

在《资本主义新教伦理和精神》的结尾，韦伯认为："对外部商品的关心应该仅仅是衣着单薄的圣人的责任，他们连仅有的外衣都可以随时扔掉。但是命运注定了外衣会变成铁笼。"[33]

知道我们都不是圣人，而且无论外面的文明世界如何富足，"关心外部商品"都会变成"铁笼"，我们该怎么做？我们要么限制自己的需求（正如禁欲主义的训诫一样），要么享受不到快乐（这是享乐主义者的悖论，一个有争议的悖论，在文献中被称为"享乐主义改良问题"）。如果我们单独追求幸福，就决不会快乐。幸福似乎是做某些善事的副产品，而不是幸福本身的结果。但这是否是经济学的话题？当然，始终力求效用最大化会使人完全意识到这一点。

当今，人们认为，我们拥有的越多，得到的快乐和自由就越多。一些禁欲主义者认为实际情况完全相反。一个很好的例子是著名的"锡诺帕的第欧根尼"（Diogenēs of Sinopeus），也被称为"愤世嫉俗的第欧根尼"。他认为拥有的越少，自己就越自由。当今，我们相信完全相反的一面。

为了避免误解，我在此不想提出放弃个人财产的观点（尽管耶稣劝说富人这样做），而是说明这是一个绝不会有结果的问题。我们生来就是不知足的——正如我们已经看到的，人的本质中起初就存在某种不饱和。第欧根尼是一个罕见的例外。他违反了人的本质，康德写道："在某种程度上不再拥有财富和享受乐趣就是得到满足。"[34] 问题是我们应该在什么程度上屈服于这种天生的人类财产变化，以及我们应该如何克制自己。我们不应该希望得到想要的一切。

....

相同效用与效用最大化

> 哦！幸福！我们的存在就是终点和目标！
>
> ——亚历山大·蒲柏，《人论》

经济学认为，每个人无论做什么都应该实现自身效用最大化。这又回到加里·贝克尔在他的帝国声明中所说的："经济学方法是复杂的、全面的，可适用于人类的所有行为，无论是涉及货币价格的行为还是假定价格的行为、重复的还是罕见的决策、重大的还是渺小的决定、情感的还是机械的结果、富人还是穷人、男人还是女人、成人还是孩子、聪明人还是愚蠢的人、病人还是医生、生意人还是政治家，也不论老师还是学生。"[35]

但是"效用"这个词到底是什么意思？我们拥有很多效用最大化的模型，而且花了很多年来研究最优化的计算结果。在所有数学定义和证明的洪流中，我们"严肃"的教科书却忘了定义"效用"这个术语。也难怪，因为人们熟知自己在做什么。如果定义了这个词，学生很快就会对教科书失去兴趣。最好是对此保持沉默，引起人们对数学工具定义的注意。"效用"被认为是人类所有活动的目标，因此让我们对这个词进行研究，看具体能走到哪一步："为了撼动一个假设，有时没有必要做任何多余的事情，仅仅需要把它推到极致。"[36]

我们在《柯林斯经济学辞典》中能发现关于效用的定义：

效用——个人从消费商品或服务的过程中得到的满足或快乐。[37]

当然，效用、满足或快乐都是同义词——在前述的引文中它们能自由互换。这是一个完全等效的定义，效用就是满足、幸福或快乐。为此，如果我们改写前面的这个句子，变成："效用是指个人通过消费商品或服务获得的效用。"[38]

当然，个人不断实现其效用最大化是不成立的。有时，例如一个人在睡觉或休闲，而睡觉的时间超过恢复精神所必需的，或与孩子、朋友聊天的时间过长。讲道理的人会认为这就不再是商品或服务的消费。此刻，通常会发生一件值得注意的事情：关于效用的定义扩大了，包含睡眠、和孩子们说话等。如果我们想要始终如一保持个人不断实现效用最大化，无论效用是多少，那么我们必须放弃绝对的、"狭义的"定义。定义变成："效用是指个人通过消费商品或服务、休息、劳动等获得的效用（满足或快乐）（理解这一点意味着主观上使一个人快乐——换句话说，增加效用的任何事情）。"

另一种解决方法是扩大"消费"这个词的定义范围到增加消费者效用的其他活动上。当然，结果是同样的："效用是指个人通过消费（或产生）那些增加效用的东西获得的效用。"

没有必要继续进行这种练习——很清楚的是任何关于这种效用最大化的句子都是自然成立的。我们重复一遍："效用是个人通过增加效用的活动获得的。"

因为每个人都从别的事物上获得效用，我们得到如下概念："个人做自己想要做的事。"

我们能看到这个句子是空洞的——为此，它是永远"正确的"，因为它在说"甲等于甲"。这样，我们就有可能设法从经济学来解释母亲对孩子的母爱，说母亲从爱孩子中获得效用。她愿意为孩子牺牲任何东西，因为这会实现她的效用最大化——这就是她养育孩子等行为的原因，因为她从这个过程中获得了效用。这当然同样意味着母亲养育孩子是因为她想要养育孩子。但是经济学家从此陷入了死循环，没有说任何新的东西。如果母亲不养育孩子，那么经济学家会巧妙地解释说母亲不养育孩子是因为她也从这个决定中获得效用。[39]

我们要么狭义地定义效用，例如效用来源于可交易的财产，但另一方面我们得出如下结论，经济人模型无法解释人类的所有行为。[40] 不过，经济学家不满足于这种（可检验的）结论，对"效用"这个词进行了重新定义——包括死后回报带来的（假定、预期）效用。

通过在"效用"这个词中纳入一切，受难者或圣·弗朗西斯变成自身（即使是死后的）效用利己主义最大化者。这样，经济学陷入了马克思主义者的波普尔曲解[41]的诱惑和人做自己想做的事的不可验证性。如果个人实现效用最大化，这种效用是自己定义的，波普尔马上提问：个人为了不实现自己效用最大化必须怎么做呢？换句话说：个人是否能向自己最优化曲线的相反方向前进？如果不能提供一个例子的话，那么理论就无法论证，就是毫无意义的。

但是我们回到争论的主线上来。正如哈奇森指出的："科学提供的陈述要么能通过经验得到令人信服的论证，要么不能。那些不能得到这种否证的理论都是无谓的重复，因此缺乏以实验为根据的内容。那么，它遵循的是纯理论没有实验性内容的叙述……因此，纯逻辑和数学的叙述（以及纯理论的叙述）完全缺乏以实验为根据的内容。"考德威尔进一步写道："如果定义过于狭隘，追逐自身利益是无用的……如果定义过于广泛，就会变得空洞，因为所有人的行为都变成了（效用）最大化行为。"[42]

我们从这样的误解中能得到教训，但是从无谓的重复中绝不会有任何获益。无谓的重复是逻辑方法的有用练习。通过定义，它们没有承认任何错误，尽管总是正确的、"成立的"。它们不是无意义的，但是不伦不类，没有任何内容。"无谓的重复不以真理为条件，因为它是无条件成立的。而自相矛盾的说法是没有任何条件成立的。无谓的重复和自相矛盾的说法都缺乏意义……无谓的重复和自相矛盾的说法都不是现实的反映。它们不代表任何可能的情况。因为前者承认所有可能的情况，而后者否定一切。"[43]

在此，我们得出了一个关键的悖论——经济学家认为经济人模型包括所有可能忹，因此能解释一切。这种观点实际上是我们最大的耻辱。如果我们能用一个词或一条原则解释一切，而我们却不知道其中的意义，那么我们必须质疑实际上解释的到底是什么。

顺便说一下，抽象思维使事情变简单的观点是不成立的。有时我们实际上会使事情变得复杂。弗里德里克·尼采并没有注意到这一点，尼采说理论上的认知如何使我们看不见显而易见的东西。例如，希腊故事"俄狄浦斯"说明了这一点。尽管（或恰好是因为）俄狄浦斯是当时最聪明的人，但是他仍然完全看不见显而易见的东西。他不仅不知道每个孩子都知道的最基本的东西（谁是母亲，谁是父亲），而且他（无意中！）弑父、乱伦。

经济学家的时代：债务时代与伊卡洛斯的堕落

亚里士多德认为过度是人们的主要弱点。如果走到极端，任何性格（甚至那些好的）也会变成不利的。因此，压倒一切的爱可能变成令人窒息的嫉妒，对自己的正常关心可能变成不堪忍受的自私自利，认为除自己和自己利益之外所以的一切都失去了合理性。

为此，亚里士多德常常被称为"黄金中庸哲学家"。亚里士多德写道，不能以任何方式走到极端的或过犹不及的唯一特征是中庸。然而，中庸之道正是我们缺乏的。在近代，我们过于被财富吸引，正如伊卡洛斯被引诱向太阳飞得过高一样。

或许我们的时代将以"债务时代"永载史册。近几十年来，我们的债务不是因为短缺产生的，而是因为富裕和过度产生的。我们的社会遭受的不是饥饿，而是另一个问题——如何为吃饱的人提供饮食？斯洛伐克的一则格言很好地表达了这个观点：肚子饱了，眼睛还想吃。在古代罗马，富有和口味击垮了肠胃的容量，饥饿的眼睛与过度充盈的肠胃之间的矛盾是通过传说中的剧场或运动场来解决的。在我们的社会里，这被认为是"非唯美主义的"——因此我们创造了新的食物来解决这个问题。

我们这个世界的问题在于如何吃以及如何不吃（当然，就我们的历史来说，乃至在当前的世界中，人们还会感觉到饥饿）。我们创造了脱脂奶油——没有脂肪的黄油。我们除去了膳食中最富有营养的部分。[44] 关于这一点，提一下耶稣的话也是很有趣的：

> 所以我告诉你们：不要为生命忧虑吃什么，喝什么，为身体忧虑穿什么。生命不胜于饮食吗？身体不胜于衣裳吗？[45]

同样在批评我们这代饮食过度的人，正如人们担心吃什么的时候一样——担心自己可以吃的东西太少。我们而今担心的也是吃什么——但是担心来自完全相反的方面——我们担心吃的东西过量。

我们拥有的越多，我们想要的就更多。为什么？因为消费就像一种麻醉药。或许我们认为（而且这听起来事实上很直观），我们拥有的越多，需要的就越少。东西从我需要拥有的集合转移到我拥有的集合中越多，我需要拥有的集合应该收缩越多。我们认为，消费导致饱和，需要会得到充分满足。但相反的事实被证实是成立的。我们拥有的越多，我们需要的东西就越多。比较一下我们二十多年前完全不需要的东西（计算机、移动电话）和我们当今客观上需要的东西（超便携笔记本电脑，每两年换个手机，与移动网络保持持续、快速的连接）就足以说明问题了。富人未实现的需要应该比穷人更少，现实却是绝对相反的。凯恩斯曾经说，工资是黏性向下的。很好，实际上消费也是黏性向下的。消费上升很容易滞后，而且倒退使人更不愉快。每个新满足的需求将引起一个新的需求，让我们不断想要得到新的东西。因此，当心你的每个新欲望——它是一种新的嗜好。因为消费就像一种麻醉剂。

注释·······························

1 荣格，《集体潜意识模型》，第33~34页。

2 与劳里的《古代和中世纪的经济概念》相比较，第15页。

3 《创世记》，3：17~19。很有趣的是人们没有被诅咒。只有毒蛇被诅咒了；而女人和男人都没有被诅咒。对女人的惩罚是分娩时的阵痛，上帝告诉她："你必恋慕你丈夫，你丈夫必管辖你……必为你（亚当）的缘故受诅咒……"

4 《创世记》，2：15。

5 《创世记》，2：16："耶和华神吩咐他说：'园中各样树上的果子，你可以随意吃。'"

6 欧文，《母体模型与哲学》，第139页。

7 劳里，《古代和中世纪的经济概念》，第14页。

8 《创世记》，3：16。

9 广告"建立了消费者（神圣个人的衍生物）与商品所包含价值之间的联系。具体而言，与其说广告强调的是品质的合理化（货币）价值，不如说公制化的价值（李尔，1983）……因此广告提供了……一种解决日常生活中神圣法规临时主导（方式）的机制。"博利，《神圣与经济学融合》，第104页。

10 《创世记》，3：6。

11 戴维斯，《欧洲历史》，第604页。

12 齐泽克，电影"*Pervert's Quide to Cinema*"。

13 在此，对广告有用性的需要是相互的。不仅仅是广告需要消费者，而且消费者也需要广告。人们需要广告告诉自己应该想要什么。更多信息请参看博利的《神圣与经济学融合》，第105页。关于这一点，拉什迪评论说："怪不得广告如此受欢迎。它使东西变得更好。它告诉你该往哪边走。”拉什迪，《愤怒》，第29页。

14 马歇尔，《经济学原理》，第86页。

15 纳尔逊，《新圣战》，第293页。

16 斯蒂格勒，《弗兰克·海尼曼·奈特》，第58页。另见纳尔逊，《宗教经济学》，第294~295页。

17 马尔萨斯，《人口论》，第VII章，第6页。

18 因此，繁衍必须是有限的。需要注意的是，如果劳动者获得的工资高于生活所需的最低值，他们就开始生儿育女，所以还是没有足够的食物。在马尔萨斯的悲观展望中，就长期而言，劳动者决不会获得大大超过生活所需最低值的食物。

19 “倘若人口和食物等比增加，那么人绝不会脱离原始人的状态而成为人类……世界上存在罪恶不是为了创造绝望，而是活力。”马尔萨斯，《人口论》，第VII章，第158页。

20 帕廷肯，《论芝加哥传统》，第34页。

21 齐泽克，《空想的苦恼》，第39页。在《生殖器的意义》一书中，拉康把欲望从需要和需求中区分开来。需要是一种生物学上的直觉，与需求关联，然而需求拥有双重作用，一方面它与需要连接，另一方面它与爱连接。因此，即使与需求关联的需要得到满足之后，对爱的需求仍然得不到满足，剩下的只有欲望。对于拉康来说，“欲望既不是对满足的爱好也不是对爱的需求，而是二者相减（第一个减去第二个）得出的差。”拉康，《心理分析学的四个基本概念》，第318页。然后欲望是需要与需求结合产生的剩余物。拉康补充说：“需求与需要分离时，开始在边缘地带形成欲望。”拉康，同上，第344页。捷克生物学家约瑟夫·斯马基斯把这称为生物需求（或者生物需要、生物消费）。见斯马基斯，《哲学——回归地球》，第356~392页。

22 《传道书》，1：8。

23 马歇尔，《经济学原理》，第86页。

24 埃斯蒂斯，《与狼共舞的女人》，第492页。

25 萨曼·拉什迪，《愤怒》，第28页。

26 亚里士多德，《伦理学》，1106 b29~30：“……优秀是一种方法，因为它的目标是中庸之道……恶属于无节制的人……而善属于有节制的人。”

27 《诗篇》，107：17~18：“愚妄人因自己的过犯和自己的罪孽，便受苦楚。他们心里厌恶各样的食物，就临近死门。”

28 奈特，《自由主义与基督教义》，第71页。

29 另见齐美尔，《现代文化中的货币》，第19~20页。

30 正如保罗·瓦赫特尔评论沃尔夫《虚无的牢笼》（第177页）写的那样。

31 穆勒，《功利主义》，第12页。

32 柏拉图，《高尔吉亚》，第492 e页。

33 韦伯，《资本主义新教伦理和精神》，第123页。

34 沃尔夫，《虚无的牢笼》，第172页。康德，《判断力批判》（1987）（第83页；另见黑格尔，1986，第190页）。或者说"贪得无厌是人类的基本性质"。

35 贝克尔，《研究人类行为的经济学方法》，第8页。另见福斯，《亚当·斯密之前的自身利益：经济科学谱系》，第8页。

36 狄德罗和克罗克，《狄德罗作品选集》，第77页。

37 "效用"这个词甚至没有在一些经济学教科书的索引中出现。在曼昆的《经济学原理》中，第442页出现了这个词——效用同时是个人拥有的、关于生活状态的幸福和满足。效用是衡量幸福的尺度。这还是关于同义词的定义，因为说幸福就是效用或者满足也是可以的，或者说满足就是幸福和效用。

38 如果我们用普通的语言来解释"财产或者服务消费"，就会发现效用是个人通过消费获得的效用。

39 "认为所有行为都是自私的，这是我们能得出的最简单假设，而科学家们总是想用很少的话解释很多问题。但是我们不能得出结论——既不是一般意义上的也不是任何已知情况下的——认为自私自利是更普遍的动机。有时，这个世界是混乱的，而最简单的解释是错误的。一些大家熟悉的事实就足以驳斥这种认为自身利益推动世界前进的观念。一些助人为乐的行为不图回报，因此不能用永恒的自身利益来说明问题。父母帮助自己的子女有自私的一面。他们假定子女在父母年老的时候会照顾他们——但不属于子女提供这种照顾的自私利益。很多情况都是如此。"埃尔斯特，《社会科学基本要素》，第54页。另见福斯，2003年，第10页。

40 艾伯特·赫希曼用"利益"这个词代替"效用"。然而，这两个词的本质是一样的；而他似乎很赞赏这种本质。他自己承认："它变成真实的风尚和模范（按库恩的方式），而且大多数人类行为突然被自身利益解释，有时达到重复的程度。"赫希曼，《激情与利益》，第42页。

41 卡尔·波普尔爵士提出，无论要求是否得到否证，都要承认科学论证。对于一个已被证实错误的理论，可能会发生什么情况呢？如果这种现实的变量存在，尽管未经证实，那么已知理论可能被认为是科学的。但是在另一方面，如果已知理论能解释所有可能的行为，那么它就变成了伪科学。例如，波普尔描述了为什么马克思主义者的历史方法对于他来说是不科学的。马克思能够解释有关他理论的一切，甚至连看起来相反的情况也能解释。如果一个已知理论设法解释所有想象得到的情况，例如，在阶级冲突理论环境下的情况，那么肯定是哪里出错了。如果理论能解释一切，那不是它的长处，而是弱点。

42 考德威尔，《超越实证哲学》，第108页、第146页。

43 维特根斯坦，《逻辑哲学论》，第4.461~4.462页。

44 在早先的文化中，主导特征是现实中的短缺。脂肪被认为是肉类中最有价值的部分（因此《圣经》中说"土地肥美"："我要把埃及地的美物赐给你们，你们也要吃这地肥美的出产。"《创世记》，45：18）而瘦肉是拿来喂狗的。普罗米修斯也拿一包有油脂的肉欺骗宙斯；而宙斯选择的恰好是这包肉。

45 《马太福音》，6：25。

02

第2章
CHAPTER 2

进步与假日经济学
PROGRESS AND SABBATH ECONOMICS

- 进步
  - 进步史：黄金时代
  - 未来末日与现代牧师
  - 梦想贪婪末日
  - 经济学家与牧师
  - 掌捆进步
  - 我十分满足——仍然没有发现我渴望的到底是什么
  - 缺乏的缺陷
  - 不富足的后果
- 假日经济学
  - 约瑟——法老与讨厌的凯恩斯理论
  - 宝贝，慢点

我们在被这种观念迷惑之前，看不见任何东西，只是凭空产生想法，而现在除此之外，我们几乎看不见任何其他东西。

——亨利·戴维·梭罗（Henry David Thoreau）[1]

645 001
332

996 002
882 003
664 004

882 0010

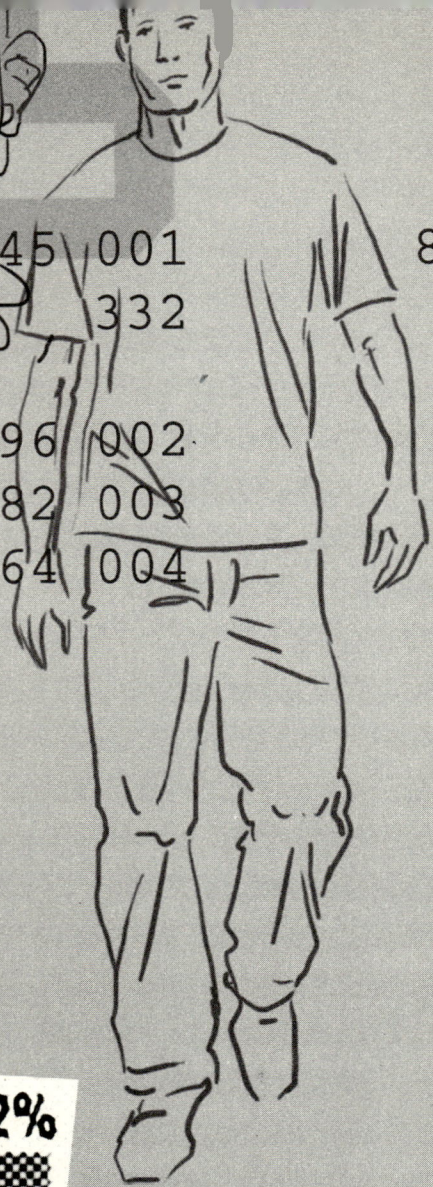

46.2%

42.8% 43.9%

39.0%

33.4%

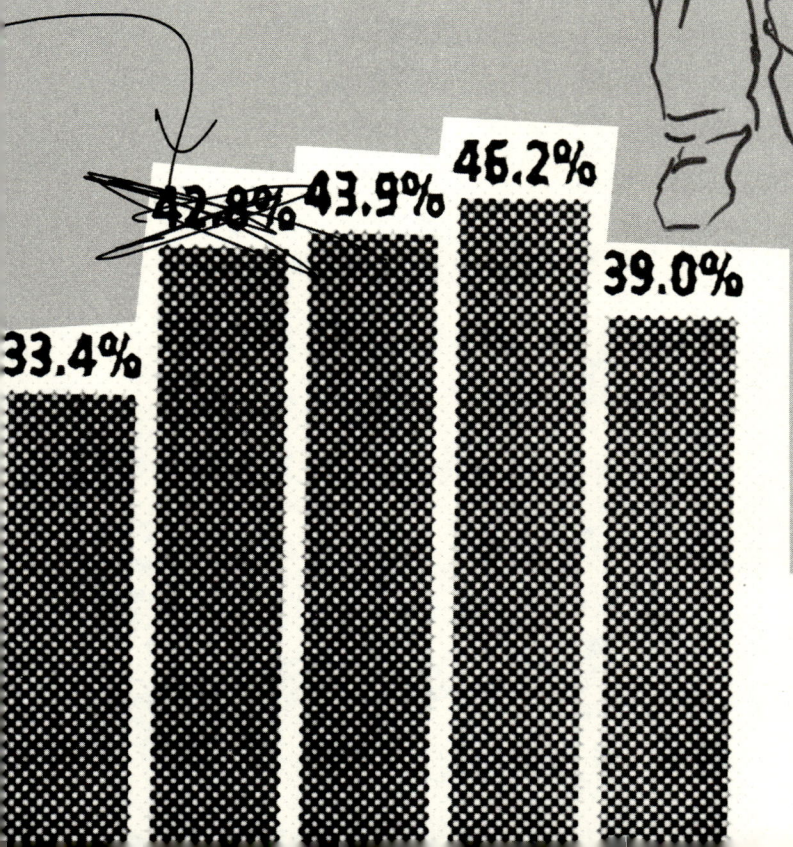

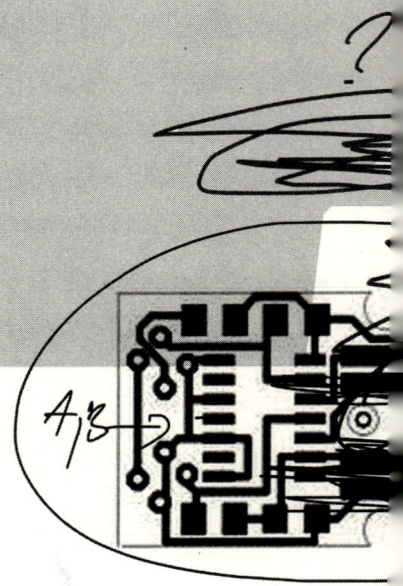

进步

正如2008年伊丽莎白女王询问经济学家为什么他们不能预测即将到来的经济危机一样，瓦茨拉夫·哈韦尔在应对危机时问到了增长的意义："为什么每样东西都必须不断增长？为什么企业、制造业和生产必须增长？为什么城市必须在各方面非概念性地增长，直到一小块地皮或一小撮草丛都不留下？"[2]经济增长是否拥有任何其他意义？或者经济仅仅是为了增长而增长？

当某些东西的存在过量时，我们就常常会注意不到它的存在。最重要的是那些我们忽视的东西，其中之一就是关于进步的概念。它时刻环绕在我们周围。我们在电视上、广告中、政治声明里和经济学家嘴边都可以找到"进步"这个词。

进步是我们这个时代绝对必要的，完全是无意识进行的。我们看不见它在哪儿。我们也可以看看现在的体制，差不多有点像《黑客帝国》三部曲中的幻觉一样。具体地说，关于增长的概念拥有控制我们的力量，把我们都变成奴隶。用摩耳甫斯的话来说，我们"被囚禁于一个看不见、摸不着、闻不到的监狱里"。[3]

近来的全球经济危机显示了我们如何依赖增长，以及当我们的GDP下降到千分之一时，如何把这种下降当成信仰的破灭。

但是这种增长永不停歇的预期来自何处？事实表明，它只是披着不同外衣的进步概念而已——首先是宗教的形式（天国），后来是世俗的形式（人间天堂）。（唉，责任！）关注的是市场、国家、科学，以及诸多方面彼此的结合。人们仿佛认为经济增长会让我们更接近人间天堂。GDP的任何停滞都会使我们远离目标，这被认为是罪恶的。增长就是最大的好事，它不仅仅是经济学准则，也常常是我们整个社会和政治生活的准则。

工业革命之前，我们并没有预期太大的增长。当时，我们对经济的增长速度感到吃惊，而现今却完全是自然的。[4]我们认识到了经济学和技术上的进步。

先前的进步被认为或多或少是精神上的、内心的，但是现在我们使这一概念世俗化，将其与客观世界联系起来。对GDP统计的不断关注首先于1790年在美国开始，尽管直到那时人道主义还没有大行其道。我们不需要知道现在比前一年的财富增长多少个百分点或者千分点，也不需要与其他国家的经济表现相比较。顺便说一下，按现在的价格计算，1790年的真实人均GDP为1025美元，几乎是现在的1/40。[5]在过去的20年里，美国的真实人均GDP上升了37%。令人瞩目吗？或许是吧。但我们是否就感激不尽或感到满足了呢？几乎不会。

进步史：黄金时代

正如我们从吉尔伽美什和早期的古代希腊人身上看到的，进步的观念完全是早就存在的。时间观念因改朝换代而没有发展；任何事情周而复始，如同一年四季一样。其作用是改变和回归，仅此而已。这种循环性也常常伴随着能够使时代回归的仪式。此外，各个时期发生的故事在某种程度上也是循环的（过去从未发生过，但现在时常进行）。而且，许多这样的文化认为人类的黄金时代已经一去不复返了，而不是尚未到来。人被创造出来之时，情况更好。越发展，堕落得就越厉害，失去的就越多——与我们现在的文明世界认为的完全相反。现在，我们感谢进步使我们摆脱了古代的"原始社会"。

希伯来人和后来的希腊思想家关于时间得出了一个线性的概念，构成了历史的发展。社会学家罗贝尔·尼斯贝特发现，"没有哪个概念比认识到……三千年来的西洋文明进步更重要"。[6]尽管进步的概念不能被认为是一个现代的观点，[7]其世俗化版本和经济化版本变成了经济学、科学和政治学存在的理由，是我们的文明世界产生并完全指望的东西。[8]美好似乎总在唾手可得的地方。

英国思想家路易斯（C.S.Lewis）曾经令人啼笑皆非地表达了这种更加扼要的观点："美好=下一个。"[9]而我们因此沉迷于永恒的增长最大化，愿意为此牺牲负债来实现目标。不仅在经济衰退和发生危机的时候如此，而且在经济增长相对稳健的时候也是如此。如此多的增长是近年来增加的债务激素引起的。

这种激素不是国内生产总值，而是债务生产总值。我们变得对增长的观点过度痴迷。我们不完全肯定增长的方向，但是通过加速来弥补这种不足。[10]

但这真是自然的吗？很多文明世界都在进行着科技进步的结果使人类接近还是远离黄金时代的争论。连古希腊人也弄不清楚这个问题。例如，赫西奥德声称"黄金时代存在于没有知识的时代，同时拥有纯粹的伦理美德和普遍幸福"。[11] 我们看到一些警示，进步和知识的代价常常是牺牲幸福、安宁、淡泊，以及和谐。[12]

后来的启蒙运动提出了这样的观念，认为用托马斯·霍布斯的话说，人类起源的自然状态是"肮脏的、粗野的、不足的"。[13] 这种理论支持未来伊甸园的观点。此外，人负有技术的、科学的（非精神的）任务。因此，在19世纪中叶，"菲希特宣告真正的伊甸园不是人类在遥远的过去享受的赦免礼物，而是人类在不久的将来征服的希望之地"。[14]

但是我们也可以顺着这种思想追溯到古希腊，后来盛行这样一种类似的观念："之后不久，最早的、最伟大的诡辩家普罗塔哥拉强调了他的信念，认为人类的历史是摆脱原始的无知、恐惧和文化空白的历程。生活条件逐渐上升，生活变得更美好，是知识稳步积累的结果。"[15]

公元前5世纪末的色诺芬认为："起初神灵并没有向人展示一切，但是人通过自己的探索终于发现了什么是更美好的。"[16]

柏拉图在普罗塔哥拉中描述了一个令人感动的情景："普罗米修斯因为自己给人类带来火种而受到宙斯的可怕惩罚而感到悲伤，因此激励人们在知性和文化上提升自己，赶上神灵。在所有的著作中，没有哪个故事比遭受永恒惩罚的普罗米修斯告诉人们人类陷于可怜的状况下更令人感动——当时的人类被剥夺了一切，陷入无尽的恐惧和无知中，像野兽一样生活在岩洞里。他给人们带来的礼物是火种，使人类能够通过自身的努力渐渐提高文化水平、学习语言、制造工艺品、发展技术，以及友好地联合起来过群居生活。"[17] 在此，我们能看到这个故事有点接近于伊甸园的叙述。不过在伊甸园的故事中，人类堕落的原因是知识（区别善恶的智慧树）。

未来末日与现代牧师

在许多方面，物质进步成为了世俗的宗教和我们所处时代的主要希望。罗伯特·纳尔逊对这个话题进行了非常详细的研究，并写了两部著作。他说："很多经济学家相信进步是一种宗教形式，因为有些东西极大地提高了人类的基本条件，让日子过得更好。"[18] 经济学家罗伯特·萨缪尔森提出如下观点："每个时代都有其幻想。我们这个时代的幻想是对繁荣力量的虔诚信仰。"[19] 而繁荣力量的载体就是进步。

我们的经济学家当然多少意识到——或至少弗兰克·奈特意识到了我们生活在一个"科学本身就是一种宗教"的环境下。[20] 现在，宗教不一定拥有（预先）定义的神性。美国最高法院采用的普遍接受定义（得益于保罗·蒂利希的启发。保罗·蒂利希也许是20世纪最卓越的新教神学家）接受"各种各样的'信仰体系'，这都是有法律效力的宗教，即使它们缺乏任何超自然要素或力量的支持"。[21] 本来，宗教的进步观点世俗化成为保佑我们的技术信仰，认为财富不仅仅让我们变得快乐（个人的快乐，个人的人间天堂），而且使社会本身获得好处（普遍的人间天堂）。

梦想贪婪末日

我们不仅机械地把很高的物质希望与进步联系在一起，而且拥有关于贪婪末日与进步的伦理梦想和社会梦想。进步能挽救世界的观念大都以社会希望的形式存在。有影响力的经济学家和哲学家大卫·休姆认为："如果自然赐予我等物质财富的富足，人人拥有足够的东西，那么我们可以深信的是在那个神佑的国度所有美德都会盛行。"[22] 不法行为将会消失，"法官从此多余"。经济学之父[23]约翰·斯图尔特·穆勒认为："相互蹂躏、破坏、压迫和践踏"仅仅是变迁时代的并发症。[24] 当它结束时，我们将实现一个稳定的时代，"没有人会有变得更富有的欲望"。[25]

穆勒在一个被称为"固定状态"的篇章中这样优美地写道：

> 但是考虑任何渐进变化时，且不论其无限制的本质，思想不会仅仅满足于遵循变化的规则。它必然提出进一步的问题，要实现什么目标呢？工业进步会使社会达到什么终极点？当进步停止时，我们在什么条件下预期这种进步会脱离人类？政治经济学家总是或多或少清楚地看到这一切，财富的增加不是无穷尽的……[26]

然而，我们不要忘记经济学长期以来自始至终都是"沉闷的科学"。从一开始，在很大程度上由于托马斯·马尔萨斯的原因，经济进步产生一种沉闷的固定状态。仿佛可以这么说，我们前进的目标是人间地狱。沉闷的科学如何变成快乐的、乐观的科学，以及我们对进步的信仰是一个值得研究的问题。在一定程度上，我们可以把经济学划分为乐观主义经济学（等待我们的是人间天堂）和悲观主义经济学（经济学的未来是末日审判）。穆勒和休姆似乎是最初的乐观主义经济学家。凯恩斯在20世纪30年代加入这个阵营，他表达了对这样的人间天堂在未来百年内实现的希望，然后发生"有史以来我们的物质发展最大的变化"：将会发生人类物质（而且不仅仅是物质）发展的最大变化，而且新的人类将产生新的世界——另一个亚当，从容不迫，无须时常忙碌。

> 我得出的结论是……经济问题能得以解决，或者至少是看得见的解决方法，在百年内实现……为生活而努力总是迄今人类最主要的、最紧迫的问题——不仅是人类的问题，而是整个生物王国的问题，从生活最原始的雏形开始就是。

> 因此我们的本质——所有的冲动和最深刻的本性——发生了极大的进化，目的是解决经济问题。如果经济问题得以解决，那么人类将丧失其传统目的……多年来，人类固有的罪恶是如此强大，如果想要得到满足，我们每个人都需要做点什么……每天（工作）三小时足以满足我们大多数人的犯罪本性！[27]

正如我们可以看到的，凯恩斯也许是最伟大的经济进步乐观主义者之一。他不仅看到了经济增长中的物质拯救，而是正如大卫·休姆的伦理复活一样，看到了"伦理规范中的"巨大变化：

当财富的聚集不再具有很高的重要性时，在伦理规范中将发生巨大的变化。我们将摆脱两百年来一直在折磨我们的许多伪伦理原则，我们把那些最令人厌恶的人类品质提升到至上美德的地位……我认为我们都是自由的，因此，可以回归到那些最可靠的、最确定的宗教原则和传统美德——贪婪是错误的，放高利贷款、勒索是有罪的，贪恋钱财是可恶的，那些在早晨最不需要思考的美德行为和智慧事实上是最受欢迎的。我们应该重视结果而非手段，选择善行而非效用。我们应该尊敬那些教我们如何勇敢、很好地抓住时间的人，尊敬那些能够从事物中直接获得快乐的人，还有野外不用过分操劳的百合花。[28]

要达到这个理想的国度，我们仅需的四样东西就是凯恩斯叫做"经济学福佑"的要素，需要的百年光阴除外，具体如下：

我们控制人口的力量、避免战争和平民冲突的决心、信赖科学指导关注问题的意愿，以及我们的生产和消费之间富余的积累率。已知前面的三个条件，最后一个是很容易实现的。[29]

凯恩斯表达了对最强大经济满足的信心，以及对这个时代大多数经济学人物宣称的物质进步有益行为的信心。这就是为什么我们必须保持不断的增长——因为我们向着这个世界上的伊甸园前进。

....

经济学家与牧师

因为对灵魂的关注已经被那些对外部事物的关注所取代，经济学家成了我们这个时代极为重要的人物。人们期望他们解释现实（仿佛风云变幻的诸神住所奥林匹斯山已经被反复无常的华尔街取代），提供预言性的服务（对宏观经济的预测），重塑现实（缓和危机的影响，加速经济增长），并在长期中领导人们前往福地——尘世中的伊甸园。萨缪尔森、弗里德曼、贝克尔、奈特和其他很多人都成了经济进步的福音传道者，不仅在他们自己的国家里，而且在向其他文明传播。

纳尔逊把这称为"经济学热忱"——经济学家"被迫从事这种活动"。[30] 正如加里·贝克尔在个人的感谢辞中写道，弗里德曼拥有"一种对真理崇拜的传教热忱……和说服异教徒的极大热忱"。[31]

最后，福山在《历史的末日》中通过民主资本主义的胜利所给予的信心告诉我们一些东西。现在唯一的挑战成了说服所有公民树立正确的（经济学）信心，并将其输入其他的文明中，以此教化经济学上还没有成熟的异教徒。我们的经济学天国唾手可得，还想要泽被众生。而且，正如大多数的信仰一样，拥有的追随者越多，其初始的宣言会获得更多好处。国际贸易似乎有利于贫穷的国家，但对于发达国家来说当然会更有利。

就我们所知，经济学天国没有那么容易实现，而且可能要经历相当长的一段时间。我们应该从根本上意识到，高估经济学的作用是一种目前相当普遍的风气。[32] 不过，最好知道是马克思本人引发了这一风气。事实上是马克思（自相矛盾地）认为经济和经济学是所有事物的基础，是社会的基础，决定了一切其他事物，而一切其他事物（包括伦理和文化）是经济基础的上层建筑。一切其他事物都是错误的意识——一种全社会的幻觉，群众的鸦片。经济发展成为解释历史的主要因素。正如最后经济学历史学家尼尔·弗格森有说服力地写道：

> 当我还是学生的时候，历史教科书就提出了关于20世纪暴力的各种各样解释。有时这些解释与经济危机相关，仿佛经济萧条和不景气可以解释政治矛盾。
>
> 一种受欢迎的说法是把德国魏玛政府的失业人数上升与纳粹党上台和希特勒夺权相联系，认为可以解释第二次世界大战的起因……然后是本世纪到处存在阶级冲突的理论。
>
> ……现在让我用更严肃的术语来修订那些初级的学生思想……严重的经济危机并不会导致战争。的确，现在我们不可能证明（尽管马克思主义者很久以前就试图这么做）第一次世界大战是资本主义危机的结果；相反，第一次世界大战结束了一段时期以来严重的全球经济危机，出现了较高的增长率和较低的膨胀水平。[33]

掌掴进步

让我结论性地总结科学进步本身和20世纪前半叶对科学进步的吹捧。顺便说一下，我们要注意的是马列主义以及最后的种族歧视（以极端科学进化论说法为根据）打赌声称自己很"科学"，在各种情况下强调它们的科学本质。那时，绝不存在什么"在客观上"对已知理论提出的怀疑。无论如何我们到现在才知道它，由于社会思潮已经发生了改变。问题是如果某个方法被科学界认为是科学的，那么它就会成为一个科学论题。[34] 可以理解的是，相反也是正确的。科学的真理无关某种客观的评价，而是关乎其自身在学术界的评定。在此，怀疑科学界存在偏向于政治的趋势也是可能的。在这一点上，我们应该注意那些流行的观点。我们完全不是讨论科学界该如何"创造"真理并"裁定"真理的问题。

那些"创造"真理的人和那些"评价"真理的人都是一丘之貉。在科学界，不存在我们所知并谨慎预防的政治界权力划分。为此，马列主义和长期以来的种族歧视（在当时）被恰如其分地授予"科学"的称号。我们科学时代的事实是历史以来最为血腥的，是世俗进步宗教的严重破裂。社会学家齐格蒙特·鲍曼认为，大屠杀不是现代的错误或过失，而是直接后果。[35]

我十分满足——仍然没有发现我渴望的到底是什么

对于现代经济学来说，这种讨论应该是有趣的，因为关于进步的观点是一把双刃剑。一方面，追逐进步实现了真正的进步。我们近来发展（GDP）到了这种程度的理由是因为我们非常非常希望它发展。另一方面，问题是，我们是否更满足？我们不仅不知道如何实现满足，而且甚至完全不是我们所希望的那样："对于现代信仰进步的人来说，满足是不受欢迎的。"[36]

从客观的立场来看，我们生活在我们这颗星球有史以来最富足的时期。尽管这样，对于我们来说仍然是不够的；富足带来新的问题。当一个人又喜欢吃甜食又有足够的钱买东西时，在糖果店的七个蛋糕里只选其一在心理上是十分痛苦的。在你作出决定时，就要放弃其他的六种味道，拿不准你是否应该只拿榛子味而放弃水果味，乃至更好吃的巧克力味。最好是每颗都先尝一下，然后你要么让糖果店陷入窘境，要么肚子里装得满满的，因为你无法确定到底选择哪一个。

对于经济学家来说，这样的情况是难以把握的。经济学主要考虑个人非饱和且想要消费更多（以及获得更多钱）的情况。脱离这一点，经济学会是什么样子的呢？我们的资源发展到了这种程度，可以允许我们获得比完全满足多得多的东西。经济学是研究"稀缺资源分配方式"的科学，但是当稀缺资源充足时又会发生什么情况呢？我们的福佑观点实际上在我们允许的集合内成立。它不能超出我们的预算局限性。但是发现它是十分困难的。它可能仅仅发生在我们实现物质富足的情况下，而且会导致过于饱和现象。极乐的国度也会发生我们诅咒自己所有购买物的情况。

小说《搏击俱乐部》中的主角泰勒·德登十分有说服力地描述了消费社会的生活方式："世代干着自己厌恶的工作，正是如此，人们才可以购买自己并不是真正需要的东西。"[37]战后的特征是财富的急剧增长，激发了对20世纪60年代消费者生活批判的第一次高潮。当然，嬉皮士时代的希望变成了一个错误。我们的社会变得不仅仅依赖于财富，而且离不开债务。当今的一个狂热争论是心理学家、经济学家和社会学家之间关于财富是否有助于我们的幸福感受[38]在对很多国家的幸福现象进行了多年的研究之后，社会学家罗纳德·英格尔哈特[39]得出这样的结论，福利感受会随着财富的增长而增加，但是这种增长幅度会变得越来越小，即福利的作用是呈凹形的。在一个富有的世界里，随着财富的积累，幸福仅仅呈现十分微小的上升，已经没有上升的空间了。

根据英格尔哈特的观点，在富有的国家里，收入与幸福之间的关联是"十分微弱的"（实际上，几乎可以忽略不计）。[40]我们把这叫做"伊斯特林悖论"。

大卫·迈尔斯发现："就幸福而言，它跟个人是开宝马汽车还是像许多苏格兰人一样步行或者乘公交车没有什么关系。"[41]对最有钱的人（福布斯排行榜上最有钱的100位美国人，由伊利诺伊大学心理学家艾德·迪纳完成调查）进行的研究显示，他们"仅仅比普通人稍微幸福一点"。[42] 迈尔斯进一步深入思考财富带来的暂时性快乐："中彩票的人看来似乎从中奖中仅仅获得暂时性的快乐冲击。这种陶醉感不会持久。事实上，先前享受的活动，例如读书，可能变得不那么令人愉快了。与赢得100万美元的强烈刺激相比，一般的快乐显得那么苍白无力。"[43] 亚里士多德[44]也谈到了类似的效应，强烈的快感与一般的快乐相比较时，幸福感会下降［出现强烈的快感（毒品）时，一般的快乐就会逐渐消失，可以说这种新的快感取代了一般快乐的位置］。

在每个人都住上4000平方英尺住房的社会里，人们可能不比住在2000平方英尺住房中的人们更幸福。[45] 长期来说，无论我们拥有多少还是什么都没有，结果都是一样的，甚至这种统计数字变成了一种新的讨论话题。[46] 即使我们发现了想象中的最大幸福点，我们是否知道如何在这一点止步而非继续前行？我们实际上如何识别这样一个点？难道我们此时还没有达到这一点吗？来自贝克特《等待戈多》的引文是意味深长的：

弗拉迪米尔：你就说点什么吧，就算不对也行。

埃斯特拉贡：我该说什么呢？

弗拉迪米尔：比如说，我很快乐。

埃斯特拉贡：我很快乐。

弗拉迪米尔：我也是。

埃斯特拉贡：我也是。

弗拉迪米尔：我们都是快乐的。

埃斯特拉贡：我们都是快乐的。（沉默）既然我们都是快乐的，现在该做什么呢？

弗拉迪米尔：等待戈多。[47]

那么看来，消费中存在两种获得快乐的方式：不断逐步扩大消费（达到下一个幸福点，我们不断需要更多的物质消费）或者发觉我们拥有足够的幸福。我们真正缺乏的唯一事物就是缺乏本身。

如果经济学失去了自己的目标，唯一给我们留下的就是增长——只不过是增长本身而已，因为它没有权衡的目标。漫无目标的感觉使增长变得无意义[48]、无家可归[49]。为了目标而竞赛与为了竞赛而竞赛是不同的。如果我们为了人类本身而竞赛（轻推），那么我们就在原地转圈，这也行。但另一方面，我们也不要为自己"不知所终"而感到惊讶。过去，"我没有很多时间陪家人"这样的话被认为是一种无能的措辞。现在，它是工作的证据，常常被人尊重和期待。因此，吉尔伽美什用暴力带走他的孩子们，现在我们让孩子们自愿跟我们走。这就像吉尔伽美什和他的墙一样（现在出于自愿，这是多余的）。

缺乏的缺陷

自相矛盾的是我们必须人为地创造缺乏。只有存在缺乏，企业才能生存，因此生活的娱乐和意义也一样。我们这个时代是出于这样的目的而创造整个体系。娱乐业、工厂创造了存在于缺乏模拟中的娱乐和消遣，为什么？这是因为真正的缺乏并不存在于我们的日常生活中。因此就出现了这样的情况——我们坐在温暖的屋子里，心满意足地看着电视上的主人公经受饥寒交迫的磨难。我们对那些自己乐于经历的危险感到高兴。这是一种悖论——我们越满足、越安全，对人为的娱乐和富于艺术表现的危险的需求就越多。还存在第二种悖论——我们只能从富足的位置——坐在温暖的屋子里，手里拿着爆米花——来观看影片中的饥寒交迫的画面。观看这样的影片很难想象自己遭受同样的经历。

也许我们渴望存在这样的缺乏。它是我们欲望中的欲望。色诺芬在他的对白《耶罗》中对需要的膨胀进行了描述。暴君认为他比别人遭受的损失更多，因为他拥有的快乐很多，反而一个也享受不到。"一个人在餐桌边够得着的食物越多（超出了足够的程度），对食物的饱足感降临得就越快。因此，就实际的快乐持续时间来说，拥有很多菜肴的人还不如一般人快乐。"[50]

在我们这个时代，这种易变的不定性与发育不良的经济学混杂在一起。我们最喜欢时刻处在过热的边缘。如果最大程度的增长在我们这个时代是必不可少的，那么就是不可能停下来的最终会丧失增长的意义。

简·帕托卡是一位捷克前沿哲学家。他把这种状态叫做"对人类存在状况的厌倦"。[51]它导致对纵欲的需求。纵欲是一种令人心醉神迷的新时尚、普遍的解脱。消除日常的中庸之道驱使我们从"房子不是家"的概念转变到了过度狂欢上。我们知道过度狂欢不存在任何限制。

帕托卡对人类行为的解释也可以用于探讨当前危机的原因。我们当前的危机是赊账消费群体太大了。有关危机的原因和不变增长意义方面的问题，帕托卡已经解释得非常好了。

....

不富足的后果

人天生就是不知足的。它是我们的特征，根据伊甸园的故事，它甚至在堕落之前就存在了。那事实上也是导致人类被驱逐出伊甸园的原因。"人类不需要等待资本主义带来贪得无厌的传染病毒……病毒一开始就存在……不活跃的病毒仅仅需要社会经济和文化条件的变化为它提供良好的环境。"[52]

但是我们可以左右的是什么？而且我们应该对自己选择的东西关注得更多。正如亚里士多德说的，一个激情压倒另一个。尽管最近几年财富有了急剧的增长，我们仍然没能拥有足够的东西。仿佛所有新的"生产填进了其本身创造的真空"。[53]为了不至于太贫乏，我们必须拥有什么程度的物质？我们不能设法求得满足的要素是什么？为什么我们不能求得和平？

一方面，这种反复无常和缺乏性是有用的。它迫使我们发现新的事物、从事新的活动，而且在一定程度上恰好是这些新的缺乏引发我们持久的经济增长。

这种创造性的破坏中，有些新东西在不断取代往昔的事物。有一位经济学家看到了资本主义和自由的推动本质。这就是经济学家弗雷德·伊尔施[54]对于我们的财富增加了却没有感到快乐这种情况的解释：如果你坐着听音乐会，有人突然站起来，站起来的人获得了相对优势，但是损害了另一个人的优势，挡住了别人的视线。当其他人也跟着那么做都站起来时，这种相对优势就消失了——所有人还是处于类似的情况下，唯一的差异是每个人的脚会更难受。然后有人踮起脚，还是发生同样的情况。人们开始踮着脚站起来后，开始搭上其他人的肩膀，如此循环。

我们的满足仅仅是相对的，而不是绝对的。如果邻居买了一辆新汽车，尽管我们对自己拥有的感到满意，仍然觉得自己好像是最穷的人。有办法摆脱这种旋涡的影响吗？嗯，也许只有逃避这种消费的诅咒、入住心灵的伊甸园才有可能。我们在伊甸园中获得安宁和休息。我们不要去追寻物质，而应该追寻精神上的休息。甚至耶稣也绝不会在向他的信徒致意时说"愿你们幸福"，而是说"愿尔们平安"。

奥古斯丁在他的著作《忏悔录》中说的话令人难忘："我们心中的躁动直到你的心灵安静下来才会停止。"[55]但是他的心灵在一生中是否有过停歇？他是否发现了自己一味追寻目标，而没有获得更多？正如《旧约》中的犹太人一样，当他们最后前往乐土时，还是不得不继续作战。他们并没有追寻到想要的和平和宁静。"耶路撒冷"翻译过来是"和平之都"。就算它拥有这样一个充满希望的好名字，至今仍然没有处于和平状态。看来，在这种情况下，物质世界与精神世界是相似的。在两个世界里，我们都不断想要获得更多，而没有什么能够让我们总是感到满足。

在我们心里存在一种牢不可破的、顽固的不富足因素，使我们处于永不停歇的紧张状态之下。

然后，我们如此迅速地习惯于不断改变的标准时，又如何发现平衡状态呢？亚里士多德曾经写道，如果过量，任何美德都会成为一种错误。但也有一个例外，亚里士多德继续写道，唯一不可能过量的东西是节制。这就是为什么亚里士多德这位被托马斯·阿奎那称为哲学家的人常常也被称为"（黄金）法则哲学家"了。

在他的禁欲主义传统中，亚里士多德提出这样的观点，我们毫无疑问对自己拥有的感到满意，而且幸福恰好在那种意义上可以得以实现。否则，我们将深陷易使人误入歧途的"名利场"综合征，因为欲望随着食物而增长，我们绝不会得到满足。"万事令人厌烦，人不能说尽。眼看，看不饱；耳听，听不足"，[56]正如《传道书》数千年前就说的。亚里士多德的建议是好的，不过很难以此为生，尤其是如果我们自己拥有不富足的因素。尽管这样，我们应该努力向感恩和满足前进，特别是在我们拥有的——无论是否发生危机——至少比穷得令人难以置信的哲学家在物质上丰富百倍的情况下更应该如此。

....

假日经济学

因此，我们寻找的解决方法可能不是禁欲主义，而是"假日经济学"。放松的出现是令人愉快的。不过，自相矛盾的是，现代"十戒"中最无效的一件事就是不能观察到"假日"的存在。人类陷入改变周围现实与满足于已经产生的进步之间。在《律法书》中，人花六天的时间来改变自己周围的世界，然后要休息一天。人应该休息、沉思和享受脱离工作的乐趣。这与必须建立一种戒律的观点是自相矛盾的。它对于上帝提倡的休息来说是足够的，而不是（常常在死亡的威胁下[57]）禁止工作。过量的工作是很糟糕的。但是，也许我们本质中有些东西存在一种不断工作的倾向——实现最大化，这就是为什么这条戒律必须成为戒律的原因。

在《旧约》中，有命令要求土地每七年休耕一年。且不说让土地休整拥有某些有益的耕种影响，这条戒律的意义更为深刻。每隔七年，债务奴隶（希伯来人负债过多，沦为奴隶）获得自由，而不用从事他们的强迫性劳动。每隔49年，债务得到免除，土地回到初始的宗族家庭手里。刚好间或聚集的财富被消除。可以说那是一种系统性的复位。

如果我们审视自己，就能看到我们已经真正地实现了过去几十年的糟糕命运。我的祖国或多或少变成了标准的"西式"经济体。西方本身取得了甚至更深刻的进步，无论在技术或繁荣方面。但是仿佛马儿受到的折磨太过繁重，指挥经济和社会规则的原则都是最大化，而非休息或者满足。实现业绩最大化，实现消费最大化。尽管出于节约时间的目的发明了新技术，我们拥有的时间却没有变得更多（我们不能给自己创造时间）。

与此相反的是"假日"戒律——没有最优。消费效用可能丧失殆尽。这个源泉已经干涸，对于进一步实现其最大化来说是不可能的。顺便说一下，是否有必要把技术进步产生的新能量都投入到消费和增长中？能量可以投资到快乐的其他来源。

问题是用这种精神食粮、这种能量做什么。我认为我们应该把节约下来的所有时间都放回到生产上去。我们没有享受精神食粮，却又把它回归到体制中，因此可以带来"更多的精神食粮"。换句话说，美国把最近的二十年都奉献给了节约时间的技术发展。也可以说，如果美国仍然维持在二十多年前的生活水准上，并且投资于技术发展以获得空闲时间，那么要求工作量减少40%，或者每礼拜工作三天。那完全跟凯恩斯七十多年前预测的一样。

这就类似于美国和法国之间的差异。美国的生产力更强，按年度来计算（在一年里，平均每个美国人生产的东西超过法国人），但是法国人在一小时里生产的产品更多。这种差异在休假数量和不工作天数上特别明显。在此，美国和欧洲之间的比较选择是，作为欧洲人，我们是否想要更高的GDP？除去我们一半不工作的天数，拿这些时间来工作，就可以解决这个问题。但问题是更多的GDP增长是否值得。

约瑟——法老与讨厌的凯恩斯理论

GDP最大化是否有替代选择？存在一个这样的问题，我们是否应该给自己设定一个类似于大赦年的日子？如果《旧约》中陷于贫穷社会的希伯来人有能力做一些像这样的事情，为什么我们不可以呢？如果我们观察GDP增长之前那段时期的经济学思想，就会发现这听起来并不是愚蠢的。

不过，我们当代社会远远实现不了《圣经》里说的安息。直到现在，我们仍不敢采取最必要的做法——从人工刺激的债务增长下获得自由。我们仍然可以想起星期日学校有史以来最早记录的财政教训。数千年前，埃及法老就提前

14年在梦中看到了"宏观经济预测"，梦见有七头肥壮的奶牛和七头瘦弱的奶牛，分别代表七年富庶和七年萧条。

约瑟为法老提供建议，并为他解梦，这种建议就是凯恩斯主义。在丰收年建立积累，不要把年里增加的所有产品都消费掉，而是为七年歉收时期存储起来。这种方法帮助埃及取得成功，实际上也征服了很多周边国家（包括约瑟的子嗣），至少根据《创世记》的故事来说是这样的。

这个故事的妙处在于它是如此简单，连小孩子都能明白。可怕的地方是我们已经偏离了这种基本的故事智慧。现在，让我们加速促进我们的时代发展。我们的时代已经建立了优秀的数学模型来处理细节问题，但是我们却疏忽了基本的东西。在2008年经济危机之后，凯恩斯作为疲软经济体的秘方被再次提上日程。然而，我们现在习惯的经济政策根本与凯恩斯主义不搭界。

我认为可以描述当前财政哲学的最好术语是"浑蛋凯恩斯主义"。我们只不过吸收了学说的一部分（允许赤字存在），却忘记了另一部分（必须建立积累），我们甚至在富足时期也允许和接受（需要？）赤字。与现在的观点相比，我们远远落后于凯恩斯。现在的我们不但没有建立为更糟时期储存粮食的机制，反而仓库里装满的全是欠条。

支撑欧元的欧盟法规设置了一个年度预算赤字上限，GDP的3%，但是上限很快从"最高3%"变成"3%很好"。我们在心理上认为3%的赤字"仿佛"是平衡的。

宝贝，慢点

我们应该储藏并用于萧条时期（赤字财政政策）的就是我们在繁荣时期吃掉的。夏季木材干燥且易于收集时，收集过冬的物资是明智的。但是我们在夏天就烧掉了柴火，我们不仅没有收集任何新的木材，而且（在夏季）烧掉了更多的债务——从邻居家借来的柴火。约瑟认为有积累才能有赤字。如果你有赤字，赶快还清债务。这种危机没有消灭我们（尽管我们文明世界中的一些国家破产或者几近破产），但是如果我们进入现在所处文明世界一样负担沉重的下一个危机中，可能在一代或者两代人之后来临的下一个危机会是真正致命的。[58]

我们必须改变经济政策的综合目标——从GDP最大化到债务最小化。我们这一代无可争辩的咒语就是增长最大化——不惜任何代价，不管是债务、过热还是劳累过度。我们应该以合理的增长水平为目标，而非GDP最大化。

一个发达国家的目标应该是1%~2%的增长率。如果增长趋势更强健，带来更快的增长，那么我们应该在财政上控制那种能量，用它来创造财政积累，减少债务赤字。当汽车快速驶下山坡时，我们得踩刹车，使速度慢下来，像电动车那样恢复能量。像我们近年来那样在驶下山坡时加速是没有任何意义的。[59]这里不是我们进一步讨论细节的地方。关键信息是这样的，我们应该改变前进的方式，从速度最大化到节能最大化，使经济的速度慢下来。

注释···

1 梭罗，《扰乱民众及其他散文集》，第96页。

2 哈韦尔，卡兰斯卡访谈，《我有时这种空虚的感觉……》，利多福·诺威尼，卡兰斯卡，2008年11月15日。

3 更多的评论参见欧文《黑客帝国与哲学》，丹尼尔·巴威克写作的章节"新物质主义与主体死亡"，第258页。此外，"《黑客帝国》中被禁锢人类的智能必须根据俘虏自身的愿望来控制"，欧文的《黑客帝国与哲学》，詹姆斯·劳勒写作的章节"我们是同一体！康德解释如何操纵母体模型"，第139页。

4 令人震惊的是直到最近两代人，实际上所有孩子都在玩同样类型的木制玩具。直至现在，并没有很大的进步，家庭的标准设备也没有很大的变化。

5 约翰斯顿和威廉松，《那么美国的GDP是多少？》。

6 尼斯贝特，《关于进步的观点》，第4页。

7 现在，关于这个持续了一个世纪的话题的经典著作是布里的《关于进步的观点：起源和发展调查》。它是从启蒙运动开始的。尼斯贝特在他的著作《进步观点史》和论文"关于进步的观点：文献评论"中都是（我们可以说仅仅）从谈论希腊人开始的。尽管他附带地提到了希伯来人，也没有投入专门的精力进行研究；他在论文中写道："我们从赫西奥德（大约公元前700年）和他的著作以及时代开始讨论。"

8 沃尔夫在《虚无的牢笼》中说，"对于17世纪及之后的很多人来说，钱财似乎对人越来越有吸引力"，第170页。

9 路易斯，《进化赞美诗》，第55~56页。

10 这就是机智的波兰作者斯塔尼斯洛·杰吉·洛克对格言的解释："我们知道自己在错误的道路上，但是我们通过加速前进来弥补这种不足。"

11 尼斯贝特，《进步观点史》，第9页。

12 另见努斯鲍姆的《脆弱的美好》。在普罗塔哥拉的希腊人认识到："科学既挽救了我们又改变了我们，有助于我们实现目的，并重塑目的本身。"第91页。对于更详细的人类学分析，参见埃利亚德，《宇宙与历史》。

13 霍布斯，《极权国家》，第xliii页。

14 沃尔夫，《虚无的牢笼》，第175页。

15 尼斯贝特，《关于进步的观点》，在希腊诗人、诡辩家和历史学家关于进步的章节中。互联网来源是"自由在线图书馆"，网址：http://oll.libertyfund.org。

16 尼斯贝特，《进步观点史》，第11页。

17 尼斯贝特，《关于进步的观点》。他说："修昔底德在他的《伯罗奔尼撒战争史》中，前几章致力于指出古代希腊人的生活正如当代的野蛮人和原始人一样，但是长期以来他们通过自己的努力变得伟大。"

18 纳尔逊，《宗教经济学》，第xix页。另一部有趣的著作是纳尔逊的《触摸人间天堂》。

19 纳尔逊，《宗教经济学》，第81页。

20 奈特，《自由与改革》，第46页。

21 纳尔逊，《宗教经济学》，第xxiv页。

22 休姆和亨德尔，《选择》，第203~204页。

23 首次于1848年出版后，穆勒的著作快速成为19世纪英国经济学的圣经。近来再版的编辑将其纳入《政治经济原理及其社会哲学应用》，斯蒂芬·纳坦松编辑并撰写引言，序第ix页。

24 穆勒，《政治经济学原理》，卷IV，第VI章，第2页："有些人认为人类正常状态是靠斗争取得进步，我承认我没有沉迷于那些人所支持的生活理想——人们相互蹂躏、倾轧、推挤和践踏，形成了现有社会的生活模式。这是许多人最希望的模式，绝非工业进步阶段中令人不愉快的症状。这可能是文明世界进步中必要的阶段，那些迄今幸运地防范了它的欧洲国家也许仍然要经受这样的痛苦。"（穆勒和纳坦松，2004年，第88页。）

25 穆勒，《政治经济学原理》，卷IV，第VI章，第2页。

26 穆勒和纳坦松，《政治经济学原理》，卷IV，第VI章，第188页。

27 约翰·梅纳德·凯恩斯，《信念论文集》，第358~373页。

28 同上，第369页。

29 凯恩斯，《我们子孙的经济可能性》，第373页。

30 纳尔逊，《宗教经济学》，第162页。

31 贝克尔，《米尔顿·弗里德曼》，第145~146页。

32 另见斯蒂格勒的《经济学：庞大的科学？》。斯蒂格勒认为："因此经济学是一门庞大的科学：它讨论的是大量毗邻的社会原则的中心问题，不论有没有吸引力。"

33 费格森，《世界大战》，第xxxvii~xxxviii页。

34 更多信息参见库恩的《科学革命的结构》，或者参见雷德曼的《经济学与科学哲学》，第 16~22页。

35 参见鲍曼《大屠杀与现代性》。

36 沃尔夫，《虚无的牢笼》，第176页。

37 帕拉纽克，《搏击俱乐部》，第141页。

38 经济增长是否会增加个人福利的问题不是很容易解释清楚。例如西多夫斯基的《忧郁经济》，肯尼、奥斯瓦尔德、扎马尼或布鲁尼的著作。

39 英格尔哈特，《世界价值调查》。

40 英格尔哈特，《文化变迁》，第242页。

41 迈尔斯，《经济增长是否提高人类道德？》。

42 迪纳、霍尔维茨和埃蒙斯，《十分富有的快乐》。

43 另见布里克曼、科茨和詹诺夫·布尔曼的《彩票赢家与事故受害者》，以及阿盖尔的《快乐心理学》。

44 亚里士多德，"Eth Nich"，第1154a27~1154b9页。

45 康奈尔大学经济学家罗贝尔·弗兰克在关于"理解生活质量：科学透视快乐和痛苦"的讨论会上提出的例子。

46 史蒂文森和沃尔弗斯，《经济增长与主观福利》。

47 贝克特，《等待戈多》，第66页。另见贝尔，《资本主义文化矛盾》，第22页。

48 亚里士多德声称所有的活动一定拥有某个方向和某种意义——宗旨。关于更现代的说法，参见麦金太尔的《美德之后》的例子。

49 心理学家维克托·弗兰克尔在《人类探索意义》一书中写到毫无意义的方面，见章节"关于存在的真空"，第106页。

50 色诺芬，《耶罗》。

51 帕托卡，《哲学和历史异端论文集》，第98页。

52 沃尔夫，《虚无的牢笼》，第172页。

53 同上，第171页。

54 参见伊尔施《发展的社会限制》。

55 奥古斯丁，《忏悔录》，卷I，第1章。

56 《传道书》，1：8。

57 《出埃及记》，31：15。

58 过去，我们获得了想象不到的财富。顺便说一下，网络公司泡沫破灭和莱曼兄弟崩溃之间仅仅间隔七年。可是我们只留存了很少或几乎没有留存储蓄偿还老账，为更糟的时期作准备。相反，很多国家产生了更多的债务。一个像这样的文明世界需要改变其本身，否则七年萧条是必然的。

59 就涉及的欧盟债务危机而言，一个建议是GDP发展加上综合预算赤字必须不大于假定GDP的

3%。换句话说，如果你的经济增长率为6%，必须拥有至少3%的预算盈余。如果你的经济缩减了3%，那么拥有的赤字可以达到GDP的6%。歉收年期间也是允许赤字存在的，但是必须在丰收年得到补偿。至此，没有规定迫使任何人在丰收年创造积累。这是最初的步骤。遵循这种规定不会使我们避免经济萧条（没有什么是可以避免的！），但它将创造解决的空间。

03

第3章
CHAPTER 3

善恶的核心与经济学圣经
THE AXIS OF GOOD AND EVIL AND THE BIBLES OF ECONOMICS

- 善恶的核心与经济学圣经
- 善恶的核心
  精确的伊曼纽尔·康德
  抽象的禁欲主义
  基督教义
  希伯来教条
  功利主义
  伊壁鸠鲁
  主流经济学
  曼德维尔
- 经济学圣经——从斯密到萨缪尔森

善恶的核心与经济学圣经

在引言中，我写到了所有经济学实质上是关于善恶和两者关系的经济学。[1] 尽管现代的主流经济学不惜一切代价努力避免善恶归类，或者任何类型的价值判断、主观看法或信心，至于我们是否已经取得成功——或者说通过这种努力取得成功是否可能仍然是个未解决的问题。顺便说一下，从善恶观念、趋于实证主义的努力和价值平衡（在善恶之外）中分离出来的经济学欲望（或通常的科学欲望），在人类认为善恶之间不存在差异时，令人信服地给思维带去启迪。难道亚当与夏娃不是因为吃了从区别善恶的智慧树上采下的果子才失去自己的国度吗？在那之前，他们是价值中立的。他们不知道善恶之间的差异，在这方面并没有意识。因此，经济学（以及通常的科学）希望对某事知道得很多，但是在伦理领域要求并不多。

我们无法避免的是知道了关于善恶的更多东西，它现在深入我们所有的活动中，包括科学。尽管这种欲望是无价值的，经济学的一个根本部分就是基于对受苦、[2]低效、贫乏、无知、社会不平等之类的事物进行标准化判断，认为这些东西是糟糕的，而且应该（通过科学）予以消除。难道所有的科学和进步不都是建立在驱除罪恶的希望上的吗？

对于大部分历史来说，认为伦理学和经济学彼此紧密结合且互相影响的观点占主导地位。希伯来人、希腊人、基督信徒、亚当·斯密、休谟、穆勒，及其他人都认为经济学与伦理学的相互演变是一个重要的话题。无论他们得出什么样的结论，他们都认为研究伦理学对于经济学说来是重要的。经济学和伦理学之间的关联常常是无独有偶的。

善恶的核心

在我们浏览历史的过程中，屡次碰到这样的根本问题——善是否带来回报？品行端正是否是"经济的"？善是否产生任何效用或带来经济上的回报？让我们首先从对善恶经济制度的扼要总结开始讨论。在考虑善或恶的"经济性"（或回报）的主要伦理学派中，我们也考虑了当前的主流经济学思想。即使我们必须把它们简化到令人满意的程度，为了更好地理解，我们根据善行带来的回报多少这个概念来界定个人所属的学派。让我们从那些认为道德和效用不搭界的思想学派开始，因为他们对善恶经济学持最大的怀疑态度。然后，以那些在道德和效用之间画等号的人结束讨论。

精确的伊曼纽尔·康德

我们从最极端的伦理学派开始讨论。康德希望的道德是这个世界上的任何（经济）回报都应被批评，并认为获得回报使人道德败坏。康德认为，只有那些没有获得回报的行为才是符合道德标准的。如果我们冒着生命危险救了别人，而我们的行为直接导致获得回报或着眼于获得回报，那么救人行为的道德价值就不存在了。

这样，康德趋近于基督教徒对道德回报的理解。拉扎勒斯的格言对此有最好的描述："富人下地狱是因为他在这个世界上已经获得了享受，而穷人去天国是因为他在活着的时候受了苦。"

对于康德来说，只有无私的行为，或出于对道德规则的纯粹责任感才是符合道德标准的。康德学派的伦理学是完全反功利主义的。他们认为一个品行端正的人毫不在乎增加或者减少自己的效用；如果一个人希望自己的行为符合道德标准，那么可以这么说，这种行为必须违背个人的中立曲线，而且用康德的话来说，个人必须"克服自我"，并违背追逐自己效用最大化的要求。这样，康德成为最严格的道德教师。

抽象的禁欲主义

康德甚至比禁欲主义更严格，禁欲主义并不拒绝善行的回报——回报只是不可以是行为的动机。禁欲主义者对自己行为的结果向来漠不关心。他们不关心自己是否因此得到回报或者遭受惩罚。他们的责任是依据规则行事，不论发生什么事情都一样，而不是对自己行为的结果感兴趣。他们只对行为本身的动机感兴趣。对个人的经济影响以及效用的增减与禁欲主义者无关，是完全不被考虑的内容。

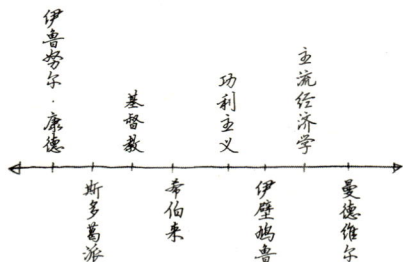

图1　善恶的核心

柏拉图和亚里士多德两人更接近于禁欲主义的思想。尽管两人关于快乐是否总是恶的问题存在不一致（据亚里士多德说，柏拉图主张快乐总是恶的），两个人都承认好的生活是必需的。亚里士多德主张快乐未必总是百分之百恶的，只要属于好的生活就可以。

基督教义

在修道传统中，基督教义接近于禁欲主义者的理想。它对效用、快乐和悲痛漠不关心。它也不屑于肉体上的动机和乐趣，把它们描绘成堕落者的特征——肉体必须是驯服的、服从的（用基督教徒的词语来说）、克制的。基督信徒与禁欲主义者的分歧是如何实现这种法则。基督信徒主张人没有能力去实现这些理想。同时，基督教徒的要求比禁欲主义者的更多，因为基督教义发现思想中也一样存在罪孽，而不仅仅是禁欲主义认为的那样只在现实生活中存在。高尚生活强调的是尽可能的强大意志和自我否定（正如禁欲主义做的那样），而非促进个人意愿或自我（意愿、意志、思想的变化）。与禁欲主义相反，基督教义出现了一种新的抽象要素。

托马斯·阿奎那也解释了类似角色的原因。最终是他接受了感性的基督教义并奠定了理性的基础。阿奎那认为理想等同于美德。上帝被认为是无所不知的。一个人的善良正如人们能够听从理性的指导，并遵照理性行事。阿奎那在著作中鞭笞任何不愿使用理性的人，因为"无知是罪"。

基督教义另一个更感性的方向导致信徒内心的深刻变化，所有动机和渴望与善机械地保持一致。《圣经》说到这一点时，认为是"变心"了，成为了一个"新的人"。

希伯来教条

从效用和伦理观点来看，似乎古代希伯来人的学说处于禁欲主义和功利主义者之间的某个点上。他们与积极效用的关系比基督信徒更密切。《旧约》清楚地把积极的特征归因于快乐；人应该"在活着的时候感到高兴"。《旧约》的教条并不反对效用本身最大化，但是这种最大化不可超越某些特定的（上帝规定的）律法。因此希伯来人相信特定框架中的效用最大化。这在《传道书》引文中有极好的描述："少年人哪，你在幼年时当快乐。在幼年的日子，使你的心欢畅，行你心所愿行的，看你眼所爱看的，却要知道，为这一切的事，神必审问你。"[3]

在《旧约》中，希伯来人没有反对快乐。他们的确不反对善行，因为它会带来回报。他们与禁欲主义对效用（或多或少发自内心的）漠不关心不同。与很多基督信徒相反，他们也不反对肉体的欲望，认为那是上帝赐予的自然部分。他们行为的回报（来自于效用的快乐）不会像基督信徒认为的那样从俗世消失，而是就在整个世上。但是与享乐主义者相反，希伯来人认为快乐要合乎律法，因此追逐效用有其清晰的限度。

功利主义

在我们开始讨论概念上的享乐主义之前，我必须把享乐主义放在功利主义之后。正如穆勒提出的，它基于类似的基础，力求通过实行公正评论制度来克服人类的自私自利。

真正的功利主义是不自私的。它主张整体的善，并把整体的善（无利害关系地）放在个人的善之前。如果个人甲的效用减少超过了整体（或者另一个人）效用增加的部分，那么甲本身（愉快地、自愿地）接受为了整体（或者另一个人）的利益而减少自己的效用。曼德维尔寓言中的蜜蜂就不是那么做的。

不过，穆勒在个人对效用道德的探索中远远不如享乐主义者那么自私。差异是很简单的——享乐主义者认为个人效用最大化是尽善尽美的，而穆勒的最大化是整体系统的最大化。根据穆勒的观点，在已知行为中，个人必须考虑的不是个人效用最大化（如同享乐主义者的现实主义认为的那样，反映了马基雅弗利的学说），而是整体系统效用的最大化。

伊壁鸠鲁

作为禁欲主义的有力竞争对手，伊壁鸠鲁主义者（享乐主义者）仅根据实现的效用权衡自己行为的道德价值。他们成为著名的信条"结果比手段更重要"的提倡者。那么，关于我们对善恶的概念性核心的探讨，我们一头扎进罪恶和错误都是允许的失误。当然，享乐主义者需要用罪恶的手段达到他们神圣的目标。如果目标是善的，并且比任何其他的选择更能实现整体福利的最大化，它们就会成为一种正当的手段。享乐主义者在我们的列表中是最不需要外部、外界的已知律法的第一个学派。这是一个重要的辩论优势，因为从禁欲主义到康德，为每个人和永远的善及抽象律法的普遍有效性而辩护将意味着每个学派缺陷的暴露。享乐主义（正如它的现代形式——功利主义一样）不需要任何抽象系统。善是可观察到的、完全可计算的、内生的，来自于系统和状态本身的。

如果我们不能强调享乐主义者和他们的接班人也在试图实现罪恶的最小化，曼德维尔认为罪恶是高等社会正常工作所必需的，那么，我们就是对享乐主义者和接班人的不公平。他不是试图实现罪恶的最小化，因为这样做将威胁到蜂巢的稳定和繁荣。

主流经济学

如果我们对经济学主流学说进行归类，那么必须把现代经济学排在享乐主义的后面。甚至伊壁鸠鲁也承认不是我们所有的行为都是自私的结果。他用友谊作为例子，这是一种非自私自利的关系。现代经济学甚至能够在母性的爱、伙伴关系等行为中看到利己主义的存在。

现代经济学十分努力地减少利己主义和计算，连伊壁鸠鲁也不敢有类似的想法。此外，现代经济学派吸纳了穆勒的功利主义，但是他们没有接受穆勒关于个人道德的主要原则，即公正评论者。为了整体效用而自愿放弃个人效用（穆勒的正统功利主义思想必须得以执行）的原则在现在的经济学中是完全不合时宜的。现在的经济人类学是一个独特的混合。它本身不涉及个人伦理，因为市场无形之手会把个人罪恶改造成公共福利。

曼德维尔

曼德维尔转移了人们对伦理的关注，让大家把视线转移到不相干的路线上来。但是他也做了很多工作。他提出了反转伦理和经济学之间的间接比例关系。在已知的状态或系统中，一个人越不诚实，整体效用就会越好。这是对经济学和伦理学之间关系的最极端解释。个人的罪恶导致公共福利。由此观点来看，曼德维尔相信利益与伦理学之间的依赖关系是存在的。与其他学派相反，他认为这种关系是颠倒的，罪恶越多，整体的幸福越大。

这样，从要求无私善行的康德，到主张普遍存在的善行导致社会衰落的曼德维尔，我们总结了关于善恶经济学的核心难题。

经济学圣经——从斯密到萨缪尔森

亚当·斯密以及追随他的大多数古典经济学家都认识到伦理学和经济学的问题是密切相关的。他们中很多人是道德哲学家（穆勒、边沁、休谟）或牧师（马尔萨斯）。在一定程度上，可以说在这一方面，亚当·斯密不是经济学的奠基人，但他是讨论伦理学和经济学并使其达到最高潮的人。随着后来的探索者研究经济学领域，大家对伦理学的兴趣下降了。最近认真讨论伦理学问题的重要古典主流经济学家是阿尔佛雷德·马歇尔。同时，他把数学引入经济学思想中，尽管在他之前我们就已经看到边际效用学派和某些法国经济学家在进行数学化。

第一本标准的经济学教科书是《国富论》，作者是道德教师亚当·斯密，于1776年出版；1848年（同年马克思出版了《共产党宣言》），它的位置被穆勒的《政治经济学原理》取代，这本书的副标题意味深长——"社会哲学的一些应用"。这些教科书从来没有包含任何图表或方程式。除章节数字以外，正文中几乎没有出现任何数字，既不存在个人见解，也不存在数学模型。可以说两部著作都是哲学教科书，都是记叙体。1890年，马歇尔的《经济学原理》成为经济学圣经。书中添加了一些简单的图形（第788页中有39幅，平均每20页有1幅图表）。在结论中，马歇尔增加一个"数学注释"的附录。当然，这本书包含了经济思想史介绍以及管理史和若干伦理经济学的讨论。

约翰·凯恩斯也十分强调经济学中的伦理学部分。不过，之后的经济学圣经、非常著名的教科书《经济学》是保罗·萨缪尔森根据凯恩斯的传统发展起来的，已经看起来像一本物理教科书。几乎每两页就有一个图表、方程式或者表格。当然，没有伦理经济学讨论。每个事物都是清楚的。我们向你介绍的是机械的《经济学》。

注释..

1 伍斯诺，《物质主义再思考》，《神圣与经济学融合》章节："作为一种道德力量，经济是善恶的主要来源。善是经济的真正本质。它产生拥有'价值'的'商品'。"第103页。

2 连这种"显而易见的真理"也不是因此显而易见的（我们的文明世界采取了一种完全不同的标准化发展方向），正如文化十字架上的圣·约翰对于受苦有不同看法一样："因为受苦使灵魂不断获得美德，变得更纯净、更聪明和更审慎。"十字架上的圣·约翰，《黑夜里的灵魂》，第84页。

3 《传道书》，11：9。

04

第4章
CHAPTER 4

市场无形之手和经济人的历史
THE HISTORY OF THE INVISIBLE HAND OF THE MARKET AND HOMO ECONOMICUS

- 市场无形之手和经济人的历史
- 历史典故
- 恶的驯服
- 社会达尔文主义——自然选择与无谓的重复
- 圣·保罗与市场无形之手——后效善恶
- 传统无意识
- 罪——唯善马首是瞻
- 经济人伦理与（经济学）目前的水平
- 利己主义伦理学：自爱也是爱

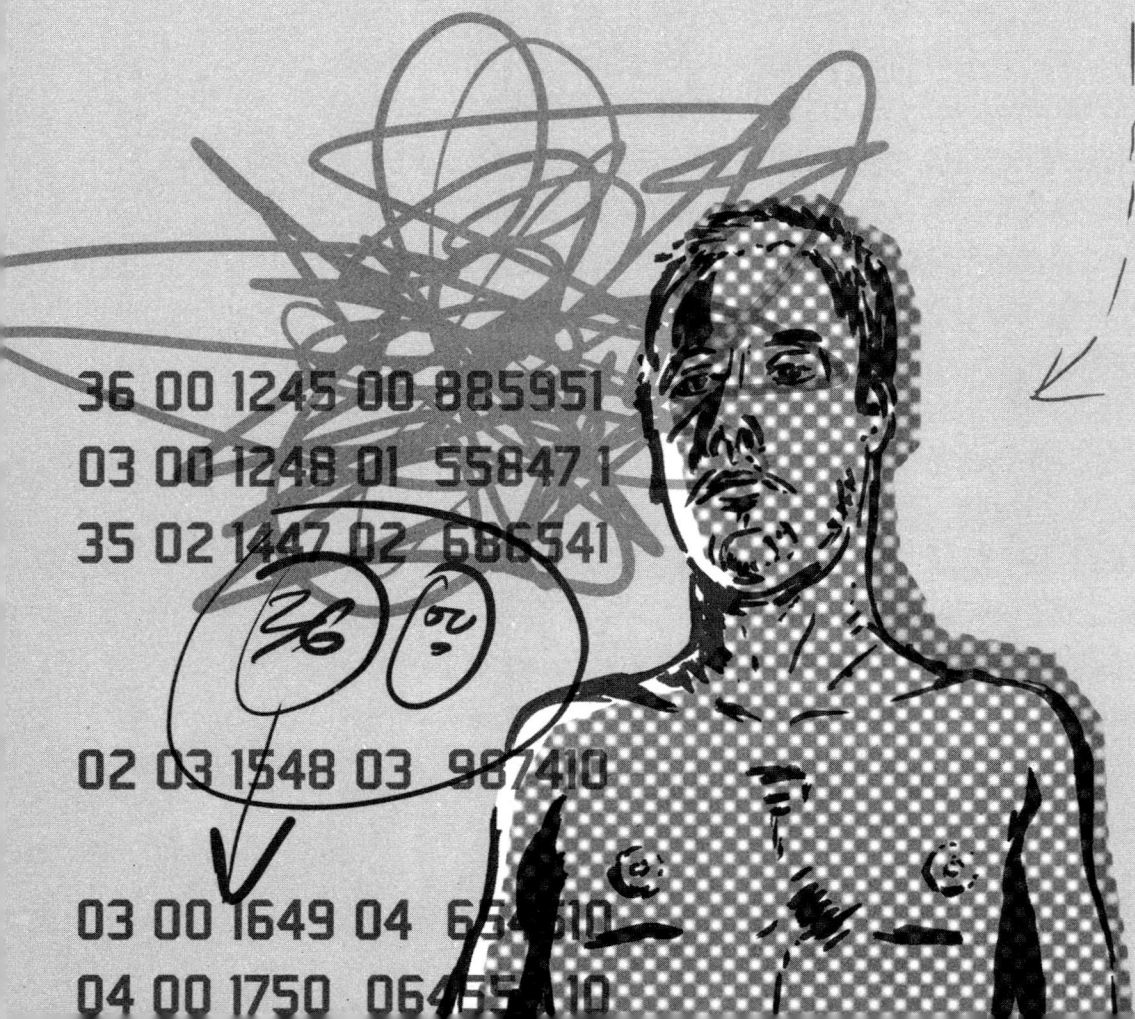

市场无形之手和经济人的历史

人们说"眼见为实"。这是很奇怪的：我们如何相信某些看起来（或者似乎）显而易见的东西？难道我们一定不相信没有看到的东西吗？某些无形的东西是不可能看得到的，例如市场无形之手。那就是为什么即使我们的经济学家也不得不相信它（或者不相信它）的原因。

对市场无形之手的信仰举步维艰。要么人们过于盲目地相信它是万能的、无所不在的，把它看成生活中出现所有问题的（隐藏的，无形的）解决方法；要么人们认为它是所有罪恶的根源。我们遇到一种类似于经济人类学基本概念的相似情况：模型——经济人的观念。

作为该领域的杰出人物，艾伯特·赫希曼指出[1]圣·奥古斯丁认为的三个主要罪恶或欲望是：对力量的欲望、[2]对金钱的欲望和对性的欲望。这些罪恶的任何一种都是那些拥有推动人类或社会前进，并产生巨大影响的思想家著作中的要点。这些（个人的）罪恶都会（以自身独有的方式在恰当的时间）转变为推动人类和社会前进的美德和要素。拿力量来举个例子，"奥古斯丁认为对性的欲望比得上尼采观点中对力量的欲望……尼采和奥古斯丁之间本质的区别是前者认为对力量的欲望是一种美德，但是后者以为对性的欲望是一种罪恶"。[3]在早期的心理学（特别是西格蒙得·弗洛伊德的著作）中，关于性欲，他认为每个行为背后的推动力也值得深究。

我们人类和社会的这些主要驱动因素（无论好坏）都存在某些东西，拥有自身的无形之手。奥古斯丁讽刺地补充说罗马人的社会特征是拥有诸多私人利益和公共罪恶。[4]

换句话说，他颠倒了市场无形之手的关键本质，千年后伯纳德·曼德维尔的观点完全相反。奥古斯丁认为个人的罪恶产生了公共福利。

市场无形之手的神奇能力是经济学基础要素之一。以下引语很好地抓住了这个关键的奥妙："无形之手是一位神秘的神祇，工作方式十分玄妙（或者至少是无法解释的）。许多奇迹产生了一种完整的利益，这是利己者的邪恶动机不可能预言的。"[5]

同时，它是经济学争辩的关键因素之一，这种经济学争辩已经持续了数个世纪：市场无形之手在什么程度上取决于无秩序（大众无秩序地相互影响）的自由意志所创造（社会整体）的有序？什么是更好的计划和影响？留给自然最好的是什么？自由放任主义吗？一个极端的解决方案是集中计划，领导人反对自发的无秩序产生的恐惧，因此他们可以支配一切，另一个极端是无政府状态。

我们要把自私自利（用伯纳德·曼德维尔的话来说，及其他个人的罪恶）改造成公共福利。它在多大程度上取决于市场无形之手？在本章中，我们不会和之后的历史一样讨论这些永恒的问题[6]以及这些想法、信念、故事、理论或者神话的含义。

··

历史典故

无形之手能把罪转变为社会的善这个话题就像一根贯穿本书始终的线。这个术语本身来自亚当·斯密，他仅仅是轻描淡写地一笔带过，仿佛与凯恩斯提出的精神愉快观点相似。

这两个术语都一直被神秘面纱遮蔽，直到后来人们才开始对它们进行热火朝天的讨论。

一般说来，似乎市场无形之手的主要力量来自以下的关键特征。首先，个体的恶转变为全体的善（曼德维尔：个人罪恶变成公共利益）。其次，同时约束经济和社会基本结构的社会黏合剂在无序中创造有序（斯密：屠夫卖肉是因为他自己从这种行为中获得效用）。这是专业化社会运行的一个必要条件。在此，我们必须依靠其他人提供最基本的生活必需品（食物），而且我们必须能够依靠这种特征。

··

恶的驯服

亚当·斯密为曼德维尔在他之前充分发展的这种现象[7]命名，但是这种原理的预兆在我们的文明世界史一开始就能看到。我们早在《吉尔伽美什史诗》中就看到了教化的存在，把一种起初危害人类（文明世界）的罪恶最后驯化为有益的（忍启都）。在面对面的交锋中获胜是不可能的；我们必须使用策略以智取胜，改造利用这种野蛮的、混乱的、自然的、有害的罪恶为社会利益。

古代希腊人，具体地说是阿里斯托芬，也知道市场无形之手的原理，正如哈耶克[8]指出的：

古时有个传说，

我们一起的愚蠢计划和徒劳幻想，

都被用于生产公共产品。[9]

我们后来讨论了基督教徒关于善恶（共同）活动的概念。我们引用了关于杂草的格言。主人（耶稣）说，不必，恐怕薅稗子，连麦子也拔出来。[10]（在这个世界上）除去罪恶既不是明智的也是不可能的。因为这样做会损坏很多善。

托马斯·阿奎那后来更详细地研究了这个专题，以下的话表明他在曼德维尔以前很早就通晓这个问题："为了防止个体的罪恶而消灭共同的善是不合适的，尤其上帝的力量十分强大，可以引导任何邪恶走向善的结局。"[11] 或者："律法会听任某些事物不受处罚，因为那些律法的条件是不完善的。如果所有罪孽都被绝对禁止和惩罚，我们将丧失很多利益。"[12]

这种思想完全不是新的。即使启蒙运动的思想家也多次承认它。正如赫希曼很好地指出了这一点："所有崇高美德的表现形式都如霍布斯的自我防护、拉罗什富科的自爱和帕斯卡自负、狂热地摆脱真实的自我一样。"[13] 因此政治学也拥有其自身的无形之手，正如孟德斯鸠指出的："每个人为公益而工作，相信自己的工作是出于个人利益……实际上指导国家各部门工作的荣誉都是错误的，但这种错误的荣誉对公众是有用的。"[14] 这一点应该进一步完善："你可以说它就像宇宙系统一样，存在一种力量不断地排斥所有物体离开中央，及一种万有引力牵引所有物体趋向中央。荣誉使国家各部门得以运行……"[15] 受启发的经济学家也一定看到了这一点：一个人的自爱制衡着另一个人的自爱。最终帕斯卡（几乎在曼德维尔之前半个世纪）写道："人的伟大之处在于，即使个人拥有自己的欲望，也会知道如何遵循奇妙的规范和通过善意的方式达到自己的目的。伟大——效应的原因表示人的伟大之处，在欲望中取得如此公平的秩序。"[16] 我们因此看到有许许多多的前辈对这个问题进行了论述。

说到底，"曼德维尔大部分的哲学思想可能总结为拉罗什富科推敲总结出的箴言 'Nos vertus ne sont le plus souvent que des vices déguisés.' "。[17] 意思是说，我们的美德常常只不过是化了妆的罪恶而已。"无形之手"的"经济学"应用背后还有许多其他的思想。神学也有其自身无形之手的应用，正如政治学和伦理学一样。无形之手不仅仅属于经济学（或者经济）。

社会达尔文主义——自然选择与无谓的重复

市场自己会处理好一切的观点背后是市场的本质会自己取得平衡。我们不难注意到本质和谐中的古代禁欲主义信仰。但是为什么世界上的事物都会自己取得平衡？因此关于市场无形之手的观点也联系到市场选择最佳（最适合的）博弈者，并挑选出不好的博弈者这种观念。或者换句话说，这种观点就是社会达尔文主义。

实际上发生的情况是相反的：达尔文受到社会方法的启发，因此他把这种原理应用到生物学上。社会学家赫伯特·斯宾塞在达尔文以前很久就写了"适者生存"的话。他也推广了这一术语。特纳说过两句幽默的话：[18] "不能说斯宾塞是社会达尔文主义；相反，我们更应该说达尔文是双逻辑斯宾塞主义。"达尔文还受到大卫·里卡多、亚当·斯密和托马斯·马尔萨斯经济学理论的极大影响。这种"选择的无形之手"是捷克著名生物学家斯坦尼斯拉夫·库马拉克创造的生物学概念："适者生存，不适者消亡……动物和植物最主要的目的就是繁殖和生存。"[19]

实际上，达尔文的"物竞天择说"（他用大写字母把这个概念变成自己的）一下子让人想起"市场无形之手"。这种概念来自于亚当·斯密以及他的前辈，达尔文在生物学中发展了这一概念。[20]

这种理论与解释人类行为一切原因的效用概念相似。即使在物竞天择说中，管他是生物学上的还是社会学的，我们也不能早早就说这种理论不能成立。换句话说，如果市场（自然）不选择最适合的，这个世界看起来会怎么样？实际上这是一种无谓的重复。那些生存的总是最适合的。这种著名说法的意思是，那些能生存的就是最有能力（代替"适合"这个词）的。换句话说，那些生存的就是那些生存的。因此，出现的情况是生存的每个人都明显是最适合的。因此有必要赞同这种"理论"，因为它不存在任何争执。这是众所周知的。

圣·保罗与市场无形之手——后效善恶

在经济学思想的范围里，我们在无意识善行的话题上费了许多笔墨。古典经济学也一样是从无意识善行发展起来的。斯密的自私屠夫实现自己的经济人目标，通过有点外部的、无意识的副产品创造社会效益。"它不是来自于屠夫、酿酒商或面包商的慈悲，而是来自于他们对自身利益的考虑，虽然我们可以从他们那里获得晚餐。"[21] 对于曼德维尔以及斯密来说（我们将在后面讨论这方面话题），善变得有点机械化——从自身利益中产生积极的外部效应。市场无形之手拥有改变、转变和改造自私自利为全体利益的能力。正如曼德维尔的蜜蜂寓言中副标题说的那样，个人的罪恶天然地、无意识地完全变成公共福利，自然要感谢市场无形之手。

使徒保罗也谈到了相似的话题。他也考虑到有意识和无意识的善恶之间的关系以及这种关系的影响。从完全相反的角度上看，有趣的是：

> "我觉得有个律，就是我愿意为善的时候，便有恶与我同在。因为按着我里面的意思，我是喜欢神的律；但我觉得肢体中另有个律和我心中的律交战，把我掳去叫我附从那肢体中犯罪的律。我真是苦啊！谁能救我脱离这取死的身体呢？感谢神！靠着我们的主耶稣基督就能脱离了。这样看

来，我的内心顺服神的律，我的肉体却顺服罪的律了。"[22]

因此，完全不同于曼德维尔的蜜蜂，保罗打算从善。但是从善的结果却是罪恶。这样，他揭示了伊甸园中原罪故事的意义。亚当与夏娃尝了善恶禁树上的果子，变得与上帝一样，[23]能够在某种程度上感觉到善恶之间的差异，但是当然不能抽象地加以分类，更不用说如何实现了。因此人类拥有善恶的概念——我们能够认识到它们之间的差异（这样我们就和上帝一样了），但是我们不能精确地辨别它（正如先前提到的杂草格言中所说的），而且我们没有实现善的能力。此外，我们常常在想要行善的时候导致罪恶的结果。我们说的是好意带来无意识的罪恶。这种意义在民间的说法中是：通往地狱的路往往是好意铺成的。

曼德维尔关于无形之手的理论从完全相反的角度上考虑这个问题。个人的罪恶在某种程度上会（免费地！）转变为全体的（无意识）福利。无论个人的目的是什么，也无论个人是如何自私，产生的结果都是公共福利，在现代经济学中常常导致道德犬儒学派。首先，它不取决于个人的品行；其次，罪恶机械地、无意识地被转变成公共福利；再次，它含蓄地遵循个人罪恶变成善行的规则。因此，无论个人做什么都是没关系的，因为一切都有助于公共福利。

传统无意识

关于市场无形之手的经典问题仅涉及无意识这个方面。利己主义行为的无意识结果，仅仅构成社会相互作用的一个子集。它不对善行的无意识恶果进行讨论。它也不对善行的无意识善终进行讨论。或者是罪恶导致恶的行为。这种情况可以描述为如下示意图：

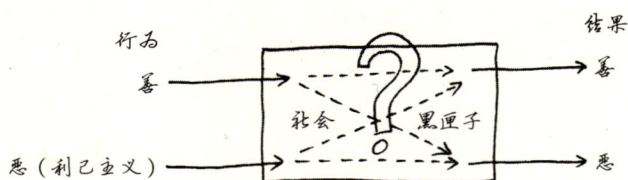

图2

使徒保罗讨论了社会相互作用的无意识结果。基督思想家后来发展了另一个概念上的工具，对不希望出现的社会邪恶进行了研究。没有人试图作恶，但仍然产生了罗马教皇的社会通谕中称为"有罪结构"的社会制度。[24] 某些制度的结构是个人行为并非作恶，但是在结束的时候仍然容易产生某些罪恶的东西（例如环境破坏，这不是人们想要的）。最终，计划中的某些类似的东西实现了如古代罗马的民间所说的："评议员都是好人，但是评议会是邪恶的。"

看起来，与责任或罪行分摊相比，劳动分工代表了一种相对简单的概念。我们能够相对精确地认识到劳动分工并进行分类，但划分产品导致的罪行都是有问题的。这些结构问题是我们仅仅在事后才认识到的罪过——邪恶绝不会是目标，很难识别制度本身的构成。仅仅在结果中追溯才会出现。[25] 第二个问题是精确地定罪是个多么复杂的过程。随着劳动分工，我们仅仅考虑每个行为者的附加价值。然而，以同样的方式确定罪行几乎是不可能的。在高度专业化的社会中，可以说邪恶完全滋生于专业化断层之间。

《旧约》讨论了这种后效邪恶。这种邪恶是通过每年的象征性献祭在社会制度的灰色区域的某处产生的。把罪行归结到具体的个人身上完全是不可能的，但是尽管如此，人们还是约定摆脱罪行的必需条件。在基督教义中，象征性的献祭是"他们所做的，他们不晓得"，[26] 而且"瞎眼领路的"，[27] 是通过基督的献祭一劳永逸地解决问题。基督成为仪式上献祭的羔羊。在越复杂的社会中，我们越容易成为瞎子。唉，我们甚至不知道（或者甚至从来没有关心过）到底是谁缝制了现在身上穿的衬衫。而这只是一个简单的问题。我们在更复杂的社会相互作用中会更加盲目。

罪——唯善马首是瞻

让我们稍稍讨论一下"邪恶"这个词。它来自何处？在希伯来的概念中，邪恶总是从属于善的。在早期的基督教义中，存在二元论的潮流，主张善恶都是在相同的水平上存在的，因此上帝和撒旦是一对敌人，可以说是在相同水平上的两极。

　　奥古斯丁属于这种信仰中的某个点，在某种深度上仔细地讨论了这个问题，他把自己的论点称为"摩尼教陷阱"。[28] 但是，他认为，撒旦和邪恶与上帝和善不在相同的水平上。撒旦是上帝的天使之一（即使相传他是一个叛徒），但他仍然是上帝的仆人，不能做上帝（或者人类）允许或认可的任何其他事。[29] 这就是《约伯记》中详细记录的，"虽然（技术上说）约伯的痛苦由撒旦决定，实则是上帝容许的"，那就是为什么约伯抱怨上帝：[30] "因全能者的箭射入我身，其毒，我的灵喝尽了；神的惊吓摆阵攻击我"，[31] 以及"你为何掩面，拿我当仇敌呢？"[32] 邪恶不能做任何上帝不允许的事情，这也是约伯没有与撒旦公平交易的原因（看起来他甚至没有意识到撒旦的存在），反而把所有的谴责和哀伤直接诉诸上帝。恶屈居于善之下。

　　邪恶一定从善中获得自己的目标，因为它从来没有自己本身的目标。善可以自然而然地创造目标，而恶绝不会。恶出现时没有其自身的本体组织。纯粹的恶是不存在的；它总是在某种程度上寄生于善。[33] 如果我们做了某件恶事，那么做这件事一定会有某个托词。作恶的原因总是某些善的东西（作恶者歪曲了对世界的观点）。例如，如果有人偷窃某物，这样做的目标就是变富。但是财富本身是不存在什么恶的。没有人仅仅是为了偷窃而偷窃。他们也许偷窃了像经验和机遇一样的东西，感到刺激，但是机遇和刺激也都是好东西，这就是为什么这些人选择偷窃的理由。在两个案例中，选择恶是为了实现某些事情，而这些事情也可以不通过恶实现。仅仅是我们选择了一种获得结果的不合时宜的近路而已。

　　无论如何，大道理是恶从属于善。因此，自古以来就有这样的道理，认为恶总是为一种更高的善服务。这种观点的替代选择是某些道德上的摩尼教，或者是对善恶处在相同的本体水平上的信仰。放在适度的数学角度上，结论是善的绝对价值就等于恶的绝对价值。

　　现在，最拥护一神论的信仰认为应该拒绝道德上的摩尼教——我试图在此说一说圣·奥古斯丁或者托马斯·阿奎那思想的超前例子，它们并非总是处于从属的立场。在本体论的意义上，恶转变为善的原理或者恶服务于善的目标都是站得住脚的。[34]

．．．

经济人伦理与（经济学）目前的水平

经济学本来是伦理学的一个分支，而经济学中的伦理学又是怎么消失的？让我们从艾尔弗雷德·马歇尔的乐观期望开始讨论：

> 它是近代商业活动中诚实和正直精神快速发展的有力证据。大型公营公司的领导得到的仅仅是消灭了妨碍他们前进的巨大欺诈性诱惑而已……有各种各样的原因希望交易和伦理学的进步会继续……因此商业管理的集体和民主形式将能够在迄今缺乏的多个方面发展……[35]

认为诚实精神的兴起是一种乐观的期待，将为发展提供必要的条件（或者相反？）。然而，理论的发展选择了一种不同的视角——效率。马克思关于经济学的学说是基于社会仿佛已被经济理论接受。关于经济学家的兴趣从审视道德作为人类行为基础，移转到经济学是社会的真正基础以及个体的所有行为都源于经济（包括其自身的伦理学），这是一个可行的解释。斯密的告诫应验了。经济学试图通过一个唯一的工具——经济学来解释一切。

很多关于主流经济学的批判站在艾齐厄尼称之为"个人简化错误"的立场上。[36] 这种把人简化为理性主体以实现个人效用在已知预算下最优化的观念，会导致经济学数学化的狭窄道路。

经济学有很多分支，要求经济学回归到它的起源——道德上。[37] 甚至洛德·凯恩斯提出了这样的要求："凯恩斯呼吁回到经济学的伦理学感知上，批评新古典主义经济学力求完全模仿自然科学的曲线科学方法。"[38] 当今主流经济科学背后的哲学基础甚至不是功利主义，尽管人们认为如此、宣称如此。根据当今流行的理论，个人行为不能违背自己的无差异曲线。这种理论最多是享乐主义。然而，它有时甚至都不会考虑享乐主义者在道德上的重要性与关联性。享乐主义与功利主义的差异是，享乐主义者承认并非任何事都可以通过利己主义原则来解释，诸如友谊之类的领域就是例外。

我们由于亚当·斯密的理解错误而抛弃了伦理学的任何关联性。经济学实际上发展的是伯纳德·曼德维尔的思想系统，这是斯密拒绝的。对经济学的研究从伦理学转换到仅仅与数学相关的科学。我深信，我们应该在发展后者的同时不忽略前者。倘若我们继续投入相同的智力研究伦理学问题，那么可以说经济学以及政治经济学研究中的一些"死胡同"问题会迎刃而解。总的来说，令人惊讶的是经济学与它发源的伦理科学之间没有什么共同语言。

利己主义伦理学：自爱也是爱

利己主义是否应该在道德上定罪是一个重要的问题。亚当·斯密自己在一定程度上为它辩护，但是没有进行详细的讨论。

现在，即使最重要的戒律"金科玉律"也说：

"要爱人如己。"[39]

这条律法把利己主义放在我们周围那些爱的水平线上。它的地位不应该更高或更低。给所爱的人带来快乐（效用增加）时也会给自己带来快乐（效用增加）。它可以被归类为：（1）隐藏的利己主义；（2）善意和同情。如果我不是独自吃掉冰淇淋，而是无私地让给我的孩子或朋友，那么这就是一种善意的行为。它也可以用下列方式进行表达：因为给予是自愿的，我怎么做是为了增加我的个人效用。用通俗的语言来说，这样的行为不会被归类为利己主义，而是值得感谢、肯定和赞赏的。它并不属于赞赏利己主义的行为。这个术语在绝对经济学概念中，如果我从选择给予的行为中获得的效用大于自身消费产生的效用，那么是没有必要感谢的。应该感谢的是给予者而不是接受者，因为给予者通过给予的行为增加了自己的效用。显而易见，这种观点是荒谬的。

另一方面，人的本质是希望自己憎恶的人失败和痛苦，因为他们是敌人。例如，《诗篇》中就出现了这样的案例：

将要被灭的巴比伦城啊，报复你像你待我们的，那人便为有福。[40]

在更温和的形式下，降低自身效用和降低他人效用之间是画等号的：

> 人若使他邻舍的身体有残疾，他怎样行，也要照样向他行。以伤还伤，以眼还眼，以牙还牙。他怎样叫人的身体有残疾，也要照样向他行。[41]

因此，在《旧约》中，降低自我效用的代价与降低那人的效用是相等的（不多也不少）。仿佛这是正确的——你爱邻居如爱你自己，恨敌人如敌恨你。个人自身的效用和其他人的效用因此是对等的。

耶稣在他著名的"山上布道"演讲中就讨论了这个问题：

> 你们听见有话说："当爱你的邻舍，恨你的仇敌。"只是我告诉你们：要爱你们的仇敌，为那逼迫你们的祷告。这样，就可以做你们天父的儿子。因为他叫日头照好人，也照歹人；降雨给义人，也给不义的人。你们若单爱那爱你们的人，有什么赏赐呢？就是税吏不也是这样行吗？你们若单请你弟兄的安，比人有什么长处呢？就是外邦人不也是这样行吗？所以你们要完全，像你们的天父完全一样。[42]

爱仇敌并希望仇敌幸运是违背人道的（与希望那些我们亲近的人幸运和希望仇敌倒霉相反）。但是基督教义希望我们即使是仇敌也要爱。这样，理性的美德变成了非理性的美德。

如果两个原则（个人利己主义和对他人的同情心）都是真实的、有力的，哪个原则会占优势？一方面，我们可以说，问候陌生人时我们希望他们（我们不花任何代价）"一路平安""玩得开心"，难得听谁说"整天倒霉"。

如果不花费任何成本，而且我们可以用我们的方式表达，那么希望其他人过得好而没有获得任何直接效用。它与我们听到美丽事物被破坏时所感到的痛苦一样。

不过，亚当·斯密没有把纯粹的利他主义作为社会的主要动力：

> "我们告诉自己，他们拥有的不是仁慈，而是自私，而且绝不要与他们讨论我们的需要，而应该讨论他们的利益。除了乞丐没有人会完全依靠伙伴的慈善过活。"[43]

即使亚里士多德也表达了某些类似的精神，令人惊讶的是他们都处在同一时代：

> 在另一方面，当一个人觉得一样东西成为自己所有时，那是多么巨大的快

乐；当然，尽管自私备受指责，自爱是一种本质上牢固树立而非徒劳给予的感觉；然而，备受指责不仅仅是自爱，而是过度的自爱，像吝啬鬼贪恋钱财一样。尽管如此，人多少会喜爱金钱及其他同类的事物。进一步说，行善或者为朋友、客人或同伴服务的最大快乐，只有在个人拥有私有财产时才能得以实现。[44]

因此，看起来利己主义在所有的社会中都是占优势的行为，但一定是适度的（在合理的边界内进行，正如亚里士多德指出的），其补充是对那些亲近我们的人（正如基督教义或者斯密进行讨论的）的爱（同情、分享）。

人不能完全以自我为中心生活下去（没有生活的希望）。罗贝尔·纳尔逊在他引起争论的著作《宗教经济学：从萨缪尔森到芝加哥及其他》中指出了市场经济的根本矛盾——根据很多经济学家的看法，我们要感谢市场经济为自身利益而运行。然而，如果这种自身利益的力量"越过了某些限度"，就会威胁到市场经济本身的运行。

注释··

1 正如艾伯特·赫希曼在他的经典著作《激情与利益》中指出的，第15页。然而，一定要指出的是赫希曼仿佛没有意识到这一点，因为奥古斯丁的爱是人类基本的冲动。一切事物背后都有爱，无论是善是恶。在这三个领域中，奥古斯丁描述了一种爱失去控制的情况，如果你走出控制范围，就会朝着恶的方向发展。更多信息参见查德威克等人的《思想奠基人：柏拉图、亚里士多德和奥古斯丁》，见第9章"奥古斯丁"的内容。

2 "根据奥古斯丁的观点，人类城市就是对力量的欲望"（civ.Dei 1，praef.1.30、3.14、5.13等）。另见阿伦·菲茨杰拉德、约翰·卡瓦迪尼，《穿越岁月的奥古斯丁：百科全书》，第84页。

3 见阿伦·菲茨杰拉德、约翰·卡瓦迪尼，《穿越岁月的奥古斯丁：百科全书》，第84页。正如托马斯·路易斯说的，"统治不是目标本身；它是一种达到目标认可的强大权力的手段"。（路易斯，《信念、统治与交易：亚当·斯密论市场的政治影响》，《加拿大政治学》期刊，33：2，287。）在此的推动因素不是利己主义（在卢梭自爱的意义上），而是同情心和对同情心的渴望。另见福斯，《亚当·斯密之前的自身利益：经济科学谱系》，第46页。

4 更多信息参见查德威克等人的《思想奠基人：柏拉图、亚里士多德和奥古斯丁》，见第9章"奥古斯丁"的内容："迦太基毁灭之后，产生了无与伦比的失调和贪欲。野心和所有的罪恶通常滋生于繁荣时期（奥古斯丁引用萨卢斯特的话）。我们就此推测那些罪恶一般在繁荣时期之前就萌生和滋长了。"

5 博利，《神圣与经济学融合》，第97页。

6 进一步研究参见艾伯特·赫希曼的《激情与利益：资本主义成功之前的政治论证》，或者皮埃尔·福斯的《亚当·斯密之前的自身利益：经济科学谱系》。

7 在此，我们可以看到命名的重要性：如果没有发生，仿佛话题就不存在。如果伯纳德·曼德维尔发明一个词，他就通常被认为是该词的创造者。他更好地、更详细地描述了无形之手的法则，但是没有想出一个合适的名字。

8 哈耶克引用了经济思想趋势，《政治经济学家与经济思想论文集》，第III卷，第85页。另见《概念的哲学、政治学、经济学和史学新究》，第254页。

9 阿里斯托芬，《伊克里西阿》，第289页。

10 《马太福音》，13：29。

11 《神学大全》，I.Q92，A1，R.O.3。

12 《神学大全》，Ia – IIae，Q79，A1。另见《反异教大全》，卷III，第71章。

13 林希曼，《激情与利益：资本主义成功之前的政治论证》，第11页。在这方面他看到了"英雄的毁灭"。英雄留下的这种（可怜的、可笑的）毁灭如米克尔·塞万提斯的妄想中"最后的英雄"堂吉诃德所示。

14 孟德斯鸠，《论法的精神》，第270页。

15 同上，第72页。

16 布莱瑟·帕斯卡，《箴言》，402、403，第16页。

17 凯，《伯纳德·曼德维尔的蜜蜂寓言》引言，第48页。

18 若纳唐·特纳，《赫伯特·斯宾塞：重新鉴赏》，格林，D 107，另见帕特丽夏·韦翰尼，《商业道德与现代资本主义起源：亚当·斯密和赫伯特·斯宾塞著作中的经济学与伦理学》，《商业道德期刊》，24卷，No.3（2000年4月），第19~20页。

19 库马拉克，《生物学反映的人与自然映象》，第80页。

20 更多信息参见库马拉克，《生物学反映的人与自然映像》，第14页。

21 斯密，《国富论》，I.ii第2页或第30页。更完整的引语如下："把我想要的东西给我，你就会拥有你想要的，这就是每个人彼此服务的意义……它不是来自于屠夫、酿酒商或面包商的慈悲，而是来自于他们对自身利益的考虑，虽然我们可以从他们那里获得晚餐。我们告诉自己，他们拥有的不是仁慈，而是自私，而且绝不要与他们讨论我们的需要，而是他们的利益。除了乞丐没有人愿意完全依靠伙伴的慈善过活。"第30~31页。

22 《罗马书》，7：21~25。

23 《创世记》，3：22："耶和华神说：'那人已经与我们相似，能知道善恶。'"

24 社会通谕是罗马教皇的通谕，响应社会问题。关于这个话题的更多内容参见《财富、商业与经济伦理——经济系统伦理学》。

25 让我们补充一个关于有罪结构讨论的更系统性应用（有意在脚注中顺便谈到）。从前述的内容中产生了一个相对可怕的结论。尽管看起来我们现在是不可思议的、优越的，市场资本主义的整体系统后来被证明是一种有罪的结构。它是到目前为止人类为共存而采用的最成功体制，又可能引导我们走进死胡同，最终导致灾难性末日的来临。但是对于末知的潜意识恐惧性存在于每个体制当中，我们永远都无法完全摆脱它。

26 《路加福音》，23：34。

27 《马太福音》，15：14。

28 摩尼教是关于善恶同等的本体力量的二元论学说，起源于波斯的拜火教。

29 "撒旦在宇宙范围内都是上帝最大的敌人，但他又是上帝创造的，由于神明的意志而存在，而且他的力量是相对的，仅仅与人在上帝面前的力量相当。"《国际标准圣经百科全书》，"撒旦"条目。

30 《约伯记》，7：11："我不禁止我口；我灵愁苦，要发出言语；我心苦恼，要吐露哀情。"

31 《约伯记》，6：4。

32 《约伯记》，13：24。

33 "大名鼎鼎的奥古斯丁学派关于恶的概念是其自身没有积极的本质"，日热克，《视差观点》，第152页。

34 "通过创造人类和上帝仆人角色的魔鬼，他（在第一个千年的结尾和第二个千年开始时克拉尔奥克斯的伯纳德）暗示着上帝是所有存在的主人，也包括魔鬼。"马克思，《中世纪英国著作中魔鬼的权利和救赎》，第22页。

35 马歇尔，《经济学原理》，第253页。另见西蒙，《基于经验主义的经济学》，第12页。

36 请参见伊佐尼的《道德方面：论新经济学》，第1~6章详细描述了这个问题。

37 我们特别感兴趣的是詹姆斯·布坎南的概念。在他的著作《经济学与合法秩序的伦理学》中，他将伦理学分类为三个不同的体系：第一种模型是"违犯律法的成本"，即极端公正的方法，不给非机会主义行为留下任何空间。布坎南自己也渐行渐远。第二种模型是"超越抽象的规范"，他称之为"奥古斯丁派"——道德起源于外界的抽象规范。这解释部分非机会主义者行为。第三种模型是"自身利益启蒙"，基于大卫·休谟的伦理学——个人意识到自身行为的反馈效应。最后一种模型是大卫·戈捷的"扩展理性"模型，采用的概念是囚徒困境作为合作行为的基础。参见布坎南，《经济学与合法秩序的伦理学》，章节"伦理学约束条件的经济起源"，第179页。在此让我们仅仅提到其他替代选择努力的主要代表性人物：森、福山、扎马尼、艾齐厄尼、希蒙等人。

38 索伊卡，《约翰·梅纳德·凯恩斯与当代经济学》，第89页。另见赫伯特·西蒙的《基于经验主义的微观经济学》，第15~16页。

39 《马可福音》，12：29~31："耶稣回答说：'第一要紧的，就是说："以色列啊，你要听，主我们神，是独一的主。你要尽心、尽性、尽意、尽力、爱主你的神。'"其次，就是说："要爱人如己。"再没有比这两条诫命更大的了。'"这条戒律早在《利未记》19：18中就出现了。

40 《诗篇》，137：8。

41 《利未记》，24：19~20。

42 《马太福音》，5：43~48。

43 斯密，《国富论》，I.ii，第2页。

44 亚里士多德，《尼各马可伦理学》，1168a27~1169b3。

05

第5章
CHAPTER 5

动物精神史——梦永远都不会沉睡
THE HISTORY OF ANIMAL SPIRITS-THE DREAM NEVER SLEEPS

- 动物精神史
- 人的自发冲动
- 自然的不自然
- 人类与灵魂（野性）
- 野兽——非人类
- 对机器人的恐惧，纯理性的象征
- 梦永远都不会沉睡，我们心中的英雄也一样

001 002 000

动物精神史

我们每个人心中都有一个吉尔伽美什，有点像柏拉图的古代王子或阿拉贡。而我们常常连这也意识不到。我们中有些事情十分强大，脱离了我们的控制，反而更像在控制着我们。"梦告诉你一切，梦陪你前行。"电影《蓝丝绒》中如是说。可以说不是我们拥有梦，反而是梦拥有我们。有些事情推动我们向前，鼓励我们的理性，给我们的生活带来目的和意义。如果你愿意，这种神秘的理性主义残余——世界模型的临时方程式被约翰·梅纳德·凯恩斯称为"动物精神"。正如阿克洛夫和席勒说的："除非我们遇到重要经济事件的原因在很大程度上具有精神本质，否则绝不会理解这种经济事件……（理论）忽视了动物精神的作用。它也忽视了人们没有意识到已经坐上过山车的事实。"[1]

在本章中，我将努力论述我在本书中的主要论点之一——尽管经济学本身作为一门高度重视理性的科学出现，令人惊讶的是在幕后隐藏了很多无法解释的因素，而宗教和情感热忱伴随着很多思想学派。我认为关于元经济学的研究是十分重要的。我们应该超越经济学，研究其信仰是什么和幕后有什么。我认为从我们自己的哲学、神话、宗教和诗歌中至少可以学到与完全的、精确的经济行为数学模型中同样多的智慧。

为此，对动物精神现象作为常常提到的经济人进行对照研究是很好的。它将更好地说明多么极端地、令人迷惑地依赖于这种绝对理性的、机械的模型，主流经济学就是以这种模型为基础的。

人的自发冲动

"动物精神"这个词本来的意思与亚当·斯密的"无形之手"一样模糊。凯恩斯仅仅用过这个词一次。他没有花费一章甚至一段笔墨对它进行描述，没有留下让后人认为标志性贡献的东西。而别人都写出了一本本的著作。凯恩斯使用这个词的前后文如下：

> ……由于人性的特征存在不稳定性，我们一大部分的积极活动取决于自发的乐观而非数学期望值，无论是道德上的、享乐主义的还是经济学上的。也许，我们大多数的决策都是积极的，后果要很久以后才会显露出来，只能被当做是动物精神的结果——对行为的自发冲动而非无所作为，也不是数量上的利益乘以数量上概率的加权平均值的结果。[2]

动物精神，正如这个词本身一样，在本质上是神秘的："动物精神来自于哪里多少有点神秘"，《经济学家辞典》[3]如是说。在有些解释中，它包含了信任，与野兽毫无关系；它仅仅刺激"行为冲动"。在此，我想要更进一步延伸这个概念，让它包括的范围更广泛，用非传统的、最包罗万象的方式来看待这个词。正如真正的动物精神或者古代历史遗迹一样。人类离开了野外，进入文明的、更可预测的城市，似乎一切都在控制之中。但是野性并没有离开我们。它随着我们一起进入城市，它就在我们中间。可以说，我们是带着恩启都走的。

动物精神仿佛是那些多少有点无理性地推动我们、鼓舞我们的精神，给我们带来目标、希望和梦想。它是无法预测的，不容易借助数学分析进行解释。"约翰·梅纳德·凯恩斯曾经精确定义'动物精神'——那些影响股票市场并推动经济周期的无法预测的人类驱动力。"[4]

或者，当谈到动物精神时，用两位伟大经济学家的话来说："在一定程度上人们也是根据非经济性的动机行事的。它未能考虑到非理性或误入歧途的程度。"[5]

自然的不自然

无论你从什么角度看这个问题，无论是达尔文主义还是上帝造人说或者相反理论，人类都是接近于野兽的。然而，还是有些东西不一样。在大多数的语言中，把人比做野兽是一种侮辱，但是，唉，也是（对其他野兽）一种赞赏。其他侮辱包括我们的隐藏部件、性器官和生殖器。有人想知道这是否存在联系。我们是在指出隐藏的东西吗？我们心中的野兽和藏起来的裸体？我们的耻辱和野兽之间有什么联系？我们侮辱和嘲笑认为是禁忌的东西和我们感觉羞耻的东西。我们的性特征仿佛能达到这个目的。现在，与经济学的联系究竟是什么？

总之，在事物的规模上，我们人类似乎是自然的不自然的唯一作品。相反，我们要变得自然是不自然的。拿裸体打个比方，我们赤条条地出现在别人的面前是不自然的。有些作家认为裸体是我们社会中一种神圣的禁忌。[6]路易斯说："你几乎可以说他们是赤裸裸地穿上了仪式的礼袍。"[7]我认为他命名了一个我们所有人都拥有的共同概念："我们完全认为赤条条的野人坐在草地上是一种快乐。"[8]裸体是与成为野人有关系的，而成为野人的概念与满足的概念又有关系。

但是在《创世记》的故事中，亚当与夏娃在伊甸园中的理想国里都是不穿衣服的。在他们分享了区别善恶的智慧树果实之后，第一个情绪就是对裸体感到羞耻。[9]亚当与夏娃觉得必须把自己遮掩起来。换句话说，对于经济学家来说很重要的是，这是人们有史以来拥有的第一份外部财产——感到自己有所不足。他们需要的东西更多。如果我们要解释"弗罗姆困境"——"拥有还是存在"，人们需要的是拥有而不仅仅是存在。[10]人们拥有外部财产时感到更自然。外部财产的第一个真正用途是遮掩自己的羞耻。

堕落之前，人们对自己（裸体）并没有什么不满意的。后来，《创世记》中第一笔交易是上帝给人们的礼物——兽皮做的衣服。因此，从那时到现在，不自然的东西就产生了。兽皮盖在我们人类的皮肤上。我们感觉这样好（太）多了。

获得某些东西遮蔽的欲望就是一种拥有的欲望（通过拥有保护自己），保护自己（在这个世界上不会孤独、不会裸体）不会轻易受到伤害。它导致我们丧失了自由，变得取决于其他事物，因为我们开始需要这些东西。在卢梭的引语中可以清楚地看到这个观点：

野人活着只不过需要自由和休息。他的欲望仅仅是生活和安逸。而禁欲主义者的心神安宁并对其他事物都漠不关心。相反，公民们没完没了地让自己劳累、忙碌和受煎熬，获得就业的机会，结果变得更加辛苦。他辛苦劳累至死，甚至还催促死亡的到来，目的是为了让自己能够得以生活，或者抛弃生命获得不朽的声名……这实际上是所有那些差异的真正原因——野人靠自己就能生活；人们却离不开社会，总是失去自我，不得不生活在其他人的看法中。我是不是可以这样说，人们仅仅依靠自己对本身存在的判断而生活。[11]

　　这与恩启都相似——他也像野兽一样生活。什么都不缺。沙姆哈特唤醒了他内心的不富足。在城市中，他成为公民，尝到了啤酒。这种东西是不自然的（在"自然状态"中没有发现这种东西）。正如斯拉沃伊·齐泽克指出的，十分普遍的是我们的欲望中没有什么东西是自然的、自发的。问题不是如何满足我们的欲望，而是如何知道自己想要什么。我们的欲望是人为的，必须有人告诉我们如何产生欲望，还要有人向我们展示什么是想要得到的。有助于这一过程的是故事、电影和广告，以及政治思想和经济意识，正如我们在关于进步的观点中看到的。从这个观点来看，在我们梦想的手中，理性变成了一种纯粹的工具。

人类与灵魂（野性）

　　理性与非理性之间的关系史是一段栩栩如生的历史。关于这一点，荣格写道："从吉尔伽美什神话中，我们可以清楚地看到（恩启都的）潜意识侵袭变成了英雄式斗争的真正力量源泉。令人难忘的是有人问到，这是否就是对慈母般的典型（灵魂）的所谓憎恨，而不是梅特·那图拉（大自然母亲）如何诱导她最喜爱的孩子实现最佳表现的诡计。"[12] 在荣格的说法中，恩启都代表了吉尔伽美什的第一个灵魂——某些来自森林的东西，被认为是他的足迹，但是最后随着他一同来到城市。取而代之的是和谐、友谊和非凡的生活故事。

不过，荣格认为的大自然母亲的欺骗在后来的几页中进行了解释。在这个故事中，他向我们揭示了"金光闪闪的巅峰是凡人无法到达的"。[13] 我们给自己设置了这样的永恒目标，例如功利主义的最大幸福点，就是从虚构的诸神住所奥林匹斯山，努力回到（已经被禁止进入的）伊甸园。

回到我们关于非理性动物精神的概念上。在希腊思想中，存在一种可靠的、持久的理想与变易的、无常的、不稳定的世界之间的重要辩证。柏拉图醉心于个人自我可变的、非理性组成的真正消极概念中："灵魂的非理性部分……我们肉体上和感官上的自然、我们的激情和性欲，全部都与充满风险和易变的世界有着紧密的联系……因此我们的激情和性欲就暴露于无序或'癫狂'的风险下。"[14]

亚里士多德仿佛拥有一种更友好的观点，总之是意识到了它补充的、互补的特征："灵魂中的一个因素是非理性，另一个因素是拥有理性原则。无论这些因素是否各自独立，像身体的各部分或者可分割的任何事物一样，或者通过定义加以区分，但在本质上不可分离，像圆圈周边的左右两个括弧一样，都不会影响到当前的问题。关于非理性的因素，似乎是广泛分布并在自然中自我繁殖的……"[15]

这种自我繁殖的动物精神因素控制着我们。归根结底，如何才能理性地理解灵魂的非理性因素？在任何情况下，动物精神是某种推动我们前进的东西，类似于原始动力。亚里士多德深信灵魂是和行动有关联的。[16]

很多思想家沿袭了激情的欲望如何强大得离谱且几乎是决定因素的说法。罗恩王子简洁地表达了这一点，他说："王子指挥周围的人们，利益指挥周围的王子。"[17] 几个世纪之后，大卫·休谟评价人们是激情的奴隶。爱尔维修对激情的重要性（他实际上逆转了我们上面引用的柏拉图逻辑）进行辩护："人一旦失去热情就会变得愚蠢。"[18] 即使有的话，另一个问题是在什么程度上可以控制这些梦想、情绪和激情。赫希曼对此进行了讨论，我建议读者去读读他的著作。对于我们来说，满足的是我们意识到了欲望和欲望有多么强烈，什么是我们的动物精神，或者什么可以证明我们的动物精神。

野兽——非人类

"精神越强，兽性越浓。"古代荷兰犹太格言如是说。[19]

我们遇到并感到害怕的东西常常揭示了我们这个时代的最大问题，也许我们想要的过多。看来好像人类存在的恐惧是两种东西——动物性（生活中自发的）和机械性（阴暗寒冷的）。最终，甚至"亚里士多德学派的哲学……存在于过度的有序与无序、过剩与不足、超人类与纯粹的野兽之间的不断拉锯中……"[20]

让我们注意到最令人恐惧的人物是野兽和人类（有角的恶魔、像蝙蝠一样吸血的吸血鬼、人类和狼结合的狼人）的组合或者肉体与精神的分离。

因此，我们常常对僵尸感到害怕，但是实际上它们仅仅是包着人类躯壳的野兽。他们缺少灵魂或者精神。除他们的（野兽）躯体之外，他们与人类毫无共同之处。另一个案例是对不再拥有身体的幽灵鬼怪的恐惧。我们对肉体和精神分开之后的任何一个部分都感到恐惧。

这不是一种新出现的恐惧。存在一种对人类变成野兽的普遍恐惧。"欧洲以外的国家从另一方面来解释猴子的起源，尤其是猿，是'堕落'和拥有'兽性'的人。他们离开森林并（常常是有意的）忘记了如何说话，要么是由某些诅咒引起的，要么是由不一定工作的呼呼声引起的。"[21]在查尔斯·达尔文之前这是一种受欢迎的看法，但查尔斯·达尔文完全颠倒了这种概念，认为野兽是人类的前身。回到狼人的例子，令人恐惧的是原始的自然性进入人体并驱动我们做没人愿做的事。狼人往往会反对他们的变化并试图进行反抗，但是某种其他兽性的东西占据了主导地位。

对机器人的恐惧，纯理性的象征

另一方面，当今影片中的大量现代故事和神话指出我们曾经创造的机器人如何成为人类的最大威胁。我们用自己的双手创造的机器失去控制后非常危险，仿佛是我们从阿拉丁的科学神灯中召唤出的机械妖魔。阿拉丁起初也愿意帮助我们，然而他后来却控制我们。在这种情况下，人类不是受到自己的兽性威胁，而是受到非人性的威胁，在某种程度上死亡机器复活了（在《黑客帝国》第一集中是"转换器"，但是在古代的经典著作中也有类似的例子，例如捷克1920年的弗兰肯斯坦的科幻戏剧中的"R.U.R."）。电脑科幻小说颠覆了长期以来对进步的乐观看法（无论是消费者还是科技方面），并把它变成一场噩梦。机器也变得难以控制，但是从相反的方面来看，它们的表现仿佛是纯理性的，不存在任何怜悯，没有情感（正如库布里克的小说《2001：太空漫游》中的描述一样）。

机器拥有一种按照自己的图像改造世界的倾向。[22]毁灭野兽一样的人类，取而代之的是机器人。这种电脑科幻小说的后工业末日审判流派在最近几年中十分受欢迎，可以被称为"高科技"和"低等动物"。[23]

在第一种情况下，野兽毁灭了人类。但是在第二种情况下，我们自己创造的机器人毁灭了我们。在两个案例中，我们与同样的东西战斗——野兽和机器人无情地把我们（人类）撕成碎片，而我们也以同样无情的方式与机器人战斗。对于野兽和机器人来说，人性的意义还赶不上和热狗一起提供的那张餐巾纸。它们同样乐意把餐巾纸撕成碎片。

但是，这究竟与经济学有什么关系呢？首先，个人无须成为心理学家，就能看到在两个极端的例子中人害怕自己的心理状态。这些（恐怖）电影当然是我们内心自我的镜面反射——并不是屏幕上的图像可怕，而是这些图像指出了我们内心的东西。我们害怕自我的两个极端——纯粹的兽性和纯粹的理性。可以说我们必须在这两个极端之间采取折中的行动，在苍白的理性和野兽一样难以控制的情绪之间行事。其次，恐怖电影里的野兽以及死亡机器人（或者死亡的灵魂）缺乏经济学家亚当·斯密认为的人类关键特征——同情心。如果我们失去了同情心，那么要么变成野兽，要么变成机器人。那取决于我们倾向于哪个极端，无论是我们心中的兽性还是机械的理性。我们对两者都有天生的恐惧。再次，我们下意识地害怕科学技术进步。我们担心某种不受控制的东西被召唤出来，我们无法控制，反而控制着我们，并扰乱了我们熟知的、热爱的世界。

但是我们仅仅是从森林里带来了某种东西，这种东西在我们原始生活的时候就有了。我们可以生活在文明的城市中，打着领带读着统计报表，但是我们所有的人都在实现内心的动物精神。我们的生活离不开它们，但是又害怕它们的自然力量。对于理性机器人来说，相反的道理是成立的。我们需要技术（甚至生存都是取决于技术），但是又害怕它。

看来似乎两个极端都变成了我们的噩梦。但是这两方面使我们成为人类。只有在我们设法与它们和谐共处时，和平才会到来。"任务是整合潜意识，这就意味着用综合法把认知的和次认知的东西合并起来。"[24]

我们人类的位置是在折中的某个地方。我们不可堕落地成为理性的、可解释的经济人俘虏，但是另一方面也不可能对我们的动物精神完全让步。

梦永远都不会沉睡，我们心中的英雄也一样

在电影《守望者》中[25]有这么一个场景，看来似乎来自于都市的末日审判——街道一片火海，人们在栅栏上垂死挣扎。这部电影的主角之一充满了恐惧，问他的朋友谁拿着左轮手枪向人们射击："美国梦到底怎么回事？"而另一个主角手里拿着手枪回答说："我们实现了。"如果你想要实现什么，而你心中仍然对它感到不满意，有一种想要更多的倾向，那么那种东西会一直持续到末日来临的场景中才能实现。

我们的梦想仍然伴随着我们——而且对我们的影响超过我们所知的。不仅是梦中，而且在白天也一样。如果我们沉迷于进步的梦想中，而且我们有生活

标准不断提高的迫切需要，那么恰好是这种梦迫使我们在每个星期一的早晨从床上爬起来，继续为我们不喜欢的东西努力工作。在这种工作中我们没有发现满足感或意义。然后这样的想法给我们建立起一座牢笼，看不见也摸不着，但是它仍然控制着我们，梦永远都无法沉睡，无论我们是睡着还是醒着。

但是这样的梦也一样左右着我们其他的感官。有一天，我们想要成为爱冒险的阿拉贡，因此进入森林（或者更可能的是进入城市——热带丛林，驯化的荒野及栅栏）。然后是诱人的富翁梦俘获了我们的心，因此我们动身去享受烛光晚餐。

我们的主人公来自哪里以及他们何时发言是一个极大的秘密。我们从祖母的神话故事及自己身边的其他媒体——电影、书籍、广告中认识了这些主人公。这些媒体（无意间）传递了好几个世纪的故事，主人公的原型可能是数千年前的，代代相传、进入现代并被改编成适应当前社会的人物。[26] 用荣格的话说：“作为灵魂特征的主人公不是根据我们认知的人出发的。他们做的是讨论中主体无须做的事、可以做或希望做的事……在幻想中发生的是国家或自我认知目标的补偿。就梦想而言，这是一种法则。”[27]

影片的拍摄风格曾经“基于现实生活”，但是当今我们试图生活在仿佛“来自电影”一样的世界里。梦是永远都无法沉睡的。“梦”这个词有多义性。学会控制个人梦想的人就能够控制自己的现实。

注释……………………………………………

1 阿克洛夫和席勒，《动物精神》，第1页。

2 凯恩斯，《就业、利息和货币通论》，第273~274页。

3 《经济学家》，《经济学入门基础：动物精神》。

4 帕斯奎内利，《动物精神》，第13页。

5 阿克洛夫和席勒，《动物精神》，第3页。

6 例如弗雷泽，《金枝篇》。

7 路易斯，《四种爱》，第147页。路易斯进一步写道："我们赤条条的时候是否就不是真正的自我？在某种意义上，答案是否定的……我们穿上衣服的时候'更像自己'……"第146页。

8 路易斯，《失乐园序》，第112页。

9 在此注意到共同的标准是羞耻是同样重要的。孩子不会因为裸体而感到难为情，然而，他们遇到陌生人的时候就会感到害臊。当裸体的孩子感到害臊时，就希望把自己藏起来，如果不能藏起来，就用自己的双手遮住眼睛；而一个成年人会隐藏生殖器而不是眼睛。孩子似乎是对陌生人感到不好意思，但是我们对性器官感到害臊。这是否暗示着我们更远离了自己的自然性——裸体？

10 弗罗姆，《拥有还是存在？》，第13页："拥有与存在的替代选择与一般常识无关。因此，拥有看起来似乎是我们生活的一种自然作用。"

11 卢梭，《论人类不平等的起源和基础》，第96页。另见福斯，《亚当·斯密之前的自身利益》，第45页。

12 荣格，《英雄与母亲典型》，《C.G.荣格文集》，第8卷，第197页。

13 同上，第201页。

14 努斯鲍姆，《善的脆弱性》，第7页。

15 亚里士多德，《尼各马可伦理学》，1102a，27~32。

16 亚里士多德，《论灵魂》，405b11；409b19~24。

17 赫希曼，《激情与利益》，第34页。

18 赫希曼，《激情与利益：资本主义成功之前的政治论证》，第27页。斯密，《爱尔维修》，第55~56页。

19 帕斯奎内利，《动物精神》，第9页。这种流行的说法也许起源于犹太，见《犹太法典》，"神棚论文集"，52a："人越伟大，就越向罪恶偏斜。"（帕斯奎内利，《动物精神》，第211页）

20 努斯鲍姆，《善的脆弱性》，第262页。另见第238页："……我们屡次回到这个问题上，人类像植物（或者非理性的野兽）到什么程度？又像上帝或者纯粹的不变形式到什么程度？"

21 库马拉克，《生物学反映的人与自然映像》，第144~145页。

22 马克思把这种特性归因于资产阶级工业社会："总而言之，在拥有图像之后，它创造了一个世界。"马克思和恩格斯，《共产党宣言》，第46页。

23 蓬特，《回头浪子与银翼杀手、父亲与儿子以及仇恨》。

24 荣格，《英雄与母亲典型》，《荣格文集》，第8卷，第194页。

25 电影《守望者》于2009年发行，由萨克·辛德导演。（电影剧本）作者为大卫·艾泰何亚历克斯·谢。更多信息见"网络电影数据库"（IMDB，www.imdb.com）。

26 坎贝尔，《千面英雄》。

27 荣格，《英雄与母亲典型》，《荣格文集》，第8卷。

06

第6章
CHAPTER 6

元数学
METAMATHEMATICS

- 元数学
- 烧掉数学?
- 经济学中的数学
- 形而上学的数字
- 人类理想的存在
- 数学不应受到非难
- 诱人的数学
- 真理重于数学
- 宿命论——简单的并不是优越的

……预期我们的才能会增强时，我们可能可以体会到画三角形一样的精神。这看起来如此荒谬，仿佛我们希望看见声音一样。

——乔治·伯克利（George Berkeley）[1]

=34,8>

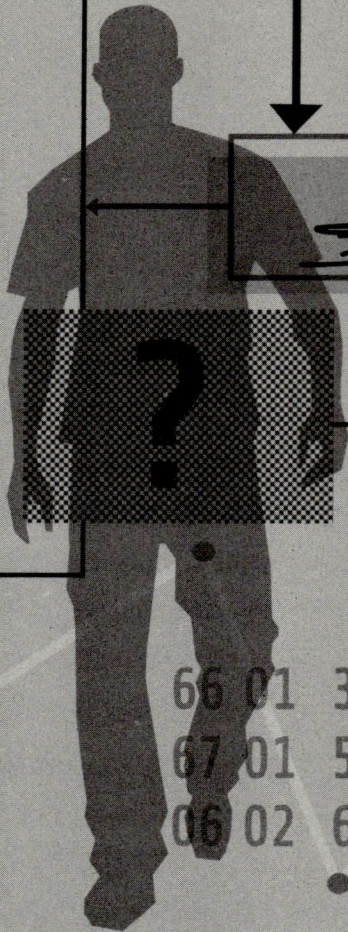

3,7

66 01 3244
67 01 5489
06 02 6569

04 00 8749
02 0 658

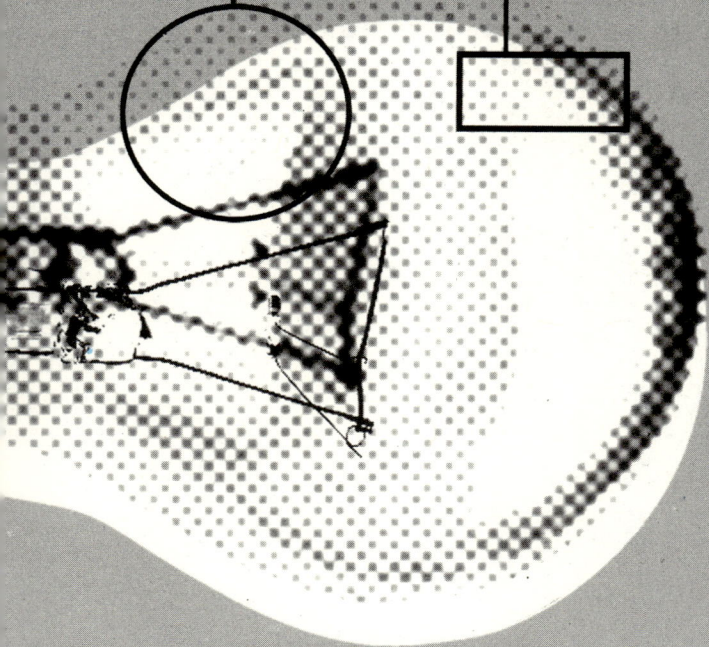

元数学

毋庸置疑，数学变成了现代经济学的主要语言。乔治·斯蒂格勒在1965年就已经描述过了："我们现在完全是一个定量的时代。我们现在拥有充分的定量分析的技术和能力。与天然的常识相比较，就好比是火炮对弓箭。"[3]而且经济学抓住了一切可能的机会。当今的经济学无疑是最数学化的社会科学，要说有同级的科学榜样，那一定是物理学（我们知道这不属于社会科学领域）。而实际上，如果你打开一本经济学教科书或大多数的学术经济学期刊，放到足够远且可以看清楚的地方，首先映入眼帘的是物理学教科书。

在本书的前一部分中，我努力说明历史课程中的经济学思想总是受到哲学以及宗教潮流的巨大影响，而且总是存在伦理学的内容。正如我们从前辈的著作中学到的那样，经济学就是这样的。尽管后来——主要在20世纪，经济学思想受到宿命论、机械笛卡儿哲学、数学理性主义以及简化的个人功利主义影响。这些影响的出现改变了经济学，成为我们当今教科书的样子。经济学中充满了方程式、图形、数字、公式以及数学分析。我们现在几乎难以发现任何关于历史、哲学或广义社会科学方法的内容。

烧掉数学?

现代计算机技术的到来可以处理惊人的数据，并能够测试新假说，给经济学带来了一场真正的革命。有趣的是，苏维埃集团的中央计划经济规划者相信随着计算机和数学能力的提高，政府能用"最优"定价替代市场机制。对于这些苏维埃式的中央计划者，数学意味着计划经济和统治经济的工具。

令人惊讶的是，在21世纪开始时，人类行为数学化是自由市场经济而非中央计划经济所固有的，而中央计划经济的失败也是因为未能设计出"最优"的人类行为。强调数学模型和经济预测的经济才是最发达的金融市场经济。然而，艾尔弗雷德·马歇尔（数理经济学的奠基人之一）在一百多年前就已经强调了数学的作用。他说的是"调查的工具"。让我们完全引用在数学进入主流经济学时就写下的文字吧。

在后来的几年里，我越来越发现这样的规律：（1）数学可以用做速记语言，而非研究工具。（2）坚持用到最后。（3）转化为英语。（4）举例说明在现实生活中的重要性。（5）烧掉数学稿纸。（6）如果你在第四张取得成功，烧掉前面的三张。我常常做最后的一步……我认为你应该完成你可以做到的所有步骤。也需要防止人们在英语跟数学一样简单的情况下使用数学。[4]

因此，他的著作《经济学原理》不朽的文字成为了19世纪和20世纪的经济学圣经："马歇尔在附录中纳入了他的传统系统。但是，正如他的学生凯恩斯解释的……他这样做为的是避免给人这样的印象，认为仅靠数学就能提供现实生活问题的答案。"[5] 现在，这是完全不可能发生的事情。

经济学中的数学

相反，尽管有马歇尔的告诫，在最近的一百年里，有越来越多的人倡导经济学和人类行为的数学化。1900年，法国的数学家路易斯·巴舍利耶在巴黎证券交易所写下了他关于股票价格变化的研究报告。巴舍利耶发现，通过正常划分——高斯曲线适用于随机现象的规则，把证券交易所中所有小型参与者的影响考虑为独立影响是可能的。[6] 这些观点是经济学家、数学家欧文·菲舍尔提出的。在他的著作《资本和收入的本质》一书中，他奠定了后来被称为

"随机游走"理论的基础，用来解释市场上的股票价格波动。[7]菲舍尔建立了一家咨询公司，搜集股票数据，创建指标，并向投资者推荐股票。20世纪20年代，他获得了巨大的声望以及财务成功。他也因为纽约股票交易所崩溃之前10天的评论而出名，说股票已经达到了最高水平。[8]然而，统计没有帮助他预测到1929年黑色星期五的危机，那时他失去了投资的所有股票财产。

1965年，尤金·法马提出了理性市场假设。理性的可计量市场的概念成为40年来财政经济学的主流。但是这种基于数学思想的自由市场在最近的重大金融危机中瓦解。甚至早就是美联储主管和自由市场、"放任主义"方法支持者的艾伦·格林斯潘也在2008年10月宣布他的自由市场立场（以及任何种类的控制最小化）是错误的。[9]没有哪个数学模型可能帮助市场参与者避免市场崩溃。模型总是不完善的，这种数学缺陷的原因之一是人类行为不能完全用方程式表达。现实中存在某些我们永远都无法建模和预测的行为。对于这种行为，我们应该关注伦理学、历史或心理学，而非计算机。

在另一方面，这既不是对数学的批判也不是对数理经济学的批判。相反，这是一种提示、一种号召，不要忘记经济学思想比数学丰富得多，如果我们希望分析研究所有的人类行为，那么我们应该试图完全理解它。为此，数学是有用的，然而并非足够的。它仅仅是冰山一角。以下我们提供了更根本的问题，也是我们努力在本书中讨论的问题。

因此，假设这样的事物是市场效力把主流经济学剥离伦理学原则，那么数学来自何处？又是如何来的？我根本没法包括所有问题，[10]因此把自己限制在仅讨论几个有趣的实例和观点上（给经济学中的数学研究错误提供部分参考）。我不是想要"反击"数学，我认为数学是十分有力的、有用的工具，也是有趣的、费力的研究话题。然而，我想表达对某些经济学家的反对意见，他们认为数学能够包含和描述整个现实世界。我们经济学家常常意识不到我们的模型说的是什么。这是由于在（数学）方法上投入更多注意力，而非考虑这些模型适用于哪些问题。

....

形而上学的数字

在几何领域的发现——特别是古代希腊的几何发现，被认为是现代数学的起源。它们对现代数学的贡献是无可争辩的，尤其是保存下来的大量著作。[11]不过，在他们之前就有很多其他文明发展了专业数学。例如，我们今天使用的很多抽象结构就是来自于古代巴比伦。"圆周划分为360个单位发源于巴比伦的天文学……天文学家托勒玫（公元2世纪）沿袭了巴比伦法的这种做法。"[12]巴比伦人使用六进制系统和十进制系统，并能自由交叉使用（大致和我们当今做的一样。一分钟有60秒，正如一小时有60分钟一样，但是一秒钟有1000毫秒），他们知道分数、幂指数和方根、解析代数以及几何方程式，在一个表格中求解包含10个未知数的10方程式（主要是线性的）组合。[13]关于几何，他们知道 π 的存在，四舍五入到3，或更确切地说，到3又1/8。

同时，根据希腊人的描绘，古代埃及人拥有十分成熟的数学和几何知识。我们可以从他们的建筑物来判断这一点。现在，在所有这些文明中，数学几乎与哲学和玄学有不可分割的联系。在希伯来人的情况中，数字也拥有非比寻常的历史。尽管很多《旧约》结构被描述为详细的数字（挪亚方舟[14]或第一座神殿[15]的指示），很多指令都是数字的。另一方面，它们也是十分模糊的。在开天辟地的过程中，上帝不断交替使用单数和复数形式。同样，在罪恶之城和罪恶之都毁灭前三个人访问亚伯兰期间，访问者的单数和复数形式都是不断变化的。

同时，我们来讨论亚伯兰。他努力与上帝谈判，几乎是一个无关数字的生动榜样——故事中没有关于最终进行的10个实际计算，仿佛数字上的协商是完全不必要的。不过，关于数字，"希伯来的字母密码'科学'（一种犹太神秘哲学的形式）是基于每个字母都拥有一个数值的事实，因为希伯来人用字母代表数字……在'以赛亚书'（21：8）的预言中，狮子宣告巴比伦的陷落是因为"lion"（狮子）这个单词的希伯来语字母和巴比伦语字母加起来等于相同的数字。"[16] 我们知道某种类似的东西也同样来自于《新约》时代，在《启示录》中牲畜的数字是这样计算的："在这里有智慧。凡有聪明的，可以算兽的数目，因为这是人的数目。它的数目是六百六十六。"[17]

"数字——科学的领袖，是我发明的。"[18] 公元前6~5世纪，埃斯库罗斯就在他的戏剧《被缚的普罗米修斯》中通过主角的口说出了自己的观点。希腊人确实认为数学是探索世界的重要哲学工具。在毕达哥拉斯学派的手中，它是最重要的工具。数字甚至被认为是宇宙本身最基本的原理。"数字是解释本质的第一原则……因此毕达哥拉斯说'一切都是数字'。5世纪著名的毕达哥拉斯学派菲洛拉乌说：'若非数字和它的本质，没有哪样东西就其本性或与其他事物的关系而言是清楚的……你不仅可以在魔鬼和神灵的事务中观察到数字本身拥有的能力，而且在人类所有的行为和思想，包括所有的手工艺品和音乐中也可以观察到这一点。'"[19] 柏拉图与毕达哥拉斯密不可分，毕达哥拉斯看到了沉思的数学视界——哲学真理是领导真正神秘知识的最好活动。根据我们从前几章中所知的，这与现代科学奠基人笛卡儿的推理几乎相同。

他没有看见数学背后神秘知识的差异，同时他自己也不能摆脱那些神秘的经历，正如我们早些时候已经说明的那样。

人类理想的存在

通过笛卡儿，数学和机械力学成为智慧的化身，更有甚者，成为完美真理的化身。在当今的经济学中，可以说社会模型必须与数学要素交织在一起。经济人常常是不断计算边际效用和成本、对休闲机会成本进行评估和注意自有资源最优配置的。在这个世界上，海德格的"人类理想存在"[20]早已不能站住脚。曼德维尔用诗歌的形式写作了第一部现代经济学著作，当今的经济人是在数学上存在的。

经济学家皮耶罗·米尼提到以下的观点。牛顿需要解决实际问题，因此他建立了自己的微积分学。他把数学当做一种工具，顺应观察到的事实，发展自己的数学方法，简化工作，因此可以在事实中做好自己的事情。经济学似乎常常做完全相反的事情。它创造了一个世界（和一种人类）。它必须回答数学提出的问题。[21]在某种意义上，经济学实际上使用数学建立传统的物理学。[22]我们发现数学是如此优秀、如此诱人，但这种数学像什么呢？

数学作为一种工具的优势是无可争辩的。数学最大的特征就是公平对待一切。1就是1（不是0.999999，也不是1.00001）。数学本身是精确的、清楚的——它不是模糊的。它明显的优势是能提供清楚的结果，（力求）始终如一和放之四海而皆准。数学是弥补我们感官不足的抽象思想领域。因为它绝对严格，并能加深我们的思维。然而，这其中流行着一个信念，认为已知问题的数学性越强，其立足的知识基础就更精确、更真实、更"好"——在这个例子中是更"正确"。

数学不应受到非难

没有任何技术——更不用说数学（一般思想模式的浓缩），没有统计数字的详细处理，我们也可以解释许多经济学现象。[23]

——约瑟夫·熊彼特

乔治·伯克利简明地表达了这种观点："这个世界上最简单的事物是那些我们最熟悉的和完全知道的，如果我们用一种抽象的方式来考虑，看来似乎十分困难和不可思议。"[24]

数学思想最大的奇迹是我们居住的物质世界在一定程度上根据抽象的、纯粹的人造事物——数学观点行事。或至少是数学创造了这样的印象。[25]希腊人意识到了这些奥妙，十分注意如何联系这两个世界——或者如何不联系。数学表现以下的特征："数学的要素存在于本身，它们在自己内部存在，除本身以外，不需要任何其他事物的参考，不指向任何事物，不代表任何事物，不支持任何事物，不说明任何事物，不意味着任何事物。它们存在于思维中……创造了一个自己的世界，我们必须学习才能进入这个世界，这是一个神圣化的世界。"[26]

但是后来存在一种观点，认为"用几何世界对物质世界进行证明……在那以前是被嘲弄的职业——统计、结算、技术和机械力学——不仅从低级交易提高到高雅艺术，而且直接提升到数学科学的崇高地位。"[27]数学事实上不应该因为错误的应用而受到谴责。应该负责的是现实中描述数字的不合宜方法。如果一座桥塌了，它不一定是数学错误。引起错误的不是数学本身，而是它的用法。

数学是放之四海皆准的。我们必须学会数学的定律。但是，当数学开始宣称超过本身拥有的能力时，也存在危险的诱惑性。经常，数学的骄傲导致一种"数学纯粹主义"乃至"数学极端主义"，拒绝任何不精确或主观性的事物。

我们已经说过数学是放之四海皆准的，但这并不意味着数学是一成不变的。正如所有的人造结构一样，当时代变迁时，它也需要发生改变。如果一种结构不能"胜任我们希望处理的任务"，那么我们就想另外找一个。当然，我们或许看不到任何让我们惊讶的东西，例如代数的数学构件只有一种语言、一种有用的反复、一种工具。然而，在这些结构基础上，情况是完全不同的。正如很容易就可以看到的，我们经常需要一种"新的"数学，比如罗素的矛盾论点。伯特兰·罗素说明了在思考集合的时候导致不希望的（！）结果。因此我们建立它们就是要得到我们想要的结果。我们必须从不同的角度来看待它们。因此，我们有必要创造一种新的集合论，只有某些对象的组合可以成为集合。[28]理论必须发生改变。

没有人可以如此确信地说我们不必改变数字概念。有人如果可以提出某种我们当前的概念不能计算的东西，那就足够了。我们将愿意——而且是必须改变整个概念。对于数学来说完全是一样的，正如我们所有的科学一样。如果我们没有遇到无法胜任、无解问题或矛盾论点的时候，我们会认为它是成立的，但是遭遇难题之后我们又必须建立新的科学。概念的精确性总是与数学息息相关，但是至于数学的理论在未来几年里会如何，只能用新的需要和知识来说明。

....

诱人的数学

数学优雅地在经济学中发现了一个安全的港湾。也许数学最大的弊病或弱点恰好是它最大的诱人之处，引诱我们过于频繁地使用它。我的数学朋友常常嘲笑我们经济学家，因为我们认为数学比它本身是什么更重要。

另一方面，如果我们意识到数学是一种纯粹的人类创造物，而且实际上它并不存在，那么数学的优雅性就既不是那么令人惊讶，也不是那么不可思议了。它与外部世界没有任何联系。外部世界必须从外部进行改变，例如通过物理学或者城市工程。数学是我们思想的纯粹抽象概念，仅此而已，不多不少刚刚好。它如此优雅和完美是因为它正是这样被设计的。数学事实上不是真实的。数学是纯粹的无谓重复。在这方面，它不是一门科学，而是一个抽象结构、一种语言、一个相互参照有准备（有用）公式的系统。这就是为什么公元前最伟大的逻辑学家之一路德维希·维特根斯坦说："逻辑的命题是无谓的重复，"[29]"逻辑是先验的……数学是一种逻辑方式……在现实生活中，数学命题实际上绝对不是我们想要的东西"。[30] 是的，数学仍然只不过是一种方式，纯粹的数学是没有任何内容的。逻辑学、数学和哲学领域最知名的思想家之一的伯特兰·罗素的最佳描述如下："因此，数学可能被定义为永远都无法知道的谈论对象，无论我们说什么都是不成立的。"[31]

经济学家不能否定已经发现的抽象数理语言。但是好心的仆人也可以变成糟糕的主人。维特根斯坦的评论也说到了这点："限制我的语言意味着限制我的世界。"[32] 如果数学变成了经济学家的语言，那么我们一定也期望这样的结果。这样做就完全限制了我们的世界。

理论经济学实际上仅拥有两个可能的"基础"。第一个是假设机制，第二个是模型结果的经验性测试。最详细描述结果的经验性测试或者模型预测（在这方面不取决于假设）的学派是弗里德曼。他为模型因"实验目的"而进行的测试进行辩护。模型的核心是数学抽象性，本身没有任何意义。它仅仅是一种无谓重复的系统（然而是成熟的）。在现实中，那些应该起到已知理论"清醒护卫者"作用的学科常常对此没有任何说法。

经济学中常常发生令人不愉快的事情。模型并不拥有现实的假设，而且其结果常常与现实不一致。那么，经济学还剩下什么呢？只有中庸的、欢快的数学子集和鲜明的统计数学。[33]数学存在排挤任何智力竞争的倾向。以下故事完美地显示了这一点："柏拉图告诉我们，一位普通的先生格劳肯如何通过与苏格拉底对话发现自己对纯粹的、不变的数学推理的强烈热爱。"[34]

如果我们认为自己在数学上可以实现很多事情，那我们会失去认识很多其他事物的机会。在数学上思考灵魂（或者爱）的确是可能的，但是它带来的危害比好处更多。如果我们认为可以用数学解释的事物才是现实的，像情绪一样，那么灵魂（和爱）就堕落到更低等的存在论范畴。

我们讨论情绪的话题时，正如前述的格劳肯例子指出的那样，数学本身激起情绪（"对纯粹的、不变的数学推理的强烈热爱"），因此至少根据柏拉图叙述的观点，我们可以热爱数学，甚至热情地热爱数学（它也可以被人憎恶，正如我们从学校课堂中知道的那样）。

如果数学不是基于现实，那么它拥有一种引导我们离开正道的倾向。我们必须很小心，因为抽象概念会遭遇现实的对质。在理论经济学中，这常常是不可能的。狄德利·麦克洛斯基在自己的著作《经济学的隐秘罪恶》中指出这样的事实，当代理论经济学的很大一部分只不过是假设下的智力游戏。"经济学'理论'中的典型说法是'如果信息是对称的，就存在均衡的博弈'，或者'如果人们对自己的期望值在以下方面是理性的，嗡嗡、嗡嗡、嗡嗡，那么就存在政府政策无用的经济均衡。'……好，现在想象一下假设的替换集合 [35]……关于这一点没有什么是深刻的或者令人惊讶的。改变你的假设就会改变结果……如此循环下去，直到经济学家感到厌倦，收工回家……我已经表达了对纯粹数学和莫扎特协奏曲的赞赏。很好。但是经济学被认为是对世界的调查，而不是纯粹的思考。" [36]

当今很多经济学家（而且很大一部分面对公众）把经济学狭义缩小为计量经济学，仍然在确定的乃至随机的世界概念中运行。[37] 但是它好像是如果现实（随机或者巧合地）根据模型（如果它们不会与先前模型发生太大的变化）的观点运行，那么经济学（及其他）模型的预言作用会"很好"。

至少在经济计量学的情况下，数学自相矛盾的夸张应用存在一种模糊现实的倾向。正如经济学诺贝尔奖获得者瓦西里·里昂惕夫写道："令人遗憾的是……对数学公式不加批判的热爱常会导致代数符号背后的实质性内容被掩盖……没有哪个实验研究领域（比经济学）拥有更大规模的由统计学工具产生的无关紧要的结果……大多数（模型）都归入没有任何实际应用的堆积。" [38] 根据卓越的捷克裔美国人经济学家简·科门塔的观点，某些计量经济学甚至"推动计量经济学背离经济学。例如，经济学训练告诉我们这个GDP时代由时代潮流和随机干扰决定……" [39]

大卫·亨德里 [40] 在他关于暴雨对英国通货膨胀影响的分析中诙谐地批评了这种方法。造成的影响是十分明显的。计量经济学（根据其相对满意的标准）解释了雨水造成通货膨胀的原因。雨水引发的通货膨胀比货币数量造成的通货膨胀更加显著。幽默吗？不。令人遗憾的是，由于计量经济分析，我们经常得到相同的结果。如果我们的直觉不发言（或者如果我们的问题同样是错误的），那么我们如何知道它们是直观上的错误？为此，对于经济科学家来说，数学只不过是一个重要的替换工具。经济学家必须拥有广博的社会知识和历史知识。只有那样，经济学家才可以分清谬论和"更可信的"因果联系。是我们的人性使我们区别于计算机。

然而，也许最尖锐的批判来自1980年，杰弗里·萨克斯、克里斯托弗·西姆斯和戈德费尔德宣称："人们可能进一步说学术上的宏观经济学家（关于宏观计量经济学建模）的传统方法不仅仅受到了冲击，而且是完全失去了权威性。使用计量经济学模型来设计不同政策的选择项……被广泛认为是不合理的，而且是近来问题的主要来源……"[41]

真理重于数学

还是从我们关于计量经济学的离题讨论回到数学上来。人们经常声称数学是无可争辩的。这种外在概念（即仅通过几个普遍接受的定理和法则描述所有现实的处理方法）的致命鼓吹者是1931年捷克布尔诺镇的数学家库尔特·哥德尔。在他著名的不完全性定理中，他证明没有哪个包含基本算术的理论可以证明所有成立的论点。换句话说，我们永远不能证明我们已经知道成立的任何东西。我们的思想的确拥有比已有的方法更大的尺度。哥德尔的结果是独一无二的，没人预期会有这样的东西，数学家和哲学家们至今仍然在讨论他的命题结果。目前，在我们这个时代，知识回到了智慧和情绪、直觉的组合上，或者至少回到重新评价理性概念的必要性上。

凯尔克高说到了用抽象术语把握世界的不可能性："一种逻辑系统是可能的。关于存在的系统是不可能的。"[42]

宿命论——简单的并不是优越的

19世纪占主导的是宿命论，认为世界发展是当前和过去状况机械决定的。关于宿命论，是很难与随机性交锋的，反而由于缺乏对这些现象的认识而得到了解释。牛顿物理学是宿命论的标志。量子物理学显著地削弱了它，但是宿命论的残余深深地扎根在经济学中。然而，把世界表达为方程式与初始条件组合的表达式是现代经济学的典型。

当然，经济制度常常作出不正确的预测。宿命论仅仅在有限的范围内属于经济学，而且恰好是经济学与牛顿物理学之间的基本差别之一。令人遗憾的是，大众的期望值是不同的。归根结底，由于他们厚厚的著作、长长的方程式和推导过程、诺贝尔奖和著名大学授予的学位，经济学家必须能够说出一场经济危机何时结束以及使用哪些方式（药物）尽快结束危机。但事实上那是一个严重的错误。经济学仍然是一门社会科学，而不是它有时假装的"精密科学"。我们使用了许多数学工具，但那并不意味着我们使用的就是精密科学（命理学家也使用许多数学工具）。

　　正如凯恩斯预测的："经济问题坐上它本来所属的位置的那一天不会太远，心灵和头脑的竞技场将反复沦陷，我们真正的问题是关于生活和人际关系，以及关于创造、行为和宗教的问题。"[43] 尽管如此，数学不应该被谴责。然而，我确信某些经济学家由于密切关注数学，而疏忽了经济学中更广博的社会科学方法。自认为我们理解了经济和整个社会环境，甚至可以预测未来，这些才是应该被谴责的。

注释••

1 伯克利，《人类知识的原则》，第3节，CXLII。

2 http：//en.wikipedia.org/wiki/Irrational_number。

3 斯蒂格勒，《斯蒂格勒本质》，第113页。

4 克劳奈维根，《飞翔的雄鹰：艾尔弗雷德·马歇尔，1842–1924》，第413页；温特劳布，《经济学如何成为一门数学科学》，第22页。

5 埃默尔，《数学与文化》，第105页。

6 福克斯，《理性市场的神话》，第6页。

7 福克斯，《理性市场的神话》，第13页。

8 "菲舍尔认为股票达到了永久的高地"，《纽约时报》，1929年10月16日，第8页。

9 马修斯·兰曼（2008年10月23日）。"格林斯潘承认他的市场思想中存在'缺陷'。"彭博资讯。

10 对此有更具资格的作家——例如，温特劳布的评论，"经济学如何成为一门数学"；菲利普·米劳斯基，"热量比光芒更多：作为社会物理学的经济学，物理学是经济学的本质"；"机器梦想：经济学变成一门电子人科学"；布劳格（1980），"经济学方法论"；最后但并非最不重要的狄德利·麦克洛斯基著作《经济学的隐秘罪恶》。

11 我们认为概念是希腊文明中对现代数学最伟大的贡献之一。仅仅给定某样事务的部分意义，并尽可能精确定义它。倘若没有它，当代数学和科学都是不可能存在的。

12 克兰，《从古代到近代的数学思想》，卷一，第13页。

13 克兰，《从古代到近代的数学思想》，卷一，第9页。

14 《创世记》，6：13。

15 《出埃及记》，20。

16 克兰，《从古代到近代的数学思想》，卷一，第13页。

17 《启示录》，13：18。

18 埃斯库罗斯，《被缚的普罗米修斯》，第459页。

19 克兰，《从古代到近代的数学思想》，卷一，第147~148页。

20 海德格，《哲学与政治著作》，第265页。

21 米尼，《哲学与经济学》，第84页、第88页。

22 例如，弦理论创造了其自身的特殊数学而非经济学。

23 熊彼特，1933a，5，《计量经济学会会刊》第一期，论文的标题为"计量经济学常识"。尽管
   其他教科书在一定程度上倡导数学方法。参见熊彼特的《社会科学观点——元理论研究》，第
   44页。

24 伯克利，《关于人类知识原理的论文集》，第127页。

25 柏拉图问道："在这个变化的、不稳定的世界里，怎么可能发现不变的、恒定的东西？"参见
   皮尔，15b。

26 纽鲍尔，《什么是科学》（作者翻译），第72~73页。

27 纽鲍尔，《什么是科学》，第74页。

28 在20世纪开始时，大家都知道任何定义的对象组合可以被认为是一个集合。由于"罗素的
   矛盾论点"，这被认为是不能成立的。除集合的概念以外，现代的集合论概念中也有分类
   的概念。

29 维特根斯坦，《逻辑哲学论》，第61页。

30 维特根斯坦，《逻辑哲学论》，第62页。

31 罗素，《神秘论与逻辑》，第76页。

32 维特根斯坦，《逻辑哲学论》，第56页。

33 另见米尼，《哲学与经济学》，第8页。

34 努斯鲍姆，《善的脆弱性：希腊悲剧与哲学中的运气和伦理学》，第5页。

35 改变假设的可能性事实上也是无限的。补充说明一下任何其他类型的人类动机而非自身利益的
   原因就足够了。

36 麦克洛斯基，《经济学的隐秘罪恶》，第43~44页。

37 原则上，计量经济学力求把所有非确定性的、随机的要素变成余数。

38 里昂惕夫，《理论假定与非观察事实》，第1页、第3页。

39 科门塔，《计量经济学入门》，第5版，"商业经济学"，华盛顿，2004年4月，卷39，第2
   期，第71页，第2段。彼得·肯尼迪的《〈计量经济学入门〉著作评论》，2003年。

40 亨德利，《计量经济学：炼丹术还是科学？》，第387~406页。

41 西姆斯、戈德费尔德、萨赫斯，《经济计量模型策略分析》，第107页。

42 凯尔克高，《哲学摘录非科学补遗总结》，第99页。

43 凯恩斯，《艺术协会首次年度报告》（1945—1946）。

07

第7章
CHAPTER 7

真理的主人：科学、神话和信仰
MASTERS OF TRUTH:
Science, Myths and Faith

- 真理的主人：科学、神话和信仰
- 模型"再造"我们
- 选择你的信仰
- 带脚手架的教堂
- 超越方法论——获得启示的秘密
- 未来——经济学家是现代预言家
- 前真知：排除自我的预言
- 未来主义的营养不良
- 认知网——理性与情绪的连接
- 赞扬错误
- 死亡的世界与活生生的世界
  死亡世界
  沉默与第65个方格的世界
- 美丽的经济学
- 你越接近目标，就偏离得越远
- 友善的问题

讲道理的人让自己适应世界。

不讲道理的人坚持让世界适应个人。

因此，所有的进步取决于

不讲道理的人。

——乔治·萧伯纳

G> 2458 ?
A> 0250·±
N> 10%1@

as likely
as not

真理的主人：科学、神话和信仰[1]

什么是真理？什么是真理的本质？真理本身更倾向于科学研究还是诗意的问题？允许我用莱维·斯特劳斯的话来说："最奇妙、最复杂的事实是科学不会也不能在任何绝对的意义中冒充'真实'……它是有用假说的假定。"[2]

真理是难以理解的。如今，经济学主要是用分析工具来理解它。但是真理并不总是可分析的。我们周围有很多的秘密。我们试图理解这些秘密，但是我们的分析工具没法让我们做到那一点。为此，我们必须放弃使用科学的方法来了解全部真理的想法。这导致我们达到比经济科学更高的水平。不过，事实上经济学拥有令人惊奇的数学工具，这是最近一个世纪以来产生的。因此，用纯粹的非书面语言把经济学的主要部分改写成数学语言是可能的。依靠数学使经济学变得更协调、更严格。但数学也只是一种语言。

任何一种其他语言无法表达我们想要表达的东西。除那以外，更加重要的是，如果我们开始用另一种语言讲话，我们是否应该开始向自己提出不同的问题？正是由于我们开始使用这种不同的语言，我们的注意力是否应该转移呢？

最近几年的经济学完全放弃了与伦理学、道德有关的原始话题，相反，有时迷失在分析技术工具的港湾中。正是由于我们开始使用新的语言，我们改变或极大地转移了对科学的关注。简单地说，经济学过度强调了数学的重要性，忽视了我们之间的人性。唯善经济学被积极的（叙述性）经济学掩盖。但是我认为仅存在积极的、叙述性的经济科学是危险的。它使人们抽象出要点，认为价值判断无价值。那本身就会把人引入盲目的、危险的境地。更糟糕的是它忽略了生活的重要部分，这部分并不乐意（仅仅）投身于数学研究中。

模型"再造"我们

我们没有看到事物的本来面目；看到的仅仅是我们自己的样子。[3]

——塔木德

某些抽象概念（例如万有引力）的引入为公众所普遍接受，同样也在改变着我们的世界本身。这个世界通过这些万花筒认识到令人信服的抽象介绍。数字哲学家科尔曼得出结论："作为理性的、自我把握的存在，我们不仅生产，而且共同创造现实。包括数学家的科学家们遗忘了他们论点中的条件。"[4]科学理论是现实的模型，它本身变成了一门关于现实的不可分割的艺术。

从这种意义上讲，我们创造了双面印刷机。类似于《创世记》中指出的，亚当接到给动物命名的任务后，把世界有条理地进行分类。我们甚至不能够认识到这个世界缺乏一个解释性的框架。因此我们可以使用维特根斯坦的比喻：眼睛看到了世界的一部分。在我们的理解中，眼睛是解释性框架，通过这个框架我们来看世界。正如大卫·休谟评论的："在数学中可以确切地看到，如果我们不首先给定一种可以发现的理论，那意味着所有事物也都可以是这样的。在这个世界上就不存在任何预先假定的、直觉的或者天然的事实。"[5]真相与"客观现实"都是模糊的，即它们本身就提供各种解释。因此，出现了经济学家使用相同的数据集和统计方法却推论出大相径庭的结论这种情况。

在科学方面，可以这么说，在我们没法马上建立一个新的框架来创造新世界（世界的新解释）之前，我们就使用现有的框架，即使意识到它的功能不全也要如此。例如，几个世纪以来，世界根据万有引力的观点"运动"。这种抽象概念（万有引力）不存在任何挑战和争议是因为（在某个必要的简单化水平上）它在充分发挥作用。我们提问为什么物体会落地，并用"万有引力"这个词回答自己。我们的答案（对于某个时代来说）是足够的。用黑格尔的话来说："如果我们理性地看这个世界（也就是说，考虑理性的种类和思考状态），这个世界就会理性地看我们。"[6]

类似的法则对于经济学来说是适用的。假设或者假说（在此我们必须指出的是绝大多数的起初假设仍然未得到明确论证）事实上仅意味着对这个世界的思考或观察。倘若没有观察者，就本身来说，这个世界是混乱的。直到我们具有模型思考或在我们内心建模（不在世界里）的能力，并能理性地观察世界为止。根据世界"运行"的观点形成的（数学方程式、原则、法律）结构不会在世界身上停止，而会停止在我们内心里。是我们的思想和想象力把这个世界编织成理论和模型。立足于变成世界观（解释社会应该怎么做和为什么那么做）的每一和有力模型和系统只不过是一种结构、观点、立场或看法。因此每个理论或多或少是有用的虚构，或者说这是一个故事。

模型是关于某种东西的映像（城堡模型、模拟水体计算机模型、宇宙大爆炸模型）。这些模型是否是真正意义上的塑像或风格的模拟？换句话说，我们用哪种模型去模拟现实？是我们依据模型塑造了经济？还是我们根据现实创造了模型？这里的差异是很明显的：现实中的城堡、真正的水体或整个物质世界都不受自然科学模型的影响。观察对象不受科学方法论的影响。然而，现实经济是受到经济科学影响的。例如，经济理论影响了个人期望值以及个人行为。那就是为什么经济理论十分重要的原因。但是，它不应该被认为与物理学具有相同的重要性。经济学是一门关于人的科学。我们不应该忘掉这一点。

选择你的信仰

模型自身（就本身来说）是不能够使我们信服的。几乎每种世界观都拥有其处理问题的众多有效模型。因此经济理论的选择更取决于个人认识的先验世界观。已经有事实证明这一点，已知模型的模式、立场和定理没有被证实，但是个人可以根据已知模型的假设或结论选择与自己的世界观最相近的模型。如果你愿意的话，已知的模型就是时装模特。基于先验的同情心和模型的假设或预期结果，这种选择存在非理性的、感性的倾向。因此，基于与现实的一致性，模型常常不被接受（没有哪个模型是现实中有的），但是基于世界观的和谐，模型又是可接受的。即使积极的模型也是标准化的。在这方面，经济学也是一种信仰——对未经证实的定理的信仰，我们只不过是必须相信而已。在一个极端的方面，经济学甚至变成了一种宗教。有实例可以证明经济增长和科学进步已被奉为神明。

模型和格言都是一样的。如果圣经中把耶稣写成"犹太雄狮"，那么它们明显是不同的东西。雄狮拥有黄黄的鬃毛、以肉为食、平均寿命为十年，与耶稣完全不同。每个抽象概念必须注意其环境。一旦缺乏这种环境就会变得岌岌可危。同样，我们可以说"生命是短暂的"，与"生命是漫长的"同样是真理。它仅仅取决于环境。理论经济学是一个以科学（成熟）的方式叙述故事的集合，在许多方面不同于神话故事，但也有很多共同的特征。我们知道，两者都存在某些真理，[7] 但是我们也知道它们都是虚构的。

牛顿万有引力的故事让位于相对论。[8]经济学流派也在发生相同的现象。谁知道经济学思想将来如何变化？因此，经济学家应该谦逊地向现实靠拢。但是这种谦虚与用单一原则解释人类所有行为的行为相冲突。现代经济学就经常试图用单一的原则解释人类所有的行为。经济模型常常坚持抽象的世界，不考虑环境的变化（文化、社会、历史或宗教）。这种环境常常是经济学中完全丢失的东西。但是，难道你可以在不理解环境的情况下研究人类行为？

带脚手架的教堂

正如我们常常谈到的物理学一样，经济学常常把物理学看做自己的榜样。我们应该注意到这两门科学之间存在的方法论差异。物理学采用一种完全不同的假设逻辑：假说的建立就像脚手架一样，帮助建筑物的建造。后来，在人造导向柱和支撑的帮助下，脚手架被拆除。例如，根据高度和时间而非根据落体的（一根羽毛或是一块石头）材料或形状对自由落体进行测量就是抽象化的一种天才手法。因为它简化了很多东西。但是在真正的演算中，如果我们希望发现羽毛落地的速度是否比石头更快，就必须考虑到空气阻力。在实际应用中，我们必须不考虑这种简化的假设，而是要实事求是。在模型构建的过程中，我们必须把目光从现实上移开去；而把这些模型应用到现实的过程中，我们却必须把目光从模型上移开去。

佀是在经济学中，假设不能被废除，甚至事后也不能这么做——否则整个建筑将崩塌。因此，我们在建造一座带脚手架的教堂，而事实上它仍然是空洞的。如果我们放弃了经济人的模型假设，主流理论经济学将发生什么呢？如果我们拆下关于假设的脚手架，整个教堂将马上土崩瓦解。

甚至维特根斯坦谈到脚手架时（帮助我们达到一定高度的工具）也说："一个命题在逻辑脚手架的帮助下结构一个世界，因此我们从命题上可以看到成立的事物如何在逻辑上站住脚。我们可以从假命题中得出推断的结果。"[9] 这仅仅是关于脚手架本身，与建筑物完全没有关系。它仅仅取决于我们如何使用脚手架。脚手架就本身而言是毫无意义的。引人注目的是现代经济学奠基人之一艾尔弗雷德·马歇尔呼吁，一旦完成工作就要毁掉数学（拆除脚手架）。

佀是经济学中常常发生令人不愉快的事情。如果模型存在不切实际的假设，且其结果无法用否证法验证的话（例如经济人模型），又会发生什么情况呢？那么，经济学还剩下什么呢？只有欢快的数学子集和鲜明的统计数学。[10] 在结论与假设事实一致的模型中我们经常可以发现这种效应。我们根据自己希望得到的结果来选择假设和定理。维特根斯坦恰好也是这样认为的："哲学著作中发现的大多数命题和问题都不是错误的，只是它们是毫无意义的。"[11]

超越方法论——获得启示的秘密

然而，如果我们想要创造一种新的模式，那么我们必须遵循爱因斯坦的做法——把自己从陈旧的结构中解放出来。当然，新的有序方法要求的不仅是纠正方法论的错误。我们首先必须完全摆脱原始的方法论，敢于思考全新的东西。

通向新认知的道路就要抛弃我们当前走的路线。我们必须使用维特根斯坦搭的梯子；必须爬上它，然后扔掉。[12]没有任何方法可以发现一种新方法。方法（以及关于方法的所有科学论述）代表的仅仅是学习的二次程序。知识中的突破性发现来自于启示和灵感。这种发现发生在沉思、梦想、艺术或者灵感的港湾中。换句话说，在感性的领域中，而不是在理性的领域里。我们说自己受到某个概念的触发不是毫无理由的（在这种意义上，我们受到雷电的触发）。当观点打动我们时，在我们的头脑中就点亮了一盏"电灯"。贺芬纳诺瓦指出："我们不说自己建立了概念，而是说我们获得了概念。"[13]她继续用幽默的语言描述了很多科学家从最简单的词语里获得灵感的经历："Bus、Bath and Bed"（车、洗和床）。[14]只有在二次程序的已知观点中才会获得理性。如果我们不知道如何在其他思想环境（知识系统）中产生新的思想，那么我们就无法获得作者自己的观点或者科学界的认同（新的现象必须与环境中先前发现的其他现象和谐共处）。[15]用维特根斯坦的话说："一个命题必须用古老的表达方式与新的意义进行沟通。"[16]

也可以在过程中看到将情绪凝结为理性思想的观点。一种新理论的初始颤动就是力量，不仅推动经济理论向前，而且是新发现融入方法后的结果（常常只有特定的思想家接班人才有这个过程）。因此我们不断产生新的观点是可能的；但是我们拒绝这些新观点，因为我们认为它们是不合理的、不合适的。种子落在贫瘠的土地上。换句话说，也许我们在很多场合下都会想起时间是相对的这个观点，但是只有爱因斯坦能够把这种"废话"（牛顿的框架）转变为能够束缚古代人的结构。

如果我们必须使用格言，即使格言都存在本身的局限性，我们也可以将感性的灵感比做车上的引擎，而理性则是汽车的刹车和主体。柔性和硬性（新的和确立的）经验这两个极端是一种共生关系，正如没有哪辆汽车可以在没有引擎和刹车时继续运行一样。仅仅有引擎绝不会带我们到任何地方。没有引擎也不能造出汽车。为了让汽车跑起来，我们必须相信自己可以控制刹车。一个巴掌拍不响。理性必须得到灵感的补充（还原），正如灵感必须得到理性的纠正一样（脚踏实地）。正如埃文斯评论的："新概念的创造促进了知识的进步。但是什么让概念变得重要？……是想象力的光环带来科学的辉煌。"[17] 正如维特根斯坦在自己的序言中说的："只有那些自己已经拥有了我所表达的思想——或者至少类似思想的人才可以理解我的话。"[18]

逻辑学必须得到灵感的神秘主义补充（例如罗素讨论的）。[19] 为了交流灵感，我们需要特定的方法。我们必须用方法抓住灵感，而不是用方法产生灵感。科研方法论的结合仅可以（而且必须）在新系统范围内发生，这种系统总是不可预见性地创造其本身。不存在任何先验性的科学研究方法论。如果谁创造出了科学研究的方法论，那么那将是毁灭性的。科学不存在科学的方法。

未来——经济学家是现代预言家

> 任何科学的目的都是预测。
>
> ——奥古斯特·科姆特

如果市场对未来情况的预测是可能的，那么未来将不再是不确定的。那么企业家既不会亏本也不会赢利。人们指望经济学家拥有的是超越任何凡人的能力。[20]

> ——路德维希·冯·米泽斯

如果我们要找到20世纪和21世纪的预言家，就不得不在经济学家中寻找。他们经常预测将来，并扮演着古代世界中预言家的角色。问题是他们的预测得不到应验的时候很多，而且不能预测事实上非常重要的事情。但是，为什么我们这么失败？这会发生改变吗？

在古希腊，真理长期以来都是诗人的领地。荷马的《伊利昂纪》和《奥德修纪》就是一些问题的最可能的答案，比如，什么是人？什么是神？什么是律法？根源来自何处？这些故事中的人物行为和诗意解释在很大程度上是对神和人的特征放之四海皆准的看法。

随着泰勒斯的到来，真理在很大程度上变成了哲学家的领地。亚里士多德之后，又变成了科学家的领地。然而，直到20世纪，诗歌和故事至少在新千年对世界的解释中坚持着自己的角色。捷克斯洛伐克第一共和国（1918—1938）的读者读到最多的是报纸刊登的诗歌和故事，这些作家对公众的政治看法构成都拥有实际的影响。今天，例如科学精确性缺乏、主观性或者故事之类的词几乎变成了形容词。这样的描述使我们很快抹杀了很大一部分的现实记载。经济学家在那些描述中占据了特别的地位。为什么？最近的经济危机说明了经济学家完全不知道如何预测未来。我们既不能预测危机的开始，也不能预测危机的规模。尽管经济学家之间经常出现这样的失败，他们也是被迫进行预测的，或者他们自己有预测的强烈愿望（与其他社会科学相比较）。社会学家、政治学者、律师、心理学家和哲学家都不会匆忙地预测未来。他们最多提供某种观测。为什么经济学家不会同样保持矜持？除了存在这样的预测需求以外，还有另一种解释——经济学力图向物理学靠拢。而物理学是一门关于死亡对象的精密科学，可能最接近对未来事件的预测。

尽管我们希望解释未来，我们常常连过去都不能解释。哲学家卡尔·波普尔写了一本书名为《历史决定论的贫困》，他得出的结论是解释过去事件几乎是不可能的。需要注意的是，提供一个几乎任意数的"解释"是可能的。我们无须再深入说明，例如，经济学家甚至不能就80多年前是什么引起了经济大危机取得一致。他们也无法对是什么结束了这场危机取得一致。同样，我们不能确定到底是什么引起了当前的危机，尽管我们直接经历了它。

前真知：排除自我的预言

事实中存在的最重要的、显而易见的难题是我们不可能预测、无法预测的事件，这是一种完全自相矛盾的说法。这是事物的本质。如果预测未来是可能的，那么未来就完全是无法预测的。注意观察事件的人（假设他们是唯物论者或者经济学家）可以揭示一种趋势并进行扩展。但是我们不能预测事件的发生。我们可以说在模型中应该发生什么情况，但世界不是一个模型。

我们也中了预测未来的魔咒。我们每次都说如果其他条件都相同——"假设其他一切都不会发生改变"，或者"其他一切都是相同的"。除了听起来像咒语一样，我们必须承认现实中不会常有"如果其他条件都相同"的情况。因此，可能发生无数经济学家在监视错误数据的情况。实际上并没人相信少数转移注意力的人在说什么。

我们难以解释被称为"先知约拿诅咒"的现象。约拿不想说出预言，几天后尼尼微海岸上的渔夫也唾弃他（尼尼微是他预测本该毁灭的城市）。因此约拿勉强预测了这座城市的阴暗未来。但是注意，人们诚心接受了他的告诫（谁料到会这样呢？）并立即悔改。故事的结尾是美好的结局，只有约拿除外。其实，什么事情都没有发生！恰好因为约拿的预言是可信的，人们诚心接受了他的告诫，预言就不能实现，城市没有毁灭。而约拿那时就好像疯了的国王。

故事的要点是很明显的——对大多数善意的预言家，我们并不领情。其原因在那森·塔利布的著作《黑天鹅》中有很好的解释：如果有人在2001年是一个很好的国际事务分析员和恐怖主义分析专家，那么这个人就应该能够揭示针对美国的侵袭类型？他是否也能说服上级将会发生什么？他的信息本该防止预测情况的实现。而在更好的情况下，（真正的）先知沦落为无名英雄。在更糟糕的情况下，他将作为一名好战者、悲观者和任何时代最不需要的管理者永载史册。归根结底，因为他的话，我们有那么几年在机场不得不脱下鞋子接受有辱人格的安全检查。它是一种"排除自我预言"的原则——如果预言是"正确的"、准确的，那么它经常是完全不会应验的。如果我们完全能够预测问题的出现，这些问题就完全不必成为事实。但这其实与"自我实现预言"的原则是完全相反的。

如果有可信赖的人在正常的时期大声疾呼："危机！危机！"那么可能激起一种心理上的雪崩效应。单独这种说法就足以引起危机。或者是相反的情况，危机得以避免，因为他指出了危机的到来，人们改变了自己的行为。问题是我们几乎不能事先说出将要应对的是哪种类型的情况。

我们面对预言家时，也许连上帝也不能知道未来。而神学家至今仍在维护上帝的预言。

看来最可能发生的情况是20世纪最重要的哲学家、神学家（以及数学家）之一的艾尔弗雷德·怀特海所预测的——未来是完全开放的，甚至对于上帝来说也一样。如果上帝知道夏娃和亚当会吃禁果，那为什么他还会被激怒呢？《旧约》中的预言不是对未来的任何确定性看法，而是关于将来状况的警告和战略建议。如果响应是充分的，那么预言的东西就常常不会发生。

....

未来主义的营养不良

如果我们事实上可以知道未来，我们真的希望如此吗？如果你知道在未来几年的时间里将会憎恨某人，而且你可以仔细观察那些引起你憎恨的事件，你还会爱这个人吗？难道我们不是感谢许多历程中的不确定因素吗？我回想起《银河系漫游指南》中的美丽场景，当哲学家因为天才的计算机马上要解决关于"生命、宇宙和一切难题"而进行罢工时，思想家们也开始担心他们的饭碗。[21]

这就像存在不确定性一样。如果我们事先知道价格的发展趋势，市场还会存在吗？或者举另一个例子，有多少钱（多少亿美元）投资于石油价格未来走势的调查？谁能猜中就一定会发财。尽管如此，我们只能碰巧"击中靶心"。

我理解每个人都希望知道哪匹马将在竞赛中获胜。但是如果我们知道了，所有的赛马跑道都可以被关闭了。

我们经常诅咒不确定的未来，但正是因为未来的不确定性，我们才得以体验很多美好的事物。

少的只是知晓未来的喜悦。难道把未来留给未来，而我们把注意力集中在此时此地不是更好吗？不是的。关于未来的思考是人类生活绝对必需的。如果没有未来，生活将变得毫无意义。没有未来，连当前的生活也没有意义。捷克最伟大的哲学家之一拉季斯拉夫·贺齐达纳克写道："事实上对最近的将来和最远的未来提前观察是认识当前所必需的，当前的实际意义首先存在于到来的和即将到来的环境中。"[22] 如果我们希望了解当前，就需要回到对未来的看法上。没有将来和过去，当前是没有意义的。

在法老和约瑟的故事中，未来出现在梦境中。在非理性的梦境中，直到西格蒙德·弗洛依德和卡尔·古斯塔夫·荣格的时代才躲开各种密切的关注。因为他们，非理性梦境变成了心理学一个重要的因素。

我们面临一种完全开放的未来，试图在某种程度上安排自己的命运。恒定发展的统计以及经济学末日审判的预言家们拥有相同的统计学数字。除了出于自己的本性之外，一个学派推论出希望，而另一个得出完全相反的结论。

认知网——理性与情绪的连接

> 在实践中几乎不存在理性和情绪之间的差异。
>
> ——亚娜·贺芬纳诺瓦

总是让我感到迷惑的是如何把某些精神活动归因于情绪及其他理性。难道二者不都是基于相同的原则吗？是否有任何方法填平理性和情感之间的（也许明显的）鸿沟？我们如何克服主观和客观事实之间的差异？我们如何一方面统一宗教、信仰和神话，另一方面统一科学、证据和模式？

我们在结尾反思（遵循笛卡儿的方法论）的第一步是放弃理性和感性之间明显的二元论划分。让我们放弃休谟关于"理性是否就是激情的奴隶"或者反之亦然的论述。但是，同时让我们放弃经济人的结构——经济人效用最大化导致理性不断最优化的想法。

是否存在一种理性与感知、情感、情绪不对抗的系统？是否可以创造一种统一系统链，连接理性和感知、情感、情绪，使之相互需要和彼此补充？实际上，不存在任何没有理性和抽象化框架的纯粹认知，正如没有哪种理性结构能够脱离感性的冲动而存在一样。每个事物仅构成唯一的、理性的情感桥梁的一部分。理性部分与感性部分之间的唯一差异是证实了的递归性水平，这是一种对特定认知的实验性、普遍社会性的认可。崭新的、初始的、重要的感知看来似乎是我们"软性的"情绪，同时屡次成功地（在社会上）证实了情绪是我们理性的结构。在早期的文化中，很少存在公认的强烈情绪。这种差异不如当今这么明显。今天的人性在某些故事或者结构中的自我认知走得更远。

让我们举个极端的例子，普遍承认的理性顶点（事实上没有实验性的内容）。数学最终是一种完全抽象符号的系统，缺乏实验上的对手。当我们首次涉足这种事实时（在幼年时代，或者发现这种结构的过程中），正如其他认知一样，1加1等于2的方程式是无确实根据的、莫名其妙的存在。甚至数学在初期也仅仅是一种情绪。我们必须学习这种情绪（正如当今一年级学生学习的那样）。仅通过不变重复和基于特定事实的成功社会认可（1加1总是等于2），这种情绪得以逐渐加强，直到它变成一种可靠的结构。我们学会有把握地使用，没有必要再三确认或者证明它。通过重复确认，情绪的认知得以"凝固"，变得合理化。

由于已描述的（有用）抽象化轮廓，"1"的概念、加号、数字"2"和等号获得了实际意义。但是，这个世界本身并不包含这些术语（正如这个世界本身不包含任何其他抽象概念一样）。我们当中没有一个人实质上看到了"1"或者"2"这些数字。我们也许看到了两个苹果和两个梨，将这些集合彼此联系的就是数字"2"。但是"2"本身是不存在于这个世界上的。对于其他数学符号来说更是如此。它们仅仅是代号而已，我们必须学会这些代号的意义和规则。我们认识到现实世界的活动完全是根据抽象单位、加号和等号进行的（梨或者苹果的数量以及最后的金额）。认识到对象，创造出一种解释性框架（在我们的例子中，是数学框架），然后通过这种框架，个人就能够看清世界，简化它，然后解析它。理性只不过是沉淀的情绪。

某些东西在基础上是具体的、独一无二的、主观的。拿爱或者友谊作为例子。开始的时候我们不知道如何归类这些强烈的情绪，因为我们研究的经验是全新的、不一样的，我们用哪个词描述它们更深刻的意义？（仅可能描述普遍的社会经验系统，至少包含两名成员。他们独一无二的经验是类似的，拥有某些共同表达方式的）后来在我们的经验中发现我们听说过或者读到过的要素，并且愿意（或者被迫）用那些已存在的词语总结自己个人的、不可重复的经验，这是其他社会成员已经有过的经历。爱或者友谊都是不同的，没有哪个主体经历过同样的感知或者情感（它们也不是可比的）。不过，如果人们在他们所经历的情感中发现与其他人一致，就可以用抽象的词来表达某些与自己经历类似的东西。因此，主观的经历被四舍五入到最接近的全社会标准。甚至连今天的夕阳也不同于其他时候的。每样东西都是独一无二的，我们当然能够用一个唯一的词描述我们的经历，在所有人的眼前表达看到的夕阳。事件的频繁发生与我们交流的需要在某些方面（永远都不是全面的！）形成一种重复的经历，获得自己的名字，变成一个抽象的概念。或者是某些只可意会不可言传的东西。这导致独一无二的主观经历抽象（因为它是一种语言）和外部的四舍五入。我们的语言仅是在语法上把主观情绪四舍五入到最接近的可用词汇。

即使爱或者友谊之类的感情经历也会随着时间的流逝而沉淀，相互反复确认之后变成我们生活中自然的一部分。它会固化为一种我们完全期望的理性形式。我们可以谈一下经历的泛滥，相同的刺激不会带来与初始状态相同的"热血上头"。它们逐渐沉淀下来，变得理性，成为我们可以期望的东西。沉淀下来的爱情不比初时的爱恋更糟糕或者更好。它是不一样的。它表现出理性的特性。

情绪是一种不成熟的经验，还没有发现理性的形式（也许以后会发现的）。某种东西源于无意识的认知，原本并不存在，因为我们找不到描述经验的抽象术语。然后（个人或者社会的）世界结构来自于这些感知，在我们的心目中形成一张编织现实的网。秩序源于不知名的可靠性无序，通过反复来表达自身（我们可以认为是理性的）。

赞扬错误

> "任何东西都有裂痕，从那里光芒照射进来了。"
>
> ——莱昂纳德·科恩

理性和情感（古老的和全新的感知）难得互相矛盾。全新的（松散的、无法解释的）经历与那些（统一的、可解释的）旧经历冲突时才会产生矛盾，我们的亚认知和情绪不能通过看到的或者感觉到认知概念来解释。

如果无法解释亚认知的反复出现，如果它在将来也仍然存在，我们不能通过任何现有的框架解释它，那么可能发生两种现象：要么我们的认知系统会抑制（无论是有意识地还是无意识地）这种全新的感受，使其变成一种例外。我们能（无意识地）意识到，但是并非自愿、被迫或者有能力进入系统（或者致力于关注这些差异）。第二种选择是存在论层次上的全面压制，我们没有注意到现实并不相符。当然也可能发生另一种变化，这些"错误"打破古老的系统。

当观察不符合框架的错误或者不符合现有理论的预测时，我们能够揭示理论的缺陷，并完全打破现有理论。这正好是"《黑客帝国》中的失灵"向我们揭示的世界观结构。例如，在19世纪末观察水星的轨道时发生这种情况，人们观察到两个较小的差异，与牛顿的世界观相矛盾。在爱因斯坦的广义相对论的帮助下，整个问题在1915年得以解决。广义相对论设法解释这些较小的差异，最终取代了牛顿的系统。

一种模型只不过是一个故事而已（正如数学经济学家温特劳布认为的，是一个自传），[23]通过当前（不同于良好运行的）模型和抽象概念的错误，我们发现全新的故事。科学家不应该抹去自己的错误，相反，应该致力于最大程度地关注这些错误，因为这也许会发现崭新的（也许是更好的）公理系统的萌芽。在个人生活中这同样是正确的。

残余（无论是有名的还是未发觉的）在科学知识中创造了一种精神分裂式的论证（而且在人类的心灵中也一样）。经历的松散性使人产生人格分裂（在特定层次上这是普遍成立的，因为生活中的每一种情况都需要其他模范系统的应用——而且这些系统中没有任何秘密，常常是不一致的。在每个人的生活中，角色可以在不同的时段变换，我们必须应用不同的自我概念和世界观[24]）。在科学中这同样是类似的。没有哪个经济模型适用于所有情况——如果显示的反差是理所当然的，那么就创造了一个全新的流派。全新的流派拥有胜过当前流派的可能性，把自身树立为普遍的主流解释性框架。

死亡的世界与活生生的世界

数学的能力常常被高估。例如，数学家和物理学家都不知道如何精确地计算出彼此相互影响的三个物体的运动。一个例子是我们都知道的万有引力三个相互联系的单位，即位置、质量和速度。只要确定好一个物体的位置，"锁定"它，计算其他两个物体的运动，然后确定其他两个物体的位置就行了。而这或多或少是一种解决方法。当然，随着物体数量的增加，这会变得更加复杂。

仅当我们意识到数学的限制时，数学才会完全适合于对生活的研究。数学研究的标的首先必须是"死亡的"、就位的。正如纳尔逊认为的："……正如经济学家近年越来越认识到的那样，静态世界与现实世界任何经济形势的本质关系不大。"[25]

索伦·凯尔克高曾经写道："存在凌驾于逻辑之上。"[26] 在模型现实上的努力让我们的观点固化为两种世界观。一种是抽象的（或者不真实的）世界模型结构，我们据此认知世界；另一个是病态的、经验的、无法模拟的世界（因为它是真实的，不能按照设计的方式运行）。经济学中同样反映了相同的矛盾。一方面存在试图描述个人行为或整个社会动态的经济模型，个人和整个社会的一切都与其本身完美契合。但是这些模型往往是基于不切实际的基础，或者导致不能在实践中应用的结论。最常见的是两种情况都发生。

笛卡儿基于机械学假设的科学方法宣称世界仿佛是没有生命的存在。这并不让人感到惊讶。仿佛无论如何我们都没法把任何东西放入笛卡儿系统，或者放进实际上不存在的、不完善的、模糊的、混乱的方程式中。任何不可思议的事物（被理解为机械或者数学）都是真实（科学）存在的片段。

....

死亡世界

只有静态的、非自然的、可预测的，以及无生命的东西才是在科学上可以掌握的。这就是笛卡儿和他周围所有科学家为准确性而付出的代价。为了科学的精确性和简洁性而付出代价的事实说明生命难倒了科学。取而代之的可能是逻辑和抽象的世界，这样的世界自成一体。数学在这个被动的世界中发生作用，正如机械力学、因果规律和我们所有（内部始终如一的）结构一样。

抽象模式可能是精确的，能够完美契合的。但是它们也可能追寻遥远的现实生活世界。通过例如"如果其他条件都相同"这样的咒语，经济学让世界实现了安乐死。在这样的人造世界中，我们可能创造的模型几乎都是随机的。在经济学中，常常发生的是经济学比经济更像一门科学。甚至哈奇森也指出"如果其他条件都相同"这种假设的欺骗性。根据他的观点，这是经济理论阻止经验上可证实性的主要方式之一（第二种方式是前面已经提到的来自于经验内容与模型的脱节）。因为在现实世界中，其他条件不是不变的，经济学家就有许多幻想的空间。现实没有对幻想加上任何限制，或者阻碍幻想的进行。[27]

中世纪有许多站在针尖上舞蹈的天使……而我们的时代被边际最优化控制着。然而，就此而论，中世纪对多少天使可能站在针尖上的讨论看起来更现实。只是因为与理论经济学的神秘词汇相比，针尖是真实的，天使的概念是每个人都能理解的。不过，理论化的两种方式都不是凭经验可衡量的，除本身的论述之外，它们是毫无意义的、不适用的。只有当研究世界中特定话题时，它们才有意义。

....

沉默与第65个方格的世界

第二种是科学沉默的世界。维特根斯坦的不朽著作《逻辑哲学论》中最后一句对此有极好的描述。《逻辑哲学论》同时也是他所有著作中成就最高的："面对我们无法讨论的东西，我们必须保持沉默。"[28]维特根斯坦事实上在模型中得出了毫无意义的（没有废话的）矛盾论点。这是空洞无物的，却是我们可以攀登的有用的脚手架。

我们既无法提出也无法回答关于世界的问题。我们生活的现实世界不能被抽象地掌握。不可能知道如何保持未调整的、粗坯形式的模型，它的复杂性是活生生的。

这是一个拥有64个方格的棋盘。这些是黑白相间的方格，根据适用的特定规则固定下来。事实上很容易重新开局甚至悔棋。[29]我们懂得下棋，规则是我们制定的。我朋友下棋时把啤酒和葡萄酒放在挨着的桌子上，他们把这张桌子叫做"第65个方格"。因此第65个方格很快变成棋盘外部的整个世界。如果分析方法也是类似的，那我们该怎么办？我们设法详细解释和分析棋盘的黑白方块，但是最重要的事情发生在最大的方格上——第65个方格。

我们不能（在科学上或者分析上）谈论的、应该保持沉默的事情在大声呼喊它们是"最要紧的事，是我们希望讨论的事"。[30]分析科学（如果分析是老老实实的、纯粹科学意义上）必须对（也许是最重要的）生命领域保持沉默。然而，我们的大多数生活情趣在于第65个方格。因此得出真实问题的绝对（科学上的）答案比看起来困难得多。

因此，经济学存在于精神分裂式的独特状态中。理论上的经济学家必须忘记现实世界（他一定在做梦，正如笛卡儿一样），否则他就不会在自己的模型中走得更远。他的回报可能得出抽象的结论，不适用于模型本身的现实世界。但是当一个经济学家讨论应用经济学时，例如谈论经济政策，他必须忘掉精确的模型，抛弃多余的、复杂的、理论上的工具，根据自己的经验讲话。[31]

经济学家最根本的实质是这样的。经济学家应该谦虚——我们必须意识到经济既不是我们发明的，也不是我们建立的。经济本身早在关于它的学说产生之前就存在。它是某种像人性本身一样原始的东西。我们不是经济的缔造者；我们只不过是（或多或少路过的）游客。我们仿佛处于观察时钟表盘，并试图揭示隐藏其中的计时规则这种状态中。随着时间的流逝，我们将能够预测指针在任意时间停留的位置。但是，如果外星人看到这样的时钟，或者不知道它如何工作的人看到时钟，他们可能创造一个任意的数字理论来解释指针的移动。由此，基于特定方法和学术争论，他们会选择最适合的，无论这是根据数学简洁性、朴素性、政治权宜性的标准，还是基于机器应该如何工作的观念等（同时，值得怀疑的是这种理论被作为弹簧和各式圆圈之间复杂关系的解释，是为了在争论中占上风）。

真相只有在时钟分解和重新修好的时候才会显露出来——只有那时，我们才能发现自己实际上是否懂得钟表如何工作。经济学家不仅不知道如何确定机制，他们甚至无法就什么能使它回到正常运行轨道上取得一致。

但是，如果我们不能直接观察它，又如何认识到这种隐藏的原则？在我们建立一种活生生的机制之前，我们将永远无法变得谦逊——就像迷茫的学生在这种奇迹面前愣住一样，我们希望它不会停下来。因为正如布拉格天文钟的传说一样，除了建造它的哈努斯大师以外，再也没有其他人知道如何修好它。只要一切运行良好，经济学家就知道如何评论经济并对它进行调整。

美丽的经济学

在经济光彩夺目、不断增长的时候，没有理由怀疑经济学的能力。但孩子长大是不是医生的功劳呢？医生的确会提供更好或更坏的建议，但是如果孩子实质上是健康的，你不能分辨出好医生和坏医生的差异。

经常有人主张经济学是社会科学的女王。我们在最近几年中对全球经济发展如此着迷，完全忘掉了危机时期的经济学是如何愚昧无知。模型不再起作用了。约瑟夫·熊彼特建议我们摆脱它，从历史经验中获得知识。德国的所有历史学派拒绝抽象的模型，坚持回到历史研究上，把历史当做唯一的老师。

在危机时期，当变化过于突然、频繁时，标准的数学模型似乎不再有用。在这种结构中，我们必须充分依靠长期秩序；然而，同时我们必须求助于历史获得灵感和启示。我们常听到分析员这样说："模型告诉我们这样，但是我们认为……"模型必须有直觉知识作补充。[32] 我们必须承认这一点。

像经济学家一样思考是一种有用的精神练习，类似于下象棋。因为它的存在，我们学会进行战略上的思考，但是认为世界是一个棋盘，并像现实中的军队一样采取行动是荒谬的。真正的马是呈"L"形运动前进的。

此外，如果有人过分投入到经济学家的角色中，那么就不再考虑生活是否与自私经济学有什么不同。熊彼特也意识到类似的东西："（社会、政治和文化的）通史、经济史和更多的具体工业史不仅是必不可少的，而且是理解我们当前问题的最重要根据。所有其他资料和方法，无论是统计学的还是理论的，都仅仅对这些问题有帮助而已，比没有强一点而已，聊胜于无。"[33]

有些知识是经济学家可以从抽象模型中学会的（正如下象棋），而有些情况下抽象概念是我们唯一拥有的东西。此外，在你学会特定的研究方法后，就难以摆脱头脑中的精神映像。只要你面临特定的问题，映像就会机械地回到你的头脑中。模型有时是有用的，但有时令人迷惑。在这两种情况下我们必须意识到它并不描述现实，而描述的仅仅是理性的抽象概念。因此它是一种虚构。但即便是有用的虚构仍然只不过是虚构而已。经济学家必须意识到这些虚构的事物。经济学家可以使用自己的模型，但是必须像维特根斯坦说的那样超越模型。经济学家必须左顾右盼，不可完全相信这些模型（它们只是格言），而且不可完全致力于模型的研究。他必须知道它们在哪里是有用的，在哪里是没用的。否则产生的坏处可能要比好处更多。

你越接近目标，就偏离得越远

本书可以被认为是对机械的、帝国主义主流经济学的后现代批判。除了帝国主义之外，弗耶阿本德的方法论达达派可能使用得更多。

我们应根据经济学派的特点来使用它们，而不是根据哪种公理系统更接近于我们的世界观。让我们放弃寻找"正确的"或者"更接近于真理"流派的努力。相反，让我们根据它们对解决现实问题的有用性进行排序。

友善的问题

灵感不知不觉地出现。既不存在科学上的方法，也不存在精密的方法。教育教导我们要严谨，但同时我们却忽略了知识的另一方面，就是认知的本身，忘了去发现奥妙、抓住灵感、敞开冥想和提高精神上的灵敏度。所有这些都是像严谨的科学方法本身一样重要的特征。没有灵感和对问题的激情，就没有发现。

作为一种原则，经济学不应该被定义为方法（数学化、宿命论、机械主义等）或者情感这种关于信仰的基本概念（定理、对市场力量的信仰等），而是在同样的质疑中进行定义。无论答案是什么，问题本身就会推动我们向前。

正如崔尼蒂在电影《黑客帝国》中说的："尼欧，是问题在驱使我们。"[34]

注释··

1 本章的共同作者是马丁·波斯皮斯尔。他帮助我修订英文版。

2 莱维·斯特劳斯，《神话和意义：文化规范的破裂》，第16页。

3 尼恩，《阿奈斯·尼恩日记》，第220页。

4 科尔曼，《数字哲学》，第592页。接下来的引文如下："……常常产生各种与继承相关的元陈述。他们是先验的结构，正如事实证实的那样。"

5 科尔曼，《数字哲学》，第592页。

6 休姆，《人的本质论文集》，第二部，第2节；米尼的《哲学与经济学》，第40页。

7 帕托卡用这样的问题结束了他对虚构神灵的论述："这种观点就本质而言是否是成立的？人类生活在此是否抓住了本质？"帕托卡，《历史哲学异端论文集》，见"史前思考"章节，第270页。

8 "由于普朗克和爱因斯坦，一门全新的物理学诞生了……正是因为物质世界的对象发生了变化——撞球消失了，最新出现的是量子——数学对象的宇宙在改变……我们需要注意数学领域的变化特征。那是我们理解经济学如何形成的背景。在20世纪前三分之二的时间里是数学原则。"温特劳布，《经济学如何变成一门数学》，第11页。

9 维特根斯坦，《逻辑哲学论》，第4.003页。

10 另见米尼，《哲学与经济学》，第8页。

11 维特根斯坦，《逻辑哲学论》，第4.023页。

12 维特根斯坦，《逻辑哲学论》，第6.54页。

13 贺芬纳诺瓦，《两个伙伴的秘密》，第71页。

14 贺芬纳诺瓦，《两个伙伴的秘密》，第73页。

15 与纽鲍尔的"*Respondeo Dicendum*"进行比较。

16 维特根斯坦，《逻辑哲学论》，第4.03页。

17 温特劳布，《经济学如何成为一门数学》，第75页。

18 维特根斯坦，《逻辑哲学论》，第7页。

19 罗素，《神秘主义与逻辑学及其他论文集》："天性和理性之间的对立是常见的……但事实上天性和理性的对立主要是一种错觉。天性、直觉或者洞察是最先导致信仰的，后来理性会印证或者反驳这种信仰……理性是和谐的控制力而非创新力。"

20 米泽斯，《人类行为：经济学论文集》，第38章，"学习中的经济学地位"。

21 亚当斯，《银河系漫游指南》，第25章。

22 贺齐达纳克，《诗人与言语》，第57页。

23 温特劳布，《经济学如何成为一门数学》，第6页。

24 如果人类心灵吸收（或者被迫吸收）许多过于强大的不一致、松散的意见，却不能解释世界或者与世界结合，那么心灵就会产生两种性格或者创造两个世界保护自身，这两种性格或两个世界在特定（不同）的情况下的各自反应是不同的。角色的反差成为根本。它们不再是稳定的、交互的角色，任何单独一方面都是不够的，因此人格的交互防卫是必要的。

25 纳尔逊，《宗教经济学》，第58页。

26 米尼，《哲学与经济学》，第211章"索伦·凯尔克高日志和论文"，第1054页。也许他想到的东西与维特根斯坦想说的一样。

27 另见考德威尔，《超越实证主义》，第112页。

28 维特根斯坦，《逻辑哲学论》，第7页。

29 因此可以说时间是双向流动的。

30 "但是，维特根斯坦不认为不可说的就像废话一样。相反，我们说不出的事情是那些实际上重要的事情。"埃德蒙兹和艾丁诺，《维特根斯坦的扑克》，第163页。

31 另见米尼，《哲学与经济学》，第16页。

32 让我们超越这种模型是否可以在不使用直觉的情况下建立的问题。

33 熊彼特，《商业周期，资本主义过程的理论、历史和统计学分析》，第20页。

34 《黑客帝国》，1999年。

08

第8章
CHAPTER 8

结论：野兽国
CONCLUSION:
Where the Wild Things Are

- 结论：野兽国
- 经济大倒退
- 生活在别处，就在我们心中

结论：野兽国

我们已经从这个星球上基础的书面记忆开始对经济学的发展进行了研究。所有的一切都留下了蛛丝马迹，甚至在当今这个时代也一样。在我们自己生活的故事和祖辈的故事中所拥有的都已逝去。由于有了经济学，我们也常常不知不觉地继承了其他人的故事。我们每个人都拥有一点恩启都的故事，一点吉尔伽美什的、柏拉图的、笛卡儿的，及其他人的故事。从耶稣和穆罕默德的言行中我们听到了过去一千年的共鸣。他们帮助我们创造自己的生活故事，为我们自己的行为提供原因或者意义。而我们的生活故事（以及我们文明世界的故事）反而常常是未知部分，光彩夺目，特别是在危机时期会如此。

我们努力从《旧约》的造物起源来说明欲望的历史。"原罪"也可以用过度消费来解释（正如亚当与夏娃消费了被禁止得到的东西）。古代希腊人致力于用他们的哲学来研究经济问题。基督教义也是如此。福音中的关键词和原则是经济学或者社会的本源。托马斯·阿奎那及其他人也对后来亚当·斯密的原则有过巨大的贡献，亚当·斯密在历史中适当的时候阐明了这些原则。我们努力研究了笛卡儿主义科学方法的传统，也揭示了伯纳德·曼德维尔和斯密的著作中对善恶经济学的重视。

在本书的下半部分，我努力说明消费之谜总是伴随着我们。人类是自然的不自然，而我们总是为获得更多而努力，不论我们拥有的东西是多么富足。那种可怕的愿望从潘多拉和夏娃开始一直伴随着我们，与劳动的辛苦直接联系。

最古老的文明早已看到我们当今费尽千辛万苦才（重新）发现的东西。它也说明了我们为何选择享乐主义纲领（增加商品供应）而非禁欲主义（降低对商品的需求）。我们忙于寻求自我控制。《旧约》中写下的句子不是毫无理由的："不轻易发怒的，胜过勇士；治服己心的，强如取城。"[1] 或者正如米尔顿说的："谁能主宰自己的内心并支配激情、欲望和恐惧，谁就胜过

国王。" 2

本书后半部分的第2章讨论了关于进步的观点。我们试图证明一种世俗化的末世论和发展必要性的概念。它也（再次）引入了假日的概念，指出了进步的限制。在该章节的结尾，我们提供了古代约瑟的切实可行信息，他把这条信息讲述给埃及的统治者，即动态财政下的循环平衡预算。约瑟在传递这个简单信息方面取得了比当今经济学在（过度）完善模型方面更大的成功。第3章讨论的是善恶经济学，提供了最大效用的经济学迫切需要的方法及疑问的总结。它表明善最大化更适合于描述相同赞述方式的相同目的——我仅仅考虑经济学更趋向于哲学而非算术。

第4章提供了无形之手和经济人的古代史（常常是看不见的）。这种思想自从我们文明世界发源以来就伴随着我们——在《吉尔伽美什史诗》、希伯来律法、古老的希腊思想和基督思想中，以及最具体的托马斯·阿奎那著作中，都可以看见。接下来的一章提供了另一个有趣的观点，在神秘的动物精神概念中没有充分发展的东西——差不多与经济人对等的东西。在该章中，我们延伸了传统的术语概念，试图看到我们每个人心中存在的兽性是什么程度的。像恩启都一样，这种兽性不再生活在自然状态中，而是生活在城市这个文明世界中。

我们所有人都带着一点恩启都来到城市，我们既害怕人类的过度合理化（变得像机器人一样），又害怕过度自发性（变得像野兽一样）。我们的道路是折中的。

最后一章同样很重要。它讨论了数学的优点和诱惑。它力求说明数学是一种执行语言或者工具，但是这种强大的工具不能用于解决经济学的所有复杂难题，更不用说生活中的。我们也讨论了对数字的神秘信仰史。结论一章讨论的是真理问题。我们将诗人的真理区别于科学家的真理；讨论了实证主义经济学的标准化；以及经济学的价值中立。

经济大倒退

看来当代经济学（以及基于当代经济学的某些经济政策）似乎应该扔掉一些新的东西。另一方面，拾回许多古代的东西。我们应该放弃固执的不满意。这是一种人为创造的社会经济学缺点。应该重新发现满足、休息并感谢我们拥有的财富。我们实际上拥有许多现实的东西，从物质经济学的立场出发，现在是西方希腊-犹太基督文明史中最富足的社会。因此我们应该放弃这种物质上的过分讲究并不再过度强调物质繁荣。

根据物质目标制定的经济政策会变成顺势循环，并使社会陷入债务中。如果我们不断地挑起这种债务的负担，那么任何经济危机都将加剧。这种负债应该在下一个更大的经济危机冲击体制之前得以偿还，但是我们发现自己并没有吸取教训，仍然姑息这一切。

有一首歌说法则和法律都是律师和诗人创造的。诗人（广义上的）赋予法则意义和精神；律师赋予法律形式和文字。同样，我们可以说好的经济学家要么是好的数学家，要么是优秀的哲学家。我们用过多的智慧换取精确，用过多的人道换取数学化。这让人想起非常精致的象牙塔，它的基础是建立在沙子上的。一则格言说到了明智的建造者更注意基础，而非宝塔顶尖上的巴洛克装饰物。一旦下雨，建筑不会像糖块做的房屋一样倒塌。

我们谈论宝塔时，不是用乱糟糟的科学语言。大家都忙于爬上自己成就的巅峰，而这种巅峰是空洞的，要是离开了低地——虽然在低地人们看不到很远的地方——人们住哪里？难道乱糟糟的科学语言不是与很久以前的通天塔相似吗？难道不是正如我们常说的，大概的正确比精确的错误更好吗？

如果我们减少现代化的压力，我们会更加相互理解。而且，我们将更加意识到这些独立的原则是如此互相需要，因此建筑物将稳固耸立。关于经济学（以及其他领域）的一切离生活太远。创造的完美模型存在于一个死亡的世界，只有少数凡人能够理解。

我写到了我们应该放弃的东西，也谈到了关于回归的问题。在此，回答看起来是这样的——在混乱的语言（没有人理解任何其他人或者任何事物）完全产生之前，逐步从巴比伦的象牙塔上走下来。

那些在刀口上跳舞的人对于被刀刃割伤不会感到惊讶。那些像传说中的伊卡洛斯一样飞得过高、过于接近太阳的人，也不要对他们的翅膀被烧焦感到惊讶。飞得更高，摔得更远。而我们在锋利的刀刃上跳舞的时间太长了。我们失去了自己的感觉和判断。不断地靠近刀刃，不断地振翅飞得更高，仍然什么事情都没有发生。适当的舞蹈和飞行对于我们来说是不够的，但是现在的时代开始回到一个安全的、令人愉快的高度。

同样，我们应该回到经济学基础上，回到经济学有趣地向人们诉说的时代。我不是在指责科学从那以后取得的进步，而是觉得我们应该考虑一下科学是否已经失去了与人们交流的能力。作为经济学家，我们必须不断地重复我们知道的和我们不知道的。我们知道的很多，但是毋庸置疑的是我们仍然不知道的和可能永远都无法知道的总是更多。

我们应该意识到世界是如此紧密联系的。如果河水带走一小块石头，我们所站立的岸边就少了那么一块。这就是为什么我们不应该提问是谁敲响了警钟，因为任何人受的每一点苦，都是为我们所有人敲响的警钟。

令人兴奋的是我们已经在脱离经济学立足的这些伦理和原则。经济政策变得宽松，结果是以巨大债务为形式的赤字异常。然而，在出发寻找新视角之前，我们是时候来一次经济大倒退了。最终，如果数学家发现了演算的误差，那么他就不会再继续做下去。那不能掩盖错误也不能解决问题。他必须回到出错的地方，纠正它们，然后计算下一步。

从危机中学习看起来是我们唯一的希望。繁荣时期并不是思考的合适时候，更不用说推行苦行这个词的原始精神。真理在危机中才会显现出来。经常是令人不愉快的赤裸裸的形式（皇帝没有穿衣服！），但是它产生的效果十分强烈。

债务危机影响的不仅仅是经济学或者消费者。它还有更深刻的影响。我们的时代缺乏中庸之道。我在此不是呼吁回到自然或者事物的自然状态，也不是主张否定物质或者拒绝物质。物质有它自己的作用，是幸福的诸多来源之一

（然而并非唯一的一个，正如我们在近几年中表现的那样）。我呼吁的是我们要开始意识到自己的满足，对已经拥有的表示感激。我们实际上拥有的已经非常多了。

我们如此富裕和强大，不再有任何外部的限制。我们几乎克服了一切，早就能够按自己喜欢的方式做事。但是，我们在最近几年中由于对这种自由的可悲认识，表现得不是非常好。

生活在别处，就在我们心中

有时，我觉得我们的人类史可以概括如下——我们必须变得越来越先进，享受并让步于便捷的生活。我们的父母玩过木制玩具，事实上从太古以来代代如此，他们玩木制玩具的时候和我们的孩子们玩电子玩具一样快乐。但是木制玩具对孩子们再也没有吸引力了。我们必须用越来越复杂的理论和书籍去认识生活的简单真理。我们的理论确实变得越来越复杂；我们的抽象知识似乎是越来越进步；我们的关于周围现实生活的理解依然在原地踏步。

我们所有人都生活在故事中，有孩子们的故事和成人的故事。实际上，生活除了故事以外似乎再也没有什么了。那就是为什么我们这么爱说话。科学家彼此讲述自己的故事，正如罗伊·温特劳布指出的："所有理论都是自传。"[3]

正如故事中所说的那样，所有人都知道，我们的故事不是我们所处世界的真实表现，但是它们与这个世界有某种关联性。这种联系我们有时几乎难以鉴别。本书努力说明的是比数学感知更广泛、更令人神往的经济学故事是存在的。

在某种程度上，也许本书指出了经济和经济学的灵魂——经济的动物精神。像每一种灵魂一样，它需要我们的关注、照顾和培养。经济拥有自己的灵魂，我们不应该失去这种灵魂，在我们公布自己关于客观世界的主张之前也应该了解这种灵魂。甚至经济本身也需要关注这种灵魂。

关于生活最大的悖论之一是我们看起来不知道（以直观的或十分复杂的方式）什么对我们有益。从人类有记忆的时代以来，我们就在努力探索意义和生活——像吉尔伽美什一样。而且我们像他一样似乎经常失败。为了追求快乐的生活和幸福，我们需要的是利己主义并实现自己的效用最大化？或者我们实际上必须忘记自己的存在，成为“空洞的”自己？好比亚里士多德、禁欲主义及其他学派教导我们一样，实现生活需求的最小化？一生中实现目标是否总是会带来幸福？或者只有在产生其他某个更高的要求时才会感到幸福？

本书也努力对照流行的价值中立、零道德、实证主义、“想当然”经济学来分析。经济学中有很多标准化要素，我们都承认并与之共处。经济学中用价值和规范性来衡量的东西远远比价值中立和实证主义描述性的东西要多。这就是我在本书中努力说明的要点之一。

本书努力提供一种抗衡还原论者关于经济学模式的分析和数学方法的理论。它也是一种为经济学与其他领域——哲学、神学、人类学、历史、文化、心理学、社会学……以及电影之间提供更深刻联系和更多观点的努力。事实上，还有除我们的模型背后的数学和分析学以外更多的其他学科。数学仅仅是经济学的冰山一角，问题的其余部分更简单、更神秘，在确定性的建模中并不容易露出自己的庐山真面目。事实上，我一点也不反对数学，但是我希望说明的是它没有我们所认为的那么重要。经济学需要的不是更多的数学分析，而是更多的其他事物。我相信那使得经济学与其他事物更加相关，我们需要更多的元经济学。这比应用数学更能推动我们向前。人们常常说，伦理学和容易的技能是数学分析的成果。在本书中，我努力从完全相反的方向进行说明——数学分析是更深刻、更广泛经济发展的成果。早在数学方法成为主要因素之前，经济学是敏感的、健康的。我们不应该忽视数字告诉我们的东西（因此，即使数字也会说话！），同时我们也同样不能忽视任何不能建模的东西。在大多数决策过程中，这看起来是关键性的决定。数学部分的关注是很容易的。在数字的领域中，窍门在于理论经济学以及日常业务或者生活决策——计算出来的结果以及结果如何得以解释和应用。我们考虑的数字是多少（以及如何考虑），还有我们忽略的数字是多少（以及如何忽略）。

本书在经济学方面也许（不管怎么样）稍微有点存在主义思想。这在还原论方法成为主流数十年之后是可能发生的。我们也可以预期经济学何时会淡化自身的存在，开始忽视生活……以及经济本身的其他方面。这是一种自然的响应，已经发生过多次，在其他的领域中也一样，例如哲学中的存在主义，呼吁"生活在别处"。

因此，在某些方面，本书力求走出替换的经济学学派，在经济和经济人类学的主流感知中向后一步。对于经济学家来说，必须再思考"人类是什么"的问题。也许我们也在以一种奇怪的方式讲授经济学。尽管我们是选择自由的最坚定信徒，但我们也不允许学生选择自己的经济学思想流派。我们仅仅教他们主流的东西。在对他们教导了几年之后，他们才可以学会其他的"异端"方法以及拥有他们自己的历史领域。即使经济学史常被认为是我们之前——在我们最后发现主流的真理之前——（愚蠢的、原始的）历史"尝试和错误"的显示，这多少是粗浅的领会。本书力求对我们现阶段的状况持保留态度，并更认真地对待先人的观点。我们希望子孙后代也一样友善地对待我们。野蛮的东西不会在过去英雄式的故事和电影中，或遥远的热带丛林中存在。它们就在我们的内心里。

注释 ···

1 《箴言》，16：32。

2 米尔顿，《米尔顿诗集》，第106页。

3 温特劳布，《经济学如何成为一门数学》，第6页。

参考书目
Bibliography

Adams, Douglas. *The Hitchhiker's Guide to the Galaxy*. London: Picador, 2002.

Aeschylus. *Prometheus*. Translated by Herbert Weir Smyth. Cambridge, MA: Harvard University Press, 1926.

Akerlof, George A., and Robert J. Shiller. *Animal Spirits: How Human Psychology Drives the Economy, and Why It Matters for Global Capitalism*. Princeton, NJ: Princeton University Press, 2009.

Anzenbaucher, Arno. *Úvod do filozofie* [Introduction to Philosophy]. Prague: Státní pedagogické nakladatelství, 1990.

Aquinas, Thomas. *Contra Gentiles: On the Truth of the Catholic Faith*. Vol. 3, *Providence*. New York: Hanover House, 1955–57.

Aquinas, Thomas. *De Regno: On Kingship, to the King of Cyprus*. Translated by Gerald B. Phelan. Toronto: The Pontifical Institute of Mediaeval Studies, 1949.

Aquinas, Thomas. *The Summa Theologica of St. Thomas Aquinas, Second and Revised Edition*. 2008. http://www.newadvent.org/summa/.

Archibald, Katherine G. "The Concept of Social Hierarchy in the Writings of St. Thomas Aquinas." *Historian* 12, no. 50 (1949–50): 28–54.

Arendt, Hannah. *The Human Condition*. Chicago: University of Chicago Press, 1998.

Argyle, Michael. *The Psychology of Happiness*. London, New York: Methuen, 1987.

Aristophanes. *Ecclesiazusae*. London: Harvard University Press, 1947.

Aristotle. *The Complete Works of Aristotle: The Revised Oxford Translation*. Edited by Jonathan Barnes. Princeton, NJ: Princeton University Press, 1995.

Aristotle, Nicomachean Ethics, trans. T. Irwin (Indianapolis: Hackett Publishing, 1985).

Aristotle. *The Nicomachean Ethics*. Translated by W. D. Ross. Oxford: Clarendon Press, 1933.

Augustine. *City of God*. Edinburgh: Eerdmans, 2002. http://etext.lib.virginia.edu/ebooks/.

Augustine. *Confessions*. Translated by Henry Chadwick. New York: Oxford University Press, 1991.

Augustine. *Enchiridion on Faith, Hope, and Love*. Washington, DC: Regnery, 1996.

Balabán, Milan, and Veronika Tydlitátová. *Gilgameš: Mytické drama o hledání věčného života* [Gilgamesh: A Mythic Drama on the Search for Immortality]. Prague: Vyšehrad, 2002.

Bassham, Gregory, and Eric Bronson. *The Lord of the Rings and Philosophy: One Book to Rule Them All*. Chicago: Open Court, 2003.

Bauman, Zygmunt. *Modernity and the Holocaust*. Ithaca, NY: Cornell University, 2000.

Becchio, Giandomenica. *Unexplored Dimensions: Carl Menger on Economics and Philosophy (1923–1938)*. Advances in Austrian Economics, 12. Bradford: Emerald Group Publishing, 2009.

Becker, Gary S. *The Economic Approach to Human Behavior*. Chicago: University of Chicago Press, 1976.

Beckett, Samuel. *Waiting for Godot: Tragicomedy in Two Acts*. New York: Grove, 1982.

Bell, Daniel. "The Cultural Contradictions of Capitalism." *Journal of Aesthetic Education* 6, no. 1 (January–April 1972): 11–38.

Berkeley, George. *A Treatise Concerning the Principles of Human Knowledge*. Oxford: Oxford University Press, 1998.

Bhagwati, Jagdish N. *In Defense of Globalization*. Oxford: Oxford University Press, 2007.

Bimson, John J. *The Compact Handbook of Old Testament Life*. Minnapolis, MN: Bethany House, 1998.

Bishop, Matthew. *Economics: An A–Z Guide*. London: Economist, 2009.

Blaug, Mark. *The Methodology of Economics; or, How Economists Explain*. Cambridge: Cambridge University Press, 1980.

Blecha, Ivan. *Filosofická čítanka* [Philosophical Reader]. Olomouc: Nakladatelství Olomouc, 2000.

Boli, John. "The Economic Absorption of the Sacred." In *Rethinking Materialism: Perspectives on the Spiritual Dimension of Economic Behavior*, edited by Robert Wuthnow, 93–117. Grand Rapids, MI: Eerdmans, 1995.

Bonhoeffer, Ditrich. *Ethics*. New York: Touchstone, 1995.

Bourdieu, Pierre. *Outline of a Theory of Practice*. Cambridge, New York: Cambridge University Press, 1977.

Brandon, Samuel G. F. "The Epic of Gilgamesh: A Mesopotamian Philosophy." *History Today* 11, no. 1 (January 1961): 18–27.

Brickman, Philip, Dan Coates, and Ronnie Janoff-Bulman. "Lottery Winners and Accident Victims: Is Happiness Relative?" *Journal of Personality and Social Psychology* 36 (1978): 917–927.

Brookes, Bert B. "Schumacher: Meta-Economics versus the 'Idolatry of Giantism.' *The School of Cooperative Individualism*. http://www.cooperativeindividualism. org/brookes_on-e-f-schumacher.html (accessed 2010).

Bruni, L. *Civil Happiness: Economics and Human Flourishing in Historical Perspective*. London and New York: Routledge, 2006.

Buber, Martin. *I and Thou*. Translated by Ronald Gregor Smith. Hesperides Press, 2008.

Buchanan, James M. *Economics and the Ethics of Constitutional Order*. Ann Arbor: University of Michigan Press, 1991.

Buckle, Henry Thomas. *History of Civilization in England*. London: Parker and Son, 1857–1861.

Bunt, Lucas N. H., Phillip S. Jones, and Jack D. Bedient. *The Historical Roots of Elementary Mathematics*. New York: Dover, 1988.

Bury, J. B. *The Idea of Progress*. London: Macmillan, 1920.

Caldwell, Bruce J. *Beyond Positivism*. London: Routledge, 1994.

Campbell, Joseph. *The Hero with a Thousand Faces*. 2nd ed. Princeton, NJ: Princeton University Press, 1968.

Campbell, Joseph. *Myths to Live By*. New York: Viking, 1972.

Campbell, Thomas Douglas. *Adam Smith's Science of Morals*. London: Allen & Unwin, 1971.

Čapek, Karel. *R.U.R.: Rossum's Universal Robots*. National Theatre, Prague, Czech Republic, January 25, 1921.

Čapek, Karel. *R.U.R.: Rossum's Universal Robots*. Prague: Aventinum, 1920.

Cheal, David J. *The Gift Economy*. New York: Routledge, 1988.

Chesterton, G. K. *St. Thomas Aquinas*. Middlesex: The Echo Library, 2007.

Chesterton, G. K. *Orthodoxy*. Redford, VA: Wilder Publications, 2008.

Class, Heinrich. *Wenn ich der Kaiser wär: Politische Wahrheifen und Notwendigkeiten*. Leipzig: Weicher, 1912.

Colins, Chuck, and Mary Wright. *The Moral Measure of the Economy*. New York: Orbis Books, 2007.

Comte, Auguste. *Cours de philosophie positive* [Course of Positive Philosophy]. Paris: Bachelier, 1835.

Cox, Steven L., Kendell H. Easley, A. T. Robertson, and John Albert Broadus. *Harmony of the Gospels*. Nashville, TN: Holman Bible, 2007.

Davies, Norman. *Europe: A History*. London: Pimlico, 1997.

Davis, Philip J., and Reuben Hersh: *Descartes' dream: the world according to mathematics*. Boston: Harcourt, Brace, Jovanovich, 1986.

Defoe, Daniel. *The Political History of the Devil (1726)*. Edited by John Mullan and William Robert Owens. London: Pickering and Chatto, 2005.

Descartes, René. *Discourse on the Method; and, Meditations on First Philosophy*. 4th ed. Edited by David Weismann. New Haven, CT: Yale University Press, 1996.

Descartes, René. *Discourse on the Method of Rightly Conducting One's Reason and of Seeking the Truth in the Sciences*. City: Wildside Press, 2008.

Descartes, René. *Meditations on First Philosophy*. Sioux Falls: NuVision, 2007.

Descartes, René. *Principles of Philosophy*. Translated by V. R. Miller and R. P. Miller. Dordrecht: Kluwer Academic, 1984.

Descartes, René. "Treatise on Man." In *The Philosophical Writings of Descartes*, edited by Dugald Murdoch, John Cottingham, and Robert Stoothoff. Cambridge: University of Cambridge, 1985.

Detienne, Marcel. *The Masters of Truth in Archaic Greece*. New York: Zone Books, 1999.

Diamond, Jared. *Why Is Sex Fun? The Evolution of Human Sexuality*. New York: Basic Books, 2006.

Diderot, Denis. *Diderot's Selected Writings*. Edited by Lester G. Crocker. Translated by Derek Coltman. New York: Macmillan, 1966.

Diener, E., J. Horowitz, and R. A. Emmons. "Happiness of the Very Wealthy." *Social Indicators Research* 16 (April 1985): 263–274.

Dixit, Avinash K., and Barry Nalebuff. *Thinking Strategically: The Competitive Edge in Business, Politics, and Everyday Life*. New York: Norton, 1991.

Durkheim, Emile. *The Division of Labor in Society*. Translated by George Simpson. New York: Free Press, 1947.

Eagletton, Terry. *On Evil*. Yale University Press, 2010.

Eckstein, Walther. *Theorie der ethischen Gefühle*. Leipzig: Meiner, 1926.

Edmonds, Dave, and John Eidinow. *Wittgenstein's Poker*. New York: Ecco, 2001.

Eliade, Mircea. *Cosmos and History: The Myth of the Eternal Return.* New York: Harper Torchbooks, 1959.

Eliade, Mircea. *The Myth of the Eternal Return.* London: Routledge & Kegan Paul, 1955.

Eliade, Mircea. *The Sacred and the Profane: The Nature of Religion.* New York: Harcourt Brace, 1959.

Elster, Jon. *Nuts and Bolts for the Social Sciences.* Cambridge: Cambridge University Press, 1989.

Emmer, Michele. *Mathematics and Culture.* Berlin, Heidelberg, New York: Springer-Verlag, 2004.

Epicuros. *Principal Doctrines. Epicurus & Epicurean Philosophy,* 1996. http://www. epicurus.net/en/principal.html.

Epicurus. *Principal Doctrines.* Translated by Robert Drew Hicks. The Internet Classics Archive, 1925. http://classics.mit.edu/Epicurus/princdoc.html.

Estes, Clarissa Pinkola. *Women Who Run with the Wolves.* New York: Ballantine Books, 2003.

Etzioni, *Amitai. Moral Dimension: Toward a New Economics.* New York: Free Press, 1988.

Fajkus, Břetislav. *Současná filosofie a metodologie* [Philosophy and the Methodology of Science]. Prague: Filosofický ústav AV ČR, 1997.

Falckenberg, Richard, and Charles F. Drake. *History of Modern Philosophy: From Nicolas of Cusa to the Present Time.* Translated by A. C. Armstrong. New York: Kessinger, 1893.

Ferguson, Niall. *The Ascent of Money: A Financial History of the World.* New York: Penguin Press, 2008.

Ferguson, Niall. *The War of the World: Twentieth-Century Conflict and the Descent of the West.* New York: Penguin, 2006.

Feyerabend, Paul K. *Against Method.* 3rd ed. London, New York: Verso, 1993.

Fisher, Irving. "Fisher Sees Stocks Permanently High." *New York Times,* October 16, 1929, 2.

Fitzgerald, Allan, John C. Cavadini, Marianne Djuth, James J. O'Donnell, and Frederick Van Fleteren, eds. *Augustine through the Ages: An Encyclopedia.* Grand Rapids, MI: Eerdmans, 1999.

Force, Pierre. *Self-Interest before Adam Smith: A Genealogy of Economic Science.* Cambridge: Cambridge University Press, 2003.

Fox, Justin. *The Myth of Rational Markets.* New York: Harper Business, 2009.

Frank, Robert. Conference on "Understanding Quality of Life: Scientific Perspectives on Enjoyment and Suffering," Princeton, NJ, November 1–3, 1996.

Frankel, Viktor E. *Man's Search for Meaning.* London: Hodder and Stoughton, 1964.

Frazer, James George. *The Golden Bough: A Study in Magic and Religion.* New York: Oxford University Press, 1994.

Friedman, Milton. *Essays in Positive Economics.* Chicago, London: University of Chicago Press, 1970.

Fromm, Erich. *To Have or to Be.* New York, London: Continuum, 2007.

Fukuyama, Francis. *The Trust: The Social Virtues and the Creation of Prosperity.* New York: Free Press, 1996.

Gadamer, Hans-Georg. *The Idea of the Good in Platonic-Aristotelian Philosophy.* New Haven, CT: Yale University Press, 1988.

Gaede, Erwin A. *Politics and Ethics: Machiavelli to Niebuhr*. Lanham, MD: University Press of America, 1983.

Gaiman, Neil, and Terry Pratchett. *Good Omens: The Nice and Accurate Prophecies of Agnes Nutter, Witch*. London: Viktor Gollancz, 1990.

Galbraith, John Kenneth. *The Affluent Society*. Boston: Houghton Mifflin, 1958.

Galbraith, John Kenneth. *The Affluent Society*. Boston: Houghton Mifflin, 1998.

Galileo, Galilei. *Dialogues concerning the Two Great Systems of the World*. Translated by Stilman Drake. Ann Arbor: University of Michigan Press, 1970.

George, Andrew R. *The Babylonian Gilgamesh Epic: Introduction, Critical Edition and Cuneiform Texts*. Oxford: Oxford University Press, 2003.

Goethe, Johann W. *Goethe's Faust*. Translated by Walter Kauffman. New York: Anchor Books, 1961.

Graeber, David. *Toward an Anthropological Theory of Value*. New York: Palgrave, 2001.

Green, David. "Adam Smith a sociologie ctnosti a svobody [Adam Smith and the Sociology of Virtue and Freedom]." *Prostor* 7, no. 28 (1994): 41–48.

Groenewegen, John. *Transaction Cost Economics and Beyond*. Recent Economic Thought. Boston: Kluwer, 1995.

Groenewegen, Peter. *A Soaring Eagle: Alfred Marshall, 1842–1924*. Aldershot, UK: Edward Elgar, 1995.

Halík, Tomáš. *Stromu zbývá naděje. Krize jako šance* [There is Hope. Crisis as an Opportunity]. Praha: Nakladatelství Lidové noviny, 2009.

Hall, Joseph. *Heaven upon Earth and Characters of Virtues and Vice*. Edited by Rudolf Kirk. New Brunswick, NJ: Rutgers University Press, 1948.

Halteman, Richard J. "Is Adam Smith's Moral Philosophy an Adequate Foundation for the Market Economy?" *Journal of Markets and Morality* 6 (2003): 453–478.

Haney, Lewis Henry. *History of Economic Thought: A Critical Account of the Origin and Development of the Economic Theories of the Leading Thinkers in the Leading Nations*. New York: Macmillan, 1920.

Hare, M. R., J. Barnes, and H. Chadwick. *Zakladatelé myšlení: Platón, Aristoteles, Augustinus* [Founders of Thought: Plato, Aristotle, Augustine]. Prague: Svoboda, 1994.

Harris, H. S. *The Reign of the Whirlwind*. York Space, 1999. http://hdl.handle.net/10315/918.

Harth, Phillip. Introduction to "The Fable of the Bees; or, Private Vices, Public Benefits," by Bernard Mandeville.

Hasbach, Wilhelm. *Untersuchungen über Adam Smith und die Entwicklung der Politischen Ökonomie*. Leipzig: Duncker und Humblot, 1891.

Hayek, Friedrich A. *Law, Legislation, and Liberty*. London: Routledge and Kegan Paul, 1973.

Hayek, Friedrich A. *New Studies in Philosophy, Politics, Economics, and the History of Ideas*. London: Routledge and Kegan Paul, 1978.

Hayek, Friedrich A. *The Trend of Economic Thinking: Essays on Political Economists and Economic Thinking*. Vol. 3. Edited by W. W. Bartley and Stephen Kresge. London: Routledge, 1991.

Hayter, David, and Alex Tse. *Watchmen*. Directed by Zack Synder. Produced by Warner Bros. Pictures. 2009.

Heffernanová, Jana. *Gilgameš: Tragický model západní civilizace* [Gilgamesh:

A Tragic Model of Western Civilization]. Prague: Společnost pro Světovou literaturu, 1996.

Heffernanová, Jana. *Tajemství dvou partnerů: Teorie a metodika práce se sny* [The Secret of Two Partners]. Prague: Argo, 2008.

Heidegger, Martin. *Philosophical and Political Writings*. Edited by Manfred Stassen. New York: Continuum, 2003.

Heidel, Alexander. *The Gilgamesh Epic and Old Testament Parallels*. Chicago: University of Chicago Press, 1949.

Heilbroner, Robert L. *The Wordly Philosophers: The Lives, Times, and Ideas of Great Economic Thinkers*. New York: Simon and Schuster, 1953.

Hejdánek, Ladislav. "Básník a Slovo [Poet and the Word]." In *České studie: Literatura, Jazyk, Kultura* [Czech Studies: Literature, Language, Culture], edited by Mojmír Grygar, 57–81. Amsterdam, Atlanta: Rodopi, 1990.

Heller, Jan. *Jak orat s čertem: kázání* [How to Plow with the Devil]. Prague: Kalich, 2006.

Hendry, David F. "Econometrics: Alchemy or Science?" *Economica* 47 (1980): 387–406.

Hengel, Martin. *Judentum und Hellenismus*. Tubingen: Mohr, 1969.

Henry, Matthew. *Matthew Henry's Commentary on the Whole Bible*. http://www.apostolic-churches.net/bible/mhc/.

Hesiod. *Works and Days. In Hesiod: Theogony, Works and Days, Testimonia*, edited by Glenn W. Most. Cambridge, MA: Harvard University Press, 2006.

Hesiod. *Theogony. In Hesiod: Theogony, Works and Days, Testimonia*, edited by Glenn W. Most. Cambridge, MA: Harvard University Press, 2006.

Hildebrand, Bruno. *Die Nationalökonomie der Gegenwart und Zukunft*. Frankfurt am Main: Erster Band, 1848.

Hill, Roger B. *Historical Context of the Work Ethic*. Athens: University of Georgia, 1996.

Hirsch, Fred. *Social Limits to Growth*. 1st ed. Cambridge, MA: Harvard University Press, 1976.

Hirschman, Albert O. *The Passion and the Interests: Political Arguments for Capitalism before Its Triumph*. Princeton, NJ: Princeton University Press, 1997.

Hobbes, Thomas. *Leviathan*. Oxford: Oxford University Press, 1996.

Horsley, Richard A. *Covenant Economics*. Louisville: Westminster John Knox, 2009.

Hume, David. *Selections*. Edited by Charles William Hendel. New York, Chicago: C. Scribner's Sons, 1927.

Hume, David. *A Treatise on Human Nature*. NuVision Publications, 2008. http://www.nuvisionpublications.com.

Hume, David. *Enquiries Concerning the Human Understanding and Concerning the Principles of Morals*. Oxford: Clarendon Press, 1902.

Hurtado-Prieto, Jimena. *Adam Smith and the Mandevillean Heritage: The Mercantilist Foundations of "Dr. Mandeville's Licentious System."* Preliminary version. February 2004. Available at http://phare.univ-paris1.fr/hurtado/Adam%20Smith.pdf

Husserl, Edmund. *Cartesian Meditations*. London: Nijhoff, 1977.

Huxley, Aldous. *Brave New World*. New York: Harper, 1958.

Inglehart, Ronald. *Culture Shift: In Advanced Industrial Society*. Princeton, NJ: Princeton University Press, 1990.

Inglehart, Ronald. *World Values Survey*. 2009. http://www.worldvaluessurvey.org/ (accessed 2010).

Irwin, William, ed. *The Matrix and Philosophy: Welcome to the Desert of the Real*. Illinois: Carus Publishing Company, 2002.

Johnston, Louis D., and Samuel H. Williamson. *What Was the U.S. GDP Then?* 2008. http://www.measuringworth.org/usgdp/ (accessed 2010).

Jung, Carl G. "The Archetypes and the Collective Unconscious." In *The Archetypes and the Collective Unconscious: The Collected Works*, edited by R. F. C. Hull. Princeton, NJ: Princeton University Press, 1990.

Jung, Carl G. *Psychology and Religion*. New Haven, CT: Yale University Press, 1962.

Jung, Carl G. *Výbor z díla VIII – Hrdina a archetyp matky* [Collected works vol. 8 – Hero and the Archetype of a Mother]. Prague: Nakladatelství Tomáše Janečka – Emitos, 2009.

Kahn, Charles H. *Plato and the Socratic Dialogue*. Cambridge: Cambridge University Press, 1996.

Kalenská, Renata. "Někdy se mě zmocňuje pocit . . ." *Lidové Noviny*, November 15, 2008. http://www.lidovky.cz/nekdy-se-me-zmocnuje-pocit-dca-/ln_noviny.asp?c=A081115_000040_ln_noviny_sko&klic=228612&mes=081115_0.

Kant, Immanuel. *Critique of Judgment*. Indianapolis: Hackett, 1987.

Kant, Immanuel. *Introduction to the Metaphysics of Morals*. Whitefish, MT: Kessinger, 2004.

Kant, Immanuel. *Religion within the Limits of Reason Alone*. New York: Harper & Brothers, 1960.

Kant, Immanuel. *The Metaphysical Elements of Ethics*. Rockville: Arc Manor, 2008.

Kaye, B. Introduction to *The Fable of the Bees*, by Bernard Mandeville. Oxford: Clarendon Press, 1924.

Kerényi, Karl. *Gods of the Greeks*. London: Thames & Hudson, 1980.

Kerkhof, Bert. "A Fatal Attraction? Smith's 'Theory of Moral Sentiments' and Mandeville's 'fable.'" *History of Moral Thought* 16, no. 2 (1995): 219–233.

Keynes, John Maynard. *Collected Writings of John Maynard Keynes*. Edited by Austin Robinson and Donald Moggridge. London: Macmillan for the Royal Economic Society, 1971–89.

Keynes, John Maynard. "Economic Possibilities for Our Grandchildren." In *Essays in Persuasion*, edited by John Maynard Keynes, 358–373. New York: W. W. Norton, 1930.

Keynes, John Maynard. *Essays in Persuasion*. New York: W. W. Norton, 1963.

Keynes, John Maynard. *First Annual Report of the Arts Council (1945–1946)*. http://www.economicshelp.org/blog/economics/quotes-by-john-maynard-keynes/

Keynes, John Maynard. *General Theory of Employment, Interest, and Money*. London: Macmillan, 1936.

Kierkegaard, Sören. *Concluding Unscientific Postscript to Philosophical Fragments*. Edited by Charles Moore. Rifton, NY: Plough, 1999.

Kirk, G. S., J. E. Raven, and M. Schofield. *The Presocratic Philosophers*. Cambridge: Cambridge University Press, 1983.

Kirk, Rudolf, ed. *Heaven upon Earth and Characters of Virtues and Vices*, by Joseph

Hall. New Brunswick, NJ: Rutgers University Press, 1948.

Kline, Morris. *Mathematical Thought from Ancient to Modern Times*. New York: Oxford University Press, 1972.

Kmenta, Jan. Review of *A Guide to Econometrics*, by Peter Kennedy. *Business Economics* 39, no. 2, April 2004.

Knies, Carl G. A. *Die Politische Oekonomie vom Standpunkte der geschichtlichen Methode*. Braunschweig: C. A. Schwetsche und Sohn, 1853.

Knight, Frank Hyneman. "Liberalism and Christianity." In *The Economic Order and Religion*, edited by Frank Hyneman Knight and Thornton Ward Merrian. New York, London: Harper & Brothers, 1945.

Knight, Frank Hyneman. *Freedom and Reform: Essays in Economics and Social Philosophy*. New York: Harper & Brothers, 1947.

Kolman, Vojtěch. *Filozofie čísla* [The Philosophy of Numbers]. Prague: Nakladatelství Filosofického ústavu AV ČR, 2008.

Komárek, Stanislav. *Obraz člověka a přírody v zrcadle biologie* [Image of Man and Nature in the Mirror of Biology]. Prague: Academia, 2008.

Kratochvíl, Zdeněk. *Filosofie mezi mýtem a vědou od Homéra po Descarta* [Philosophy between Myth and Science from Homer to Descartes]. Prague: Academia, 2009.

Kratochvíl, Zdeněk. *Mýtus, filosofie, věda I. a II. (Filosofie mezi Homérem a Descartem)* [Myth, Philosophy, and Science]. Prague: Michal Jůza & Eva Jůzová, 1996.

Kugel, James L. *The Bible as It Was*. 5th ed. Cambridge, MA: Belknap Press, 2001.

Kuhn, Thomas S. *The Structure of Scientific Revolutions*. Chicago: University of Chicago Press, 1969.

Kundera, Milan. *Immortality*. New York: Perennial Classics, 1999.

Kundera, Milan. *Laughable Loves*. London: Faber, 1999.

Lacan, Jacques. *The Four Fundamental Concepts of Psycho-Analysis*. London: W.W. Norton, 1998.

Lacan, Jacques. "The Signification of the Phallus." In *EcritÉcrits: A Selection*, translated by Alan Sheridan, 311–323. London: Tavistock/Routledge, 1977.

Lalouette, Claire. Ramessova říše—Vláda jedné dynastie, Prague: Levné knihy, 2009 [in original *L'empire de Ramsès*. Paris: Fayard, 1985].

Lanman, Scott, and Steve Matthews. "Greenspan Concedes to 'Flaw' in His Market Ideology." *Bloomberg*, October 23, 2008. http://www.bloomberg.com/apps/news?pid=newsarchive&sid=ah5qh9Up4rIg.

Leacock, Stephen. *Hellements of Hickonomics, in Hiccoughs of Verse Done in Our Social Planning Mill*. New York: Dodd, Mead, 1936.

Leontief, W. "Theoretical Assumptions and Nonobserved Facts." *American Economic Review* 61 (1971): 1–7.

Levin, Samuel M. "Malthus and the Idea of Progress." *Journal of the History of Ideas* 27, no. 1 (January–March 1966): 92–108.

Lévi-Strauss, Claude. *Myth and Meaning: Cracking the Code of Culture*. London: Schocken, 1995.

Lévi-Strauss, Claude. *The Elementary Structures of Kingship*. Edited by R. Needham, J. Harle Bell, and J. R. von Sturmer. Boston: Beacon, 1969.

Lewis, Clive Staples. "Evolutionary Hymn." In *Poems*, 55–56. San Diego: Harcourt, 1964.

Lewis, Clive Staples. *The Four Loves.* New York: Harcourt Brace Jovanovich, 1960.

Lewis, Clive Staples. *Letters of C. S. Lewis.* Edited by W. H. Lewis. New York: Harcourt, Brace & World, 1966.

Lewis, Clive Staples. *A Preface to Paradise Lost.* New Delhi: Atlantic Publishers and Distributors, 2005.

Lewis, Clive Staples. *The Weight of Glory and Other Addresses.* 2nd ed. New York: Macmillan, 1980.

Lewis, Thomas J. "Persuasion, Domination, and Exchange: Adam Smith on Political Consequences of Markets." *Canadian Journal of Political Science* 33, no. 2 (June 2000): 273–289.

Liddell, H. G., and R. Scott. *Greek-English Lexicon.* 9th ed. Oxford: Clarendon, 1996.

Limentani, Ludovico. *La morale della simpatia: Saggio sopra l'etica di Adamo Smith nella storia del pensiero inglese.* Genova: A. F. Formíggini, 1914.

Locke, John. *Two Treatises of Government.* Cambridge: Cambridge University Press, 2003.

Lowry, S. Todd. "Ancient and Medieval Economics." In *A Companion to the History of Economic Thought*, edited by Warren J. Samuels, Jeff Biddle, and John Bryan Davis, 11–27. Oxford: Blackwell Publishing, 2003.

Lowry, S. Todd. *The Archaeology of Economic Ideas: The Classical Greek Tradition.* Durham, NC: Duke University Press, 1988.

Lowry, S. Todd. "The Economic and Jurisprudential Ideas of the Ancient Greeks: Our Heritage from Hellenic Thought." In *Ancient and Medieval Economic Ideas and Concepts of Social Justice*, edited by S. Todd Lowry, and Barry Gordon. New York: Brill, 1998.

Lowry, S. Todd, and Barry Gordon, eds. *Ancient and Medieval Economic Ideas and Concepts of Social Justice.* New York: Brill, 1998.

Luther, Martin. "Martin Luther's Last Sermon in Wittenberg, Second Sunday in Epiphany, 17 January 1546." In *Dr. Martin Luthers Werke: Kritische Gesamtausgabe*, 51–126. Weimar: Herman Boehlaus Nachfolger, 1914.

Macfie, Alec L. "The Invisible Hand of Jupiter." *Journal of the History of Ideas* 32 (October–December 1971): 595–599.

Macfie, Alec L. *The Individual in Society.* London: Allen & Unwin, 1967.

MacIntyre, Alasdair. *After Virtue.* 3rd ed. Notre Dame, IN: University of Notre Dame Press, 2008.

MacIntyre, Alasdair. *A Short History of Ethics: A History of Moral Philosophy from the Homeric Age to the Twentieth Century.* London: Routledge & Kegan Paul, 1998.

Mahan, Asa. *A Critical History of Philosophy.* New York: Phillips & Hunt, 2002.

Malthus, Thomas. *An Essay on the Principle of Population.* Oxford: Oxford University Press, 2008.

Mandeville, Bernard. *A Letter to Dion.* The Project Gutenberg. http://www.gutenberg.org/files/29478/29478-h/29478-h.htm.

Mandeville, Bernard. "An Essay on Charity, and Charity-Schools." In Mandeville, *The Fable of the Bees*. Middlesex: Penguin, 1970.

Mandeville, Bernard. *The Fable of the Bees; or, Private Vices, Public Benefits.* Edited by Phillip Harth. Oxford: Clarendon Press, 1924; and later version Middlesex: Penguin, 1970.

Mankiw, Gregory N. *Principles of Economics*. Mason, GA: South-Western Cengage Learning, 2009.

Marshall, Alfred. *Principles of Economics*. London: Macmillan for the Royal Economic Society, 1961.

Martindale, Wayne, and Jerry Root, eds. *The Quotable Lewis: An Encyclopedic Selection of Quotes from the Complete Published Works*. Wheaton, IL: Tyndale, 1989.

Marx, Karl. *Capital*. Vol. 1. Edited by Ben Fowkes. London: Penguin, 1990.

Marx, Karl. *On the Jewish Question*. Edited by Helen Lederer. Cincinnati: Hebrew Union College–Jewish Institute of Religion, 1958.

Marx, Karl, and Friedrich Engels. *Manifesto of the Communist Party*. New York: Cosimo, 2009.

Mauss, Marcel. *The Gift: Forms and Functions of Exchange in Archaic Societies*. London: Cohen & West, 1966.

McCloskey, Deirdre N. *The Bourgeois Virtues: Ethics for an Age of Commerce*. Chicago: University of Chicago Press, 2006.

McCloskey, Deirdre N. "The Rhetoric of Economics." *Journal of Economic Literature* 21 (June 1983): 481–517.

McCloskey, Deirdre N. *The Secret Sins of Economics*. Chicago: Prickly Paradigm Press, 2002.

Merton, Robert K. *Social Theory and Social Structure*. New York: Free Press, 1968.

Mill, John Stuart. *Autobiography*. The Harvard Classics, 25. Edited by C. E. Norton. New York: Collier & Son, 1909.

Mill, John Stuart. *Collected Works of John Stuart Mill. Vol. 10, Essays on Ethics, Religion, and Society*. Edited by John M. Robson. London: Routledge and Kegan Paul, 1979.

Mill, John Stuart. *Essays on Some Unsettled Questions of Political Economy*. London: Parker, 1844.

Mill, John Stuart. *Utilitarianism*. Forgotten books, 2008. www.forgottenbooks.org.

Mill, John Stuart. *Principles of Political Economy: With Some of Their Applications to Social Philosophy*. Edited, with an Introduction, by Stephen Nathanson. Indianapolis, IN: Hackett, 2004.

Mini, Piero V. *Philosophy and Economics: The Origins and Development of Economic Theory*. Gainesville: University Presses of Florida, 1974.

Mirowsky, Philip. *Machine Dreams: Economics Becomes a Cyborg Science*. Cambridge: Cambridge University Press, 2002.

Mirowsky, Philip. *More Heat Than Light: Economics as a Social Physics, Physics as Nature's Economics*. Cambridge: Cambridge University Press, 1989.

Mises, Ludwig van. *Human Action: A Treatise on Economics*. 4th ed. Edited by Bettina Bien Graves. Irvington-on-Hudson, NY: Foundation for Economic Education, 1996.

Mlčoch, Lubomír. *Ekonomie důvěry a společného dobra* [Economic Trust and the Common Good]. Prague: Karolinum, 2006.

Montesquieu, Charles de Secondat. *Spirit of Laws*. Edited by Anne M. Cohler, Basia Carolyn Miller, and Harold Samuel Stone. Cambridge: Cambridge University Press, 1989.

Morrow, Glenn R. "Adam Smith: Moralist and Philosopher." *Journal of Political Economy* 35 (June 1927): 321–342.

Muchembled, Robert. *A History of the Devil: From the Middle Ages to the Present*. Cambridge, UK: Polity, 2003.

Mumford, Lewis. *The City in History: Its Origins, Its Transformations, and Its Prospects*. San Diego, New York, London: Harcourt, 1961.

Myers, David G. "Does Economic Growth Improve Human Morale?" *New American Dream*. http://www.newdream.org/newsletter/growth.php (accessed 2010).

Nelson, Robert H. *Economics as Religion: From Samuelson to Chicago and Beyond*. University Park: Pennsylvania University Press, 2001.

Nelson, Robert H. *Reaching for Heaven on Earth: The Theological Meaning of Economics*. Savage, MD: Rowman & Littlefield, 1991.

Nelson, Robert H. *The New Holy Wars: Economic Religion vs. Environmental Religion in Contemporary America*. Pennsylvania: Pennsylvania State University Press, 2010.

Neubauer, Zdeněk. *O čem je věda? (De possest: O duchovním bytí Božím)* [What Is Science About?]. 1st ed. Prague: Malvern, 2009.

Neubauer, Zdeněk. *Přímluvce postmoderny* [Advocate of Postmodernity]. Prague: Michal Jůza & Eva Jůzová, 1994.

Neubauer, Zdeněk. *Respondeo dicendum: autosborník k desátému výročí padesátých narozenin [Respondeo dicendum: In Honor of Tenth Anniversary of Fiftieth Birthday]*, 2 ed. Edited by Jiří Fiala. Prague: O. P. S., 2002.

New International Version of the Holy Bible. Grandville, MI: Zondervan, 2001.

Nin, Anais. *The Diary of Anais Nin, 1939–1944*. New York: Harcourt, Brace & World, 1969.

Nisbet, Robert A. *The History of the Idea of Progress*. New Brunswick, NJ: Transaction, 1998.

Nisbet, Robert A. "The Idea of Progress." In *Literature of Liberty: A Review of Contemporary Liberal Thought* 2 (1979): 7–37. Available at http://oll.libertyfund.org.

Novak, Michael. *The Catholic Ethic and the Spirit of Capitalism*. New York: Free Press, 1993.

Novak, Michael. *Duch demokratického kapitalismu* [The Spirit of Democratic Capitalism]. Prague: Občanský Institut, 2002.

Novotný, Adolf. *Biblický slovník* [Biblical Dictionary]. Prague: Kalich, 1992.

Novotný, František. *The Posthumous Life of Plato*. Prague: Academia, 1977.

Nussbaum, Martha C. *The Fragility of Goodness: Luck and Ethics in Greek Tragedy and Philosophy*. New York: Zone Books, 1999.

Oates, Whitney J., and Eugene O'Neill. *The Complete Greek Drama*. New York: Random House, 1938.

O'Connor, Eugene Michael. The Essential Epicurus: Letters, Principal Doctrines, Vatican Sayings, and Fragments. Buffalo, NY: Prometheus, 1993.

Oncken, August. "The Consistency of Adam Smith." *The Economic Journal* 7 (September 1897): 443–450.

Orwell, George. *1984*. New York: Signet, 1981.

Palahniuk, Chuck. *Fight Club*. Directed by David Fincher. Produced by 20th Century Fox. 1999.

Palahniuk, Chuck. *Fight Club*. New York: Henry Holt, 1996.

Pascal, Blaise. *Pensées*. New York: Penguin Classics, 1995.

Pass, Christopher, Bryan Lowes, and Leslie Davies. *Collins Dictionary of Economics, Second Edition*. Glasgow: HarperCollins, 1993.

Pasquinelli, Matteo. *Animal Spirits: A Bestiary of the Commons*. Rotterdam: NAi Publishers, 2008.

Patinkin, Don. *Essays on and in the Chicago Tradition*. Durham, NC: Duke University Press, 1981.

Patočka, Jan. *Kacířské eseje o filosofii dějin* [Heretical Essays in the Philosophy of History]. Prague: OIKOYMENH, 2007.

Patterson, Stephen, and Marvin Meyer. *The "Scholars' Translation" of the Gospel of Thomas*. http://home.epix.net/~miser17/Thomas.html.

Pava, Moses L. "The Substance of Jewish Business Ethics." *Journal of Business Ethics* 17, no. 6 (April 1998): 603–617.

Payne, Jan. *Odkud zlo?* [Whence Evil?]. Prague: Triton, 2005.

Penguin Classics. *The Epic of Gilgamesh*. Translated by N. K. Sandars. London, New York: Penguin Group, 1972.

Pieper, Thomas J. *Guide to Thomas Aquinas*. Notre Dame, IN: University of Notre Dame Press, 1987.

Pirsig, Robert M. *Zen and the Art of Motorcycle Maintenance*. Toronto, New York, London: Bantam Books, 1976.

Plato. *Complete Works*. Edited by J. M. Cooper and D. S. Hutchinson. Cambridge: Hackett, 1997.

Polanyi, Karl. "Aristotle Discovers the Economy." In *Primitive, Archaic, and Modern Economies: Essays of Karl Polanyi*, edited by Karl Polanyi and George Dalton, 78–115. Boston: Beacon Press, 1971.

Polanyi, Michael. *Personal Knowledge: Towards a Post-Critical Philosophy*. London: Routledge & Kegan Paul, 1962.

Pope, Alexander. "The Riddle of the World." In *Selected Poetry and Prose*, edited by Robin Sowerby, 153–154. London: Routledge, 1988.

Popper, Karl. *The Open Society and Its Enemies*. New York: Routledge, 2003.

Popper, Karl. *The Poverty of Historicism*. London, New York: Routledge & Kegan Paul, 1957.

Punt, Jeremy. "The Prodigal Son and *Blade Runner*: Fathers and Sons, and Animosity." *Journal of Theology for Southern Africa* 119 (July 2007): 86–103.

Radin, Paul. *The Trickster: A Study in American Indian Mythology*. London: Routledge & Kegan Paul, 1956.

Rádl, Emanuel. *Dějiny Filosofie: Starověk a středověk* [History of Philosophy: Ancient and Medieval]. Prague: Votobia, 1998.

Raphael, David D. *The Impartial Spectator: Adam Smith's Moral Philosophy*. Oxford: Oxford University Press, 2007.

Rawls, John. *Lectures on the History of Moral Philosophy*. Cambridge: Harvard University Press, 2000.

Redman, Deborah A. *Economics and the Philosophy of Science*. Oxford: Oxford University Press, 1993.

Rich, Arthur. *Business and Economic Ethics: The Ethics of Economic Systems*. 4th ed. Leuven, Belgium: Peeters, 2006.

Rich, Arthur. *Wirtschaftsethik*. Gütersloh: Mohn, 1984–1990.

Roll, Erich. *A History of Economic Thought*. 3rd ed. Englewood Cliffs, NJ: Prentice Hall, 1964.

Rothbard, Murray N. *Economic Thought before Adam Smith: Austrian Perspectives on the History of Economic Thought*. Vol. 1. Cheltenham, UK: Edward Elgar,

1995.

Rousseau, Jean-Jacques. *Discourse on the Origin of Inequality*. Oxford: Oxford University Press, 1994.

Rushdie, Salman. *Fury: A Novel*. Toronto: Vintage Canada, 2002.

Russell, Bertrand. *Mysticism and Logic and Other Essays*. London, New York: Longmans, Green, 1918.

Sallust. *On the Gods and the World*. Translated by Thomas Taylor. Whitefish, MT: Kessinger, 2003 [1793].

Schor, Juliet B. *The Overworked American: The Unexpected Decline of Leisure*. New York: Basic Books, 1993.

Schumacher, Fritz Ernst. *Small Is Beautiful: Economics as if People Mattered*. London: Vintage Books, 1993.

Schumpeter, Joseph A. *Business Cycles: A Theoretical, Historical, and Statistical Analysis of the Capitalist Process*. New York, Toronto, London: McGraw-Hill, 1939.

Schumpeter, Joseph A. "The Common Sense of Econometrics." *Econometrica* 1, no.1 (1933): 5–12.

Schumpeter, Joseph A. *History of Economic Analysis*. London: Routledge, 2006.

Scitovsky, Tibor. *The Joyless Economy: The Psychology of Human Satisfaction*. New York: Oxford University Press, 1992.

Sedláček, Tomáš. "Spontaneous Rule Creation." In *Cultivation of Financial Markets in the Czech Republic*, edited by Michal Mejstřík, 317–339. Prague: Karolinum, 2004.

Sen, Amartya Kumar. *On Ethics and Economics*. Oxford: Blackwell, 1987.

Shakespeare, William. *The Merchant of Venice*. First Folio. 1623.

Shaw, George B. *Man and Superman*. Rockvill: Wildside Press, 2008.

Shils, Edward. *Remembering the University of Chicago: Teachers, Scientists, and Scholars*. Chicago: University of Chicago Press, 1991.

Shionoya, Yuichi. *Schumpeter and the Idea of Social Science: A Metatheoretical Study*. Cambridge: Cambridge University Press, 2007.

Sigmund, Paul E., ed. *St. Thomas Aquinas on Politics and Ethics*. New York: W. W. Norton, 1987.

Simmel, Georg. *Peníze v moderní kultuře a jiné eseeje* [Money in Modern Culture]. 2nd ed. Edited by Otakar Vochoč. Prague: Sociologické nakladatelství, 2006.

Simmel, Georg. *The Philosophy of Money*. London: Routledge and Kegan Paul, 1978.

Simmel, Georg. *Simmel on Culture: Selected Writings*. Edited by David Frisby, and Mike Featherstone. Thousand Oaks, CA: Sage, 1997.

Simon, Herbert A. *An Empirically-Based Microeconomics*. Cambridge: Cambridge University Press, 1997.

Sims, Christopher A., Stephen M. Goldfeld, and Jeffrey D. Sachs. "Policy Analysis with Econometric Models." *Brookings Papers on Economic Activity* 1982, no. 1 (1982): 107–164.

Sipe, Dera. "Struggling with Flesh: Soul/Body Dualism in Porphyry and Augustine." *An Interdisciplinory Journal of Graduate Students*. http://www.publications. villanova.edu/Concept/index.html.

Šmajs, Jozef. *Filozofie: Obrat k Zemi* [Philosophy: Back to Earth]. Prague: Academia, 2008.

Smith, Adam. *Adam Smith's Moral and Political Philosophy*. Edited with an introduction by Herbert Wallace Schneider. New York: Hafner, 1948.

Smith, Adam. "Essays on Philosophical Subjects." In *The Glasgow of the Works and Correspondence of Adam Smith, III*, edited by D. D. Raphael and A. S. Skinner. Oxford: Oxford University Press, 1980.

Smith, Adam. *An Inquiry into the Nature and Causes of the Wealth of Nations*. Library of Economics and Liberty, 1904. http://www.econlib.org/library/Smith/smWN13.html.

Smith, Adam. *An Inquiry into the Nature and Causes of the Wealth of Nations*. Oxford: The Clarendon Press, 1869.

Smith, Adam. *Lectures on Jurisprudence*. Oxford: Oxford University Press, 1978.

Smith, Adam. *The Theory of Moral Sentiments*. London: H. G. Bonn, 1853.

Smith, Adam. *The Theory of Moral Sentiments*. In *The Glasgow Edition of the Works and Correspondence of Adam Smith, I*, edited by D. D. Raphael and A. L. Macfie. Indianapolis: Liberty Funds, 1982.

Smith, David Warner. *Helvetius: A Study in Persecution*. Oxford: Clarendon Press, 1965.

Sojka, M. *John Maynard Keynes and Contemporary Economics*. Prague: Grada, 1999.

Sokol, Jan. *Člověk a svět očima Bible* [Man and the World in the Eyes of the Bible]. Prague: Ježek, 1993.

Sokol, Jan. "Město a jeho hradby [The City and Its Walls]." *Vesmír* 5, no. 2 (May 5, 2002): 288–291.

Sombart, Werner. *The Jews and Modern Capitalism*. New Brunswick, NJ: Transaction, 1997.

Sousedík, Stanislav. *Texty k studiu dějin středověké filosofie* [Texts on the Study of the Medieval History of Philosophy]. Prague: Karolinum, 1994.

Spiegel, Henry William. *The Growth of Economic Thought*. 3rd ed. Durham, NC: Duke University Press, 1991.

St. John of the Cross. *Dark Night of the Soul*. New York: Dover, 2003.

Steven L. Cox, and Kendell H. Easley. *Harmony of the Gospels*. Nashville, TN: B&H Publishing, 2007.

Stevenson, Betsey, and Justin Wolfers. *Economic Growth and Subjective Well-Being: Reassessing the Easterlin Paradox*. Cambridge, MA: Centre for Economic Research NBER, 2008.

Stigler, George J. "Economics, The Imperial Science?" *Scandinavian Journal of Economics*, vol. 86, no. 3 (1984), 301–14.

Stigler, George J. *The Essence of Stigler*. Edited by Kurt R. Leube and Thomas Gale Moore. Stanford: Hoover Institution Press, 1986.

Stigler, George J. "Frank Hyneman Knight." In *The New Palgrave: A Dictionary of Economics*, edited by John Eatwell, vol. 3, 55–59. New York: Stockton Press, 1987.

Stiglitz, Joseph E. *Globalization and Its Discontents*. 1st ed. New York: W. W. Norton, 2002.

Suppe, Frederick. *The Structure of Scientific Theories*. Urbana: University of Illinois Press, 1977.

Taleb, Nassim. *The Black Swan: The Impact of the Highly Improbable*. New York: Random House, 2007.

Tamari, Meir. "The Challenge of Wealth: Jewish Business Ethics." *Business Ethics*

Quarterly 7 (March 1997): 45–56.

Tarantino, Quentin. *Reservoir Dogs*. Directed by Quentin Tarantino. Produced by Miramax Films. 1992.

Tassone, Giuseppe. *A Study on the Idea of Progress in Nietzsche, Heidegger, and Critical Theory*. Lewiston, NY: Mellen Press, 2002.

The Economist. *Economics A–Z: Animal Spirits*. The Economist Newspaper Limited. 2010. http://www.economist.com/research/economics/alphabetic. cfm?letter=A (accessed 2010).

The International Standard Bible Encyclopedia. 1939. http://www.international standardbible.com/(accessed 2010).

The Pervert's Guide to Cinema. Directed by Sophie Fiennes. Presented by Slavoj Žižek. 2006.

Thoreau, Henry David. *Civil Disobedience and Other Essays (The Collected Essays of Henry David Thoreau)*. Stilwell, KS: Digireads.com Publishing, 2005.

Tocqueville, Alexis de. *Democracy in America*, trans. and eds., Harvey C. Mansfield and Delba Winthrop. Chicago: University of Chicago Press, 2000.

Tolkien, John Ronald Reuel. *The Lord of the Rings*. Boston: Houghton Mifflin, 2004.

Turner, Jonathan. *Herbert Spencer: A Renewed Appreciation*. Beverly Hills, CA: Sage, 1985.

Vanek, Jaroslav. *The Participatory Economy: An Evolutionary Hypothesis and a Strategy for Development*. Ithaca: Cornell University Press, 1974.

Veblen, Thorstein. *Essays in Our Changing Order*. Edited by Leon Ardzrooni. New Brunswick, NJ: Transaction, 1997.

Veblen, Thorstein. "The Intellectual Pre-Eminence of Jews in Modern Europe." *Political Science Quarterly* 34 (March 1919): 33–42.

Volf, Miroslav. "In the Cage of Vanities: Christian Faith and the Dynamics of Economic Progress." In *Rethinking Materialism: Perspectives on the Spiritual Dimension of Economic Behavior*, edited by Robert Wuthnow, 169–191. Grand Rapids, MI: Eerdmans, 1995.

Voltaire. *The Philosophical Dictionary for the Pocket (Dictionnaire Philosophique)*. London: Thomas Brown, 1765.

Von Skarżyński, Witold. *Adam Smith als Moralphilosoph und Schoepfer der Nationaloekonomie*. Berlin: Grieben, 1878.

Wachovski, Andrew, and Lawrence Wachovski. *The Matrix*. Directed by Andrew Wachovski, and Lawrence Wachovski. Produced by Warner Bros. Pictures. 1999.

Wachtel, Paul L. *The Poverty of Affluence: A Psychological Portrait of the American Way of Life*. New York: Free Press, 1983.

Walther, Eckstein. Introduction to *The Theory of Moral Sentiments*, by Adam Smith. Leipzig: Felix Meiner, 1926.

Weber, Max. *Ancient Judaism*. New York, London: Free Press, 1967.

Weber, Max. *Economy and Society*. Edited by Guenther Roth and Claus Wittich. Berkeley, Los Angeles, London: University of California Press, 1978.

Weber, Max. *The Protestant Ethic and the Spirit of Capitalism*. New York, London: Routledge, 1992.

Weber, Max. *The Sociology of Religion*. Boston: Beacon, 1963.

Weber, Max, and Jan Škoda. *Autorita, Etika a Společnost* [Authority, Ethics, and Society]. Prague: Mladá fronta, 1997.

Weintraub, Roy E. *How Economics Became a Mathematical Science*. Durham, NC: Duke University Press, 2002.

Werhane, Patricia H. "Business Ethics and the Origins of Contemporary Capitalism: Economics and Ethics in the Work of Adam Smith and Herbert Spencer." *Journal of Business Ethics* 24, no. 3 (April 2000): 19–20.

Wesley, John. *Wesley's Notes on the Bible*. Grand Rapids, MI: Christian Classics Ethereal Library. http://www.ccel.org/ccel/wesley/notes.html.

Whitehead, Alfred North. *Adventures of Ideas*. New York: Free Press, 1985.

Whitehead, Alfred North. *Process and Reality: An Essay in Cosmology*. New York: Free Press, 1978.

Whitehead, Alfred North. *Science and the Modern World*. Cambridge: Cambridge University Press, 1926.

Willis, Jim. *God's Politics: Why the Right Gets It Wrong and the Left Doesn't Get It*. San Francisco: HarperSanFrancisco, 2005.

Wimmer, Kurt. *Equilibrium*. Directed by Kurt Wimmer. Produced by Dimension Films. 2002.

Wittgenstein, Ludwig. *Tractatus Logico-Philosophicus*. New York, London: Routledge & Kegan Paul, 1974.

Wolf, Julius, ed. "Das Adam Smith–Problem." *Zeitschrift für Socialwissenschaft* 1, Berlin: 1898.

Wuthnow, R., ed. *Rethinking Materialism: Perspectives on the Spiritual Dimension of Economic Behavior*. Grand Rapids, MI: Eerdmans, 1995.

Xenophon. *The Education of Cyrus*. Edited by H. G. Dakyns. London: Dent, 1914.

Xenophon. *Hiero*. Edited by H. G. Dakyns. Whitefish, MT: Kessinger, 2004.

Xenophon. *Xenophon: Memorabilia, Oeconomicus, Symposium, Apology*. Edited by E. C. Marchant and O. J. Todd. Cambridge, MA, and London: Harvard University Press, 1977.

Yates, Frances A. *Giordano Bruno and the Hermetic Tradition*. London: Routledge & Kegan Paul, 1964.

Yates, Frances A. *The Rosicrucian Enlightenment*. London, New York: Routledge & Kegan Paul, 2003.

Yoder, John Howard. *The Politics of Jesus*. Grand Rapids, MI: Eerdmans, 1972.

Zeyss, Richard. *Adam Smith und der Eigennutz*. Tübingen: Verlag der H. Laupp'schen Buchhandlung, 1889.

Žižek, Slavoj. *The Parallax View*. Cambridge, MA, and London: MIT Press, 2009.

Žižek, Slavoj. *The Plague of Fantasies*. New York, London: Verso, 1997.